Michael Gruber

Schulische Werteerziehung unter Pluralitätsbedingungen

PÄDAGOGIK UND ETHIK

herausgegeben
von
Eva Matthes, Guido Pollak und Werner Wiater

BAND 2

ERGON VERLAG

Michael Gruber

Schulische Werteerziehung unter Pluralitätsbedingungen

Bestandsaufnahme und Empfehlungen auf der Basis einer Lehrerbefragung

ERGON VERLAG

Bibliografische Information der Deutschen Nationalbibliothek
Die Deutsche Nationalbibliothek verzeichnet diese Publikation in der Deutschen Nationalbibliografie; detaillierte bibliografische Daten sind im Internet über http://dnb.d-nb.de abrufbar.

Bibliographic information published by the Deutsche Nationalbibliothek
The Deutsche Nationalbibliothek lists this publication in the Deutsche Nationalbibliografie; detailed bibliographic data are available in the Internet at http://dnb.d-nb.de.

Gedruckt auf alterungsbeständigem Papier.
Umschlaggestaltung: Jan von Hugo
Satz: Matthias Wies, Ergon Verlag

www.ergon-verlag.de

ISSN 1866-4881
ISBN 978-3-89913-707-1

Inhaltsverzeichnis

H Ranglisten (zu den Fragen 5 - 8, Anhang Teil A; vgl. Kap. 3.4)
I Ranglistenübersicht (zu den Fragen 5 - 8, Anhang Teil A; vgl. Kap. 3.4)
J Kategorisierung der Schulfächer (vgl. Kap. 3.5)
K Quantitative Auswertung (zu Frage 12, Anhang Teil A; vgl. Kap. 3.7)
L Zitatsammlung (zu Frage 12, Anhang Teil A; vgl. Kap. 3.7)

Abkürzungsverzeichnis

Abs.	Absatz
Art.	Artikel
BayEUG	Bayerisches Gesetz über das Erziehungs- und Unterrichtswesen
BayLBG	Bayerisches Lehrerbildungsgesetz
BayRS	Bayerische Rechtssammlung
BayVerf	Verfassung des Freistaates Bayern
ber.	berichtigt
BGB	Bürgerliches Gesetzbuch
BGBl I	Bundesgesetzblatt Teil I
BGVBl	Bayerisches Gesetz- und Verordnungsblatt
BVerfGE 34	Sammlung der Entscheidungen des Bundesverfassungsgerichts, 34. Band
G8	achtstufiges Gymnasium
G9	neunstufiges Gymnasium
GG	Grundgesetz für die Bundesrepublik Deutschland
GS	reine Grundschule(n)
GY	Gymnasium/Gymnasien
HS	reine Hauptschule(n)
LGS	Lehrplan für die bayerische Grundschule
LGY8	Lehrplan für das Gymnasium in Bayern (achtstufig)
LGY9	Lehrplan für das bayerische Gymnasium (neunstufig)
LHS	Lehrplan für die bayerische Hauptschule
LPO I (2002)	Ordnung der Ersten Staatsprüfung für ein Lehramt an öffentlichen Schulen (Lehramtsprüfungsordnung I) in der Fassung der Bekanntmachung vom 7. November 2002
LPO I (2008)	Ordnung der Ersten Prüfung für ein Lehramt an öffentlichen Schulen (Lehramtsprüfungsordnung I) vom 13. März 2008
LPO II	Ordnung der Zweiten Staatsprüfung für ein Lehramt an öffentlichen Schulen (Lehramtsprüfungsordnung II)
LRS4	Lehrplan für die vierstufige bayerische Realschule
LRS6	Lehrplan für die sechsstufige Realschule
PG1	Personengruppe 1 (Lehrkräfte in administrativer Leitungsposition)
PG2	Personengruppe 2 (Lehrkräfte ohne administrative Leitungsfunktion)
RS	Realschule(n)
SGD	Standardgesamtdatensatz
VS	Volksschule(n) mit Grund- und Hauptschulzweig
ZALG	Zulassungs- und Ausbildungsordnung für das Lehramt an Gymnasien

ZALGH	Zulassungs- und Ausbildungsordnung für das Lehramt an Grundschulen und das Lehramt an Hauptschulen
ZALR	Zulassungs- und Ausbildungsordnung für das Lehramt an Realschulen

Danksagungen

Ich danke an erster Stelle meiner Doktormutter, Frau Prof. Dr. Eva Matthes, Ordinaria des Lehrstuhls für Pädagogik an der Universität Augsburg. Sie stand mir während der Arbeit an meiner Dissertation stets mit großem Engagement zur Seite und hatte jederzeit ein offenes Ohr. Es war nicht nur fachlich, sondern auch menschlich sehr angenehm, mit ihr zusammenarbeiten zu dürfen.

Des Weiteren danke ich aufrichtig Frau PD Dr. Andrea Richter für die Erstellung des Zweitgutachtens und Frau Prof. Dr. Karin Aschenbrücker dafür, dass sie als Drittprüferin an meiner Disputation mitgewirkt hat. Herr Dipl. Päd. Volker Mehringer hat sich des Öfteren Zeit genommen, mich an seinem reichen Wissen über empirische Forschungsmethoden teilhaben zu lassen. Mein Mitdoktorand Thomas Heiland nahm sich häufig die Zeit, sein Wissen über die Schulpraxis und das bayerische Schulsystem mit mir zu teilen. Beiden gilt mein Dank.

Danken möchte ich auch meiner Familie, vor allem Marlies Gruber, Ines Gruber und Dr. Hansjörg Gruber für ihre Unterstützung meines Promotionsvorhabens. Aus meinem Freundeskreis gilt mein ganz besonderer Dank Edith und Armin Schlosser, die ihre Türen geöffnet und mir damit eine hervorragende Umgebung zum Arbeiten ermöglicht haben. Sylvia Wurster und meinem namentlich bereits genannten Vater danke ich für das engagierte und kompetente Korrekturlesen meines Dissertationsmanuskripts. In Zeiten, in denen man Doktorarbeiten noch mit der Schreibmaschine erstellte, ließen sich Korrekturen sicherlich bei weitem nicht so einfach einarbeiten wie heutzutage mit dem Computer. Dass Letzterer dennoch mitunter den Dienst versagte, wurde vor allem deshalb nicht zu einem größeren Problem, weil Thomas Wehlus dann stets zur Stelle war. Ihm danke ich für seine Hilfe in allen Computerfragen und auch für die fachkundige technische Umsetzung der Online-Befragung.

Durch die Online-Befragung konnte nur deshalb so umfangreiches und aussagekräftiges empirisches Datenmaterial zusammengetragen werden, weil 854 Lehrkräfte sich die Zeit nahmen, daran teilzunehmen. Ihnen, wie auch den Teilnehmern an den Voruntersuchungen, durch welche das Erhebungsinstrument optimiert werden konnte, sei ebenfalls herzlich gedankt. Zudem gilt mein Dank den Schulleitern, die der Zusendung der Teilnahme-Einladungsschreiben zugestimmt und oft mein Anliegen engagiert unterstützt haben, indem sie die Lehrkräfte zur Teilnahme ermutigten.

Einleitung

Werte, Moral. Mit diesen Worten verknüpfen sich zu Beginn des 21. Jahrhunderts ausgeprägt ambivalente Assoziationen. Einerseits verbindet man mit diesen Begriffen Attribute wie *traditionalistisch*, *altmodisch* oder *angestaubt*. Andererseits erscheint die Thematik *hochbrisant* und *topaktuell*, denn überall wird darüber gesprochen und leidenschaftlich diskutiert.

Die Frage, ob Moral erlernt werden kann, bezeichnet Johannes Rau (†), von 1999 bis 2004 Bundespräsident der Bundesrepublik Deutschland, als „eine der ältesten und zugleich auch wichtigsten philosophischen Fragen. Das Selbstverständnis unserer freiheitlichen, demokratischen Gesellschaftsordnung hängt entscheidend von ihrer Beantwortung ab" (zitiert in Lind 2003, S. 5).

Nicht nur Politiker reden über Werte und Moral. Das Thema ist medial beinahe omnipräsent. Kirchenvertreter äußern sich darüber ebenso wie etwa Gewerkschaftsfunktionäre, Journalisten oder Sportler.

Auch die Wirtschaft, der man ja gerne vorhält, auf Kosten der Moral einseitig an Profit interessiert zu sein, hat die Werte für sich entdeckt. Der Münchener Professor Friedrich Wilhelm Graf bezeichnet dies in einem Artikel im Magazin der Süddeutschen Zeitung kritisch als einen „modischen Ethikboom", der sich für ihn aus „Moralverwertungsinteressen" erklärt: „Auf konkurrenzbestimmten Moralmärkten will jeder der Tugendheld sein. … Mit Wertemarketing hofft man langfristig mehr Gewinn zu machen" (SZ-Magazin vom 20. Juni 2008, S. 18 ff.). Welche Motive hinter der Werteoffensive der Unternehmen stehen, ist an dieser Stelle nun nicht relevant.[1] Doch das Beispiel der Wirtschaft zeigt, dass das Thema den Menschen wichtig ist. Sonst hätte „Wertemarketing" wohl wenig Aussicht auf Erfolg, sonst wäre der „Ethikboom" nicht „modisch".

Nicht selten erscheint der Ruf nach Werten und Moral dabei recht pauschal und wenig konkret. Man kann sich mitunter schwer dem Eindruck entziehen, es handle sich um leere Worthülsen. Ist die mediale Omnipräsenz doch eigentlich Ausdruck von Relevanz, führt bisweilen gerade diese inflationäre Dauerbehandlung mit nicht unerheblicher Floskel-Affinität zur scheinbaren Relativierung eines Themas, das doch in der Tat nicht nur überaus bedeutsam für jeden einzelnen Menschen, sondern auch für das Zusammenleben in der Gesellschaft ist.

Es ist die Aufgabe der Werteerziehung, dem Individuum dabei zu helfen, sich im Bereich der Werte und der Moral zurechtzufinden und diesen bedeutsamen Lebensaspekt gelingend zu gestalten. Nach der Familie ist die Schule der wichtigste Ort der Werteerziehung.

Hier drängen sich unweigerlich Fragen auf, wie: Darf denn die öffentliche Schule überhaupt Werte vermitteln, da sie doch zu weltanschaulicher Neutralität

---

[1] Es ließe sich wohl auch kaum pauschal beantworten.

verpflichtet ist? Und wie lässt sich Werteerziehung überhaupt mit dem Grundsatz vereinbaren, dass ja die Freiheit des Individuums – eben auch in Wertefragen – ein Konstituens liberal-demokratischer Gesellschaften ist? Wer nun Vorschläge zur schulischen Werteerziehung machen möchte, ohne das Schulsystem reformieren zu wollen, muss neben grundlegenden Fragen wie diesen auch den Status quo berücksichtigen. Die Entwicklung irgendeines idealtypischen pädagogischen Konzeptes ohne Berücksichtigung vorhandener Strukturen müsste sich sonst wohl zu Recht den Vorwurf des praxisfernen Theoretisierens im *wissenschaftlichen Elfenbeinturm* gefallen lassen. Die Entwicklung zeitgemäßer Konzepte wertepädagogischer Intervention, die auf die Schulsysteme der einzelnen Bundesländer zugeschnitten sind, stellt ein Desiderat erziehungswissenschaftlicher Forschung im föderalistischen Bildungswesen der Bundesrepublik Deutschland dar. Anhand eigens erhobener empirischer Daten aus dem Regierungsbezirk Bayerisch-Schwaben wird – unter Berücksichtigung der rechtlichen Voraussetzungen – mit dieser Arbeit die Grundlage geschaffen, ein solches Konzept für die allgemein bildenden Schulen in öffentlicher Trägerschaft in Bayern zu erarbeiten bzw. vorhandene Konzepte weiterzuentwickeln.[2]

Die Studie verfolgt hierbei ein dreistufiges Forschungsprozedere: In einem ersten Schritt werden unter Berücksichtigung aller relevanten Aspekte die Ziele einer zeitgemäßen Werteerziehung herausgearbeitet sowie die Orte der Werteerziehung gegeneinander abgegrenzt, wobei die spezifische Rolle und Relevanz der Schule dargelegt wird (Kap. 1.1 bis 2.1). In einem zweiten Schritt wird durch eine Analyse der Schulgesetze, der fächerübergreifenden Elemente der Lehrpläne sowie der amtlichen Verordnungen zur Lehrerausbildung überprüft, ob Politik und Schuladministration die Durchführung von Wertepädagogik an allgemein bildenden Schulen eigentlich vorsehen und ob die Lehrerausbildung darauf angelegt ist, die Unterrichtenden auf diese wichtige Aufgabe vorzubereiten (Kap. 2.2). In einem dritten Schritt wird die Praxis beleuchtet. 854 Lehrkräfte, die an allgemein bildenden Schulen[3] in öffentlicher Trägerschaft in Bayerisch-Schwaben unterrichten, haben an der schriftlichen Online-Befragung teilgenommen, in deren Zentrum folgende Fragen standen: 1. Findet im Untersuchungsbereich schulische Werteerziehung statt? 2. Worin liegen Stärken und

---

2 Dass diese Studie Vorschläge machen möchte, die auf das bayerische Schulsystem zugeschnitten sind, bedeutet im Umkehrschluss, der an dieser Stelle zutreffend ist: Es soll kein alternatives Schulkonzept erarbeitet oder weiterentwickelt werden, das vorhandene Strukturen grundlegend verändern möchte. Solch ein Konzept hat beispielsweise Lawrence Kohlberg mit der *Gerechten Gemeinschaft* (*Just Community*; vgl. Lind 2003, S. 95 ff.; Oser & Althof 2001, S. 337 ff.; Stein 2008, S. 165 ff.) vorgeschlagen. Das forschungsleitende Interesse dieser Arbeit besteht darin, dass unter den jetzigen Bedingungen die Durchführung schulischer Werteerziehung ermöglicht bzw. optimiert werden soll.

3 In die Untersuchung einbezogen wurden Grund-, Haupt- und Realschulen sowie Gymnasien und als Vergleichsgruppe Volksschulen mit Grund- und Hauptschulzweig (vgl. Kap. 3.1).

Chancen, worin Defizite und Hindernisse schulischer Wertepädagogik im Untersuchungsbereich? 3. Worin liegen diesbezüglich Unterschiede zwischen den Schularten? 4. Welche Ansichten haben Lehrer[4] zur Werteerziehung und zur aktuellen Wertedebatte? 5. Werden Lehrkräfte im Rahmen ihrer Aus- und Fortbildung hinreichend auf die Durchführung schulischer Werteerziehung vorbereitet? Aus den Befragungsergebnissen werden konzeptionelle Empfehlungen für die schulische Werteerziehung und für die hierfür notwendige Qualifizierung der Lehrer abgeleitet (Kap. 3.1. bis 3.8).

Die Zielsetzung dieser Arbeit ist die Bestandaufnahme, welche als Basis zur Weiterentwicklung schulischer Werteerziehung in Bayern dienen soll. Was diese Studie nicht leisten möchte, ist die Präsentation eines fertigen didaktischen Konzeptes.[5] Die konzeptionellen Empfehlungen, die aus dem empirischen Datenmaterial heraus entwickelt werden, sind keine konkreten pädagogischen Handlungsanweisungen. Vielmehr sollen die Ausführungen eine Grundlage sein, auf der Lehrkräfte, Schulleiter sowie Verantwortliche in der Schuladministration und -politik ihren Teil dazu beitragen können, die schulische Werteerziehung in Bayern zu optimieren. Dies beinhaltet im Übrigen durchaus, dass Lehrkräfte, die diese Arbeit lesen, Hilfen für die pädagogische Praxis erhalten. Denn wer ein fundiertes, realistisches Wissen über die gesellschaftlichen Rahmenbedingungen, die Chancen und Grenzen, die Ziele, die gesetzlichen Grundlagen und die Herausforderungen einer zeitgemäßen schulischen Werteerziehung hat, besitzt entscheidende Voraussetzungen, sein pädagogisches Handeln gelingend zu gestalten.

Von der beschriebenen dreistufigen Forschungslogik ist die Einteilung der Arbeit in drei Hauptteile zu unterscheiden, über welche die folgenden Ausführungen einen Überblick geben. Während sich der erste Hauptteil mit den vom Erziehungsort unabhängigen grundlegenden Fragen für eine zeitgemäße Werteerziehung beschäftigt, widmet sich der zweite Hauptteil den Orten der Werteerziehung, wobei der Schwerpunkt dem forschungsleitenden Interesse dieser Studie folgend auf der Schule liegt. Der dritte Hauptteil beschreibt – nun analog zur dritten Stufe des Forschungsprozederes – die schulische Werteerziehung in Bayerisch-Schwaben und formuliert konzeptionelle Empfehlungen.

Der erste Hauptteil beginnt mit einem Kapitel (1.1) über die gesellschaftliche Ausgangslage, auf welche die Werteerziehung trifft. Nach der Beschreibung der deutschen Wertelandschaft, die gekennzeichnet ist durch weltanschaulichen Pluralismus, Orientierungsschwierigkeiten und Individualismus (1.1.1), wird der Frage nachgegangen, wie die aktuelle Situation historisch ge-

---

4 Aus Gründen der besseren Lesbarkeit der Texte wurde in der vorliegenden Arbeit generell auf die jeweilige Nennung beider Geschlechter verzichtet. Gemeint sind immer Lehrerinnen und Lehrer, Schülerinnen und Schüler, Schulleiterinnen und Schulleiter, Untersuchungsteilnehmerinnen und Untersuchungsteilnehmer etc.

5 Auch erfolgt im Rahmen dieser Arbeit keine Darstellung der bekannten Werteerziehungskonzepte. Zur Übersicht siehe Mauermann 2004 und Oser 2001.

wachsen ist (1.1.2). Hierbei wird bewusst vermieden, in die gern gesungene Litanei über den Niedergang der Moral einzustimmen. „Die Klagen über den Verfall der Werte gehen nun schon über einige tausend Jahre“ (Walther 2003, S. 664). Für Hans Joas bilden sie gar „in Kulturkritik und sozialwissenschaftlicher Zeitdiagnose ein eigenes rhetorisches Genre“ (2003, S. 667). In dieser Arbeit geht es nicht darum zu beschwören, dass früher alles besser gewesen sei, denn ein solcher Ansatz bietet keinerlei Perspektiven (vgl. ebd.). Eine naive Idealisierung der heutigen pluralistischen Verhältnisse bietet jedoch ebenso wenige Chancen, wie das rückwärtsgewandte Denken. Und so möchte Kapitel 1.1 neutral die Gegebenheiten beschreiben, auf die moderne Wertepädagogik trifft, um darauf aufbauend eine in die Zukunft gewandte, realistische Perspektive für die Werteerziehung zu entwickeln.

Nachdem im Kapitel 1.2 die für die Fragestellung dieser Arbeit relevanten Termini expliziert werden, widmet sich Kapitel 1.3 zwei Konzepten, die für die gesellschaftliche Wertedebatte und die Werteerziehung von Bedeutung sind: pluralistische Freiheit und ein verbindlicher Wertekonsens. Beides ist als unerlässlich zu betrachten. Doch wie passt das zusammen: Das Recht auf freiheitliche Entfaltung der eigenen Persönlichkeit einerseits und andererseits die Konzeption, dass jeder in seinem Handeln gewisse Werte berücksichtigen muss? Nachdem jeweils in einem eigenen Abschnitt (1.3.1 und 1.3.2) begründet wird, warum beide Forderungen als unerlässlich zu betrachten sind, formuliert Abschnitt 1.3.3 die konkrete Ausgestaltung der Synthese aus Freiheit und Anpassung in Wertefragen und führt das hierfür unerlässliche Konzept der Mündigkeit in Wertefragen ein. Der das dritte Kapitel abschließende Abschnitt (1.3.4) füllt den Wertekonsens mit Inhalt, indem er moralische Grundwerte benennt, die für jedes Gesellschaftsmitglied verbindlich sein müssen, und diese Wahl begründet. Die Überlegungen des ersten Hauptteils münden in die Formulierung von Zielen einer zeitgemäßen Werteerziehung (Kap. 1.4).

Der zweite Hauptteil, der sich mit der Rolle und Relevanz der Schule als Ort der Werteerziehung auseinandersetzt, grenzt im ersten Kapitel (2.1) in einer Außensicht zunächst einmal die unterschiedlichen wertepädagogischen Institutionen gegeneinander ab. Abschnitt 2.1.1 unterzieht familiäre und schulische Wertepädagogik einem systematischen Vergleich. Daraufhin (2.1.2) wird das Verhältnis beider Erziehungsorte unter Berücksichtigung der gesetzlichen Grundlagen beleuchtet. Anzustreben ist eine auf Kommunikation beruhende Erziehungspartnerschaft von Familie und Schule als den beiden wichtigsten Orten der Werteerziehung. Nachdem Abschnitt 2.1.3 weitere Erziehungsträger wie etwa Kindergarten, Sportverein, kirchliche Jugendangebote oder auch die berufliche Fortbildung differenzierend berücksichtigt, wird abschließend (2.1.4) auf Grenzen in der Zuständigkeit und Wirksamkeit der Werteerziehung eingegangen.

Kapitel 2.2 beinhaltet die oben beschriebene zweite Stufe des dreistufigen Forschungsprozederes und fragt – gewissermaßen aus der Innenperspektive – danach, ob in Bayern die Durchführung schulischer Werteerziehung und die hierfür notwendige Qualifizierung der Unterrichtenden von Seiten der Politik und Schuladministration vorgesehen sind. Dass dies so ist, lässt sich nach Begutachtung der entsprechenden Gesetze, Verordnungen und Lehrpläne bejahen.

Der dritte Hauptteil (*Empirie-Teil*) beginnt mit einer Schilderung der Konzeptionalisierung und der Durchführung der Online-Lehrerbefragung (Kap. 3.1). In den Monaten der Vorbereitung der empirischen Studie gab es einige deutliche Veränderungen, welche das Erhebungsinstrument und das Forschungsdesign betrafen. Letzteres wandelte sich als Resultat der durchgeführten Voruntersuchungen von einem stärker qualitativ ausgerichteten zu einem eher – aber nicht ausschließlich – quantitativen Forschungsdesign. Der am Ende verwendete, stärker als zuvor standardisierte Online-Fragebogen enthielt wenige in offener und viele in geschlossener Form verfasste Fragen (3.1.1). Die Stichprobenziehung sowie die Durchführung der Untersuchung beschreibt Abschnitt 3.1.2. Überlegungen zur Stichprobengröße führten zu der Entscheidung, die Untersuchung auf Bayerisch-Schwaben zu beschränken, was jedoch nicht dazu führt, die Erkenntnisse auf diesen Regierungsbezirk eingrenzen zu müssen.[6] Insgesamt wurden Einladungs- und Erinnerungsschreiben zur Teilnahme an der Untersuchung an 244 Schulen in öffentlicher Trägerschaft versendet.

Nachdem im Kapitel 3.2 die Zusammensetzung der Stichprobe beschrieben wird, geht Kapitel 3.3 auf die Ansichten und Einstellungen der Untersuchungsteilnehmer zur Wertedebatte, zur schulischen Wertepädagogik und zur Relevanz von Schule und Familie als Orte der Werteerziehung ein.

Die Lehrkräfte wurden im Rahmen der Befragung gebeten zu bewerten, wie gut 29 verschiedene Aufgaben schulischer Werteerziehung jeweils im Unterricht und im Rahmen offizieller schulischer Aktivitäten außerhalb des Unterrichts in die Praxis umgesetzt werden. Die Auswertungsergebnisse und daraus resultierende Empfehlungen werden im Kapitel 3.4 dargestellt. Die Untersuchungsteilnehmer beurteilten nicht nur die Umsetzung von Einzelaspekten, sondern wurden darüber hinaus auch zu einer Gesamtbewertung schulischer Werteerziehungspraxis aufgefordert. Die Resultate zeigt Kapitel 3.5 auf.

Wo ihrer Meinung nach Defizite und Hindernisse schulischer Werteerziehung liegen, konnten die Befragungsteilnehmer in eigenen Worten ausführen. Aus den Antworten wurde mithilfe der Qualitativen Inhaltsanalyse nach Philipp Mayring induktiv ein Kategoriensystem entwickelt, das mit vielen Zitatbeispielen im Kapitel 3.6 nachzulesen ist. Zu den einzelnen Kategorien wurde zudem jeweils die Nennungshäufigkeit ermittelt.

Ebenfalls in eigenen Worten konnten die Lehrkräfte ihre an bestimmte Personengruppen und Institutionen gerichteten Wünsche und Forderungen zum

---

[6] Auf die durch das Zustandekommen der Stichprobe bedingte Aussagekraft der Teilnehmerantworten wird in dem betreffenden Abschnitt ausführlich eingegangen.

Thema Werteerziehung formulieren. Kapitel 3.7 zeigt auf, welche Forderungen die Unterrichtenden an ihre Schüler, die Lehrerkollegen, die Schulleitungen, die Eltern ihrer Schüler, an Politik und Kultusministerium, an die Medien, die Wirtschaft, die Wissenschaft und andere Institutionen richten. Die in diesem Kapitel paraphrasierend und mit wenigen Antwortbeispielen zusammengefasste Zitatsammlung, die sich im erweiterten Anhang dieser Arbeit im Internet befindet (Teil L), ist ein praxisnahes Stimmungsbild dessen, was den am Thema Werteerziehung interessierten Lehrkräften an allgemein bildenden Schulen in Bayerisch-Schwaben auf dem Herzen liegt.

Kapitel 3.8 schließlich trägt der Tatsache Rechnung, dass man nicht die Durchführung schulischer Werteerziehung fordern kann, ohne danach zu fragen, ob die Unterrichtenden hierfür eigentlich qualifiziert werden. Wurde die Wertepädagogik im Lehramtsstudium und im Referendariat berücksichtigt? Und haben die Befragten das Gefühl, dadurch hinreichend auf die Durchführung in der Praxis vorbereitet worden zu sein? Werden Fortbildungsmaßnahmen zum Thema angeboten, und haben die Lehrkräfte den Eindruck, durch diese hinreichend für die Praxis schulischer Werteerziehung qualifiziert zu werden? Ferner wurden die Teilnehmer gefragt, ob sie sich intensivere Fortbildungsmaßnahmen wünschen und, wenn ja, was sie sich davon erhoffen würden. Die in dieser Studie erarbeiteten Empfehlungen zur Optimierung der Qualifizierung der Lehrkräfte konzentrieren sich auf den Bereich der Fortbildung, da nur durch diese auch die bereits tätigen Lehrer erreicht werden können.

Die Arbeit schließt mit einer Zusammenfassung der wichtigsten Ergebnisse und Empfehlungen.

Im Rahmen der Wertedebatte wird häufig laut gestritten. Man versucht, seine persönliche Sichtweise über moralische Fragen durchzusetzen. Gerne wird die eigene Meinung zur absoluten Wahrheit erhoben (vgl. Dittmer 1994, S. 133 f.). „Wer am lautesten nach Werten ruft, ist allzu häufig nur darüber enttäuscht, daß seine Interpretation dieser Werte nicht mehr zum Tragen kommt" (ebd., S. 137). Doch die Wertedebatte muss nicht notwendigerweise einem verbitterten Grabenkampf gleichkommen. Auch bei der Diskussion über Werteerziehung darf es nicht darum gehen, wer seine persönliche Ideologie am besten durchsetzen kann. In diesem Sinne steht die vorliegende Arbeit, von der Einleitung bis zu den abschließenden Gedanken, unter folgender Prämisse: Es geht nicht darum, Gegensätze zu errichten und Blockaden aufzubauen, sondern es soll Orientierung ermöglicht werden (vgl. Werteinitiative '93 1994, S. 176).

1 Erörterung grundlegender Fragen für eine zeitgemäße Werteerziehung

Die Erziehungswissenschaft muss sich mit einigen grundlegenden Fragen auseinander setzen, bevor sie Ziele einer zeitgemäßen Werteerziehung formulieren kann. Beides geschieht im vorliegenden ersten Hauptteil.

Werteerziehung findet nicht im luftleeren Raum statt. Deshalb wird zunächst die gesamtgesellschaftliche *Wertesituation* beleuchtet, auf welche sie trifft (1.1). Nachdem Kapitel 1.2 bezüglich der relevanten Begriffsdefinitionen Klarheit schafft, um terminologische Missverständnisse auszuschließen, widmet sich Kapitel 1.3 der Lösung des werteerzieherischen Grunddilemmas: Wie passt die Idee eines allgemein verbindlichen Wertekonsenses mit der Forderung zusammen, dass man das Individuum in Wertefragen nicht in seiner Freiheit beschneiden darf? Die Vorüberlegungen münden in die Formulierung von Zielen einer zeitgemäßen Werteerziehung (1.4).

1.1 Die Ausgangssituation: Pluralitätsbedingungen, Orientierungsschwierigkeiten, Individualismus

Werteerziehung findet immer in einem bestimmten gesellschaftlichen Kontext statt. Diese Ausgangssituation gilt es zu verstehen. Sonst kann Werteerziehung für den Educanden, der in eben diesem Kontext lebt, nicht relevant sein. Zwei Fragen sind hier von Interesse: 1. Welche Werte bieten sich dem Individuum? 2. Welche Werte sind in Deutschland beliebt, und welche Entwicklungen lassen sich hier feststellen?[1]

Während der erste Abschnitt des vorliegenden Kapitels unter dieser Perspektive die aktuelle Wertelandschaft beleuchtet, fragt der zweite Abschnitt nach den historischen Entstehungsbedingungen für die aktuelle Situation und den Wertewandel.

1.1.1 Die Wertelandschaft in Deutschland zu Beginn des neuen Jahrtausends

Jedem Mitglied der deutschen Gesellschaft bietet sich bei der Gestaltung des eigenen Lebens eine schier unerschöpfliche Anzahl an Wahlmöglichkeiten. Diese Freiheit ist nicht auf relativ unbedeutend erscheinende, aber oft nicht minder herausfordernde Entscheidungen wie etwa auf die freie Wahl der Freizeitaktivitäten oder auf Geschmacksfragen wie die Entscheidung für einen eigenen Kleidungs- oder Musikstil begrenzt. Auch bei wichtigeren Entscheidungen wie der

---

1 Beide Punkte werden unter den weit gefassten Terminus *Wertelandschaft* subsumiert.

Berufs- oder Partnerwahl hört diese Freiheit noch nicht auf. Sie erstreckt sich darüber hinaus auf die grundlegende Ausrichtung des eigenen Lebens. Dem aufgeklärten Menschen des 21. Jahrhunderts stehen viele verschiedene Weltanschauungen, Ideologien, Religionen, Wertekonzepte offen. Er kann und muss sich entscheiden, wonach er sich bei der Lebensgestaltung und auch bei der Suche nach einem Sinn im Leben ausrichten möchte. Materialismus, Idealismus, Christentum und andere theistische Konzepte, Atheismus, Hedonismus, Sozialismus, karitatives Engagement oder Streben nach Spaßerfüllung: dies sind nur einige Schlagworte, welche einen kleinen Eindruck der breiten Werteangebotspalette vermitteln, die sich dem Individuum in der liberal-demokratisch verfassten deutschen Gesellschaft bietet.

Bedeutend für die Fragestellung dieses Kapitels ist folgendes: Es gibt keine Instanz mehr, die festlegt, nach welchen Werten man sich bei der Lebensgestaltung zu richten hat. In der Vergangenheit war das anders. Es gab über viele Jahrhunderte „eine die Gesellschaft bestimmende christliche Kultur und damit eine christliche Gesellschaft, die somit auf einer einheitlichen und umfassenden Wertgrundlage beruhte" (Laux 2002, S. 507). Das christliche Gedankengut durchdrang die gesamte Kultur und hatte dabei mit keinen anderen Weltanschauungen zu konkurrieren. Das dem Gedankengut zugrunde liegende Menschen- und Weltbild durchdrang alle gesellschaftlichen Strukturen und hatte Einfluss auf jeden einzelnen Menschen, natürlich mal mehr, mal weniger. In dieser vom christlichen Gedankengut durchdrungenen Einheitskultur bekam jeder Mensch klare Vorgaben, wie er sein Leben zu führen hatte (vgl. ebd., S. 507 f.). Bestimmte Werte galten für praktisch alle als nicht hinterfragbar.

Das hat sich grundlegend geändert. Es gibt heute nicht mehr den einen Satz an Werten, den alle Gesellschaftsmitglieder gleichermaßen für erstrebenswert halten oder halten müssen. Und es gibt keine Institution mehr, die verbindlich einen Lebenssinn vorgibt. Schon seit Ende des 17. Jahrhunderts hat der kulturprägende Einfluss der Kirchen nachgelassen (vgl. Akademie Gesellschaft und Wissenschaft 1994, S. 178). Die große Anzahl der Kirchenaustritte ist ein deutliches Indiz der Abnahme der Bedeutung der Kirche in den letzten Jahrzehnten.

Hier muss allerdings differenziert werden. In der Öffentlichkeit wird in den letzten Jahren nicht selten die Frage gestellt, ob es eine Wiederkehr der Religion gebe. Die Frage liegt z.B. auf der Hand, wenn man sich mit der für die Werteerziehung relevanten Gruppe der Jugendlichen befasst. So reisten beispielsweise anlässlich des Todes von Papst Johannes Paul II. im Jahr 2005 viele Jugendliche aus ganz Europa nach Rom. Im selben Jahr zog der Besuch des neuen Papstes Benedikt XVI. beim Katholischen Weltjugendtag ganze Massen Jugendlicher aus aller Welt, auch aus Deutschland nach Köln (vgl. Gensicke 2006 a, S. 203). Dennoch zieht die Shell Jugendstudie von 2006 das Fazit, das Wertesystem deutscher Jugendlicher[2] sei „in erster Linie säkular ausgerichtet" (ebd.). „Gemessen an einem ‚starken' religiösen Bekenntnis zu einem persönlichen Gott ist Religiosität bei Jugendlichen in Deutschland heute niedrig ausgeprägt. Das liegt vor allem daran, dass die meisten Elternhäuser in Deutschland nur wenig religiös sind und Religiosität nur wenig tradieren. Je älter die Jugendlichen werden, desto mehr wechseln sie zu einem schwächeren religiösen Bekenntnis bzw. desto mehr wenden sie sich von der Religion überhaupt ab. Kindlich-naive Gottesvorstellungen weichen entweder deistisch-philosophischen bzw. spirituellen Ideen oder lösen sich ganz auf" (Gensicke 2007, S. 424). Religion habe sich vermehrt privatisiert und dieser Trend führe „insgesamt zu einer *Abschwächung* von Religiosität und ihrer Lebensbedeutung und nicht lediglich zu einem Formenwandel" (ebd., S. 425, Hervorhebung durch kursive Formatierung im Original).[3]

Zwar haben viele Jugendliche der Institution Kirche gegenüber prinzipiell eine wohlwollende Einstellung. 69 % der Befragten der 15. Shell Jugendstudie finden es gut, dass es die Kirche gibt. Dies erklärt wohl, weshalb kirchliche Großveranstaltungen von vielen Jugendlichen frequentiert werden. Neben einem generellen Wohlwollen lässt sich unter den Jugendlichen jedoch auch eine weit verbreitete Kirchenkritik feststellen. So sagen 68 % der Untersuchungsteilnehmer, die Kirche müsse sich ändern, wenn sie eine Zukunft haben will. Besonders relevant ist für die Fragestellung dieses Abschnitts, dass 65 % der Befragten aussagen, die Kirche habe keine Antworten auf die Fragen, die sie wirklich bewegen (vgl. Deutsche Shell 2006, S. 27; Gensicke 2006 a, S. 216 ff.). „Das heißt, dass an der Schnittstelle der kirchlich-religiösen Angebote zum Wertesystem und zum Leben der Jugendlichen der Einfluss der Kirchen zumeist endet" (Deutsche Shell 2006, S. 27).

Aus gesamtgesellschaftlicher Perspektive resümiert Renate Köcher 2006 allerdings, das Interesse an religiösen Themen liege höher als in den 90er Jahren und als zu Beginn des aktuellen Jahrzehnts. Sie spricht von einer neuen Anziehungskraft der Religion, von einem wachsenden Interesse an Glaube und Kirche. Die gesamtgesellschaftliche Entwicklung seit den 60er Jahren beschreibt sie wie folgt: Zwischen Mitte der 60er und Mitte der 70er Jahre seien die kirchlichen Bindungen und die religiöse Praxis „erdrutschartig" verfallen (2006, S. 177). Dies habe sich verlangsamt fortgesetzt und sei seit Mitte der 80er Jahre in einem sprunghaften Anstieg der Kirchenaustritte sichtbar geworden. Mit der deutschen Einheit

---

2 Befragt wurden 12- bis 25-Jährige.

3 Die 15. Shell Jugendstudie spricht differenzierend von „Religion light" in Westdeutschland, womit zum Ausdruck gebracht werden soll, dass die Jugend dort nur eine mäßige Beziehung zu Religion hat. Sie scheut sich vor einer offenen Abwendung von der Religion aber auch vor einem „starken" Bekenntnis zu ihr. Bei den ostdeutschen Jugendlichen hat sich hingegen eine deutliche Abkehr von Religion „auch in den Elternhäusern" vollzogen. Dahingegen findet man unter Jugendlichen mit Migrationshintergrund häufiger eine starke Glaubensüberzeugung. Hier wird auch die Religiosität des Elternhauses stärker eingeschätzt (vgl. Gensicke 2007, S. 422 f.; Gensicke 2006 a, S. 221 ff.).

habe sich die Lage noch einmal verschärft (vgl. ebd., S. 177 f.). Mitte der 90er Jahre sei dieser Prozess jedoch wider Erwarten zum Stillstand gekommen, „so, als sei der Kreis religiös Gebundener auf einen stabilen Kern abgeschmolzen. Die weiterhin erfolgenden Kirchenaustritte verdeckten die Stabilisierung, widerlegen sie jedoch nicht" (ebd., S. 178). Seit 1995 habe sich der Kreis der Personen, für die Religion eine große Bedeutung hat und die aus dem Glauben Kraft ziehen, von 35 % auf 42 % erhöht. Zudem habe sich das Interesse an religiösen Themen erhöht (vgl. ebd.). „Auf der Suche nach Orientierung wenden sich viele fragend der Religion und Kirche zu. Noch ist schwer abzuschätzen, ob daraus eine nachhaltige Belebung der religiösen Kultur in Deutschland erwächst oder ob Religion und Kirche nur vorübergehend ‚Konjunktur haben'" (ebd.).

Für die Fragestellung dieses Abschnitts ist in jedem Fall festzuhalten: Die Kirche schlägt auch heute Werte vor. Diese Vorschläge jedoch sind für die Gesellschaft nicht mehr bindend. Man kann sich daran orientieren, wenn man möchte. Aber man hat auch eine Vielzahl anderer Möglichkeiten. Nur ein Teil der Gesellschaft fühlt sich den Kirchen und den von diesen vorgeschlagenen Werten verpflichtet. Andere Menschen orientieren sich an den Vorschlägen anderer Institutionen oder Lebensanschauungsgemeinschaften. Die Auswahl ist hier schier unerschöpflich. Es ist also keine andere Instanz an die Stelle der Kirche als zentral *wertgebende* Institution getreten.

Woran soll man sich bei der Orientierung in der Wertelandschaft nun also richten, wenn „es keine ‚Stiftung Warentest', die verbindliche Bewertungskriterien anzubieten hätte", gibt (Preuss-Lausitz 1996, S. 36)? Verbindliche Kriterien existieren gar nicht, so wird dem Orientierung suchenden Individuum an vielen Stellen suggeriert. Tatsache ist: In der modernen westlichen Gesellschaft gibt es nicht nur weltanschauliche Pluralität sondern auch Pluralismus. Der erste Terminus besagt zunächst nur, dass es eine Vielfalt verschiedener Lebensformen und Wertesysteme gibt. Es handelt sich um einen rein deskriptiven Begriff. Das in Deutschland wie auch in anderen westlichen Ländern gesellschaftlich verankerte Prinzip Pluralismus dagegen hat den präskriptiven Sinngehalt, dass die vorhandene Wertevielfalt respektiert werden muss (vgl. auch Hentig 2001, S. 28). Die Respektierung der unterschiedlichen Wertesysteme widerspricht scheinbar, jedoch nur auf den ersten Blick, dem Ansinnen, Kriterien zu ermitteln, aus denen Werte abgeleitet werden, die für alle gelten sollen, die als objektiv wahr zu bezeichnen sind. „In der postmodernen Gesellschaft fehlt die Bereitschaft, objektiv Verpflichtendes anzuerkennen. ... Das Nebeneinanderbestehen unterschiedlicher, teilweise widersprüchlicher Standpunkte, Überzeugungen und Wissensformen kennzeichnet die Situation der Gegenwart" (Wiater 2004 a, S. 56 f.). Wolfgang Brezinka zieht den Schluss, in den liberal-demokratischen Ländern Europas sei „der Minimalbestand an gemeinsamen Grundwerten bedrohlich zurückgegangen" (Brezinka 1993 a, S. 14).[4]

Das, was Hans JOAS als gestiegene „Kontingenz", als drastische Zunahme an Handlungsoptionen bezeichnet (2003, S. 672 ff.), führt bei vielen Menschen zu Orientierungslosigkeit und Überforderung (vgl. Wiater 2004 a, S. 57). Sie wissen nicht, wonach sie sich bei ihrer Lebensgestaltung ausrichten können. Denn der Pluralismus bietet „dem Menschen nicht nur die Möglichkeit, auf selbstbegründete Weise seine Werte zu formen, sondern er lässt ihm gar keine andere Wahl" (Standop 2005, S. 23).

Zum Wertepluralismus kommt hier noch die Unbeständigkeit, d.h. der rasche „Wechsel von verschiedenen Normen, Idealen, Menschenbildern und Handlungsrichtlinien" (Brezinka 1993 a, S. 9). Heute „kann gelten, was morgen falsch ist" (Preuss-Lausitz 1996, S. 38).

Wolfgang Brezinka bezeichnet die so beschriebene Situation als „Kulturkrise" (1993 a, S. 9). Die Menschen sind teils nachhaltig verunsichert, wonach sie sich in ihrem Leben orientieren sollen. Es handelt sich um „eine Krise der Überzeugungen von dem, was Wert hat, was anzustreben und was abzulehnen, was höher und was niedriger zu bewerten, was vorzuziehen und was zurückzustellen ist" (Brezinka 1993 b, S. 12). Die Menschen sind in der Bewertung der Situation und der Auswahl von Lebensmodellen oft schlichtweg überfordert. Auf diese „Orientierungskrise" (Hans Küng, zitiert in Heimann 1994, S. 124) muss eine zeitgemäße Werteerziehung eingehen. Auch für Jutta Standop beinhaltet die „so genannte ‚Wertekrise' … ein erzieherisches Problem, denn der Mensch muss lernen, die Unübersichtlichkeit, die er selbst geschaffen hat, wieder zu ordnen. … Das Individuum ist … heute genötigt, zu entscheiden, zu verantworten und auch die Konsequenzen dafür tragen zu müssen, welche Formen der Lebensführung es wählen, welchen Moralvorstellungen es folgen und welche Überzeugungen es vertreten will" (2005, S. 37).

In der Wertedebatte wird der Begriff Krise häufig noch in einem anderen Zusammenhang verwendet. Man spricht vom Verfall der Werte. Dies ist jedoch keine korrekte Formulierung für das, was geschieht. Denn die Werte an sich verfallen nicht, sie verändern sich nicht. Was sich verändert, ist die Wahrnehmung und Bedeutung einzelner Werte in der Gesellschaft. Es verändert sich ihre Bedeutungsrangfolge. Bestimmte Werte, die früher einmal als wichtig angesehen wurden, nehmen in ihrer interpersonellen Gültigkeit ab. Andere werden den Menschen zunehmend wichtiger (vgl. Becker 2002, S. 8 f.; Gensicke 1994, S. 117; Hentig 2001, S. 69; Michel 2001, S. 443; Preuss-Lausitz 1996, S. 38). „Was sich

---

4 Gemeinsame Grundwerte setzen voraus, bestimmte Werte als objektiv wahr anzuerkennen. Auf die Frage, welche Grundwerte als gesellschaftlicher Wertekonsens für alle Gesellschaftsmitglieder verpflichtend gelten sollten und welche Kriterien zur Begründung dienen können, wird im Kapitel 1.3 eingegangen.

wandelt sind nicht die Werte, sondern die Wertungen, die Bewertungen. ... Man müsste – wenn überhaupt – vom ‚Wertungswandel' und nicht vom Wertewandel sprechen" (Ladenthin 2007, S. 3).

Einige solcher Trends, welche die Entwicklung der Wichtigkeit bestimmter Werte in der Werteorientierung der Deutschen beschreiben, sollen im Folgenden dargestellt werden. Es handelt sich um längerfristige, gesamtgesellschaftliche Tendenzen in den westdeutschen Bundesländern.[5]

Mit der Darstellung der „einzigen verfügbaren längerfristigen Zeitreihe" (1951-1991; alte Bundesländer) belegt Thomas Gensicke einen „fundamentalen Wertewandel" (1994, S. 117) von Pflicht- und Akzeptanzwerten zu Selbstentfaltungswerten[6], der sich auch als Individualisierungsprozess beschreiben lässt. Seit Anfang der 50er Jahre wurden repräsentative Querschnittstichproben der Bundesbürger befragt, wonach sich die Kindererziehung ihrer Meinung nach auszurichten habe. Während in den 50er Jahren *Ordnungsliebe und Fleiß* sowie *Gehorsam und Unterordnung* dominierten, übernahm seit den 60ern *Selbstständigkeit und freier Wille* die Führung. Die Zustimmung der westdeutschen Bevölkerung zu letztgenanntem Erziehungsleitbild lag Ende der 80er Jahre fast bei zwei Drittel (vgl. ebd., S. 117 f.).

Bestätigt wird der beschriebene Wertewandel, wenn man sich mit der Entwicklung der Erziehungsziele (alte Bundesländer) beschäftigt: *Sich in eine Ordnung einfügen, sich anpassen* und seine *Arbeit ordentlich und gewissenhaft tun* nahmen als Ziele der Erziehung im Zeitraum von 1967 bis 1991 an Bedeutung ab, dass das Kind *sich durchsetzen, sich nicht so leicht unterkriegen lassen* soll, wurde hingegen in den ersten zehn Jahren des Zeitraums wichtiger und blieb dann in der zugeschriebenen Bedeutung gleich wichtig. Interessant ist auch folgender Trend: Das Erziehungsziel *Andersdenkende achten, tolerant sein* nahm in dem besagten Zeitraum stetig an Bedeutung zu. Dabei hatten sich gegen Ende des Zeitabschnitts *ordentlich arbeiten, sich durchsetzen* und *tolerant sein* auf einem Level in der zugeschriebenen Bedeutung getroffen (vgl. Noelle-Neumann & Köcher 2002, S. 132). Es bestand „eine starke Tendenz, daß Sekundärtugenden, Individualismus und Toleranz gemeinsam auftreten" (Gensicke 1994, S. 118). 2001 schließlich hatte im Vergleich zu 1991 die Bedeutung der Erziehungsziele *tolerant sein* und *sich durchsetzen* nur minimal zugenommen, während *ordentlich arbeiten* entgegen des vorherigen Trends wieder an Bedeutung zunahm und 2001 sogar den Wert von 1967 leicht übertraf. Diese Zahlen lassen also nicht zu, undifferenziert von der Genese eines einseitig egoistischen Individualismus in Deutschland zu sprechen, was auch die Zahlen für Gesamtdeutschland bestätigen (vgl. ebd.).

---

5 Es erfolgt eine Konzentration auf die westdeutschen Bundesländer, da nur für diese längerfristige Daten vorliegen.

6 Gensicke verwendet hier Termini, die Helmut Klages geprägt hat.

Der dennoch vorhandene längerfristige Trend von Pflicht- und Akzeptanzwerten zu Selbstentfaltungswerten wird unterstrichen, wenn man sich mit der Entwicklung der Antworten westdeutscher Bundesbürger auf die Frage auseinander setzt, was sie als Sinn des Lebens ansehen: Von 1974 bis 2002 wurde das Ziel, *glücklich zu sein, viel Freude zu haben* und der Wunsch, *das Leben zu genießen* deutlich wichtiger. *Ganz für andere da sein, anderen helfen* sowie *dass die eigene Familie versorgt ist* wurden von einem im Zeitverlauf abnehmenden Prozentsatz der westdeutschen Befragten als Sinn des Lebens angegeben (vgl. Noelle-Neumann & Köcher 2002, S. 50).

Aussagen über die grundlegenden Werteinstellungen der Jugendlichen und jungen Erwachsenen im neuen Jahrtausend finden sich in den letzten beiden Shell Jugendstudien. Für die 14. Shell Jugendstudie, die 2002 erschien, wurden die Wertorientierungen der Jugendlichen über einen Zeitraum von 15 Jahren verglichen. Als wichtigste Neuigkeit wurde festgehalten, dass eine Wiederaufwertung der Sekundärtugenden[7] wie z.B. Leistung und Sicherheit stattgefunden hatte (vgl. Gensicke 2006 b, S. 175). „Diese Wiederbesinnung auf einen ‚traditionellen' Wertebestand hatte bei den Jugendlichen aber keine Abkehr von ‚modernen' Selbstentfaltungswerten zur Folge (z.B. von Kreativität oder Lebensgenuss). Vielmehr versuchten viele Jugendliche zu einer Synthese von inzwischen entstaubten ‚traditionellen' Werten mit ‚modernen' Werten zu gelangen" (ebd.). Die 15. Shell Jugendstudie von 2006 stellt fest, dass seit 2002 „das jugendliche Wertesystem recht stabil geblieben ist. Sechs deutliche Veränderungen stehen achtzehn weitgehend stabilen Wertorientierung gegenüber" (ebd., S, 176). Bei fünf der sechs Veränderungen handelt es sich um Anstiege. „Das bedeutet, was bereits 2002 im Zentrum des Wertesystems der Jugendlichen stand, hat 2006 fast immer seine Bedeutung weiter verstärkt" (ebd.). So hatte etwa die Wiederaufwertung der Sekundärtugenden Bestand. „Die Wertorientierung ‚Fleiß und Ehrgeiz', der größte Aufsteiger von 2002, ist sogar noch wichtiger geworden" (ebd.). Der Selbstentfaltungswert „Lebensgenuss" ist unverändert wichtig (vgl. ebd., S. 177).

Der langfristige Trend der Zunahme der Bedeutung von Selbstentfaltungswerten geht also einher mit einer nicht nur unter Jugendlichen und jungen Erwachsenen wieder zunehmenden Bedeutung traditioneller Werte. Hermann Giesecke merkt dazu an, es scheine „sich seit den neunziger Jahren eine Trendwende abzuzeichnen" (2005, S. 44).

Wenn es nun darum geht, ob und inwiefern aus den dargestellten Entwicklungen Schlüsse für das pädagogische Handeln gezogen werden können, ist zunächst darauf zu verweisen, dass es sich um grobe gesamtgesellschaftliche Trends handelt. Davon unterscheiden sich Aussagen darüber, welche Kombinationen spezifischer Werte bzw. Wertorientierungen bei einzelnen Individuen vorliegen. Einen – jedoch auch groben – Schritt in diese Richtung geht die 14. Shell Jugendstudie,

---

7 „Die Sekundärtugenden sind in der Sprache der Wertewandelsforschung typische und vitale Repräsentanten der Pflicht- und Akzeptanzwerte" (Gensicke 2006 b, S. 190)

indem sie mit der Beschreibung von vier Wertetypen den Kontrast grundsätzlicher Werthaltungen Jugendlicher herausstellt: Pragmatischen Idealisten sind Kreativität, Engagement und Toleranz wichtig. Sie haben sich dem Humanen verschrieben, haben ein Interesse an öffentlichen Themen, Kultur und Bildung. Den Gegenpol dazu bilden die robusten Materialisten, denen Hedonismus und Materialismus am wichtigsten sind. Im Zentrum ihres Interesses stehen nicht die Mitmenschen, nicht das Gute, Wahre und Schöne, sondern in egoistischer Manier materielle Güter. Die selbstbewussten Macher überwinden die Kluft zwischen Materialismus und Idealismus. Ein hoher Lebensstandard ist ihnen genauso wichtig wie soziales Engagement. Sie zeichnen sich durch Energie und Tatkraft aus im Gegensatz zu den zögerlichen Unauffälligen. Deren Persönlichkeitsprofil ist durch Apathie und Passivität gekennzeichnet, weder Materialismus noch Idealismus sind für sie von Bedeutung. Auf die unterschiedlichen Wertetypen entfällt jeweils circa ein Viertel der Befragten[8] (vgl. Gensicke 2003, S. 160 ff.; Gensicke 2006 b, S. 186 ff.).

Hierbei handelt es sich jedoch um eine idealtypische Darstellung, „da die Persönlichkeitstypen in der Realität nur selten in Reinform vorkommen, sondern in einer großen Vielfalt und Variation" (vgl. Gensicke 2006 b, S. 187). Überhaupt besteht für Hermann Giesecke eine „wichtige Einschränkung ... schon darin, dass die Pädagogik es mit je einzelnen Personen, nicht mit statistischen Typen zu tun hat und von daher ihr Erkenntnisinteresse von vorneherein anders gelagert ist" (2005, S. 47). Über das Verhältnis zwischen empirischer Werteforschung und der Pädagogik zieht er das Fazit: „Wertewandel wird uns also präsentiert in statistischen Größen, die weder etwas über die je individuelle Wertentwicklung aussagen noch aus ihrem Material über die Ursachen dafür Auskunft geben. Unmittelbare Anleitungen für das pädagogische Handeln können also daraus nicht erwachsen, aber sie sind hilfreich für die Aufklärung des gesellschaftlichen Horizonts, in dem dieses Handeln zu erfolgen hat" (ebd., S. 51). Darüber hinaus gilt: Wenngleich die statistischen Größen und Typologien beispielsweise einem Lehrer nichts über seine Klasse oder den einzelnen Schüler sagen, so können sie ihm bei der notwendigen Diagnose hier dennoch eine wichtige Hilfe, eine Vororientierung sein (vgl. ebd., S. 49).

So mag es für einen Lehrer hilfreich sein, sich in einer konkreten Erziehungssituation, z.B. bei einer Diskussion im Unterricht, innerlich die Frage zu stellen, ob einzelnen Schülern möglicherweise materielle Werte so wichtig sind, dass Ideelles dadurch bei ihnen in Vergessenheit gerät. Dann kann er etwa durch bestimmte Fragen, durch bestimmte Stimuli erzieherisch darauf reagieren. In diesem Beispiel handelt es sich um ein differenziertes, ein differenzierendes, auf den Einzelfall eingehendes Vorgehen.

---

8 Dies gilt sowohl für die Shell Jugendstudie von 2002 als auch für die von 2006 (vgl. Gensicke 2006 b, S. 194).

Undifferenzierte Verallgemeinerungen jedoch helfen keinem Erzieher weiter. Pauschal von einer Wertekrise im Sinne eines Werteverfalls auszugehen, hilft einerseits in konkreten Erziehungssituationen wenig weiter und ist andererseits wenig realistisch. Hermann Giesecke hält fest, in der öffentlichen Wertediskussion werde überwiegend von einem Werteverlust gesprochen, der mit einer Reihe von Krisenphänomenen verbunden werde: „Erosion des Gemeinsinns, Ellenbogengesellschaft, einseitige Freizeit- und Spaßorientierung, Verlust moralischer Standards, ausufernder Individualismus und Egoismus. Das stimmt mit der empirischen Forschung jedoch keineswegs überein" (2005, S. 43).

Fazit: Zu beobachten ist in den letzten Jahrzehnten allerdings ein grundlegender Wertewandel, der seit den 90er Jahren jedoch seine Dynamik der davorliegenden Jahrzehnte zu verlieren scheint (vgl. ebd., S. 45). Seit den 50er Jahren hat auf der Makroebene ein grundlegender Individualisierungsprozess stattgefunden, Selbstentfaltung ist wichtiger geworden. Doch auch traditionelle Werte haben in den letzten Jahren wieder an Bedeutung gewonnen. Auf der Mikroebene gibt es in großer Vielfalt und Variation sowohl Beispiele für gelungene Wertesynthese als auch problematische Fälle, in denen Individuen bestimmte Werte oder bestimmte grundlegende Werteorientierungen einseitig betonen. Die Werteerziehung muss immer auf den Einzelfall eingehen, kann hierbei jedoch die Makrotrends zur Orientierung nutzen.

Ferner zeichnet sich die aktuelle Situation durch einen stark ausgeprägten Wertepluralismus aus. Die damit einhergehenden Wahlmöglichkeiten stellen viele Gesellschaftsmitglieder vor Herausforderungen. Auch hierauf muss eine zeitgemäße Werteerziehung eingehen.

Der folgende Abschnitt beschäftigt sich mit den historischen Entstehungsbedingungen der so beschriebenen Situation.

1.1.2 Historische Entstehungsbedingungen der aktuellen Situation

Zunächst geht dieser Abschnitt auf die Entstehung der aktuellen Pluralitätsbedingungen ein. Zudem wird der Wertewandel seit den 50er Jahren in seinem historischen Kontext beleuchtet.

Weshalb gibt es nicht mehr eine in Wertefragen zentral maßgebende Instanz, welche die Kirche in der Vergangenheit war? Warum hat deren Einfluss in Wertefragen – langfristig gesehen – nachgelassen? Was hat zum aktuellen Wertepluralismus geführt, der für viele mit Orientierungsschwierigkeiten einhergeht? Wolfgang Brezinka erachtet drei Punkte als hauptursächlich für die Orientierungskrise, die er auch als „Wertungskrise" bezeichnet (1993 a, S. 9):

1. Die Vermehrung und Ausbreitung naturwissenschaftlichen und historischen Wissens – Aufgrund eines ständig wachsenden naturwissenschaftlichen Wissens hat es im technischen Bereich in den letzten

Jahrhunderten rasante Fortschritte gegeben, die dem Menschen ermöglicht haben, immer mehr Gebiete immer effizienter selbst zu gestalten. So haben sich ganz neue Möglichkeiten ergeben, etwa in den Bereichen Mobilität und Medizin. Der Mensch, der Technologien geschaffen hat, die ihm ermöglichen, etwa in kurzer Zeit eine große Distanz zu überwinden oder eine gefährliche, zuvor womöglich tödliche Krankheit in den Griff zu bekommen, gewinnt an Vertrauen zu sich selbst. Er scheint weniger auf – zum Beispiel religiöse – Hilfe von außen angewiesen zu sein. Das Anwachsen naturwissenschaftlichen Wissens „hat die wissenschaftliche, ökonomische, rechnerische Denkweise gefördert und die mythisch-religiöse geschwächt" (ebd.).

Die Zunahme historischen Wissens hat zudem den Horizont der Menschen erweitert. Immer mehr wurden andere Religionen, Lebensformen, Gesellschafts- und Wirtschaftsmodelle aus anderen Zeitepochen und Regionen bekannt, was dazu geführt hat, die eigenen Ansichten und Modelle nicht mehr als allein seligmachend anzusehen, sondern als geschichtlich bedingt und als relativ (vgl. ebd.). Wolfgang Brezinka zieht das Fazit: „Es entstand der falsche Eindruck, das wissenschaftliche Wissen und das eigene kritische Denken seien ausreichend für die Lebensführung; Religionen, Weltanschauungen, Glaubenssysteme seien entbehrlich" (ebd.).

So ermöglichte die Zunahme naturwissenschaftlichen und historischen Wissens die Entstehung und schließlich die Beschleunigung zweier Prozesse, die als Mitursachen für eine erschwerte Orientierung auszumachen sind: Säkularisierung und Pluralisierung. „Die Kultur der Moderne ist keine religiöse Kultur mehr, ... Weltanschauung gibt es nicht mehr im Singular, sondern nur noch im Plural" (Laux 2002, S. 508). Es gibt viele gesellschaftlich akzeptierte Weltanschauungen, nicht mehr nur eine.

2. Die Erweiterung der Menschenrechte und Grundfreiheiten – Dem Individuum wurden zunehmend mehr Freiheiten zugestanden. Der liberale Staat übt keine Kontrolle mehr aus über Weltanschauung, persönlichen Glauben und Moral. Vielmehr gewährt er seinen Bürgern „Meinungsfreiheit, Religionsfreiheit, Glaubens- und Gewissensfreiheit, Versammlungs- und Vereinsfreiheit, Presse-, Wissenschafts- und Kunstfreiheit" (Brezinka 1993 a, S. 10). Individualisierung ist die Folge: Die errungenen Freiheiten bringen einen Spielraum mit sich, den das Individuum selbst mit Inhalten füllen kann, frei von tradierten Vorgaben (vgl. Laux 2002, 508).

   Bei allem unbestreitbar Positiven geht die Erweiterung der Grundfreiheiten einher mit einem Verlust an „Hilfen bei der Wertorientierung" (Brezinka 1993 a, S. 10). Das Individuum kann sich nicht mehr darauf verlassen, dass man ihm sagt, was es glauben und erstreben soll. Freiraum mit Individuellem füllen zu dürfen heißt auch, Freiraum mit Individuellem füllen zu müssen, damit der

Freiraum nicht zur Leere verödet. Die weltanschauliche Freiheit bringt auch Imperative mit sich, denn Freiheit ohne Inhalt stellt niemanden zufrieden.

3. Die Zunahme des Wohlstandes – Mussten die Menschen in früheren Jahrhunderten lange und hart arbeiten, um sich von dem verdienten Geld dann nur mit Mühe lebensnotwendige Dinge wie Nahrung und ein Dach über dem Kopf leisten zu können, stehen heute jedem vergleichsweise deutlich mehr Freizeit, Geld und ein gigantisches Waren- und Freizeitangebot zur Verfügung. „Neben dem Markt für lebensnotwendige Güter ist ein riesiger Freizeit- und Unterhaltungsmarkt entstanden“ (ebd.).

   Ein Ansteigen der frei verfügbaren Zeit, ein größeres finanzielles Budget und eine riesige Auswahl an Freizeit- und Konsummöglichkeiten tragen dazu bei, dass der Einzelne in seinen Entscheidungen nicht selten überfordert ist (vgl. ebd., S. 10).

Diese drei Punkte erklären zum einen, weshalb es in liberal-demokratischen Gesellschaften zu einer Zunahme an individuellen Wahlmöglichkeiten gekommen ist, wodurch es schwierig wurde, sich in Lebensgestaltungs- und Weltanschauungsfragen zu orientieren.[9] Darüber hinaus lassen sich hier auch deutliche Indizien finden, die den dargestellten Wertewandel von Pflicht- und Akzeptanzwerten zu Selbstentfaltungswerten sowie die zunehmende Betonung persönlichen Glücks verständlich machen.

Vor allem Punkt 3 (Zunahme des Wohlstandes) ist in diesem Zusammenhang interessant. Da den Menschen nun einmal zunehmend mehr Zeit, Geld und auch Gestaltungsmöglichkeiten für eigene Dinge zur Verfügung standen, war es eine logische Konsequenz, dass sie sich mehr mit privaten Interessen zu beschäftigen begannen. „Der durch diese drei miteinander verknüpften Veränderungen ermöglichte Spielraum an Optionen forderte einen Wertewandel geradezu heraus. Er zeigte sich vor allem an zwei miteinander zusammenhängenden Punkten: Einmal änderte sich das moralische Verhältnis der Menschen zu den sie umgebenden Konsumgütern; zum anderen verlor die Erwerbsarbeit immer mehr die Funktion eines Lebenszentrums, nach dem sich alle anderen menschlichen Tätigkeiten zu richten hatten“ (Giesecke 2005, S. 54).

Thomas Gensicke resümiert: „Auf jeden Fall war es für die Bevölkerung ‚rational‘, bei steigendem Wohlstand weniger sparsam zu sein, angesichts der anwachsenden Möglichkeiten, ‚etwas vom Leben zu haben‘, Lebensfreude und Lebensgenuß als zunehmend legitim zu empfinden“ (1994, S. 120). Wenngleich Selbstentfaltung, Lebensgenuss und Freude an Konsumgütern in der Tat natürlich legi-

---

9 „Lebensfragen, die früher im Rahmen bestimmter sozialer oder klassenspezifischer Milieus nicht zuletzt auch auf Grund ökonomischer Zwänge kollektiv entschieden wurden bzw. sich in diesem sozialen Rahmen gar nicht erst stellten, sind zunehmend der Kompetenz des einzelnen Individuums anheim gestellt“ (Giesecke 2005, S. 57).

time Errungenschaften sind, muss eine zeitgemäße Werteerziehung darauf reagieren, wenn bei einzelnen Individuen eine Überbetonung des Materiellen zu beobachten ist. Ein Beispiel hierfür ist der im vorigen Abschnitt beschriebene Wertetyp des robusten Materialisten. Der grundlegende Individualisierungsprozess auf der gesellschaftlichen Makroebene muss nicht als problematisch angesehen werden, solange auf der Mikroebene beim einzelnen Individuum die Betonung eigener Interessen nicht mit einer Vernachlässigung individueller Pflichten sowie ideeller Werte einhergeht.

Im diesem Zusammenhang sei auf den ohnehin nicht zu unterschätzenden Einfluss ökonomischer Aspekte auf die Wertelandschaft hingewiesen. Der Volksmund sagt: Geld regiert die Welt. Er hat damit nicht ganz Unrecht. Historisch gesehen hat die Zunahme des Wohlstands dazu beigetragen, dass ein gesamtgesellschaftlicher Individualisierungsprozess begünstigt wurde. Wohlstand wird heute vielerorts als erstrebenswert erachtet, weil er viele Dinge ermöglicht wie etwa den Kauf exklusiver Konsumgüter, Dienstleistungen und Erlebnisse, durch die sich das Individuum von anderen Individuen abzuheben versucht. Wohlstand jedoch kommt selten von alleine. Viele nun streben Wohlstand an, arbeiten hart, um Wohlstand zu erlangen. Wohlstand zu erlangen, wird in der Gesellschaft als Erfolg gewertet. Gerne ist man vielerorts bereit, all seine Anstrengungen auf das eine Ziel zu bündeln, beruflich erfolgreich zu sein. Marion Gräfin Dönhoff merkt dazu kritisch an: „Die Überbetonung von Leistung, Geldverdienen und Karriere – die das Wirtschaftliche in den Mittelpunkt des Lebens stellt – führt dazu, dass alles Geistige, Humane, Künstlerische an den Rand gedrängt wird“ (2003, S. 704). Im kapitalistischen Wirtschaftssystem sieht Horst Heimann einen einflussreichen „Sozialisationsfaktor, durch den Wertorientierungen im Denken und Verhalten der Menschen geprägt werden“ (1994, S. 125). Und er zitiert Johano Strasser mit den Worten: „Wo das Zusammenleben der Menschen immer nachhaltiger von der ökonomistischen Logik kapitalistischer Konkurrenz durchdrungen und geprägt wird, verfällt das Verständnis für die gemeinsamen Interessen, gerät in Vergessenheit, daß der andere nicht nur ein Konkurrent um knappe Ressourcen ist, sondern auch eine Bereicherung seiner Existenz sein kann … und können [wir] die Chancen nicht ergreifen, unser Los gemeinsam mit anderen zu verbessern“ (zitiert ebd.).

Mit diesen Ausführungen soll keine Kritik an der Wirtschaft geübt werden. Wirtschaftliche Werte und Prinzipien haben ihre Berechtigung. Es ergibt sich jedoch die Forderung, dass ökonomisch orientierte Werte nicht die gesamte Wertelandschaft okkupieren und dominieren dürfen. Verhindert werden sollte „die Kolonialisierung vieler Bereiche unserer Gesellschaft durch das Wirtschaftssystem, die Ausweitung der Werte und Prinzipien des ökonomischen Konkurrenz- und Profitsystems auf andere Bereiche der Gesellschaft, wo im Interesse des Gemeinwohls andere Werte notwendig sind“ (ebd., S. 126).

Abschließend sei darauf verwiesen, dass die in diesem Abschnitt erfolgten Ausführungen über die historischen Entstehungsbedingungen der aktuellen Situation sich schwerpunktmäßig auf die westlichen Bundesländer beziehen. Heutige Bundesbürger, die in der DDR sozialisiert wurden, mussten entscheidende Einschränkungen ihrer Menschenrechte und Grundfreiheiten hinnehmen. Auch waren die wirtschaftlichen Bedingungen andere als im Westen. „Die DDR ist bis zu ihrem Ende eine arbeitsorientierte Gesellschaft auch in dem Sinne geblieben, dass die entsprechenden Wertvorstellungen weiterhin in der Bevölkerung Geltung hatten" (Giesecke 2005, S. 59). Für die Ostdeutschen kam der Umbruch über Nacht. Von einem Tag auf den nächsten standen ihnen bisher nicht gekannte Freiheiten offen. Und sie sahen sich plötzlich mit ungeahnten Konsummöglichkeiten konfrontiert.

Nach dieser Beschreibung der aktuellen Wertelandschaft und ihrer Entstehungsbedingungen beschäftigt sich das folgende Kapitel mit den Begriffsdefinitionen.

1.2 Explikation relevanter Termini

Die im Rahmen dieser Arbeit relevanten Termini werden in diesem Kapitel expliziert.

In der Vergangenheit verstand man unter dem Begriff Wert in erster Linie materielle Güter. Erst gegen Ende des 18. Jahrhunderts bezog man den Terminus zunehmend stärker auf immaterielle, das heißt „geistige Güter und Ideelles" (Fuchshuber-Weiss 2004, S. 232). Unter Werten versteht man also nun nicht mehr Güter, die man anfassen kann. Vielmehr sind sie „Richtlinien für menschliches Handeln, ... Kriterien für Wahlentscheidungen" (Weber 1981, S. 38). „Mittlerweile herrscht Einvernehmen in der pädagogischen Debatte, dass unter *Wert* als einem Grundbegriff ethischer Reflexion ein ideales Orientierungsmuster von hohem Allgemeinheitsgrad verstanden wird, dem kein konkreter Realitätsgehalt innewohnt. Letzteren gewinnt er durch Handlungen, die der Verwirklichung des Wertes dienen, oder anders herum gesagt: Der Wert bestimmt den Gehalt einer Handlung" (Fuchshuber-Weiss 2004, S. 233, Hervorhebung durch kursive Formatierung im Original). „Wissenschaftstheoretisch betrachtet haben wir es beim charakterisierten Wertbegriff mit einem hypothetischen Konstrukt zu tun, das nicht völlig auf Operationalisierbares reduziert werden kann, sich jedoch aus beobachtbarem Verhalten und Erleben erschließen läßt" (Weber 1981, S. 39).

Vom Terminus Wert ist der Tugendbegriff zu unterscheiden. Unter Berufung auf das von Otfried Höffe herausgegebene *Lexikon der Ethik* definiert Hans-Joachim Werner Tugend „als eine durch Üben und Lernen entstandene ‚Lebenshaltung'..., die Denken und Fühlen umfasst und sich in Handlungen äußert. Die Handlungen selbst werden von Wert- und Normorientierungen geleitet" (2002, S. 95; vgl. Höffe 2002, S. 267 ff.). „Tugenden sind die Eigenschaften und Verhaltensweisen der Menschen, mit deren Hilfe sie ihr Verhalten so einrichten, dass sie den Werten, die ihnen wichtig sind, entsprechen oder Genüge tun. Aber sie sind eben nicht selbst die ‚Werte', sondern Mittel zur Verwirklichung der Werte, die Mittel des Individuums" (Becker 2002, S. 8). Beispiele für Tugenden sind Disziplin, Respekt und Toleranz. „Gerechtigkeit ... ist ein Wert und gleichzeitig eine Tugend, die sich in einer Fülle einzelner gerechter Handlungen äußert" (Werner 2002, S. 96). In diesem Sinne kann man Tugenden als „Verhaltens- bzw. Handlungsdispositionen" (Werner 2002, S. 130) bezeichnen.

Für Tugenden gilt, dass sie, zumindest aus der Außenperspektive, nicht eindeutig einem Wert zuzuordnen sind (vgl. Preuss-Lausitz 1996, S. 38). Wenn ein junger Sportler täglich diszipliniert Sport treibt (Tugend Disziplin), so kann dies daraus folgen, dass der Wert *Gesundheit* primär handlungsleitend ist. Möglicherweise aber steht auch der Wert *Reichtum* als Orientierungsmuster im Vordergrund, weil der Sportler hofft, sich durch seine Disziplin den Weg in den hochdotierten Profisport zu ebnen. Denkbar ist auch, dass ihm beide Werte in gleichem Maße wichtig sind und ihn zu diszipliniertem Sporttreiben veranlassen. Hinter der Tugend der Hilfsbereitschaft mag der Wert *Gemeinwohl* ebenso stehen wie die Werte *Verantwortung* oder *Gerechtigkeit*.

Als Sekundärtugenden bezeichnet man „Haltungen, die man für ganz verschiedene Ziele verwenden kann, für die Aufrechterhaltung der Ordnung eines Gangstersyndikats ebenso wie im Dienste der Humanität. Oft werden die Tugenden ‚Fleiß', ‚Disziplin', ‚Genauigkeit' in diesem Zusammenhang genannt, die man ja in der Tat zur koordinierten Planung und Durchführung eines terroristischen Anschlages genauso benötigt wie zur Organisation einer Hilfsorganisation zur Rettung von dessen Opfern" (Werner 2002, S. 129). Daraus darf jedoch nicht der Schluss gezogen werden, Sekundärtugenden seien deshalb schlecht oder irrelevant. Weniger üblich ist im Sprachgebrauch im Übrigen der Begriff Primärtugenden, der nur selten Verwendung findet (vgl. ebd., S 129 f.).

Der Begriff Wert ist von einem weiteren Terminus zu unterscheiden, der in der Wertedebatte häufig vorkommt, nämlich dem der Norm. Beiden gemeinsam ist zunächst „ihr Orientierungscharakter. Beide leiten das Denken, Fühlen und Handeln des Menschen" (Werner 2002, S. 46). Normen „entsprechen oft einzelnen Werten, sind jedoch selbst keine" (Preuss-Lausitz 1996, S. 38). „Eine Norm ist eine Sollensforderung, die als Gebot oder Verbot ausgedrückt wird" (Weber 1981, S. 40). Normen sind verbindliche Verhaltensregeln und als solche essenziell notwendig für ein geregeltes Miteinander von Menschen. Unter den Begriff fallen Gesetze, informelle Regeln im sozialen Umgang sowie moralische Vorschriften. Diese implizieren: Du sollst, oder: Du darfst nicht! (vgl. ebd.; Preuss-Lausitz 1996, S. 38).

„Unter einer ‚Norm' im ethischen Sinne wird ... eine Regel verstanden, die die Verwirklichung eines Wertes zum Ziel hat und so tendenziell konkreter ist als der Wert" (Werner 2002, S. 46). Ihre Funktion besteht darin, „den Wert konkret auf die Realität zu beziehen. ... Eine Norm zur Verwirklichung von Gerechtigkeit wäre in diesem Sinne weniger die Aufforderung: ‚Handle gerecht', als z.B. der Imperativ: ‚Lass dich bei der Bewertung von Schülerleistungen niemals von Gefühlen der Antipathie oder Sympathie leiten!'" (ebd., S. 46 f.).

Nun kommen wir zu einem Terminus, der häufig mit dem Begriff Wert gleichgesetzt wird, was aber nicht korrekt ist: Moral. Für Stephanie Hellekamps geht es in Fragen der Moral „um die unvertretbare Entscheidung eines Individuums zum guten Handeln, um seine Bereitschaft, im Notfall das eigene Interesse zu verletzen, um nicht böse zu handeln" (2002, S. 45). Erich Weber, der darauf hinweist, dass sich das „eigentümlich Moralische ... nur schwer präzise bestimmen" lasse (1981, S. 40), bedient sich ebenfalls der Begriffe gut und böse: „Moralische Werte und Normen ermöglichen dort, wo die handelnde Person für ihr Tun selber verantwortlich ist, die Unterscheidung zwischen dem, was als gut bzw. böse gilt, sie bieten Kriterien für Entscheidungen angesichts der Frage ‚Was soll ich tun?'" (ebd., S. 40 f.). Weber verweist ferner auf den explizit sozialen Charakter des Moralischen: „Moral setzt eine Wechselwirkung zwischen Menschen voraus, wird überhaupt erst in sozialen bzw. gesellschaftlichen Verhältnissen relevant. ... Die Funktion der Moral besteht darin, daß sie ein humanes, d. h. ein menschenwürdiges, geordnetes und gerechtes Zusammenleben einer Gruppe bzw. einer Gesellschaft ermöglicht, was eine Einschränkung des Eigeninteresses im Gesamtinteresse voraussetzt" (ebd., S. 41). Schließlich zitiert Weber Viktor Kraft: „Der allgemeine Zweck der Moral ist es, eine Ordnung in den sozialen Beziehungen herzustellen" (ebd., S. 41).

Moralische Werte sind also Orientierungsmuster und Richtlinien, welche die Unterscheidung zwischen richtig und falsch ermöglichen bei – nicht trivialen – Entscheidungen, deren Folgen nicht ausschließlich das Individuum sondern auch andere Personen (oder eine andere Person) betreffen. „Dabei werden die Adjektive ‚moralisch', ‚ethisch', ‚sittlich' und die Substantive ‚Moral', ‚Ethos', ‚Sittlichkeit' synonym verwendet" (ebd., S. 40).

Darüber hinaus gibt es etliche weitere Kategorien von Werten, etwa politische, religiöse oder ästhetische. Als Beispiele für außermoralische (d.h. explizit nicht moralische) Werte nennt Stephanie Hellekamps Schönheit, Reichtum, Gesundheit, Arbeit und Kultur. Sie weist weiter darauf hin, dass es Werte gibt, die nicht nur in einer Wertkategorie eine Rolle spielen: „Der Wert Freiheit ist nicht nur in unserer moralischen Selbstverständigung bedeutungsvoll, sondern insbesondere auch in unseren politischen Diskussionen, ebenso der Wert der Gerechtigkeit" (2002, S. 44 f.). [10]

---

[10] Wenngleich die Definition der Begriffe *Wert* und *Moral* bei Stephanie Hellekamps nicht mit den Definitionen in dieser Arbeit exakt identisch ist, sind die hier zitierten und erwähnten Aussagen auch im Bezug auf die im Rahmen dieser Arbeit gewählte terminologische Abgrenzung zutreffend.

Was sind nun moralische Grundwerte? Wenngleich das diesem Begriff zugrunde liegende Konzept erst im folgenden Kapitel ausführlich dargelegt wird, sei an dieser Stelle der definitorischen Vollständigkeit halber schon einmal darauf hingewiesen, dass es sich bei diesen um moralische Werte handelt, die im Rahmen eines Wertekonsenses für alle Gesellschaftsmitglieder verbindlich sein sollten. Auch dann, wenn in dieser Arbeit an einigen Stellen nur von *Grundwerten* gesprochen wird, sind immer die *moralischen* Grundwerte gemeint.

Im Rahmen der Explikation der Termini, die im Titel dieser Arbeit vorkommen, sind noch zwei Begriffe zu nennen. Einer davon: Pluralitätsbedingungen. Was darunter zu verstehen ist, wurde schon im Kapitel 1.1 ausführlich beschrieben. Die Bedeutung des Begriffs sei deshalb hier nur noch einmal kurz zusammengefasst: Mit *Pluralitätsbedingungen* ist das Vorhandensein einer Fülle verschiedener, teils widersprüchlicher Lebensformen, Weltanschauungen und Wertekonzepte in liberal-demokratischen Gesellschaften gemeint.

Auch der zentrale Begriff Werteerziehung wird an dieser Stelle nur sehr knapp terminologisch expliziert, da erst mit der Formulierung von Zielen einer zeitgemäßen Werteerziehung im Kapitel 1.4 auch die Definition des Begriffs als abgeschlossen betrachtet werden kann. So soll an dieser Stelle der Hinweis genügen, dass als Werteerziehung „das Insgesamt der absichtlichen Lernhilfen" (Weber 1981, S. 37) bezeichnet wird, die man dem Individuum in Bezug auf den Bereich der ideellen Werte zuteil werden lässt.

Es wird übrigens bewusst von Werteerziehung und nicht von *moralischer Werteerziehung* gesprochen. Auch die Begriffe *moralische Erziehung* (wie etwa bei Weber) und *Moralpädagogik* werden vom Verfasser dieser Arbeit vermieden. Zwar spielen moralische Werte in der Werteerziehung eine zentrale und überaus dominierende Rolle – aber eben nicht die einzige. Somit wäre der Terminus *moralische Werteerziehung* eine zutreffende Begrifflichkeit für einen nicht unerheblichen Teil dessen, was hier als Werteerziehung beschrieben und gefordert wird. [11] Aber wenn man dem Educandus – wie definiert – Lernhilfen beim Umgang mit ideellen Werten mit auf den Weg geben möchte, muss man bedenken, dass kein Individuum sich alleine an moralischen Werten orientiert. Der Schwerpunkt auch dieser Arbeit liegt auf den moralischen Werten. Das heißt aber nicht, dass nicht auch außermoralische Werte von Bedeutung sind.

---

[11] Die Entscheidung für den Begriff Werteerziehung ist also keine Entscheidung gegen die Relevanz der Moral! Bei anderen Autoren hingegen mag dies so sein, wie ein Zitat von Graham Haydon nahelegt: „Die erste Notwendigkeit ist daher, die Moral an sich (im engeren Sinn) als einen Schwerpunkt der erzieherischen Aktivität zu betrachten und nicht so sehr zu versuchen, sie zu vermeiden (was häufig in England geschieht, wenn eher von ‚Werten' als von ‚Moral' gesprochen wird)" (2001, S. 10). Haydon ist zuzustimmen, dass Fragen der Moral [und gemeint ist bei ihm ein gesamtgesellschaftlicher moralischer Konsens (vgl. ebd., S. 9 ff.)] nicht nur in der Werteerziehung sondern in der Erziehung allgemein als zentral zu würdigen sind.

Dass moralische und außermoralische Werte trotz der nötigen terminologischen und kategorialen Differenzierung nicht isoliert voneinander zu behandeln sind, zeigt sich unter anderem darin, dass auch in der Debatte um Moral außermoralische Werte eine Rolle spielen. Nehmen wir als Beispiel den Wert *Reichtum*. Dieser hat mit dem sozialen Miteinander auf den ersten Blick nichts zu tun – er betrifft zunächst nur das Individuum, das sich für diesen Wert in seiner Handlungsorientierung entscheidet. Dennoch kann diese Entscheidung Einfluss auf andere Menschen haben, z.B. dann, wenn das Individuum deshalb moralische Grundwerte vernachlässigt. Oder *Arbeit* – eine zu einseitige Ausrichtung des eigenen Handelns an diesem außermoralischen Wert kann etwa dazu führen, dass ein Familienvater nicht genug Zeit für seine Angehörigen hat, womit wir uns wieder im Bereich des Moralischen bewegen würden.

Im Lichte der moralischen Implikationen des per se Außermoralischen kann man auch den im Kapitel 1.1 beschriebenen Trend von Pflicht- und Akzeptanzwerten hin zu Selbstentfaltungswerten betrachten: Selbstentfaltung betrifft in dem Augenblick nicht mehr nur das Individuum, in dem über der Selbstentfaltung und über den auf das Selbst bezogenen Werten die Gemeinschaft vernachlässigt wird. Dann haben auch Selbstentfaltungswerte durchaus ihren Platz in der Debatte um Moral.

Die in diesem Kapitel erfolgte allgemeine Definition von Werteerziehung wird aufbauend auf den Überlegungen des folgenden Kapitels (1.3) im Kapitel 1.4 durch die Formulierung von Erziehungszielen ergänzt und damit konkretisiert. An der Stelle wird auch die angesprochene Abgrenzung deutlicher, in welcher Form es bei Werteerziehung um moralische und außermoralische Werte geht.

1.3 Verbindlicher Wertekonsens und pluralistische Freiheit

In diesem Kapitel werden zunächst die Forderungen nach pluralistischer Freiheit (Abschnitt 1.3.1) und nach einem für alle Gesellschaftsmitglieder verbindlich gültigen Wertekonsens (1.3.2) begründet, um danach zu zeigen, wie beide Forderungen trotz scheinbarer Widersprüche miteinander in Einklang gebracht werden können (1.3.3). Abschließend (1.3.4) wird der geforderte Wertekonsens konkretisiert, das heißt, es wird dargelegt, welche moralischen Werte als Grundwerte für alle gelten müssen und wie sich dies begründen lässt.

1.3.1 Die Unerlässlichkeit pluralistischer Freiheit

Die Freiheit des Individuums ist ein Konstituens liberal-demokratischer Gesellschaften. Dieses umfasst zum einen die körperliche Fortbewegungsfreiheit des Menschen (vgl. Hantel 1990, S. 866). Die „Freiheit der Verfügung über den Körper“ (ebd.) ist jedoch nur ein Aspekt des gesellschaftlichen Grundprinzips Freiheit. Es umfasst ebenso die individuelle Freiheit bei der Entfaltung der eigenen Persönlichkeit, was ganz zentral die Freiheit bei individuellen Wertentscheidungen einschließt. Diese Freiheit geht per se einher mit Wertepluralität (vgl. Kap. 1.1). Deshalb sprechen wir von pluralistischer Freiheit und meinen damit die Entscheidungsfreiheit des Individuums in Wertefragen.

Das Grundprinzip pluralistischer Freiheit muss auch elementarer Bestandteil einer zeitgemäßen Werteerziehung sein. Hieran darf kein Zweifel bestehen. Gerne wird der Eindruck vermittelt, die Forderung nach Werteerziehung würde automatisch zur Etablierung eines engen Wertekorsetts führen, durch welches das Individuum in seiner Freiheit eingeschränkt wird. Das gleiche wird nicht selten bei der Forderung nach einem verbindlichen Wertekonsens konstatiert oder befürchtet. Weder eine zeitgemäße Werteerziehung noch ein verbindlicher Wertekonsens stellen das Grundprinzip pluralistischer Freiheit in Frage, welches als axiomatische Rahmenbedingung jeglicher sozialer Interaktion wie auch jeglicher zeitgemäßer Pädagogik anzusehen ist.

Das Grundprinzip pluralistischer Freiheit wird heute durch Gesetze und internationale Erklärungen geschützt. Diese sind Ausdruck der allgemeinen Anerkennung der Notwendigkeit des pluralistischen Freiheitskonzeptes in demokratischen Gesellschaften. Das diesbezüglich bekannteste internationale Dokument ist die allgemeine Erklärung der Menschenrechte der Vereinten Nationen vom 10. Dezember 1948:

Artikel 1

Alle Menschen sind frei und gleich an Würde und Rechten geboren. Sie sind mit Vernunft und Gewissen begabt und sollen einander im Geiste der Brüderlichkeit begegnen.

...

Artikel 18

Jeder hat das Recht auf Gedanken-, Gewissens- und Religionsfreiheit; dieses Recht schließt die Freiheit ein, seine Religion oder seine Weltanschauung zu wechseln, sowie die Freiheit, seine Religion oder seine Weltanschauung allein oder in Gemeinschaft mit anderen, öffentlich oder privat durch Lehre, Ausübung, Gottesdienst und Kulthandlungen zu bekennen.

Allgemeine Erklärung der Menschenrechte

„Die Vorstellung einer allgemeinen, voraussetzungslosen Freiheit des Menschen entstand am Ende des 18. Jahrhunderts. ... Erst *John Locke* und *Immanuel Kant* formulierten den Gedanken, dass der Mensch als Zweck an sich selbst existiert und damit prinzipiell frei ist. Dieser Gedanke fand Eingang in Art. 1 der Virginia Bill of Rights von 1776 und Art. 4 der Déclaration des droits de l'homme et du citoyen von 1789. Im deutschen Verfassungsrecht war die Vorstellung von einer allgemeinen Handlungsfreiheit hingegen bis 1945 ohne Vorgänger" (Kahl 2008,

S. 499 f., Hervorhebung durch kursive Formatierung im Original). Im deutschen Grundgesetz (GG)[12] sind u.a. folgende Passagen relevant:

> Artikel 2
>
> (1) Jeder hat das Recht auf die freie Entfaltung seiner Persönlichkeit, soweit er nicht die Rechte anderer verletzt und nicht gegen die verfassungsmäßige Ordnung oder das Sittengesetz verstößt.
>
> ...
>
> Artikel 4
>
> (1) Die Freiheit des Glaubens, des Gewissens und die Freiheit des religiösen und weltanschaulichen Bekenntnisses sind unverletzlich.
>
> Art. 2 Abs. 1 und Art. 4 Abs. 1 GG

Das Grundgesetz der Bundesrepublik Deutschland vom 23. Mai 1949 beinhaltet das Prinzip pluralistischer Freiheit und konstituiert dessen rechtskräftige Gültigkeit. Dies kommt über die zitierten Passagen hinaus in weiteren Grundgesetzartikeln zum Ausdruck, in denen beispielsweise Meinungsfreiheit (Art. 5), Pressefreiheit (ebd.), Freiheit von Kunst und Wissenschaft (ebd.), Versammlungsfreiheit (Art. 8), Vereinigungsfreiheit (Art. 9) oder Freiheit der Berufswahl (Art. 12) für den Gültigkeitsbereich des GG festgeschrieben werden.

Bei der Forderung nach pluralistischer Freiheit ist folgendes zu betonen: „Pluralismus folgt nicht automatisch aus Pluralität“ (Hentig 2001, S. 28). Die Tatsache, dass in einer Gesellschaft viele verschiedene Lebensformen existieren, beinhaltet noch nicht aus sich heraus den notwendigen Respekt für andere Ansichten. Zum Pluralismus gehört, dass es nicht nur Menschen gibt, die andere Ansichten vertreten, sondern eben auch, dass man diese Menschen und ihre Denk- und Lebensweisen respektiert, auch wenn man anderer Meinung ist (vgl. ebd.).

Diesem Pluralismuskonzept wohnen wichtige Grundannahmen inne, die Bestandteil jeglicher sozialer Interaktion sein sollten. Diese Grundannahmen sind konstituierender Bestandteil der durch die Vereinten Nationen formulierten Menschenrechtserklärung und des deutschen Grundgesetzes: Alle Menschen sind frei und gleich an Würde und Rechten geboren. Und: Alle Menschen sind mit Vernunft und Gewissen begabt. Diese Annahmen gehen von einem Menschenbild aus, „das eine hohe Meinung vom Menschen hat“ (Bönsch 1995, S. 10).

Das Grundprinzip pluralistischer Freiheit ist – durch Gesetze geschützte – axiomatische Rahmenbedingung jeglicher sozialen Interaktion und jeder zeitgemäßen Erziehung. Dabei ist zu beachten, dass individuelle Freiheit aller nicht ohne Respekt aller für jedes Gegenüber auskommt.

---

[12] Verwendet wurde die Fassung vom 23. Mai 1949 (BGBl I, S. 1), zuletzt geändert durch Artikel 1 des Gesetzes vom 19. März 2009 (BGBl. I, S. 606).

Ebenso wie die pluralistische Freiheit muss auch ein verbindlicher Wertekonsens, nach dem sich jedes einzelne Gesellschaftsmitglied verbindlich zu richten hat, als unerlässliche Grundbedingung jeder freiheitlich-demokratischen Gesellschaft angesehen werden. Es ist notwendig, dass ein bestimmter Satz an Werten, die später als Grundwerte konkretisiert werden, für jeden verbindlich gilt.

Um diese Forderung zu begründen, werden zunächst die allgemeinen Funktionen von Werten einer Analyse unterzogen. Dabei wird auch auf das im Kapitel 1.2 im Rahmen der Explikation des Begriffs Wert Gesagte zurückgegriffen.[13]

Werte „sind Richtlinien für menschliches Handeln, ... Kriterien für Wahlentscheidungen" (Weber 1981, S. 38). Als solche haben sie für Individuen, für Gruppen und für ganze Gesellschaften eine große praktische Bedeutung: Sie geben Orientierung. Sie bestimmen das Denken und steuern das Handeln (vgl. Heimann 1994, S. 123[14]). „Mittels der Werte, welche das Individuum für sich definiert hat, orientiert es sich innerhalb seiner Lebenswelt und schafft mit ihrer Hilfe zumindest subjektiv Ordnung im ‚Gewirr' der Realität. Aus diesem Grund verkörpern die Werte zugleich die Motive, auf welche das Individuum sein Handeln bezieht" (Standop 2005, S. 38). Diese Motive sind für das Individuum durchaus verbindlich, wie Margit Stein betont: „Wertorientierungen haben einen nachweislichen Effekt auf das Verhalten und Handeln von Menschen. Prinzipiell streben Personen danach, sich in Übereinstimmung mit ihren persönlichen Normen und Werten zu verhalten" (2008, S. 174).

Für Stephanie Hellekamps wirken „Werte als Ideen, die die Wahl unserer Ziele orientieren und anleiten." Sie betont die große Bedeutung und Tragweite von Wertentscheidungen: „In der Wahl wertbezogener Ziele bestimmt sich die Person selbst. Aus diesen Akten wertbezogenen Wählens bildet sich die individuelle Geschichte einer Person. Diese Geschichte ist eine der charakteristischsten Geschichten, die man über das Leben einer Person erzählen kann" (2002, S. 44).

„Eine Lebensführung ohne Werte ist nicht vorstellbar, weil dem Menschen ohne diese sein Bezugssystem fehlen würde" (Standop 2005, S. 38). Bringen Werte Orientierung mit sich, führt Wertunsicherheit zu einer nicht selten verzweifelten Suche nach Sinn und Rückhalt. Wenn Wertmaßstäbe als individuelle Bezugspunkte fehlen, führt das menschliche Verlangen nach Orientierung und Lebenssinn mitunter auf die schiefe Bahn. Die Suche nach Ersatz in Drogen ist ein Beispiel hierfür (vgl. Dittmer 1994, S. 134). Deutlich wird die „Orientierungskrise einerseits in der Rastlosigkeit und Unsicherheit, wenn es um zentrale Wertungs-,

13 Begriffsdefinition und Funktionsanalyse hängen hier eng zusammen.

14 Heimann zitiert aus dem von Dieter Nohlen (1991) herausgegebenen *Wörterbuch Staat und Politik*.

Norm-, Sinn- und Zielfragen geht, ebenso wie andererseits in der Zunahme von psychischen Störungen, sozialen Konflikten und Fehlverhalten" (Standop 2005, S. 71). Auf mögliche negative Folgen fehlender Wertmaßstäbe weist auch Marion Gräfin Dönhoff hin: „Gerade in der heutigen Welt mit ihren vielfältigen Versuchungen und Reizangeboten wächst das Verlangen nach moralischer Grundorientierung und einem verbindlichen Wertsystem. Vieles von dem, worunter wir leiden: zunehmende Kriminalität, Brutalisierung des Alltags, Korruption bis in die höchsten staatlichen Stellen, hängt damit zusammen, dass es keine ethischen Normen und keine moralischen Barrieren mehr gibt" (2003, S. 705).

Doch dies führt zu folgender Frage: Warum muss es einen Konsens über Werte geben? Ist es tatsächlich nötig, dass ein bestimmter Satz an Werten für alle Gesellschaftsmitglieder gelten muss? Reicht es nicht aus, dass einhergehend mit dem gesellschaftlichen Grundprinzip pluralistischer Freiheit jedes Individuum für sich selbst Werte findet, deren Befolgung dann Orientierung und Struktur für das individuelle Leben gewährleisten? Für Eva Matthes reicht das nicht aus: „Auch in einer pluralen, offenen Gesellschaft, die sich der Instrumentalisierbarkeit von Werten für politische, ökonomische und andere Zwecke bewusst ist, bedarf es eines Minimalkonsenses in Wertfragen" (2004 a, S. 9). Auch Hans Küng ist der Ansicht, „daß es bei allem Pluralismus ein Minimum an verbindenden Werten, unverrückbaren Maßstäben und persönlichen Grundhaltungen geben muß" (zitiert in Heimann 1994, S. 124).

Die Ansicht, die gesellschaftliche Orientierungskrise in Wertefragen sei einzig dadurch zu überwinden, dass jeder seine individuellen Wertmaßstäbe finde, ist nicht zutreffend. Ein solches Argument ist zumindest nur die halbe Wahrheit, denn kein Individuum lebt isoliert für sich alleine. Orientierung geben müssen Werte eben nicht nur für das individuelle Leben eines jeden Einzelnen, sondern auch für die soziale Interaktion, in der jeder Mensch steht. Und selbst die Ausgestaltung des individuellen Lebens geschieht immer in einem sozialen Kontext, wenngleich sie nicht immer primär sozial ist. Ein Fehlen allgemein verbindlicher Wertmaßstäbe im sozialen Kontext, im Miteinander der Menschen führt zur Verschärfung der Orientierungskrise in Wertefragen. Ein Wertekonsens gibt Orientierung und Sicherheit im sozialen Raum. Die einseitige Betonung der Bedeutung individueller Werte zur Überwindung der Orientierungskrise zeugt bestenfalls von einer nicht-sozialen, schlimmstenfalls von einer antisozialen Perspektive.

Ein weiterer Aspekt, der die Notwendigkeit eines gesamtgesellschaftlichen Wertekonsenses unterstreicht, findet sich in dem oben erwähnten Zitat von Hans Küng: Werte geben nicht nur Orientierung, sie verbinden auch die Menschen, die gemeinsam nach diesen Werten leben. Ein verbindlicher[15] Wertekon-

---

[15] Ein anderes Wort für verbindlich ist *bindend*. Ein bindender Wertekonsens verbindet. Er bindet nicht nur die Personen an sich (d.h. den Konsens), sondern auch diese untereinander.

sens verbindet die verschiedenen Teile der Gesellschaft und konstituiert so die Möglichkeit von Gemeinschaft, die Entstehung eines Wir-Gefühls. „Jede Gesellschaft braucht einen ethischen Minimalkonsens, ohne ihn zerbröselt sie" (Dönhoff 2003, S. 703).

Beim Wertekonsens „geht es im Kern um das ‚geistig Band', das unsere Gesellschaft als demokratische und soziale zusammenhält" (Werteinitiative '93 1994, S. 176). Bassam Tibi moniert, dass in der deutschen Wertedebatte die Notwendigkeit eines Konsenses so häufig hinterfragt werde: „Es ist eine in allen anderen Demokratien selbstverständliche Tatsache, dass ein Gemeinwesen – gleich, ob monokulturell oder kulturell vielfältig – einen Konsens über Werte und Normen als eine Art innere Hausordnung benötigt" (2001, S. 25). Diesen Konsens bezeichnet er als Leitkultur. Eine solche Leitkultur ist nötig für inneren und sozialen Frieden (vgl. ebd.). Ohne sie „gibt es kein Miteinander der Menschen, sondern ein Nebeneinander in weltanschaulich unversöhnlichen Ghettos, die als Parallelgesellschaften nur Konfliktpotential bergen würden" (ebd., S. 26). Bei allem Pluralismus muss also ein Kern an verbindlichen Gemeinsamkeiten gepflegt oder gegebenenfalls etabliert werden, damit ein Miteinander der verschiedenen gesellschaftlichen Gruppen möglich wird.

Doch warum muss es sich bei diesen verbindlichen Gemeinsamkeiten um Werte handeln? Reicht es nicht aus, dass jeder die als Gesetze formulierten Spielregeln für das gemeinsame Miteinander befolgt? Tibi formuliert seine Ablehnung eines solchen „BGB-Patriotismus"[16] mit der Feststellung, es gehe doch darum, den kulturellen Geist dieser Gesetze, den *„Esprit de loi"*[17] zu akzeptieren (ebd., S. 25, Hervorhebung durch kursive Formatierung im Original).

Was dies bedeutet, soll an einem einfachen Beispiel veranschaulicht werden: Wenn man einen Menschen, an dem man sich aus irgend einem Grund stört, nur deshalb nicht beleidigt, schlägt oder gar tötet, weil die Gesetze dies verbieten und man dafür bestraft würde, so ist dieses Gesetz keine ausreichende Basis für eine gute soziale Interaktion mit diesem Menschen. Es verhindert nur das Schlimmste. Erst wenn man für sich persönlich die Wertentscheidung getroffen hat, jeden Menschen zu achten und respektieren, auch dann, wenn es persönliche Meinungsunterschiede gibt, und wenn man auf diesem Wertgrundsatz sein Handeln aufbaut, ist eine sinnvolle Basis für die gemeinsame Interaktion vorhanden. Das heißt nicht, dass der Andere zum besten Freund werden muss. Aber es gibt nun eine Struktur, die Orientierung ermöglicht, welches Verhalten ange-

---

[16] „Diejenigen, die eine Leitkultur als Klammer zwischen Deutschen und Einwanderern ablehnen, verweisen auf die Gesetze und meinen, deren Befolgung durch Einwanderer sei ausreichend. Dies wäre praktisch eine Gleichsetzung von Verfassungspatriotismus (Sternberger und Habermas) mit einem ‚BGB-Patriotismus'" (Tibi 2001, S. 25).

[17] Tibi bezieht sich hier auf „Montesquieu als eine der Quellen europäischer Identität" (2001, S. 25). Der Begriff *Esprit de loi* wird im Folgenden mehrmals verwendet, ohne jeweils erneut die Quelle zu nennen.

bracht ist im gegenseitigen Umgang. Auf diesem Fundament für das soziale Miteinander ist es dann auch möglich, über Meinungsunterschiede konstruktiv zu streiten, ohne den Anderen persönlich anzugreifen. Voraussetzung dafür ist aber eben, und das ist in diesem Zusammenhang essenziell: Es reicht nicht, dass nur einzelne Menschen diesen Wertgrundsatz für wichtig und erstrebenswert erachten; für das jeweilige Gegenüber in der sozialen Interaktion muss er auch gelten. Er sollte für alle Gesellschaftsmitglieder Gültigkeit haben. Handlungssicherheit kann nur gewährleistet werden, wenn bestimmte moralische Werte für jeden verbindlich sind. Erst der gesamtgesellschaftlich verbindliche Wertekonsens ermöglicht Orientierung und Sicherheit.

Dass Gesetze alleine kein gutes soziales Miteinander ermöglichen können, zeigt sich besonders augenfällig in der (nicht nur) hierzulande grassierenden Prozessflut. Allzu häufig kommt es vor, dass Personen schon bei kleinen Meinungsverschiedenheiten ihr vermeintliches oder tatsächliches Recht unter Berufung auf die Gesetze durchzusetzen suchen. Unabhängige Gerichte stellen ein hohes Gut dar, ein funktionierendes Rechtssystem ist eine große Errungenschaft – das steht außer Zweifel. Wenn aber in einer Gesellschaft schon bei Lappalien häufig die Gerichte bemüht werden, sollte dies nachdenklich stimmen. Gesetze ermöglichen kein gutes Miteinander. Im Gegenteil ist zu konstatieren: Muss menschliche Interaktion zunehmend unter Berufung auf die Gesetze gerichtlich geregelt werden, ist es um das werteorientierte Miteinander offensichtlich schlecht bestellt.

Diese Überlegungen machen deutlich: Verbindliche Gesetze können einen verbindlichen Wertekonsens nicht ersetzen.[18] Darüber hinaus gilt: Gesetze kommen ohne einen Wertekonsens nicht aus. Auf das, was Gesetze also nicht ersetzen können, sind sie selbst angewiesen. Diese Perspektive bringt Reinhard Höppner auf den Punkt: „Ein gemeinsam akzeptiertes Recht setzt voraus, daß die davon Betroffenen auch gemeinsame Wertvorstellungen haben" (1997, S. 66). Ján Lukáč Veverka fordert eine Gesellschaft, „die auf der Einheit der moralischen Komponente und ihrer gesetzlichen Kodifizierung beruht" (1995, S. 38). Werte und Gesetze dürfen nicht voneinander losgelöst sein. Sie sollten eine Einheit bilden. Wenn die durch die Legislative festgelegten Gesetze den von einem großen Teil der Gesellschaft vertretenen Werten widersprechen, werden sie von den Bürgern nicht akzeptiert werden. Die Forderung nach einem grundlegenden gesellschaftlichen Konsens in Wertefragen ist auch aus juristischer Perspektive sinnvoll, ja notwendig.[19]

---

18 Umgekehrt könnte rein logisch-formal, wenn man das Konzept konsequent zu Ende denkt, ein Wertekonsens die Gesetze ersetzen. Wenn sich ausnahmslos jeder Mensch in jeder Situation und jedem anderen Menschen gegenüber an jeden der Grundwerte (vgl. konkretisierend 1.3.4) halten würde, wären Gesetze überflüssig. Die gesellschaftliche Realität ist hiervon freilich weit entfernt.

19 Einheit zwischen Werten und Gesetzen ist dadurch zu erreichen, dass die Gesetzgebung einerseits die gesellschaftliche Wertepluralität respektiert und schützt und dass andererseits

Ihre Gedanken zum Zusammenhang zwischen den Werten und den Gesetzen einer Gesellschaft formuliert Stephanie Hellekamps, für sie „(... wäre eine Welt, in der Gesetzestreue die einzige sittliche Maxime begründet, nicht vorstellbar. Die Welt wird erst lebenswert durch Menschen, die Tugenden praktizieren wie Zivilcourage, Ehrlichkeit, Urbanität usw.) Für seinen kontinuierlichen Fortbestand ist der moderne Rechtsstaat jedenfalls auf die Selbstverpflichtung seiner Mitglieder zumindest auf die höchsten Werte dieser Ordnung angewiesen" (2002, S. 43).

Insgesamt wird ein verwobenes Verhältnis deutlich: Die Gesetze, die einen Wertekonsens nicht ersetzen können, sind auf diesen angewiesen und beinhalten ihn gleichzeitig als Orientierungsrahmen für die Gesellschaftsmitglieder.

An dieser Stelle eine Zwischenüberlegung: Die Entstehung eines gemeinsamen Wertekonsenses betreffend hat es Deutschland natürlich besonders schwer. Mit der Wiedervereinigung sind zwei wesentlich unterschiedliche Gesellschaften zusammengekommen und bilden seitdem eine Gesellschaft. Die Sozialisation im Osten war signifikant anders als die im Westen. Unterschiedliche Werte wurden vermittelt und propagiert (vgl. auch Höppner 1997, S. 63 ff.). Die Etablierung eines grundlegenden gesellschaftlichen Wertekonsenses mag für die deutsche Gesellschaft im Vergleich zu manch anderen Gesellschaften eine größere Herausforderung darstellen.

Ging es im vorliegenden Abschnitt bis zu diesem Punkt um die Unerlässlichkeit eines Wertekonsenses auf gesamtgesellschaftlicher Ebene, wird im Folgenden in einem kurzen Exkurs auf die Notwendigkeit eines Wertekonsenses in der Erziehung eingegangen. Hierbei werden Begründungen ausgeführt, die darüber hinausgehen, dass Erziehung natürlich auch auf das Leben in der Gesellschaft vorbereiten und damit den gesellschaftlichen Wertekonsens vermitteln soll. Danach werden übliche Argumente gegen einen für Gesellschaft und Erziehung verbindlichen Grundwertekonsens betrachtet.

Die Ergebnisse antiautoritärer Experimente haben gezeigt, dass Heranwachsende auf Grenzen und Kontrolle angewiesen sind. Die essenzielle Forderung nach Freiräumen für Kinder und Jugendliche darf nicht dazu führen, notwendige Grenzsetzungen zu unterlassen. „Respekt vor dem Kind als vollwertiger Persönlichkeit bedeutet nicht, daß wir es nicht beeinflussen dürften. ... Kinder und Jugendliche brauchen auch – in altersangemessener Form – Kontrolle und Grenzen. Nur Autonomie, nur völlige Entscheidungsfreiheit in allen Fragen, würde jedes Kind hoffnungslos überfordern" (Oser & Althof 2001, S. 82). Dies gilt auch für den Bereich der Werte. Auch hier müssen Vorgaben in Form verbindlicher Werte gemacht werden. Jegliche pädagogische Interaktion ist angewiesen auf ei-

---

jedes Gesellschaftsmitglied die dem Grundgesetz zugrunde liegenden Grundwerte akzeptiert und bejaht. Im folgenden Abschnitt wird auf die Synthese aus Wertepluralität und Wertekonsens näher eingegangen. Mit Inhalt und Begründung der Grundwerte beschäftigt sich Abschnitt 1.3.4.

nen Grundkonsens über moralische Werte. Dieser Grundkonsens sollte Einfluss auf das soziale Miteinander im Rahmen der pädagogischen Interaktion sowie auf die zu vermittelnden Inhalte haben. Wenn ein Bezugsrahmen in Form von verbindlichen Werten fehlt, kann dies beim Kind zu Desorientierung und Unsicherheit führen. Die später im letzten Abschnitt dieses Kapitels (1.3.4) zu konkretisierenden Grundwerte müssen auch für jegliche Erziehung verbindlich sein.

Wenn die einseitige Betonung pluralistischer Freiheit zu Werterelativismus in der Pädagogik führt, entsteht das Problem des *Hidden Curriculum*, des *heimlichen Lehrplans*. Der relativistische Standpunkt besagt: Was auch immer an Werten von Menschen vertreten werde, sei in Ordnung, denn es gebe keinen allgemeingültigen Maßstab, an dem man sich orientieren könne, um festzulegen, was moralisch gut oder schlecht sei. Der daraus entstehende *heimliche Lehrplan* fördert mitunter die falschen Werte. Werteerziehung wird dem Zufall überlassen. Welche Werte auch immer das Individuum wertschätzt, es wird respektiert. Ein solcher moralischer Relativismus in der Erziehung ist als Problem anzusehen. (vgl. ebd., S. 124 ff.; Mauermann 1981 a, S. 83; vgl. auch 2.1.1).

Dem relativistischen Gedankengut liegt eine Fehlannahme zugrunde, die als naturalistischer Fehlschluss[20] bezeichnet wird. Dies bedeutet: „Moralische Sachverhalte, die man in der sozialen Realität vorfindet (bzw. vorzufinden meint), werden fälschlicherweise zu normativen Setzungen transformiert" (Oser & Althof 2001, S. 132). Aus der deskriptiv belegbaren Tatsache, dass in der sozialen Wirklichkeit viele verschiedene, nicht selten zueinander widersprüchliche Werte vorzufinden sind, ziehen Relativisten den Schluss vom Sein aufs Sollen und formulieren die präskriptive Auffassung, alle Werte müssten in gleicher Weise akzeptiert werden (vgl. ebd.). „Der ‚naturalistische Fehlschluss' wird bei vielen Sozialwissenschaftlern genährt durch den unbedingten Willen, gegenüber den Besonderheiten von Subkulturen und Kulturen Toleranz walten zu lassen und den Menschen nicht bestimmte Wertsysteme … aufzwingen zu wollen" (ebd., Hervorhebung M.G.).

Dies führt zur Beschäftigung mit einem Argument, das häufig zu Felde gezogen wird von Gegnern eines allgemein verbindlichen Wertekonsenses: Toleranz. Tatsächlich erscheinen die beiden Punkte zunächst inkompatibel: Einerseits wird gefordert, man müsse in pluralistischen Gesellschaften anderen Meinungen und Weltanschauungen tolerant gegenüberstehen. Andererseits fordert man einen Wertekatalog als verbindlich ein und will dessen Nichteinhaltung nicht tolerieren. Inkompatibel erscheint dies nicht zuletzt aufgrund eines weit verbreiteten falschen Verständnisses von Toleranz.

Toleranz ist in freiheitlich-demokratischen Gesellschaften tatsächlich ein essenzieller Baustein für die soziale Interaktion (vgl. Brezinka 1993 b, S. 22 f.). Doch

---

20 Fritz Oser und Wolfgang Althof beziehen sich auf einen von George Edward Moore durch sein Werk *Principia Ethica* geprägten Terminus.

dieser Baustein muss richtig verstanden werden. Fritz Oser und Wolfgang Althof bringen es so auf den Punkt: „Das Toleranzprinzip kann vernünftigerweise nur bedeuten, jeden Menschen und jede Meinung fair und unvoreingenommen zu beurteilen; es kann nicht bedeuten, auf Legitimationsprüfungen zu verzichten" (2001, S. 132). Toleranz ist wichtig, aber: „Wie alle sozialen Tugenden ist auch Toleranz nicht eine absolut zu nehmende Tugend, sondern auszumessen in einem übergeordneten Normenrahmen" (Bönsch 1995, S. 12). Sie darf nicht als Absolut über allen anderen Tugenden und Werten stehen. Toleranz darf nicht verwechselt werden „mit Gleichgültigkeit und Bindungslosigkeit, mit Unentschiedenheit und Gesinnungslosigkeit in spirituellen und moralischen Angelegenheiten, mit unkritischem Gewährenlassen. Dieses populäre Mißverständnis lähmt das Selbstvertrauen, den Glauben an die eigenen Ideale und die Widerstandskraft gegen falsche Ideen und schlechte Einflüsse" (Brezinka 1993 a, S. 16).

Man muss die Gewissensfreiheit jedes Menschen tolerieren und jedem Menschen dementsprechend respektvoll gegenübertreten. Doch wenn man alle von anderen Menschen vertretenen Werte ungeprüft toleriert, ist dies Ausdruck eines relativistischen Standpunktes, der in moralischen Fragen nicht vertretbar ist. „Der relativistische Umgang mit Werten und sozialen Konflikten tendiert dahin, Fragen der Moral zu behandeln, als wären sie Fragen des bloßen Geschmacks oder des persönlichen Lebensstils. Die Botschaft, die letztlich beim Kinde und Jugendlichen ankommen mag, ist nicht ‚Toleranz', sondern: ‚Es kommt nicht drauf an'. Damit fördert man weder das Bewußtsein, daß es besseres oder schlechteres Sozialverhalten bzw. bessere und schlechtere Gründe für ein Verhalten gibt, noch das Bedürfnis, im Einklang mit dem zu handeln, das man als gut oder richtig erkannt hat" (Oser & Althof 2001, S. 146). Treffend formuliert Joachim Kutschke in einem Artikel im SPIEGEL: „Wenn alles möglich und erlaubt erscheint, kann ich mich unter dem Deckmantel der Liberalität und Toleranz in meine Nische gleichgültiger Verantwortungslosigkeit zurückziehen" (17/2006, S. 58). Werterelativismus ist nicht nur in der Erziehung als Problem anzusehen, sondern auch auf gesamtgesellschaftlicher Ebene. Ihm ist mit einem verbindlichen Wertekonsens zu begegnen. Toleranz kann und darf nicht als Argument gegen einen Wertekonsens herangezogen werden.

Erschwerend für die Etablierung eines allgemein verbindlichen Wertekonsenses ist auch die in der Gesellschaft fehlende „Bereitschaft, objektiv Verpflichtendes anzuerkennen" (Wiater 2004 a, S. 56). Weit verbreitet ist die Meinung, Werte seien immer konstruiert und subjektiv, nie aber zeitlos und universell wahr (vgl. z.B. FAZ vom 12. Januar 1999, S. 37). Antonella Corradini stellt fest: „Ein Charakteristikum der modernen und gegenwärtigen ethischen Forschung besteht in der Ablehnung einer objektiven Wertdimension" (1994, S. 137). Einerseits werde oft bestritten, dass es objektive Werte gebe, andererseits gehe man davon aus, der Mensch habe keinen Zugang zu objektiven Werten, sofern es diese denn doch gebe (vgl. ebd.). Diese häufig vertretenen Argumente erschweren es, einen für alle

Gesellschaftsmitglieder verbindlichen Wertekatalog zu etablieren, indem sie die Gesellschaft gegen den Glauben an Existenz oder auch Legitimität objektiver Kriterien immunisieren. „Wenn ... im Rahmen einer objektivistischen Wertkonzeption das Wesen der Moral im Respektieren und Anerkennen einer außerhalb des Menschen liegenden Werteordnung besteht, auf deren Grundlage sich die moralisch richtigen Normen und Verhaltensweisen identifizieren lassen, dann muß, wer die Existenz objektiver Werte bestreitet, notwendigerweise einen anderen Weg einschlagen, um ein Wert- und Normensystem aufzubauen" (ebd. S. 138). Der subjektivistische Ansatz, der davon ausgeht, dass „keine materialen Wertmaßstäbe bestehen" (ebd., S. 149), versucht nun, durch die Universalisierungsmethode objektive Aussagen zu vermeiden. So soll eine Mediation hergestellt werden „zwischen den verschiedenen subjektiven Präferenzen, und zwar durch die Auswahl derjenigen, die nicht einem bloß persönlichen Gesichtspunkt entspringen, sondern einer für alle Betroffenen intersubjektiv gültigen Sicht" (ebd., S. 140). Corradini kommt jedoch zu dem Schluss, dass die Intersubjektivität, verstanden als „schwache Objektivität" die „starke" Objektivität (ebd., S. 141) nicht ersetzen kann. Hierfür nennt sie zwei Gründe: „erstens, weil die Anwendung der intersubjektiven Verfahren selbst die Anerkennung materialer moralischer Prinzipien voraussetzt, deren Objektivität nicht mit ihrer intersubjektiven Gültigkeit zusammenfällt; zweitens, weil die Objektivität eines durch Universalisierung erlangten Normensystems, wollte man sie rechtfertigen, immer auf ihre im starken Sinne verstandene Objektivität verweist" (ebd., S. 141).

Gegen das Prinzip der Verallgemeinerbarkeit von Werten ist nichts einzuwenden. Im Gegenteil: Im Abschnitt 1.3.4 wird der Universalisierungsgrundsatz im dort definierten Sinn als eines der Prinzipien dargestellt, welche zur Begründung der Grundwerte dienen können. Problematisch ist jedoch die Grundannahme, es gebe „keine andere Objektivität von Normen oder Werten als die von ihrer intersubjektiven Gültigkeit gewährleistete" (ebd., S.140). Gewisse Werte sind selbst dann als wahr zu bezeichnen, wenn einzelne Individuen deren Gültigkeit nicht anerkennen.[21] Hier soll der mit dem Zitat von Werner Wiater begonnene Kreis geschlossen werden: Objektiv Verpflichtendes ist von jedem anzuerkennen. Die gegen Ende dieses Kapitels (im Abschnitt 1.3.4) zu konkretisierenden Grundwerte sind als verpflichtender Konsens zu akzeptieren.

Doch wie lassen sich die beiden in diesem Kapitel bisher formulierten Forderungen konkret in Einklang miteinander bringen? Darauf geht der folgende Abschnitt ein.

---

21 Selbst der Versuch von Subjektivisten, als Begründungskriterien für moralische Wertesysteme nur die bei den Subjekten intersubjektiv deskriptiv tatsächlich vorhandenen Präferenzen heranzuziehen, kommt nicht aus ohne Kriterien, die außerhalb der Subjekte liegen. Objektive Aussagen lassen sich nicht vermeiden.

1.3.3 *Synthese aus pluralistischer Freiheit und Anpassung an vorgegebene Werte*

Die Forderungen nach pluralistischer Freiheit auf der einen Seite und nach einem für alle Individuen verpflichtend geltenden Wertekonsens auf der anderen Seite scheinen auf den ersten Blick diametral im Gegensatz zueinander zu stehen. Wie passt das zusammen: Das Recht auf freiheitliche Entfaltung der eigenen Persönlichkeit und die Konzeption, dass jeder in seinem Handeln gewisse Werte berücksichtigen m u s s? Wurde im vorliegenden Kapitel bisher konstatiert, dass beide Forderungen als unerlässlich zu betrachten sind, formuliert dieser Abschnitt die konkrete Ausgestaltung der in Wahrheit gar nicht ambivalenten sondern überaus symbiotischen Synthese aus Freiheit und Anpassung in Wertefragen.

„Ein Grundkonsens über gemeinsame Werte muß ... genug Spielraum lassen für ... individuelle und regionale Pluralität" (Höppner 1997, S. 72). Gleichzeitig muss sich die individuelle Freiheit an gewissen Grenzen orientieren. Das freiheitliche Handeln darf sich einer Legitimationsprüfung nicht entziehen.[22] „Werte, also das, was man persönlich für erstrebenswert und wichtig hält, ist nicht automatisch auch richtig und gut. Es muss ‚gerechtfertigt' werden, d.h. einer ethischen Reflexion unterzogen werden" (Wiater 2006, S. 5).

Bei der Auseinandersetzung mit der Frage, wie Freiheit und Anpassung in Wertefragen zusammenpassen, muss zunächst ein weit verbreitetes Fehlverständnis als solches erkannt, benannt und so ausgeräumt werden. Die Einforderung verbindlicher Werte schränkt Freiheit nicht ein. Im Gegenteil: Sie ermöglicht Freiheit erst. Freiheitliches Zusammenleben unter Pluralitätsbedingungen wird erst möglich, wenn Spielregeln in Form von moralischen Grundwerten vorgegeben werden. Bernhard Laux stellt dies in Form einer rhetorischen Frage fest: Braucht „die Vielheit nicht einen Einheitskern, der das Zusammenleben in Pluralität erst ermöglicht und sichert?" (2002, S. 513). Für Ulf Preuss-Lausitz gibt es bestimmte *„grundlegende Werte*, die überhaupt erst den Pluralismus sichern" (1996, S. 38, Hervorhebung durch kursive Formatierung im Original). Pluralistische Freiheit wird durch einen Wertekonsens nicht eingeschränkt oder gar verhindert, sie wird durch ihn erst möglich gemacht. Denn Freiheit ohne Grenzen führt zu chaotischen Zuständen.

Bei der hier behandelten Synthese aus pluralistischer Freiheit und Anpassung an einen Wertekonsens geht es um die für das soziale Miteinander essenzielle „Austarierung von Selbstverwirklichung und Verpflichtung auf das Ganze, von Rechten und Pflichten, von Freiheit und Bindung" (Theo Sommer, zitiert in Heimann 1994, S. 124). Jedes Gesellschaftsmitglied hat R e c h t e u n d P f l i c h -

[22] Hier gilt derselbe Grundsatz wie beim Prinzip Toleranz. Die Beurteilung von Handlungen und Ansichten a n d e r e r M e n s c h e n muss bei aller Toleranz bestimmten Kriterien der Legitimitätsprüfung unterworfen werden. Das gilt auch für das e i g e n e Handeln: Bei aller individuellen Freiheit muss es Grenzen geben. Die eigene individuelle Freiheit schließt eine moralische Legitimationsüberprüfung nicht aus.

ten. Weder die einseitige Konzentration auf die individuelle Freiheit noch die ausschließliche Betonung des Dienstes für die Allgemeinheit sind zu rechtfertigen.

Dies führt zur Frage: Wo genau liegen die individuellen Freiheiten, wo die Pflichten? Es gibt Lebensbereiche, da werden „Muss-Erwartungen“ gestellt, die für jedes in der Gesellschaft lebende Individuum gelten. In anderen Bereichen werden „Soll-Erwartungen ... und ... Kann-Erwartungen“ gestellt (Wiater 2004 b, S. 37). Die „Muss-Erwartungen“, die verbindlichen Pflichten beinhalten, dass man „die bestehende Rechtsordnung, die Vorstellung von Menschenwürde und die allgemeinen Menschenrechte uneingeschränkt akzeptiert und sein privates und gesellschaftliches Handeln danach ausrichtet“ (ebd., S. 39). Aus den Menschenrechten leiten sich die Grundwerte ab, die als Konsens ebenso für jeden verbindlich zu gelten haben. Sie stellen die Grundlage für das gesellschaftliche soziale Miteinander dar. Erst die verbindliche Anerkennung der moralischen Grundwerte sichert ein Miteinander. Ein Befolgen der Gesetze ohne Anerkennung des dahinter stehenden *Esprit de loi* führt zu einem labilen gesellschaftlichen Nebeneinander.

> Auf die Wertedebatte übertragen führt dies zusammenfassend zu folgender terminologischer und funktionaler Differenzierung: Die Grundwerte müssen von allen akzeptiert werden, sie stellen einen verbindlichen Bezugsrahmen für die soziale Interaktion dar, an dem nicht gerüttelt werden darf. Die individuellen Lebensgestaltungswerte hingegen sind von jedem Individuum frei zu wählen. Hier darf weder der Staat noch sonst irgendeine Institution Verbindlichkeit einfordernden Einfluss ausüben. Unter die individuellen Lebensgestaltungswerte fallen all die, in unterschiedlichen Bereichen angesiedelten Werte, welche die Ausgestaltung des eigenen Lebens betreffen. Hierzu gehören die Werte, die bei der Entscheidung über die weltanschauliche, die ideologische, spirituelle oder religiöse Ausrichtung des eigenen Lebens handlungsleitend sind ebenso wie die Werte, die das Individuum bei Geschmacksfragen, der Berufswahl, der Freizeitgestaltung oder der Partnerwahl leiten.

Jutta Standop formuliert diese Differenzierung so: „Grundwerte: diese verpflichten den Einzelnen; erst dann beginnt der weite Bereich des Pluralismus, in dem jeder seinen Weg selbst entscheiden kann“ (2005, S. 70).

Die Synthese aus pluralistischer Freiheit und verbindlichem Wertekonsens kann jedoch ohne ein damit essenziell zusammenhängendes Schlüsselkonzept nicht funktionieren: Die individuelle Mündigkeit in Wertefragen. Diese braucht jedes in liberal-demokratischen Gesellschaften unter Pluralitätsbedingungen lebende Individuum a) für eine sinnvolle Umsetzung und Anwendung der Grundwerte, b) für den Bereich der individuellen Lebensgestaltung und die hierfür relevanten Werte und um c) Grundwerte und individuelle Lebensgestaltungswerte in Einklang miteinander zu bringen (vgl. hierzu auch Mauermann 1981 a, S. 89 f.; Oser & Althof 2001, S. 35 ff.).

Zu a): Für ein grundwerteorientiertes Miteinander reicht es nicht aus, einzig verbindliche Grundwerte einzufordern, ohne gleichzeitig Mündigkeit in Wertefragen zu fördern. Denn erstens muss das Individuum die abstrakten Grundwerte oder bestimmte den Grundwerten verpflichtete Tugenden in konkreten Situationen sinnvoll in konkrete reale Handlungen umsetzen können.[23] Und zweitens können Grundwerte auch miteinander in Konflikt stehen. Dann muss entschieden werden, welchem Grundwert man Priorität vor einem anderen einräumt und welche Tugend man folglich zu Lasten welcher anderen Tugend an den Tag legt, ja welche Untugend man hierfür gegebenenfalls in Kauf nehmen muss (vgl. Hentig 2001, S. 72). „Wahrheit, Gerechtigkeit, Frieden gehen eben nicht ineinander auf. Es ist selten liebevoll, die Wahrheit zu sagen, und Frieden können wir oft nur erreichen, wenn wir etwas Ungerechtigkeit hinzunehmen bereit sind" (ebd.).

Mündigkeit in Wertefragen ist notwendig, weil es bei grundwerteorientiertem Miteinander eben nicht darum gehen darf, „eine generelle Norm einfach anzuwenden oder eine sozialisierte, habitualisierte Tugend gleichsam unabhängig von der konkreten Situationseinschätzung zu praktizieren" (Preuss-Lausitz 1996, S. 38). Es ist ähnlich, wie mit den Gesetzen: Bei diesen geht es – wie bereits ausgeführt – darum, den ihnen zugrunde liegenden Geist, der sich mit den Grundwerten zusammenfassen lässt, wahrzunehmen, zu bejahen und umzusetzen (vgl. Tibi 2001, S. 25). Ebenso geht es bei den Grundwerten nicht um die gewissermaßen auswendig gelernte Anwendung von tugendhaftem Verhalten, das den Grundwerten verpflichtet ist, sondern um die Wahrnehmung, gedankliche Durchdringung, Bejahung und daraus folgende angemessene Umsetzung der den Grundwerten immanenten Prinzipien. Dies ist nicht ohne Mündigkeit in Wertefragen möglich.

Ferner bewahrt Mündigkeit in Wertefragen vor einer „Ethik der Gesinnung und der Pflichterfüllung", vor der Johano Strasser auf Friedrich Schleiermacher Bezug nehmend warnt (2003, S. 696). Es ist eine Ethik, die bestimmte Prinzipien ohne Rücksicht auf Verluste, ohne Beachtung der Folgen über alles stellt (vgl. ebd.). Jeder einzelne Grundwert ist essenziell. Doch wenn einer dieser Werte, situationsunabhängig und axiomatisch über alles gestellt wird, ist dies nicht im positiven Sinne als tugendhaft, sondern als problematisch zu bezeichnen. Wem etwa das Gemeinwohl so wichtig ist, dass er Egoisten nach dem Leben trachtet, oder für wen die Gleichheit aller Menschen so substanziell ist, dass er die Würde dessen, der gegen dieses Prinzip verstößt, nachhaltig beschädigt: der hat den Geist der Grundwerte nicht verstanden, dem ermangelt der Mündigkeit in Wertefragen.

---

[23] Hierzu ein Beispiel von Hartmut von Hentig: „Ja, innerhalb eines einzigen Gebots geraten wir in Entscheidungsschwierigkeiten. Die Forderung, sich gegen jedermann ‚menschlich' zu verhalten …, läßt Grundsätzliches offen: Verlangt sie, daß ich dem Bettler vor meiner Tür gebe, oder verlangt sie, daß ich ihn zur Selbsthilfe ermutige, oder verlangt sie, daß ich ‚die Gesellschaft ändere'? Und wenn ich mich für das Geben entscheide: Ist es menschlich, daß ich ihm *viel* gebe, weil er offensichtlich viel braucht, oder nur in dem Maß, das mir erlaubt, *vielen* zu geben, die alle etwas brauchen? Und wenn ich ihn frage, wie ich es halten soll, verletze ich damit nicht seine Scham?" (2001, S. 72, Hervorhebung durch kursive Formatierung im Original).

Zu b): Die im Kapitel 1.1 beschriebenen individuellen Orientierungsprobleme lassen sich weder alleine durch einen verbindlichen moralischen Grundwertekonsens noch durch individuelle Mündigkeit in *Grund*wertefragen lösen. Denn eigenverantwortliche Entscheidungen treffen muss das Individuum auch im Bereich der individuellen Lebensgestaltungswerte. Jeder Mensch muss Klarheit über seine individuellen Bedürfnisse und Wertvorstellungen erlangen und lernen, in diesem Bereich gute Entscheidungen treffen (vgl. Mauermann 1981 a, S. 89). Mündigkeit in Wertefragen ist für die weltanschauliche Ausrichtung des eigenen Lebens ebenso von Bedeutung wie für Geschmacksfragen, die Berufswahl, die Freizeitgestaltung oder die Partnerwahl. „Die mit der Aufklärung verbundene Befreiung zur Mündigkeit wird nicht von jedem gleich verkraftet und ist vor allem nicht ein einmaliger Akt" (Hentig 2001, S. 36). Die Freiheit bei der individuellen Lebensgestaltung bedarf täglich der Mündigkeit in Wertefragen, welche es zu erlernen gilt. Sie stellt eine anzueignende Qualifikation dar.

Zu c): Schließlich bedarf es der individuellen Mündigkeit in Wertefragen, da Grundwertefragen und Fragen, welche die individuellen Lebensgestaltungswerte betreffen, oft zueinander in Verbindung stehen.[24] Es bedarf eigenverantwortlicher Entscheidungen darüber, wie in konkreten Situationen eigene Ideale mit den moralischen Grundwerten in Einklang gebracht werden können und wie zwischen individueller Freiheit und notwendiger Anpassung in Wertefragen eine ausgewogene Balance hergestellt werden kann. Hier geht es um die notwendige Austarierung zwischen Rechten und Pflichten in Wertefragen, zwischen Lebensgestaltungs- und Grundwerten.

Unabhängig davon, ob es um Grundwerte oder Lebensgestaltungswerte geht: Mündigkeit in Wertefragen ist notwendig, weil ein statisches Wertegefüge dem Individuum im tatsächlichen Leben wenig hilft. Volker Ladenthin formuliert dies so: Menschen „müssen ... lernen, in einer konkreten Situation jenen Wert zu bevorzugen, der situationsangemessen ist. Deswegen können wir Kinder nicht zu starren Wertesystemen erziehen. Es passt nicht" (2007, S. 7).

Mündigkeit in Wertefragen beinhaltet die Fähigkeit zur Perspektiven- bzw. Rollenübernahme. Es reicht nicht aus, wenn das Individuum in Wertefragen[25] nur den eigenen Standpunkt berücksichtigt. Es muss auch die Standpunkte der Personen berücksichtigen, auf welche die zu treffenden Entscheidungen Auswirkungen haben. Hierzu muss es sich in die Lage dieser Personen hineinversetzen können (vgl. Standop 2005, S. 24).[26]

---

[24] Die beiden Bereiche stehen wohlgemerkt nicht in allen Situationen miteinander in Verbindung. Es gibt Situationen, in denen es ausschließlich um die Grundwerte geht und solche, die ausschließlich die individuelle Lebensgestaltung betreffen.

[25] Dies trifft auf die unter a) und c) dargestellten Aspekte zu.

[26] Eine entscheidende Rolle spielt die Perspektivenübernahme etwa auch in der Theorie des kommunikativen Handelns von Jürgen Habermas, der „eine Ethik entwickelt, die ihre Grundlage in den wechselseitigen Prozessen des Sich-Verständigens findet" (Velthaus

Abschließend sollen die Überlegungen zur Mündigkeit in Wertefragen in Bezug gesetzt werden zum Terminus *Moral.* Bewusst wurde vermieden, von *moralischer Mündigkeit* zu sprechen, da dieser Begriff die wichtige Fähigkeit zu eigenverantwortlichen Entscheidungen im außermoralischen Wertebereich, wie etwa bei Geschmacksfragen oder der Berufsfindung, ausgeschlossen hätte. Es ist jedoch darauf hinzuweisen, dass die *moralische Mündigkeit* einen ganz erheblichen Teil der Mündigkeit in Wertefragen ausmacht. Bei den unter a) und c) behandelten Aspekten der Mündigkeit geht es per se um moralische Fragen. Und auch die unter b) behandelte Perspektive ist nicht ausschließlich außermoralisch. So sind es häufig die im Bereich der frei wählbaren Weltanschauungen, Ideologien oder Religionen angesiedelten Werte, welche dem Individuum bei moralischen Fragen Entscheidungshilfe bieten. Denkbar ist etwa, dass jemand einen bestimmten moralischen Grundwert für sich persönlich mit seinem christlichen Glauben begründet.

Die Synthese aus Freiheit und Anpassung in Wertefragen ist durch die Allgemeinverbindlichkeit der Grundwerte, die Freiheit in Fragen der individuellen Lebensgestaltungswerte und durch die Förderung von Mündigkeit in Wertefragen herzustellen.

1.3.4 Grundwerte: Inhalt und Begründung

Welches sind nun die gemeinsamen Grundwerte, die für alle unter Pluralitätsbedingungen lebenden Individuen gleichermaßen verbindlich gelten müssen? Wel-

---

2006, S. 416 ff.). Auch bei Lawrence Kohlberg, der die Entwicklung des moralischen Urteils als eine Sequenz in sechs Stufen beschreibt, spielt die Perspektivenübernahme eine zentrale Rolle, was in seinem folgenden Zitat deutlich wird: „Moralische Entwicklung über Stufe 1 hinaus ist nicht Internalisierung, sondern Rekonstruktion einer Rollenübernahme und von Gerechtigkeitsvorstellungen auf mehr Angemessenheit hin" (1981, S. 112). In diesem Sinne zitiert Lutz H. Eckensberger in eigener Übersetzung Kohlberg mit den Worten: „...wir behaupten, daß die wichtigste Struktur der Moralität eine Gerechtigkeitsstruktur ist. Moralische Situationen sind Situationen des Konfliktes von Perspektiven oder Interessen; Prinzipien der Gerechtigkeit sind Konzepte der Lösung dieser Konflikte: Jedem das zu geben, was ihm zusteht" (1998, S. 485, die Interpunktion wurde abweichend von der zitierten Quelle in einem Fall dem englischsprachigen Originaltext angepasst; vgl. im Original Kohlberg 1976, S. 40). Mit dem Gerechtigkeitsverständnis einer Person entwickelt sich nach Kohlberg von Stufe zu Stufe auch die Fähigkeit zur „idealen Rollenübernahme" (Eckensberger 1998, S. 485). Problematisch an Kohlbergs Theorie ist u.a. die einseitig kognitive Ausrichtung. Er „rekonstruiert einen Entwicklungsprozeß der rationalen Logik im Lösen von Konflikten. ... Die moralisches Handeln tatsächlich begründende Lebenswirklichkeit bleibt blasses Hintergrundphänomen" (Velthaus 2006, S. 412). Roland W. Henke resümiert, die erreichte Stufe des Moralurteils sei „die notwendige, wenn auch noch nicht die hinreichende Bedingung für moralisches Handeln" (1997, S. 20). Zur Darstellung von Kohlbergs Stufenmodell, auf das im Rahmen dieser Arbeit nicht weiter eingegangen wird, da das auf vorhandene gesellschaftliche und schulische Strukturen ausgerichtete forschungsleitende Interesse eine Berücksichtigung der entwicklungspsychologischen Perspektive nicht voraussetzt, siehe: Montada 2008, S. 593 ff. und Eckensberger 1998, S. 495 ff.

ches sind die Richtlinien für das Handeln und die soziale Interaktion in liberal-demokratischen Gesellschaften?

Bevor diese benannt werden können, muss zunächst die Frage beantwortet werden, wie sich diese Grundwerte begründen lassen. Welche Aussagen, welche Prinzipien können als legitime Begründungen für einen verbindlichen Wertekonsens herangezogen werden können, der das soziale Miteinander in der Gesellschaft strukturiert? Welches sind die Argumente, mit denen man ausnahmslos jedem Gesellschaftsmitglied gegenüber treten kann und sagen: Deshalb haben auch für Dich diese Werte Gültigkeit!

Global betrachtet reicht es als Begründung nicht per se aus zu konstatieren, weil ja jeder die Gesetze befolgen muss, habe er auch den diesen zugrunde liegenden *Geist* zu akzeptieren, der sich nun einmal mit bestimmten Werten zusammenfassen lasse. Dass dieser Ansatz zu kurz greift, zeigt sich darin, dass Gesetze per se schon deshalb nicht als Begründung dienen können, weil sie in der Geschichte nicht selten zu unlauteren Zwecken missbraucht wurden und massive, nicht zu rechtfertigende Ungerechtigkeiten beinhalteten und verbindlich festschrieben. In der deutschen Geschichte finden sich zahlreiche Beispiele hierfür in der nationalsozialistischen sowie der DDR-Gesetzgebung. Internationale Beispiele sind die gesetzlich untermauerte Ungleichbehandlung schwarzer US-Amerikaner bis in die 1960er Jahre oder die Apartheidsgesetze in Südafrika. Doch man muss nicht einmal in die Vergangenheit zurückschauen. Auch heute noch gibt es weltweit zahlreiche Fälle, in denen Gesetze gegen grundlegende ethische Prinzipien und somit gegen die aus diesen abzuleitenden Grundwerte verstoßen. Folglich darf die Kausalität nicht verwechselt werden: Die Grundwerte sind nicht aus Gesetzen abzuleiten, sondern grundlegende ethische Prinzipien und die daraus abgeleiteten Grundwerte müssen die Basis für die Gesetzgebung darstellen. Nachdem – wie angedeutet – in der deutschen Geschichte des 20. Jahrhunderts Gesetze zur Untermauerung massiven Unrechts missbraucht wurden, ist die Situation heute anders. Und so stellt es sich in Deutschland wie auch in anderen liberal-demokratischen Gesellschaften (trotz einiger in den Gesetzen sicherlich noch immer enthaltener ungerechter Aspekte) als legitim dar, von den Gesellschaftsmitgliedern bestimmte Werte mit der Begründung einzufordern, dass diese dem Gesetz zugrunde liegen. Aber das ist eben nur möglich, weil diese Gesetze grundlegenden ethischen Prinzipien verpflichtet sind. Dem *Esprit de loi* ist nur dann nachzueifern, wenn die entsprechenden Gesetze bestimmte sittliche Grundsätze nicht verletzen.

Hierbei gilt: Da der Grundwertekatalog für alle Gesellschaftsmitglieder gleichermaßen Gültigkeit haben soll, muss man diesen Konsens „von allen dogmatischen oder fundamentalistischen Besetzungen freihalten. Es kann zum Beispiel keine – auch nicht kirchlich begründete – Diktatur des Guten geben“[27] (Akademie

---

[27] Deutschland ist Teil des christlich geprägten Abendlandes. Der christliche Glaube kann als Begründung für die in diesem Abschnitt zu konkretisierenden Grundwerte dienen, da die-

Gesellschaft und Wissenschaft 1994, S. 180). Doch wie kann ein Wertekonsens begründet werden, der für alle Gesellschaftsmitglieder gelten soll, egal welcher Weltanschauung sie verpflichtet sind? Wie kann man den Wertekanon legitimieren unter der gesellschaftlichen Bedingung des Multikulturalismus, definiert als „die Sachlage, wo verschiedene Hierarchien von Werten in ebenderselben sozialen Welt (Nation, Gesellschaft, Staat) koexistieren" (Musolff 2001, S. 686)? Ist es überhaupt möglich, eine Begründung zu finden, ohne dabei weltanschauliche Aspekte in die Argumentation einzubringen? Für Werner Wiater „muss ... mit Nachdruck vertreten werden, dass es in unserem Kulturraum durchaus allgemein verbindliche ethische Aussagen gibt, die einen Minimalkonsens an Werten begründen können. Die Allgemeinverbindlichkeit ethischer Aussagen ist nämlich jenseits einer christlich, buddhistisch, liberalistisch, materialistisch oder sonst wie definierten Weltanschauungsgemeinschaft durch formale Prinzipien absicherbar, die den Menschen als individuelles und zugleich soziales Vernunftwesen ernst nehmen" (2004 a, S. 57 f.). Bei diesen handelt es sich um die Prinzipien der Verallgemeinerbarkeit, der Gleichbehandlung und Fairness sowie „das Prinzip, dass alles Tun und Lassen der Humanität (der Selbst- und Höherentwicklung des Menschen, dem Schutz und der Würde des Einzelnen und der Menschheit insgesamt) dienen muss, um legitimierbar zu sein" (ebd., S. 58, Hervorhebung M.G.).[28] Diese drei Grundsätze werden im Folgenden erörtert.

Das Prinzip der Verallgemeinerbarkeit, auch Universalisierungsgrundsatz genannt, beinhaltet, dass immer dann, wenn ein moralischer Konflikt[29] vorliegt, alle Beteiligten nicht nur an den eigenen Vorteil denken, sondern sich überlegen, ob sie eine bestimmte Lösung auch akzeptieren würden, wenn sie in der Position des

---

se der christlich-abendländischen Werteordnung entsprechen. Dennoch muss der Grundwertekatalog auch frei von weltanschaulichen oder religiösen Aspekten begründet werden können, damit er für alle Gesellschaftsmitglieder gültig sein kann, also auch für die, die dem christlichen Glauben nicht nahestehen oder ihn ablehnen. Personen, welche die formulierten verbindlichen Werte für sich aus ihrem christlichen Glauben oder aus der Bibel ableiten, steht dieser Weg offen. Mit einer Ablehnung des christlichen Glaubens lässt sich aber – und das ist in diesem Zusammenhang relevant – nicht die Ablehnung der Grundwerte begründen oder entschuldigen.

28 „Während die erstgenannten formalen Prinzipien solche der Logik sind (und damit der Philosophie entstammen), wirken die Sozialwissenschaften bei der Beantwortung der Frage mit, was als humanes Miteinanderleben empfunden wird und welche Voraussetzungen erfüllt sein müssen, damit sich der Mensch (als Kind, Jugendlicher, Erwachsener) gesund und glücklich entfalten kann" (ebd.). Werner Wiater zitiert ferner Walther Christoph Zimmerli: „Damit hätten wir also zwei formale und eine (...) formalinhaltliche Größe, die - weil transzendental fungierend - in der ethischen Diskussion nicht widerspruchsfrei negiert werden können - ganz gleichgültig, welcher Weltanschauung, welcher Religion oder welcher Partei wir angehören mögen" (zitiert ebd.).

29 Das Wort Konflikt ist nicht synonym zum Terminus Streit zu verstehen. Es meint im vorliegenden Zusammenhang, dass einem Wert die Präferenz vor einem anderen Wert eingeräumt werden muss. Nicht selten jedoch gehen moralische Konflikte einher mit Auseinandersetzungen zwischen Personen.

Gegners bzw. neutraler gesagt in der Position einer anderen Person wären. Wendet man dieses Prinzip konsequent an, darf man nicht für das Faustrecht sein, wenn man schwächere Gegner hat und dagegen, wenn man es mit Stärkeren zu tun bekommt (vgl. Oser & Althof 2001, S. 133). „Der Verallgemeinerungs- oder Universalisierungsgrundsatz fordert dazu auf zu überprüfen, ob ein Prinzip frei ist von Voreingenommenheit und Parteilichkeit, ob es von allen Betroffenen akzeptiert werden könnte“ (ebd.). Eine bekannte Formulierung dieses Prinzips ist der Kategorische Imperativ von Immanuel Kant: „handle nur nach derjenigen Maxime, durch die du zugleich wollen kannst, daß sie ein allgemeines Gesetz werde“ (2003, S. 51). Auch die Goldene Regel ist ein bekanntes Prinzip, das dem Universalisierungsgrundsatz folgt: Was du nicht willst, dass man dir tu, das füg auch keinem andern zu[30] (vgl. Corradini 1994, S. 140). Der Philosoph Otfried Höffe hält fest, dass sich dieses Prinzip der Wechselseitigkeit im indischen Nationalepos *Mahabharata* (6. Jahrhundert vor Christus), etwa zur gleichen Zeit bei Konfuzius und zwei Jahrhunderte später in einem ägyptischen Weisheitsbuch sowie im neuen Testament der Bibel[31] findet (vgl. 2006, S. 86). Für ihn zeichnet sich damit „ein Stück interkultureller, sogar globaler Wertegemeinschaft ab: Schon weit vordemokratische Gesellschaften achten auf den Wert der Gegenseitigkeit und Wechselseitigkeit; die Goldene Regel gehört zum gemeinsamen Erbe der Menschheit“ (ebd.). Die Akzeptanz der Goldenen Regel weist für Hans-Joachim Werner „darauf hin, dass sie auf elementare Einsichten des Menschen antwortet und anthropologisch fundierte Bereitschaften anspricht“ (2002, S. 85).

Der Universalisierungsgrundsatz würde sich rein logisch-formal selbst ad absurdum führen, würde man ihn nicht mit dem Prinzip der Gleichbehandlung und Fairness verknüpfen. Wenn man beim Richtsatz, die Interessen anderer Individuen bei moralischen Entscheidungsfindungen mit einzubeziehen, bestimmte Personen oder Personengruppen bewusst ausschließt (d.h. als nicht gleich behandelt), löst man das Prinzip auf, indem man das, was ihm zutiefst immanent ist, verhindert. Die Goldene Regel lautet eben nicht: Was du nicht willst, das man dir tu, das füg auch dem nicht zu, den Du magst, der die richtige Hautfarbe hat oder von welchem Du einen Gefallen erwartest. Und der Kategorische Imperativ lautet nun einmal nicht: Handle sympathischen Menschen gegenüber nur nach derjenigen Maxime, durch die du zugleich wollen kannst, dass sie ein allgemeines Gesetz werde. Und er lautet auch nicht: Handle nur nach derjenigen Maxime, durch die

---

[30] Diese bekannte Formulierung der Goldenen Regel findet sich in den apokryphen, d.h. nicht in den Kanon der Bibel aufgenommenen Schriften in Tobias 4,16 (Lutherübersetzung in der revidierten Fassung von 1984). Im Gegensatz zur ansonsten üblicheren Schreibweise, befindet sich am angegebenen Ort – wie im Haupttext wiedergegeben – anstelle von „das man dir tu“ der Nebensatz „dass man dir tu“.

[31] „Alles nun, was ihr wollt, dass euch die Leute tun sollen, das tut ihnen auch! Das ist das Gesetz und die Propheten“ (Matthäusevangelium 7,12; Lutherübersetzung in der revidierten Fassung von 1984).

du zugleich wollen kannst, dass sie ein für bestimmte Personengruppen gültiges Gesetz werde. Der Wertekonsens muss für alle Menschen in allen Situationen allen Menschen gegenüber handlungsleitend sein. Gleichbehandlung muss zu den den Grundwertekatalog konstituierenden Prinzipien gehören.

Zum Prinzip Humanität: Dieter-Jürgen Löwisch beschäftigt sich unter Berufung auf Konzepte von Claude Lévi-Strauss und Hans Küng mit der Frage, wie ein minimaler Wertekonsens gefunden werden kann, auf dem Menschenrechte begründet werden können, die weltweit für alle Kulturen gelten sollen: „Es muß ... etwas über dem Kultur- und Werterelativismus Angesiedeltes geben, das trotz des Rechts auf kulturelle Andersartigkeit und trotz der Forderung von Koexistenz gleichberechtigter Kulturen gemeinsame Handlungen erstrebenswert und wünschenswert erscheinen läßt" (1996, S. 236). Löwisch schlägt als Ausgangsbasis für die, wie er betont, mühsame Konsenssuche „Verantwortung für das Wohl der Menschen" vor (ebd., S. 237). Nicht nur bei der Suche nach einem weltweit gültigen Konsens, sondern auch bei der Suche nach einem Grundwertekonsens in liberal-demokratischen pluralistischen Gesellschaften, muss die Verantwortung für das Wohl der Menschen konstituierendes Prinzip sein.

Löwisch sieht dies als vielversprechenden Ansatz an, der anderen Kulturen nicht einseitig westliche Werte aufzwingt: „Nicht Kultur-, Wert- oder Ethikimperialismus diktieren dabei die Suche nach einem minimalen Wertkonsens. Sondern eine interkulturelle Kommunikation unter Achtung der zugrundeliegenden Kultur-, Wert- und Ethikverständnisse fördert, wenn sie ernsthaft betrieben wird, einen realitätsbezogenen Konsens zutage, der für gerade anstehendes Handeln notwendig ist" (ebd.). Da eben auch in Deutschland viele verschiedene Kulturen vertreten sind, für welche die Grundwerte in gleichem Maße gelten können sollen, ist eine solche Kommunikation auch hier anzustreben. Denn selbst wenn die konstituierenden Prinzipien kulturunabhängig sind, sollten die aus diesen abgeleiteten Grundwerte nicht einfach eingefordert werden, ohne dies in einen Kommunikationsprozess einzubetten, der kulturspezifische Wertverständnisse berücksichtigt und respektiert.

In der folgenden Aufzählung finden sich die Grundwerte, welche als Wertekonsens für alle Gesellschaftsmitglieder in freiheitlich-demokratischen Gesellschaften verbindlicher moralischer Rahmen für das Handeln und die soziale Interaktion sein sollten. Die Grundwerte sind genau wie das deutsche Grundgesetz den Prinzipien Verallgemeinerbarkeit, Gleichbehandlung und Humanität verpflichtet. Die Grundwerte fassen somit den *Esprit de loi* des deutschen Grundgesetzes zusammen:

Gemeinwohl, Leben, Gerechtigkeit, Würde des Menschen, Gleichheit, Freiheit, Verantwortung, Frieden (vgl. Brezinka 1993 a, S. 14; Hentig 2001, S. 162; Laux 2002, S. 514; Tibi 2001, S. 26; Walther 2003, S. 664 f.).

Diese Aufzählung erscheint wenig konkret, was jedoch nicht überrascht, denn Werte sind nun einmal per se abstrakt (vgl. Kap. 1.2). Dennoch ist auf die in den Grundwerten enthaltenen konkreten Implikationen mit Nachdruck zu verweisen. „Wenn das Reden über Werte ein konkreteres werden soll, müssen die ihnen korrespondierenden *Tugenden* in den Blick genommen werden" (Matthes 2008, S. 44, Hervorhebung durch kursive Formatierung im Original). Bestimmte Tugenden sind diesem Wertekatalog zutiefst immanent, bestimmte Untugenden lassen sich mit ihm absolut nicht in Einklang bringen. „Respekt, Empathie, Hilfsbereitschaft" (ebd.) beispielsweise oder Fairness, Friedfertigkeit, Menschlichkeit, Solidarität und Toleranz, ja auch Höflichkeit und Freundlichkeit sind dem Grundwertekatalog inhärente Tugenden. Nicht zuletzt sind hier auch die Sekundärtugenden zu nennen, jedoch nur dann, wenn sie einem oder mehreren Grundwerten verpflichtet sind.[32] Um beispielsweise ihrer Verantwortung für die eigene Familie nachzukommen, müssen Eltern diszipliniert ihrer Erwerbstätigkeit nachkommen und etwa Pünktlichkeit und Ordnungsliebe an den Tag legen, um ihren Kindern ein sicheres, strukturiertes Setting zu bieten. Egoismus oder ein auf Kosten anderer ausgelebter einseitiger Individualismus lassen sich mit den Grundwerten hingegen nicht vereinbaren.

Diese Beispiele sollen deutlich machen: Bei der Forderung nach Grundwerten darf es nicht um theoretisches Philosophieren gehen, sondern um das tatsächliche alltägliche Miteinander. Gefordert ist grundwerteorientiertes Handeln aller, nicht abgehobenes Debattieren weniger. Damit die Gesellschaftsmitglieder die Grundwerte mit Leben füllen können, bedarf es der Mündigkeit in Wertefragen.

Dies ist, zusammen mit den anderen Gedanken aus diesem Kapitel, bei der Formulierung von Zielen einer zeitgemäßen Werteerziehung zu berücksichtigen.

1.4 Resultierende Ziele einer zeitgemäßen Werteerziehung[33]

Eine zeitgemäße Werteerziehung hat die Aufgabe, dem Individuum dabei zu helfen, sich in der aktuellen Wertelandschaft zurechtzufinden. Sie muss Orientierung ermöglichen. Die Pluralitätsbedingungen erfordern, dass Wertepädagogik dem Menschen die Grundwerte vermittelt und ihm dabei hilft, danach zu leben und dass sie ihn gleichzeitig dabei unterstützt, die individuelle Freiheit im Bereich der Lebensgestaltungswerte mündig zu gestalten und beides in Einklang

---

32 Sekundärtugenden können auch für Zwecke eingesetzt werden, die den Grundwerten diametral entgegenstehen (vgl. Kap. 1.2). Die genannten Primärtugenden hingegen sind dem Grundwertekatalog per se immanent, da sie nicht in Konflikt zum Grundwertekatalog geraten können, sondern zu diesem aus sich heraus kompatibel sind.

33 Im vorliegenden Kapitel 1.4 erfolgt eine Konzentration auf Aussagen, die für alle Orte der Werteerziehung gleichermaßen Gültigkeit beanspruchen. Auf Unterschiede in der Werteerziehung an den unterschiedlichen Erziehungsorten (vor allem Familie und Schule) wird schwerpunktmäßig im Kapitel 2.1 eingegangen.

miteinander zu bringen. *Orientierung, Freiheit* und *Pflichten*, dies sind die Schlagworte, an denen sich die Formulierung der Ziele einer zeitgemäßen Werteerziehung ausrichtet. *Mündigkeit in Wertefragen* ist zur Orientierung in der Wertelandschaft und auch für eine gesunde Balance zwischen Rechten und Pflichten, zwischen persönlicher Freiheit und notwendiger Einschränkung unerlässlich und muss durch die Werteerziehung gefördert werden.

Werteerziehung muss Vielfalt fördern und gleichzeitig feste moralische Regeln vermitteln, die für alle gelten (vgl. Müller-Michaels 2000, S. 2). Es geht um die Schaffung eines Handlungsfeldes, „in dem ein ideales Maß an Konformitätsdruck mit gerichteten Selbstentfaltungschancen kombiniert" wird (Gensicke 1994, S. 122). Bei Wertepädagogik geht es um eine „Erziehung zu beidem, zu Mündigkeit und Gemeinsinn, zu Selbstbestimmung und Nützlichkeit" (Hentig 2001, S. 101). Werteerziehung muss sowohl Sozialisations- als auch Personalisationshilfe sein. Beides ist nötig, ansonsten würde die Genese eines zu angepassten oder eines zu individualistischen Menschen gefördert (vgl. Weber 1981, S. 48 ff.). In diesem Sinne versteht Eckart Liebau „Werteerziehung als Vermittlung der demokratischen Grundwerte und zugleich als Erziehung zur individuellen und sozialen Wertfindung" (1999, S. 6).

Strebt man für den Umgang mit dem Educandus im explizierten Sinne die Förderung von Wertbindung und individueller Freiheit, von Selbstentfaltung und Pflichterfüllung an, muss man bei der Durchführung von Werteerziehung zwei Hauptbereiche abdecken. Beide sind mit jeweils unterschiedlichen Zielen verbunden, welche sich aber nicht widersprechen. Im Gegenteil: Sie gehören symbiotisch zueinander. Es handelt sich um *materiale Werteinstellungs-Erziehung* und *formale Bewertungs-Erziehung* (vgl. Matthes 2004 b, S. 14).[34]

1. *Materiale Werteinstellungs-Erziehung*: Materiale, d.h. inhaltlich festgelegte Werte werden präskriptiv, d.h. mit der Intention, den Educandus in eine bestimmte Richtung zu führen, vermittelt. Für alle Orte der Werteerziehung gilt: Die inhaltlich konkret festgelegten Grundwerte müssen vermittelt werden. Eva Matthes bringt diese Forderung an die Schule gerichtet auf den Punkt: „Alle Lehrkräfte müssen sich den Grundwerten unseres Grundgesetzes verpflichtet fühlen und für deren Akzeptanz werben" (ebd., S. 23). Auch für Wolfgang Brezinka steht fest: „Hinsichtlich der Grundwerte darf es in der Schule keine Neutralität geben. Die Lehrer müssen für sie einstehen und die Schüler sollen sie nicht nur kennen, sondern sich nach ihnen richten lernen" (1993 a, S. 14). Es „bleibt ein Grundbestand an gemeinsamen Orientierungsgütern notwendig, der an die nächste Generation weitergegeben werden muß" (ebd., S. 18). Dies darf

34 Eva Matthes beruft sich hier auf eine von Wolfgang Brezinka verwendete Terminologie.

nicht nur in der Schule geschehen, sondern muss für alle Werteerziehungsorte gelten.[35]

Was die im Rahmen der materialen Werteinstellungs-Erziehung vermittelten Grundwerte betrifft: Diese sollen für das Individuum verbindlich sein, trotzdem dürfen und können sie ihm nicht aufgezwungen werden. Für Eva Matthes steht fest, dass die Grundwerte „vertraut gemacht und glaubwürdig vertreten werden sollen, diese jedoch nicht auf Ausschaltung des Verstandes und auf bleibende Unmündigkeit zielend indoktriniert werden dürfen" (2004 a, S. 5). Werteerziehung darf nicht unfrei machen, sie muss frei machen. Würden die Grundwerte nur konditioniert, würde dies zu Unfreiheit beim Individuum führen, nicht zu freiheitlicher Mündigkeit (vgl. Roth 1981, S. 18 ff.). Werteerziehung möchte die moralische Motivation des Individuums ansprechen, nicht nur sein Wissen über moralische Normen erweitern (vgl. Montada 2008, S. 579 f.). Es geht darum, den Educandus dahin zu führen, dass er die verbindlichen Grundwerte für sich bejaht, dass er zur *Einsicht* gelangt (vgl. Fellmann 2002, S. 173), dass diese Werte als positiv anzusehen sind.

Aus dem so in allgemeiner Weise formulierten Ziel materialer Werteinstellungs-Erziehung lassen sich weitere, konkretere Ziele ableiten[36]: Vermittelt werden sollen Tugenden, die den Grundwerten verpflichtet sind. Beispielsweise hat materiale Werteinstellungs-Erziehung die Förderung von Hilfsbereitschaft, Respekt vor anderen und auch Höflichkeit zum Ziel.

Nicht nur, aber auch deshalb, weil es eben aber nicht darum gehen darf, tugendhaftes Verhalten gewissermaßen auswendig zu lernen und mechanisch umzusetzen, muss die materiale Werteinstellungs-Erziehung immer mit formaler Bewertungs-Erziehung einhergehen.

2. Formale Bewertungs-Erziehung: Es reicht nicht aus, dass Werteerziehung dem Individuum bestimmte Werte inhaltlich nahe bringt. Der Educandus muss auch lernen, in Wertefragen Entscheidungen zu treffen, Urteile zu fällen, Bewertungen vorzunehmen. Dabei muss sich das Individuum immer im Rahmen der in der materialen Werteinstellungs-Erziehung vermittelten Grundwerte bewegen. Die Urteilsfähigkeit in Wertefragen ist wichtig a) für eine sinnvolle Anwendung der Grundwerte, b) für den Bereich der individuellen Le-

---

[35] An Erziehungsorten, die im Gegensatz zur staatlichen Schule nicht dem weltanschaulichen Neutralitätsgebot unterliegen, darf über die präskriptive Vermittlung von Grundwerten hinaus die inhaltliche Vermittlung von Lebensgestaltungswerten erfolgen. Dies gilt etwa für die Familie, aber auch für die Kirche oder für Schulen in privater Trägerschaft. Wenn man hingegen von materialer Werteinstellungs-Erziehung an der staatlichen Schule spricht, kann und darf dies ausschließlich die Vermittlung von Grundwerten beinhalten. Konkreter wird auf die Unterschiede zwischen den Orten der Werteerziehung im Kapitel 2.1 eingegangen.

[36] In anderen Worten: Diese und andere konkreter formulierte Ziele sind dem in allgemeiner Weise formulierten Ziel materialer Werteinstellungs-Erziehung immanent.

bensgestaltungswerte und c) für eine ausgewogene Balance zwischen beiden Bereichen (vgl. 1.3.3; vgl. hierzu auch Mauermann 1981 a, S. 89 f.; Oser & Althof 2001, S. 35 ff.). Hier geht es einerseits häufig darum, einem Wert oder mehreren Werten den Vorrang vor einem anderen Wert oder mehreren anderen Werten zu geben. Ferner müssen die abstrakten Grundwerte oder diesen verpflichtete Tugenden in konkreten Situationen sinnvoll in reale Handlungen umgesetzt werden, und hierfür bedarf es der Mündigkeit in Wertefragen. Entscheidend ist, dass der Educandus lernt, sämtliche Bewertungen eben nicht nur auf einem abstrakt-theoretischen Niveau vorzunehmen, sondern in konkreten Situationen eigenverantwortlich zu entscheiden.

Formale Bewertungs-Erziehung hat die Förderung von individueller Mündigkeit in Wertefragen in dem im Abschnitt 1.3.3 definierten Sinn zum Ziel, was per se auch die Schulung der Fähigkeit zur Perspektivenübernahme beinhaltet.

Während materiale Werteinstellungs-Erziehung den Educandus also in Wertefragen in eine bestimmte, inhaltlich festgelegte Richtung führen will, möchte formale Bewertungs-Erziehung dem Heranwachsenden ermöglichen, sich unter Berücksichtigung grundlegender Regeln in Wertefragen eigenverantwortlich für eine bestimmte Richtung zu entscheiden.[37]

Entgegen der Aussage von Siegfried Uhl, beide Aspekte seien „in formaler Hinsicht bei allen Arten der Werte-Erziehung“ gleichermaßen vorgesehen (2004, S. 44), ist festzuhalten, dass es nicht selbstverständlich als Konsens in der *Scientific Community* vorausgesetzt werden kann, dass eine zeitgemäße Werteerziehung sowohl materiale Werteinstellungs-Erziehung als auch formale Bewertungs-Erziehung enthalten müsse. So stellt etwa Eva Matthes fest: „Während *Brezinka* davon ausgeht, dass man sich zwischen den genannten Konzepten alternativ entscheiden müsse, spricht sich *Erich Weber* für deren Verknüpfung aus“ (2004 b, S. 15, Hervorhebung durch kursive Formatierung im Original; vgl. hierzu Brezinka 1992, S.157 f.; Weber 1981, S. 48 ff.). Schulische Werteerziehung ist für Wolfgang Brezinka eine auf den Grundwerten basierende materiale Werteinstellungs-Erziehung (vgl. 1993 a, S. 13 f.; 1992, S. 168 ff.). Georg Linds Konstanzer Methode der Dilemmadiskussion (KMDD) hingegen beruht einseitig auf einer formalen Bewertungs-Erziehung. Zwar werden auch bei diesem Konzept die Grundwerte als wichtig erachtet. Als problematisch zu bezeichnen ist jedoch die

[37] Die Frage, was die per se ja abstrakten Grundwerte für das Handeln in konkreten Situationen bedeuten, fällt sowohl in den Bereich der materialen Werteinstellungs-Erziehung als auch in den der formalen Bewertungs-Erziehung. Denn materiale Werteinstellungs-Erziehung sollte die Grundwerte den Educanden anhand konkreter Beispiele inhaltlich nahebringen. Und formale Bewertungs-Erziehung sollte darüber hinaus die Fähigkeit stärken, auch ohne fremde Hilfe die abstrakten Grundwerte in konkreten Situationen, mit denen man sich bisher inhaltlich noch nicht auseinandergesetzt hat und in denen kein Lehrer oder Erzieher anwesend ist, unter Zuhilfenahme der eigenen Mündigkeit in Wertefragen praktisch anzuwenden.

Grundannahme, über die „moralischen Kernprinzipien einer Demokratie" herrsche große Übereinstimmung und deshalb reiche es aus, im Rahmen der propagierten Methode schulischer Werteerziehung die Kompetenz zu trainieren, die gewissermaßen sowieso vorhandenen Werte in konkreten Situationen anzuwenden und die dafür notwendigen Bewertungen vorzunehmen (vgl. 2008, Internetquelle ohne Seitenangaben[38]). Selbst wenn in der Gesellschaft eine hohe Übereinstimmung darüber bestehen mag, dass Achtung vor der Würde des Menschen und Gerechtigkeit wichtig sind, müssen die Grundwerte und die diesen verpflichteten Tugenden dennoch anschaulich und lebensnah inhaltlich vermittelt werden. Stark zugespitzt muss die Frage an Georg Lind gestattet sein, ob die Zunahme von Drogenmissbrauch, Gewalt, Vandalismus und politischem Radikalismus unter Jugendlichen und das häufig geringe Unrechtsbewusstsein bei Normverstößen (vgl. Uhl 2004, S. 42 f.) ausschließlich darauf zurückzuführen seien, dass den Jugendlichen nur nicht bewusst sei, wie sie die ihnen eigentlich so wichtigen Grundwerte denn konkret anwenden könnten. Abgesehen von der sozialromantisch anmutenden Grundannahme Linds und der sich daraus ergebenden Vernachlässigung materialer Werteinstellungs-Erziehung, ist die KMDD allerdings als überaus interessante Methode ausdrücklich zu würdigen. Die Durchführung von Dilemmadiskussionen sollte jedoch immer im mittel- oder unmittelbaren Kontext materialer Werteinstellungs-Erziehung erfolgen.

---

[38] Georg Linds Aussagen im Zusammenhang: „Es scheint, dass wir uns um die ideelle Basis der Demokratie keine Sorgen machen müssen. Als moralisches Ideal scheint die Demokratie universelle Akzeptanz zu besitzen. Nur wenige Menschen wünschen sich einen allmächtigen Monarchen oder Tyrannen als Alternmative. Wie viele Untersuchungen zeigen, besteht auch hinsichtlich der moralischen Kernprinzipien einer Demokratie – wie Gerechtigkeit und Respekt vor der Würde aller Menschen – über alle kulturellen Grenzen hinweg eine hohe Übvereinstimmung zu herrschen.
Worüber wir aber besorgt sein können ist oft sehr große Kluft zwischen moralischen Idealen einerseits und realem Handeln andererseits. Menschen wissen oft nicht, wie diese Prinzipien in konkreten Situationen anzuwenden sind, ‚vergessen' diese Prinzipien oft, wenn sie unter zeitlichem oder emotionalem Stress kommen oder sind völlig hilflos, wenn die Prinzipien selbst in Konflikt miteinander geraten, wenn sie zum Beispiel zwei Handlungsweisen erfordern, die sich gegenseitig ausschließen, den Handelnden also vor ein *Dilemma* stellen: Wie kann ich entscheiden, dass alle beteiligten Moralprinzipien eingehalten werden?
Der Wunsch, moralisch zu handeln, setzt also mehr voraus als moralische Ideale und Werte. Er setzt auch Fähigkeiten voraus, diese Ideale in konkreten Situationen konsistent und differenziert anzuwenden, also auch, selbst darüber nachzudenken, wie ein Dilemma gelöst werden kann, und mit anderen über die Lösung zu beraten und zu streiten. Wir nennen diese Fähigkeiten *moralisch-demokratische Fähigkeiten*. …
Das Kernziel der KMDD ist es also, die moralischen Grundprinzipien der Demokratie im alltäglichen Leben (also auch im Lernprozess!) anzuwenden und dadurch die Lernenden zur Anwendung der eigenen moralischen Prinzipien motivieren und ihnen konkrete Verhaltensweisen zur Übung und Nachahmung anzubieten" [sic] (ebd., Hervorhebung durch kursive Formatierung im Original).

Eine zeitgemäße Werteerziehung muss also unabhängig vom Erziehungsort immer materiale Werteinstellungs-Erziehung und formale Bewertungs-Erziehung beinhalten. Erfolgt eine ausschließliche Konzentration auf materiale Werteinstellungs-Erziehung, wird unmündige Anpassung gefördert. Betreibt man ausschließlich formale Bewertungs-Erziehung, besteht die Gefahr, einen nicht tragbaren Relativismus zu unterstützen oder Orientierung in Wertefragen in einseitig individualistischer Form zu vermitteln (vgl. Weber 1981, S. 48). Im Übrigen ist darauf hinzuweisen, dass der Widerstand gegen schulische Werteerziehung nicht selten auf dem falschen Verständnis beruht, Werteerziehung sei einseitig eine materiale Werteinstellungs-Erziehung.

Fazit: Das Ziel der Werteerziehung ist der in Wertefragen mündige Mensch, der auf der Basis der verbindlichen Grundwerte in Wertefragen selbstständig verantwortliche Entscheidungen zu treffen vermag, bei denen er nicht nur die eigenen Interessen sondern auch die anderer Personen berücksichtigt[39] und die er gewillt und in der Lage ist, in konkrete Handlungen umzusetzen.

[39] Die Berücksichtigung von Fremdinteressen ist in dem Konzept der Grundwerte natürlich explizit enthalten, ebenso im Konzept der Mündigkeit in Wertefragen. Die inhaltliche Redundanz ist intendiert, um den Aspekt der sozialen Interaktion hervorzuheben.

2 Rolle und Relevanz der Schule als Ort der Werteerziehung

Nachdem im ersten Hauptteil dieser Arbeit basierend auf der Auseinandersetzung mit grundlegenden Fragen zur Thematik Ziele einer zeitgemäßen Werteerziehung formuliert wurden, beschäftigt sich der zweite Hauptteil mit den Orten der Werteerziehung und beschreibt in diesem Zusammenhang Rolle und Relevanz der Schule. Im Kapitel 2.1 werden in einer Außensicht die Orte der Wertepädagogik gegeneinander abgegrenzt, wobei der inhaltliche Schwerpunkt auf Familie und Schule als den wichtigsten Orten liegt. In diesem Zusammenhang wird auch auf Grenzen in der Zuständigkeit, Wirksamkeit und Realisierbarkeit der Werteerziehung eingegangen. Kapitel 2.2 konzentriert sich auf die Schule und widmet sich, gewissermaßen aus der Innenperspektive, der Frage, ob sich aus Schulgesetzen und -verordnungen sowie aus den Lehrplänen die Absicht ablesen lässt, Werteerziehung an allgemein bildenden Schulen in Bayern durchzuführen und die Lehrkräfte im Rahmen ihrer Ausbildung auf diese wichtige Aufgabe vorzubereiten.

2.1 Außensicht: Abgrenzung der Orte der Werteerziehung gegeneinander

Nachdem im Abschnitt 2.1.1 auf die Werteerziehung in Familie und Schule eingegangen wird, beleuchtet Abschnitt 2.1.2 das Verhältnis beider Erziehungsorte zueinander. Die darauffolgenden Abschnitte beschäftigen sich mit weiteren Werteerziehungsorten sowie mit den Grenzen der Werteerziehung.

2.1.1 Familie und Schule als wichtigste Orte der Werteerziehung

Eltern und Lehrer sind gefordert: Familie und Schule sind Orte, an denen Werteerziehung praktiziert werden muss (vgl. Becker 2002, S. 14; Gensicke 1994, S. 122; Hentig 2001, S. 58; Herzog 2004; Mauermann 1981 a, S. 95 f.; Michel 2001, S. 444). Warum die Durchführung von Werteerziehung (auch) an diesen beiden Orten nicht Option sondern Pflicht ist, macht die folgende Aussage des späteren deutschen Bundespräsidenten Roman Herzog deutlich, die er 1979 in seiner damaligen Funktion als Minister für Kultus und Sport des Landes Baden-Württemberg als Teil seiner Begrüßungsworte bei einer Tagung vortrug: „Das Kind, der Heranwachsende bedarf der Wertangebote, der Leuchtfeuer in einem Meer von Informationen und Einschätzungen. Sie bieten ihm Halt, Möglichkeit von Identifikation. Nicht nur das: erst von diesem Halt aus kann das Kind es wagen, sich an anderen Positionen, später auch an der eigenen Wertung zu reiben, Kritik zu äußern, seine Urteilsfähigkeit zu üben, seinen eigenen Standpunkt zu gewinnen – kurz, seine Persönlichkeit zu entwickeln. Das Aussparen von Wertfragen im

Umgang mit Kindern ist daher ein Unrecht am Kinde, von dem im Jahr des Kindes genau so zu reden ist wie von mangelnden Spielplätzen" (2004, S. 19).

Diese Aussage trifft nicht nur auf den Umgang mit Kindern und Jugendlichen in Familie und Schule zu. Doch er gilt ganz besonders für diese beiden Orte, denn nirgendwo verbringen Heranwachsende über einen so langen Zeitraum so regelmäßig und systematisch Zeit mit Erwachsenen, wie in der Familie und in der Schule. Damit werden diese beiden Orte zu den wichtigsten Instanzen der Werteerziehung, wobei der Familie eine größere Bedeutung zufällt als der Schule. Letzteres ist unter anderem darauf zurückzuführen, dass sich Familie und Schule im Bezug auf die genannten Variablen Zeit und Regelmäßigkeit sowie auf weitere Faktoren natürlich deutlich unterscheiden.

Nachdem im vorliegenden Abschnitt 2.1.1 zunächst auf die Bedeutung der Erziehungsorte Familie und Schule eingegangen sowie begründet wird, warum und an welchen Stellen an der Schule Werteerziehung praktiziert werden sollte, erfolgt gegen Ende des Abschnitts ein systematischer Vergleich zwischen familiärer und schulischer Werteerziehung.

„Die Familie ist die erste Instanz für die moralische Sozialisation" (Montada 2008, S. 582). In die Familie wächst das neugeborene Kind hinein, und hier lernt es die Grundregeln für das eigene Leben. Mit Mutter und Vater sowie gegebenenfalls mit Geschwistern hat das Kind seine ersten zwischenmenschlichen Beziehungen. Hier werden auf prägende Weise die ersten Erfahrungen mit sozialer Interaktion gemacht. In den ersten Lebensmonaten gibt es für das Kind nichts anderes als diesen einen Lebensbereich Familie, der geprägt ist durch ein eigenes Wertesystem. Dieses System, das unter anderem gekennzeichnet ist durch bestimmte inhaltliche Werte und durch einen spezifischen Umgang mit Wertentscheidungen, prägt das heranwachsende Individuum über Jahre stark. Dies gilt unabhängig davon, ob die Eltern nun Werteerziehung als besonders wichtig erachten oder nicht. Der Kontakt des Kindes zu seinen Eltern und Geschwistern und seine Reaktion auf deren Verhalten „ist der Ursprung seiner sozialen Existenz und damit auch seiner inneren Wertbildung" (Giesecke 2005, S. 102). Für das Kind ist die Familie „im Guten wie im Bösen nach wie vor schicksalhaft, es kann ihr nicht entrinnen und bleibt für viele Jahre auf sie angewiesen. Die Werte, die es in Gestalt von Argumentationsfiguren und Verhaltensweisen dort lernt, werden seine menschliche, schulische und berufliche Karriere nachhaltig prägen und bestimmen. Noch größer ist ihr Einfluss auf die Entwicklung der inneren, nämlich seelischen und emotionalen Persönlichkeitsstruktur" (ebd., S. 103).

Die Familie ist der Schule „an Einfluß überlegen, weil die Eltern für ihre Kinder zuerst und vor allem Lebenspartner sind" (Brezinka 1993 a, S. 16). Sie sind dies von der Geburt des Kindes an. Schulische Erziehung dagegen kann erst relativ spät im Leben des heranwachsenden Individuums einsetzen und hat somit keinen Einfluss auf dessen Ontogenese in den ersten, bedeutsamen Jahren (vgl. Herzog 2004, S. 20). „Die in diesen Jahren aufgebaute innere Bindung zwischen

Kind und Eltern reicht viel tiefer, als sie ein Lehrer auch bei bester persönlicher Zuwendung in der Regel erreichen kann" (ebd.). Eine gute, innige Beziehung zu den Eltern ist eine wichtige Bedingung dafür, dass die Persönlichkeit eines Kindes sich entwickelt und ein realistisches und gesundes Selbstwertgefühl herausgebildet werden kann. Die Förderung der Persönlichkeit eines Kindes ist wichtiger Bestandteil einer Werteerziehung und gleichermaßen ihre Voraussetzung. Denn selbst wenn ein Heranwachsender eine ausgewogene und kompetente materiale Werteinstellungs-Erziehung und formale Bewertungs-Erziehung genießt, wird es für ihn schwer sein, echte Mündigkeit in Wertefragen zu entwickeln, wenn bei ihm Defizite in der Persönlichkeitsentwicklung vorliegen und er sich selbst nicht wertschätzt. Hier ist der elterliche Einfluss weitaus größer als der schulische es jemals sein kann (vgl. Wiater 2004 a, S. 53 ff.).[1]

Roman Herzog beschreibt Erziehung in der Schule folglich als „sekundär, aber unverzichtbar" (2004, S. 20). Hermann Giesecke hält fest, dass elterliche Werteerziehung „der Ergänzung durch die öffentliche Erziehung bedarf, wobei der Schule eine besondere Bedeutung zukommt, weil sie praktisch alle Kinder und Jugendlichen erfasst" (2005, S. 131). Ulf Preuss-Lausitz bezeichnet Schule, die sich auf das Vermitteln und Erarbeiten von Kenntnissen beschränkt, als „ein erfolgloses Konzept" (1996, S. 36). Für Werner Wiater steht fest: „Moralkompetenz zählt mittlerweile unbestritten zu den anderen Kompetenzen … hinzu, die Schülerinnen und Schüler in der Pflichtschule erwerben sollen" (2004 a, S. 59). Georg Lind gibt zu bedenken, dass „sich ohne Unterstützung durch Bildungsinstitutionen moralische Fähigkeiten nicht gut entwickeln können und kein Niveau erreicht wird, auf dem Selbstlernen einsetzen kann" (2003, S. 69). Und Wolfgang Brezinka betont: „Nach den Familien haben die Schulen den größten Einfluß auf das Wertbewußtsein – sei es im Guten, sei es im Schlechten" (1993 b, S. 31).

Das Kind, der Jugendliche darf nicht zum reinen Objekt inhaltlicher Vermittlung gemacht werden. Als Subjekt, als soziales Wesen, das in Interaktion mit anderen steht und das nach Strategien und Lösungen für das eigene Leben und die soziale Interaktion sucht, braucht das Kind die Schule, die in diesen Punkten ein optimales Lern- und Übungsfeld sein kann und muss. Das heranwachsende Individuum verbringt über einen Zeitraum von mindestens neun Jahren an jedem Werktag viele Stunden in der Schule. „Die moderne Jugend ist eine Schuljugend. Niemals zuvor haben so viele junge Menschen so viel Zeit in Schulen verbringen müssen wie jetzt" (Brezinka 1992, S. 200). Erfolgt an diesem Ort von Seiten der Lehrkräfte eine ausschließliche Konzentration auf die Vermittlung von Wissen und fachlichen Fähigkeiten, nimmt man das Kind als soziales Individuum schlicht nicht ernst. Der Schüler darf nicht einseitig zum Objekt der Vermittlung von

---

[1] Doch auch Lehrer müssen das Selbstbewusstsein der Schüler fördern, etwa dadurch, dass sie sie ernstnehmen, ihnen zuhören, auf sie eingehen und ihnen Freiraum gewähren (vgl. ebd.).

Sach- und Methodenkompetenz gemacht werden, sondern muss als individuelles Subjekt behandelt werden, das immer auch auf der Suche nach Orientierung ist.

Der *Erziehungsort Schule* muss präzisiert werden. Wo an der Schule sollte Werteerziehung stattfinden? Vor allem außerhalb des Unterrichts – in Arbeitsgemeinschaften, im Rahmen besonderer Projekte, auf Klassenfahrten, auf Exkursionen, auf dem Pausenhof? Schule ist in erster Linie Unterricht. Eine einseitige Konzentration werteerzieherischer Bemühungen auf den außerunterrichtlichen Bereich würde große Chancen ungenutzt lassen, wenngleich der außerunterrichtlichen Wertepädagogik ein großes Potenzial innewohnt.

Wenn man nun Werteerziehung im Unterricht durchführen möchte, stellt sich die Frage: in welchen Fächern? Man könnte z.B. argumentieren, es sei sinnvoll, die Werteerziehung vor allem in einem eigens dafür geschaffenen Fach zu praktizieren; man denke z.B. an das 1996 in Brandenburg eingeführte Schulfach Lebensgestaltung – Ethik – Religionskunde (LER). Zwar stellt es sich in der Tat als durchaus sinnvoll dar, im Rahmen eines speziell dafür vorgesehenen Schulfachs Werte- und Lebensanschauungsfragen zu behandeln. Dabei darf es aber nicht bleiben. Themen, die mit dem Bereich der Grund- und Lebensgestaltungswerte zu tun haben, sind so wichtig, dass sie in allen Fächern thematisiert werden sollten. Wertevermittlung darf „nicht einfach in ein s e p a r a t e s Fach abgeschoben werden“ (Joas 2003, S. 684, Hervorhebung M.G.). Die von Hans Joas für sein Zitat gewählte und durch den Verfasser dieser Arbeit hervorgehobene Terminologie impliziert, warum dies zu vermeiden ist: Eine Trennung (*separare* [lat.]: *absondern, trennen*) des alltäglichen Unterrichts vom Werteerzieherischen darf nicht angestrebt werden. Genau diese Gefahr besteht, wenn man ein *Schulfach Werteerziehung* nicht als Ergänzung sondern als Substitution allgemein-unterrichtlicher Werteerziehung betrachtet. In diesem Sinne formuliert Eckart Liebau: „Der kategorische Imperativ gilt in allen Lebensbereichen, also auch in der Schule. Dementsprechend muss Ethik in jedem Fall als Unterrichtsprinzip – quer zu allen anderen Lebensbereichen – institutionalisiert sein; die Institutionalisierung eines für alle verbindlichen Fachs ‚Ethik‘ oder ‚Praktische Philosophie‘ stellt keine Alternative, allerdings eine durchaus erwägenswerte Ergänzung dazu dar“ (1999, S. 53).

Was die unterrichtliche Werteerziehung betrifft, sollte zunächst einmal eine den Grundwerten entsprechende zwischenmenschliche Atmosphäre und Umgangsform in allen Schulstunden selbstverständlich vorherrschen. Alleine dies stellt freilich nicht selten eine Herausforderung dar. Doch darüber hinaus eignen sich alle Schulfächer für die konkrete Thematisierung von Wertefragen. Für die wertebezogene Gestaltung von Schulstunden in allen Themenbereichen plädiert Eva Matthes in und mit dem von ihr herausgegebenen Buch *Werteorientierter Unterricht – eine Herausforderung für die Schulfächer* (2004). Hier werden nicht nur praxisbezogene Vorschläge für den sprachlichen oder den Geschichtsunterricht gemacht, auch Fächer wie Mathematik oder Biologie, die man spontan vielleicht weniger mit der Möglichkeit wertebezogener Unterrichtsgestaltung assoziieren würde, sind vertreten. In diesem Sinne betont Hermann Giesecke: „Werteerziehung in der Schule heißt zuallererst, die werthaltigen Aspekte der sowieso unterrichteten Sachverhalte wieder stärker in den Mittelpunkt des Unterrichts zu rücken“ (2005, S. 132). Auch für Jutta Standop gehört „die Diskussion ethischer Fragen … dahin, wo sie entstehen, d.h. in die Zusammenhänge des Fachunterrichts und somit verbietet sich von selbst die isolierte Konzeption der Werteerziehung in einem eigenständigen Schulfach“ (2005, S. 91).[2]

Hierbei „zeigt die Unterrichtsforschung, dass es keinesfalls ausgemacht ist, dass nur bestimmte Unterrichtsformen besondere Effekte hätten. Man kann mit sehr unterschiedlichen Unterrichtsmethoden hervorragende Effekte erzielen. Die Mär vom bösen Frontalunterricht ist also nicht ohne weiteres haltbar. Gute Lehrer, die gut unterrichten können, können Schüler auch in ihrem Wertekanon beeinflussen“ (Dollase 2007, S. 8 f.). Dabei gilt: „Das Bemühen um eine verlässliche Wertorientierung im Unterricht kann nur gelingen, wenn Lehrerinnen und Lehrer die anzustrebenden Werte selbst innerlich anerkennen und vorzuleben in der Lage sind“ (Standop 2005, S. 84).

Selbst wenn, wovon allerdings abzusehen ist, das explizit verlautbarte Ziel wäre, dem Kind ausschließlich Fachliches nahezubringen, ginge dies ohne Wertebezug schwerlich. Denn „Wissen allein, Kenntnisse allein … werden von den Schülern eben nicht angenommen, wenn sie nicht in einen Sinn- und Wertzusammenhang gestellt werden, den der Schüler für sich übernehmen kann oder mit dem er sich auseinandersetzen kann“ (Herzog 2004, S. 20). Und Jürgen Rekus gibt zu bedenken: „Das Wissen bedarf … der Verknüpfung mit einem persönlich zu bestimmenden Werturteil, wenn es für das Handeln der Schülerinnen und Schüler bedeutsam werden soll“ (2003, S. 130).[3]

Bei unterrichtlicher Werteerziehung darf es dabei nicht nur um die intellektuelle Beschäftigung mit Wertefragen gehen: „Moralische Bildung im Sinne der Förderung wirklicher Handlungsfähigkeit kann … nur gelingen, wenn vertraute Arbeitsteilungen zwischen Fach und Moral, zwischen Kognition und Emotion überwunden und eine integrative Bildung angestrebt werden“ (Lind 2003, S. 25). Unterricht muss den Schüler als vollständige Persönlichkeit im Blick haben. Und dazu gehört, dass überall Angebote gemacht werden, die für die persönliche Lebensgestaltung und soziale Interaktion relevant sind. Die Schule muss beitragen

---

2 Eine Auflistung konkreter Beispiele für Themen, die sich für werteorientierten Unterricht in verschiedenen Schulfächern besonders anbieten, findet sich bei Standop 2005, S. 144 ff. Die Liste kann im erweiterten Anhang dieser Arbeit im Internet (Teil B) eingesehen werden.

3 Folgende Beispiele führt Rekus in diesem Zusammenhang an: „Quelleninterpretation allein holt nicht die ganze Bedeutung von Krieg, Frieden und Friedfertigkeit ein; Rechnen allein klärt nicht die Gründe verschiedener Größenordnungen und den Umgang mit ihnen; Experimentieren allein begründet nicht die Ordnung der natürlichen Welt und das ‚geordnete‘ Handeln in ihr“ (2003, S. 130).

zur „allgemeinen Bildung des Menschen, die immer auch eine Bildung der Person ist" (Becker 2002, S. 12).

Die Feststellung, eine Trennung des alltäglichen Unterrichts vom Werteerzieherischen dürfe nicht angestrebt werden, ist um den Hinweis zu ergänzen, dass eine solche Trennung gar nicht möglich ist. Und hierin liegt das Problem. Lässt man sich nämlich dennoch auf den Versuch ein, die Trennung zu vollziehen, wofür es verschiedene Gründe geben mag[4], birgt dies eine besondere Gefahr in sich, und zwar die des so genannten *Hidden Curriculum*, des *heimlichen Lehrplans* (vgl. hierzu auch 1.3.2). „‚Man kann nicht nicht erziehen' gilt für jeden Kontakt mit den Heranwachsenden. ... Auch Lehrer, die explizit das Erziehen ablehnen, erziehen Kinder" (Dollase 2007, S. 8). „Unterricht hat immer auch Wirkungen im erziehenden Bereich, seien sie beabsichtigt oder nicht" (Herzog 2004, S. 20). Stellt sich nun ein Lehrer seiner werteerzieherischen Aufgabe nicht, so vermittelt er dennoch Werte, jedoch potenziell die falschen. „Erzieher können einer moralischen Einflussnahme nicht ausweichen; sie können sich nur entscheiden, ob sie ihre Rolle im moralischen Lernen der Kinder und Jugendlichen bewußt akzeptieren und übernehmen wollen" (Oser & Althof 2001, S. 21).

Der Lehrer, der diese Entscheidung nicht bewusst trifft und sich stattdessen ausschließlich auf Stoffvermittlung und Leistungserhebung konzentriert, konstituiert einen solchen *heimlichen Lehrplan*. Man kann nicht sagen, er vermittle keine Werte, sondern vielmehr, dass „dies in einer zu unreflektierten, unsystematischen und unvollständigen Weise" geschehe (Mauermann 1981 a, S. 83). Wenn sich Unterricht ausschließlich an Wissensvermittlung und kognitiver Leistung orientiert, kann dies etwa dazu führen, dass Konkurrenzdenken gefördert und ein grundwerteorientiertes Miteinander gehemmt wird. Fraglos ist die Vermittlung von Sach- und Methodenkompetenz nicht nur zentraler Bestandteil, sondern primär-konstitutiver Grundstein eines guten Unterrichts. Im Unterricht geht es in erster Linie um fachliche Inhalte. Auch ist es als überaus positiv zu bewerten, wenn Schüler Disziplin lernen und gute schulische Leistungen anstreben. All dies muss jedoch in einen systematisch und kontinuierlich kultivierten und explizit gemachten Grundwerterahmen gestellt werden; sonst wird Unterricht potenziell *antisozial*. Diese Forderung betrifft Unterrichtsrahmenbedingungen sowie -inhalte. Gleichzeitig bedarf es der formalen Bewertungs-Erziehung, da nicht Anpassung – selbst an die Grundwerte – konditioniert, sondern Mündigkeit gefördert werden soll.

Gemeinsam haben die beiden wichtigsten Orte der Werteerziehung, dass sowohl in der Familie als auch an der Schule materiale Werteinstellungs-Erziehung und formale Bewertungs-Erziehung betrieben werden sollten. Neben den grundlegenden Gemeinsamkeiten familiärer und schulischer Werteerziehung ist auf weitere Unterschiede hinzuweisen. Beides geschieht im Folgenden zusammenfas-

---

4 Z.B. kann eine Lehrkraft Werteerziehung bewusst meiden, sich der Aufgabe aus Überforderung oder auch aufgrund eines mangelnden Bewusstseins für die Thematik nicht stellen.

send. Der systematische Vergleich orientiert sich an der terminologischen Unterscheidung zwischen Grundwerteerziehung und Lebensgestaltungswerteerziehung.

1. Grundwerteerziehung: Der Umgang mit den Anderen sollte sich in Familie und Schule an den Grundwerten orientieren. Das Miteinander sollte davon geprägt sein, dass man die Würde des anderen achtet, um Frieden bemüht ist, Verantwortung übernimmt, Gleichbehandlung und Gerechtigkeit anstrebt und nicht nur sich selbst, sondern auch den anderen sieht. Wenn im Miteinander Grundwerte verletzt werden, muss dies in Familie und Schule angesprochen werden. Auch wenn kein Verstoß gegen die Grundwerte vorliegt, ist eine kommunikative Beschäftigung mit dem Miteinander auf der Metaebene sinnvoll und wichtig.

Das Erlernen einer grundwerteorientierten sozialen Interaktion erfährt mit dem Beginn der Schulzeit für das Kind eine neue Dimension. Nachdem in der Familie soziale Interaktion im kleinen Rahmen mit Eltern und Geschwistern geübt wird, geht es in der Schule um das Miteinander in einer größeren Gruppe. Das Kind muss nicht mehr nur mit Familienmitgliedern und Freunden zurechtkommen, sondern in einem stark strukturierten Setting die Beziehung zu vielen, anfangs fremden Kindern gestalten. Dies ist als entscheidende Vorbereitung auf das Bürgersein im sozialen Makrokosmos Gesellschaft anzusehen.[5] Hierbei ist vor „allem bei jüngeren Schülern … das implizite Lernen wichtiger als das explizite, weshalb es selbst bei so ‚formalen' Fächern wie Mathematik und Physik auf die Art und Weise des Unterrichts ankommt. Wichtig sind auch die Organisations- und Machtstrukturen, das soziale Klima und das Verhalten des Lehrers zwischen den Unterrichtsstunden: Geht er mit den Schülern gerecht und fair um? Nimmt er sie ernst? Ist er sensibel und couragiert genug, um gegebenenfalls gegen das Ausgrenzen oder sogar Demütigen gewisser Schüler einzuschreiten? Der Unterrichtsstil und das Vorbild des Lehrers, nicht zuletzt die Art der Schulleitung und Schulverwaltung sind hier mitentscheidend. Trotz der (notwendigen) Asymmetrie von Lehrer und Schüler … können sich Schulen … zu liberalen Demokratien im Kleinmaßstab entwickeln" (Höffe 2006, S. 96). In diesem Sinne fordert Jutta Standop: „Die verbindlich anerkannten und proklamierten *Grundwerte* … müssen im Schulleben selbst überzeugende Anwendung finden, *müssen schulische Alltagserfahrung* werden" (2005, S. 108, Hervorhebung durch kursive Formatierung im Original).[6]

---

5 Schon der Kindergarten ist in diesem Zusammenhang von Bedeutung. Schon hier lernt das heranwachsende Individuum soziale Interaktion im Rahmen einer größeren Gruppe kennen. In der Schule jedoch muss das Kind in einem weitaus stärker strukturierten Rahmen viel mehr Verantwortung übernehmen als im Kindergarten, was bei der Vorbereitung auf das verantwortliche Leben im gesamtgesellschaftlichen Kontext einen entscheidenden Einflussfaktor darstellt.

6 Die Zitate von Höffe und Standop verweisen direkt auf einen Punkt, der nicht nur als Teil schulischer Grundwerteerziehung anzusehen ist, sondern als Bedingung für schulische

Über das Miteinander der sozialen Akteure der entsprechenden Institution hinaus sollten Grundwertefragen in Familie und Schule thematisiert werden. Grundwerteerziehung in Familie und Schule sollte sich nicht ausschließlich mit

---

Werteerziehung überhaupt: ein förderliches Schul*klima*. Hierzu passen auch die Ausführungen Hermann Gieseckes zur Schulkultur: „Es geht dabei insbesondere um die *gemeinsame* Gestaltung des sozialen Miteinanders, um Stil und Ton des täglichen Umgangs innerhalb wie außerhalb des Unterrichts, um Möglichkeiten der formellen und informellen Mitbestimmung der Schüler, um ästhetische Gestaltung der Räumlichkeiten wie der menschlichen Beziehungen, aber auch um das, was man im engeren Sinne ‚Schulleben' nennt, also z.B. künstlerische Aufführungen, Feste und Feiern. Wenn sich aus all dem ein wohltuendes, auch Geborgenheit und Orientierung stiftendes ‚Klima' ergibt, sind den Schülern andere Werterfahrungen möglich, als wenn die Atmosphäre eher unterkühlt und geschäftsmäßig oder gar von Gewalt bedroht erlebt wird. Wenn es gut geht, entwickelt sich über die Aufgabe des Unterrichtens hinaus eine differenzierte und kultivierte Organisation des Schullebens, die sogar zu einer wenn auch nur partiellen Identifikation von Lehrern und Schülern mit diesem ‚ihrem' sozialen Ort führt" (2005, S. 158 f., Hervorhebung durch kursive Formatierung im Original).
Darüber hinaus gehen die Ausführungen Eckart Liebaus, der zunächst betont: „Die ethisch-moralische Urteils- und Handlungsfähigkeit kann jedoch nur dann nachhaltig gefördert werden, wenn das gesamte Arrangement des schulischen Alltags hier unterstützend wirkt" (1999, S. 53). Er spricht in diesem Zusammenhang von der „Kultivierung des Schulalltags" und konstatiert: „Schule bildet ... am besten für den außerschulischen Alltag, wenn sie ihren eigenen, den Schulalltag kultiviert und den Schülerinnen und Schülern hier entsprechende Teilhabe-Möglichkeiten erschließt" (ebd.). Für Liebau bedeutet dies, „den Kindern und Jugendlichen nicht nur für ihr Lernen, sondern auch für ihr alltägliches Zusammenleben Zeit zu geben und Zeit zu lassen (mit erheblichen Konsequenzen für die Zeitorganisation der Schule); es bedeutet, ihnen Raum zu geben und zu lassen, der zur Begegnung mit Sachen und Menschen einlädt, der gestaltet werden kann, der offen und öffentlich ist (und auch die Flure z.B. als Arbeits- und Ausstellungsorte einschließt); es bedeutet, die Kinder und Jugendlichen nicht nur zu belehren, sondern ihnen auch eigene, selbsttätige Erfahrungen bei der Aneignung zu ermöglichen, was neben rezeptiven auch aktive, praktische Weltzugänge erfordert; es bedeutet, ihnen Verantwortung zu übertragen, ihnen also Gelegenheiten zu geben, für etwas zuständig zu sein und gebraucht zu werden (und sei es als Statist im Schultheater); es bedeutet, ihnen mit Vertrauen und Respekt zu begegnen, also auch vertrauenswürdige Verhältnisse einzurichten, in denen mit Interesse und Vergnügen gelernt und gelebt werden kann" (ebd., S. 53 f.). Wenngleich, wie Liebau selbst dies in der zitierten Passage andeutet, nicht alle der Vorschläge an jeder Schule umgesetzt werden können, enthalten die Ausführungen doch viele realisierbare Anknüpfungspunkte für die Verbesserung des Schulklimas. Ein gutes Schulklima ist als Bedingung für die Durchführung schulischer Werteerziehung anzusehen. Der Übergang von dieser Voraussetzung hin zur schulischen Grundwerteerziehung selbst ist fließend. So zählt etwa Jutta Standop unter der Überschrift „Wege der Vermittlung" von Werten die „Erfahrbarkeit von Grundwerten im Schulalltag" auf und betont, dass „*Information* und *rationale Auseinandersetzung*" als Weg der Vermittlung von Werten nur „im Anschluss und verbunden mit" dem Aspekt der Erfahrbarkeit „Aussicht auf Erfolg" hat (2005, S. 108 f., Hervorhebung durch kursive Formatierung im Original). [Als weitere Vorbedingung und Vermittlungsart nennt Standop neben der Erfahrbarkeit in diesem Zusammenhang die „*persönliche Zuwendung*. Damit ist im Wesentlichen das angesprochen, was die Pädagogik stets als die Bedeutung des persönlichen Beispiels oder Modells betont hat" (ebd., S. 107, Hervorhebung durch kursive Formatierung im Original; vgl. ebd., S. 85 ff.; vgl. zum Thema Vorbildwirkung auch die Ausführungen im Abschnitt 3.6.2 dieser Arbeit).]

der sozialen Interaktion im eigenen Mikrokosmos beschäftigen, sondern immer auch eine weitere Perspektive haben. Die altersgerechte Beschäftigung mit moralischen Fragen und der Versuch deren grundwerteorientierter Beantwortung muss, nein darf nicht an den Grenzen der eigenen Institution enden. So kann Werteerziehung in der Familie auf Schule und Gesellschaft vorbereiten und Werteerziehung in der Schule auf das Leben im gesamtgesellschaftlichen Kontext.

2. Lebensgestaltungswerteerziehung: Deutliche Unterschiede zwischen elterlicher und schulischer Werteerziehung ergeben sich vor allem im Bereich der individuellen Lebensgestaltungswerte.

Einerseits haben die Eltern in diesem Bereich erheblich mehr Einfluss auf die Heranwachsenden als die Schule. Denn erstens haben sie zu ihren Kindern – wie bereits ausgeführt – eine deutlich engere Bindung. Somit werden durch die elterliche Prägung viele Denk- und Verhaltensweisen einfach übernommen, vor allem in den ersten Lebensjahren. Zweitens ist die Schule in Weltanschauungs- und Lebensgestaltungsfragen zur Neutralität verpflichtet[7], wohingegen die Eltern ihren Kindern in diesem Bereich nicht nur konkrete inhaltliche Vorschläge machen, sondern auch Dinge einfordern können. Beispielsweise kann ein Vater seine Tochter bis zu einem gewissen Alter zum gemeinsamen Gottesdienstbesuch verpflichten, was ein Lehrer mit seinen Schülern nicht kann. Die Lebensgestaltungswerteerziehung durch die Eltern unterliegt dabei nur wenigen Restriktionen. „Zulässig ist, was nicht als sittenwidrig oder Straftatbestand untersagt ist. Ob sie ihre Kinder im Geist des Christentums oder nach den Grundsätzen des Sozialismus oder nach irgendeiner anderen religiösen, politischen oder moralischen Anschauung erziehen wollen, ist alleine Sache der Eltern" (Uhl 2004, S. 45).

Andererseits aber ist die Schule in gewisser Weise dem Elternhaus an Potenzial bezüglich der Lebensgestaltungswerteerziehung überlegen, da die Heranwachsenden in der Schule eine Pluralität erleben, die kein Elternhaus vermitteln kann. Während in der Familie ein spezifisches, im Regelfall in sich relativ schlüssiges Wertesystem vorherrscht, lernen die Kinder in der Schule nicht nur Klassenkameraden und Lehrkräfte mit verschiedenen weltanschaulichen oder auch ethnischen, religiösen oder kulturellen Hintergründen kennen. Sie werden auch durch den Unterrichtsstoff der verschiedenen Fächer mit einer stark ausgeprägten Vielfalt an Standpunkten, Denkweisen und Interpretationsschemata konfrontiert.

---

7 „Das Neutralitätsgebot verlangt vom Staat und den in seinem Auftrag tätigen Lehrern, im Schulunterricht in religiösen, weltanschaulichen und moralischen Fragen Zurückhaltung zu wahren und gegenüber den Glaubens- und Wertüberzeugungen der Schüler und Eltern tolerant zu sein. Die Lehrer dürfen an den staatlichen Gemeinschaftsschulen kein bestimmtes religiöses Bekenntnis bzw. keine weltanschaulich an eine bestimmte Richtung gebundene Auffassung zur Grundlage des Unterrichts machen und damit alle anderen Bekenntnisse und Auffassungen zurücksetzen" (Uhl 2004, S. 46). Schulen in privater Trägerschaft sind dagegen in Weltanschauungsfragen nicht an das Neutralitätsgebot gebunden (vgl. ebd.).

Die Auseinandersetzung mit dieser Pluralität ist wichtig, um den eigenen Standpunkt zu entwickeln. Roman Herzog formuliert dies so: Der Schule sei „die schwierige Aufgabe gestellt, die Heranwachsenden in die Tatsache der pluralistischen Meinungs- und Wertevielfalt einzuführen .... Die Schule muß die Schüler allmählich und vorsichtig ... die Belastung echter Entscheidungssituationen tragen lehren" (2004, S. 20). Auch unabhängig von der Konfrontation mit fremden Standpunkten „muss es Gelegenheiten geben, dass Schülerinnen und Schüler sich über ihre eigenen Werte klar werden, darüber, was ihnen persönlich über alles bedeutsam ist" (Wiater 2006, S. 10).

Versucht man, familiäre und schulische Lebensgestaltungswerteerziehung analytisch-differenzierend in Beziehung zueinander zu setzen, lässt sich konstatieren: An der Schule ist sie plural-deskriptiv, in der Familie dagegen eher individuell-präskriptiv.[8]

---

8 Es ist zu unterstreichen, dass vor allem die Aussage über die familiäre Lebensgestaltungswerteerziehung nicht absolut zu sehen ist. Sie beschreibt vielmehr eine generelle Tendenz in der Relation zur schulischen Lebensgestaltungswerteerziehung. Letztere *muss* – mit Ausnahme des Religionsunterrichts, an welchem die Teilnahme nicht verpflichtend ist – plural-deskriptiv sein. Familiäre Lebensgestaltungswerteerziehung jedoch ist von Familie zu Familie verschieden. Manche Eltern konfrontieren ihre Kinder mehr als andere Eltern mit unterschiedlichen Sichtweisen (Pluralität). Und manche Eltern lassen ihren Kindern mehr Freiraum im Bezug auf die Wahl der Lebensgestaltungswerte als andere Eltern (Präskription). Ferner ist festzuhalten, dass es sicherlich auch Lehrkräfte gibt, die eine normative Lebensgestaltungswerteerziehung betreiben. Die Ausführungen in dieser Fußnote gehen dagegen – in diesem Sinne also gewissermaßen normativ, das zeigt das oben in dieser Fußnote kursiv gesetzte *„muss"* – vom Idealfall aus: Schule ist weltanschaulich neutral und spiegelt die gesellschaftliche Pluralität wider. Die Vermittlung von Lebensgestaltungswerten erfolgt deskriptiv, nicht präskriptiv.
Dies bedeutet jedoch nicht, dass Lehrer und Schüler ihre Meinungen nicht vertreten dürften! Im Gegenteil: Es gehört zur Auseinandersetzung des Educanden mit Pluralität, dass seine Mitschüler ihre Werte sogar normativ vertreten dürfen (sie sind ja nicht die Durchführenden der Werteerziehung, sondern selbst Educanden, und somit nicht zur Neutralität verpflichtet). Und sogar die Lehrer sollten *„ihre Werthaltungen* vertreten.... Hat Unterricht das Ziel wertorientiert zu sein und den Schüler zu begründeten Urteilen heranzuführen, darf die Lehrerin oder der Lehrer die ihrigen/seinigen nicht verbergen. Erziehung bleibt an die Notwendigkeit personaler Auseinandersetzung gebunden, deshalb hat der Heranwachsende ein Recht darauf zu erfahren, wo der Lehrer steht. Allerdings muss letzterer hierbei die eigene Subjektivität zum Ausdruck bringen und die eigene Meinung nicht als Norm bzw. als verbindliche setzen" (Standop 2005, S. 94, Hervorhebung durch kursive Formatierung im Original).
Schulische Lebensgestaltungswerteerziehung ist dann plural-deskriptiv, wenn der Lehrer den Educanden vermittelt, dass es unterschiedliche Standpunkte gibt und dafür sorgt, dass diese Standpunkte, einschließlich seines eigenen, ausgewogen vorkommen. Meinungen müssen für die Schüler als solche erkennbar sein und dürfen nicht als verbindliche Normen vermittelt werden. Der Lehrer fördert die Auseinandersetzung der Schüler mit den unterschiedlichen Standpunkten und fordert sie zu begründeter Stellungnahme auf (vgl. auch Standop 2005, S. 93 ff.). Diese Grundsätze gelten im Übrigen auch für formale Bewertungs-Erziehung im Rahmen der Grundwerteerziehung, nicht nur im Rahmen der Lebensgestaltungswerteerziehung.

Fazit: Zum Ende dieses Abschnitts soll der systematische Vergleich der elterlichen und schulischen Werteerziehung resümierend in Bezug zu der im Kapitel 1.4 eingeführten Terminologie gesetzt werden.[9] Grundwerteerziehung sollte unabhängig vom Erziehungsort immer materiale Werteinstellungs-Erziehung und formale Bewertungs-Erziehung beinhalten. Die Grundwerte sollten inhaltlich-präskriptiv vermittelt werden. Der mündige Umgang mit Wertekonflikten bzw. Entscheidungen, bei denen es (auch oder ausschließlich) um Grundwerte geht, sollte gefördert werden. Lebensgestaltungswerteerziehung sollte an der staatlichen Schule ausschließlich formale Bewertungs-Erziehung beinhalten. Der mündige Umgang mit Lebensgestaltungswerten und Wertekonflikten bzw. Entscheidungen, bei denen es (auch oder ausschließlich) um Lebensgestaltungswerte geht, sollte dadurch gefördert werden, dass auf neutral-deskriptive Weise unterschiedliche Lebensgestaltungswertkonzepte dargestellt werden und zu begründeten Bewertungen aufgefordert und ermutigt wird, bzw. indem hierfür neutrale Hilfestellung angeboten wird.[10] Elterliche Lebensgestaltungswerteerziehung hingegen beinhaltet immer materiale Werteinstellungs-Erziehung und sollte auch formale Bewertungs-Erziehung beinhalten. Bestimmte Lebensgestaltungswerte, die den Eltern wichtig sind, werden den Kindern präskriptiv nahegebracht. Doch auch die Fähigkeit, in Fragen der Lebensgestaltungswerte zu eigenverantwortlichen Entscheidungen zu gelangen, sollte gefördert werden.[11]

Schulische materiale Werteinstellungs-Erziehung darf ausschließlich die Grundwerte umfassen, bei schulischer formaler Bewertungs-Erziehung sollte es um Grundwerte und Lebensgestaltungswerte gehen. Bekannte Konzepte für die Durch-

---

9 Wenn im Rahmen der systematischen Untersuchung in den Kapiteln 2.2 und 3.4 differenzierend auf unterschiedliche Bereiche schulischer Werteerziehung eingegangen wird, geschieht dies schwerpunktmäßig anhand der im Kapitel 1.4 eingeführten Unterscheidung zwischen materialer Werteinstellungs-Erziehung und formaler Bewertungs-Erziehung. Die Termini Grundwerteerziehung und Lebensgestaltungswerteerziehung wurden eingeführt, um Unterschiede zwischen den Erziehungsorten zu verdeutlichen.

10 Rein formal betrachtet gibt es einen wichtigen Aspekt, in welchem auch die Lebensgestaltungswerteerziehung an zur weltanschaulichen Neutralität verpflichteten Erziehungsorten normativ sein muss: Die Entscheidungen im Bereich der Lebensgestaltungswerte müssen sich in den Grenzen der Grundwerte bewegen. Dies weist auf eine Schnittmenge zwischen Grundwerteerziehung und Lebensgestaltungswerteerziehung hin: Die ausgewogene Balance zwischen Grundwerten und individuellen Lebensgestaltungswerten (vgl. Kap. 1.4, Punkt c in der Passage über formale Bewertungs-Erziehung) gehört per se zu beiden der ansonsten definitorisch gegeneinander abgrenzbaren Bereiche, die beide jedoch immer Bestandteil einer zeitgemäßen Werteerziehung sein müssen und somit funktional zusammengehören.

11 Letzteres ist in gewisser Weise sogar gesetzlich vorgegeben. Das Bürgerliche Gesetzbuch (BGB) schreibt bei den Grundsätzen zur elterlichen Sorge fest: „Bei der Pflege und Erziehung berücksichtigen die Eltern die wachsende Fähigkeit und das wachsende Bedürfnis des Kindes zu selbstständigem verantwortungsbewussten Handeln“ (§ 1626 Abs. 2 Satz 1 BGB). [Verwendet wurde die Fassung der Bekanntmachung vom 2. Januar 2002 (BGBl I, S. 42, ber. S. 2909 und BGBl 2003 I, S. 738), zuletzt geändert durch Artikel 3 des Gesetzes vom 3. April 2009 (BGBl. I, S. 700).]

führung formaler Bewertungs-Erziehung in der Schule sind Lawrence Kohlbergs Dilemma-Diskussion (vgl. Mauermann 1981 b, Schuster 2001, S. 192 ff.) und deren Weiterentwicklung, die Konstanzer Methode der Dilemma-Diskussion (vgl. Lind 2003, S. 71 ff.; 2008; Standop 2005, S. 115 ff.).

Bevor auf weitere Orte der Werteerziehung eingegangen wird, soll das Verhältnis der zentralen Erziehungsorte Familie und Schule beleuchtet werden.

2.1.2 Zum Verhältnis der Erziehungsorte Familie und Schule unter Berücksichtigung der Gesetzesgrundlagen

Wenn man sich mit dem Verhältnis der Erziehungsorte Familie und Schule beschäftigt, stellt sich zunächst die Frage nach den gesetzlichen Rahmenbedingungen, unter welchen die beiden Institutionen wirken und in Interaktion treten. Welche Institution hat in Erziehungsbelangen welche Rechte, welche Pflichten? Welchen Einfluss darf der Staat auf das erzieherische Verhältnis der Eltern zu ihren Kindern geltend machen, und in welcher Form darf er durch die öffentlichen Schulen selbst erziehenden Einfluss auf die Kinder ausüben? Schränkt der Staat nicht gar Elternrechte ein, wenn er sich unter den freiheitlich-demokratischen Rahmenbedingungen in die Erziehung *einmischt*?

Im Grundgesetz für die Bundesrepublik Deutschland (GG)[12] wird zur Erziehung der Kinder und zum sich daraus ergebenden Verhältnis zwischen Staat und Eltern folgendes festgehalten:

> (2) Pflege und Erziehung der Kinder sind das natürliche Recht der Eltern und die zuvörderst ihnen obliegende Pflicht. Über ihre Betätigung wacht die staatliche Gemeinschaft.
> (3) Gegen den Willen der Erziehungsberechtigten dürfen Kinder nur auf Grund eines Gesetzes von der Familie getrennt werden, wenn die Erziehungsberechtigten versagen oder wenn die Kinder aus anderen Gründen zu verwahrlosen drohen.
>
> Art. 6 Abs. 2 und 3 GG

Absatz 2 Satz 1 stellt klar, dass das Recht aber auch die Pflicht[13], die eigenen Kinder zu erziehen, primär bei den Eltern liegt. Die direkt im Anschluss im Satz 2 erfolgende Einschränkung bezieht sich nur auf den im Absatz 3 beschriebenen Fall, dass die Erziehungsberechtigten ihrer Pflicht nicht nachkommen und versagen oder die Verwahrlosung der Kinder droht. Nur dann darf demnach ein staat-

---

12 Verwendet wurde die Fassung vom 23. Mai 1949 (BGBl I, S. 1), zuletzt geändert durch Artikel 1 des Gesetzes vom 19. März 2009 (BGBl. I, S. 606).

13 Eltern „sind zum Erziehen verpflichtet, weil ihr Kind ebenfalls Inhaber von Rechten ist und das Recht auf sachgemäße Pflege und gute Erziehung durch seine Eltern hat“ (Uhl 2004, S. 45).

licher Eingriff erfolgen (vgl. Dietrich 1998, S. 57). „Die Eltern haben also das primäre ‚Recht' und vor allem die ‚Pflicht' zur Erziehung der Kinder. Staat, Kirche und andere gesellschaftliche Institutionen und Interessengruppen können erst in zweiter Linie Einfluß auf die Erziehung nehmen. Der Staat anerkennt durch die Formulierung des Grundgesetzes, daß das Elternrecht ein ‚natürliches Recht' ist, d.h., daß es sich um ein Naturrecht handelt" (ebd.).

Der so zitierte Theo Dietrich fragt, wie es mit diesem elterlichen Naturrecht vereinbar sei, Kinder zum Schulbesuch zu verpflichten und ob das Staatsrecht hier nicht den elterlichen Willen breche. Dietrich kommt zu der Antwort, es sei die Fürsorgepflicht des Staates, den Heranwachsenden das zu ermöglichen, was Eltern alleine nicht könnten: eine Ausbildung, die den – durch die Kulturhöhe erheblichen – Anforderungen in einer komplexen und technisierten Gesellschaft entspreche. (vgl. ebd., S. 59 ff.).

Eine sich dem anschließende Frage ist für Dietrich, ob der Staat Einfluss auf die Schullaufbahn eines Kindes nehmen dürfe. Nicht selten werde dem elterlichen Wunsch bei der Schulwahl nicht entsprochen. „Der Staat und in seinem Auftrag die auslesende Schule begründet das Recht auf Auslese mit der Überlegung, daß ein Schüler aus einer Lerngruppe ausgeschieden werden muß, wenn er die Entwicklung seiner Mitschüler hemmt" (ebd., S. 63).

Dietrich konstatiert, Eltern und Staat sollten hinsichtlich der Entscheidung über die Schullaufbahn eines Kindes zusammenarbeiten. In diesem Zusammenhang zitiert er eine Entscheidung des Bundesverfassungsgerichts vom 6. Dezember 1972[14]:

> „Der staatliche Erziehungsauftrag in der Schule, von dem Art. 7 Abs. 1 GG ausgeht, ist in seinem Bereich dem elterlichen Erziehungsrecht nicht nach-, sondern gleichgeordnet. Diese gemeinsame Aufgabe von Eltern und Schule, welche die Bildung der *einen* Persönlichkeit des Kindes zum Ziele hat, läßt sich nicht in einzelne Kompetenzen zerlegen. Sie ist in einem sinnvoll aufeinander bezogenen Zusammenwirken zu erfüllen."
>
> BVerfGE 34, S. 183 (Hervorhebung durch kursive Formatierung im Original)[15]

So ist es zwar das natürliche Recht der Eltern, ihre Kinder zu erziehen. Aber „auch der Staat hat auf Grund des staatlichen Schulwesens einen grundgesetzlich verbürgten Erziehungsauftrag" (Dietrich 1998, S. 64).

Hierbei nun müssen Schule und Eltern zusammenarbeiten, nicht nur bezüglich der Entscheidung über die Schullaufbahn der Kinder. Die vertrauensvolle Kooperation zwischen beiden Institutionen sieht auch das Bayerische Gesetz

---

14 Hintergrund: Gegen die Einführung der obligatorischen Förderstufe in Hessen war eine Verfassungsbeschwerde formuliert worden.

15 Anm.: Art. 7 Abs. 1 GG lautet: „Das gesamte Schulwesen steht unter der Aufsicht des Staates."

über das Erziehungs- und Unterrichtswesen (BayEUG)[16] für seinen Geltungsbereich vor, wie folgende Beispiele zeigen:

> (3) [1] Die Schulleiterin oder der Schulleiter, die Lehrkräfte, die Schülerinnen und Schüler und ihre Erziehungsberechtigten (Schulgemeinschaft) arbeiten vertrauensvoll zusammen.
>
> Art. 2 Abs. 3 Satz 1 BayEUG
>
> (3) Die Lehrkräfte erfüllen ihre Aufgaben im vertrauensvollen Zusammenwirken mit den Schülerinnen und Schülern und den Erziehungsberechtigten, ...
>
> Art. 59 Abs. 3 BayEUG

Über den auch an Volksschulen, Realschulen und Gymnasien einzurichtenden Elternbeirat wird festgehalten, zu dessen Aufgaben gehöre es, „das Vertrauensverhältnis zwischen den Eltern und den Lehrkräften, die gemeinsam für die Bildung und Erziehung der Schülerinnen und Schüler verantwortlich sind, zu vertiefen" (Art. 65 Abs. 1 Nr. 1 BayEUG). Und in einem eigenen Artikel über die *Zusammenarbeit der Schule mit den Erziehungsberechtigten* wird festgehalten:

> (1) Die gemeinsame Erziehungsaufgabe, die Schule und Erziehungsberechtigte zu erfüllen haben, erfordert eine von gegenseitigem Vertrauen getragene Zusammenarbeit.
>
> Art. 74 Abs. 1 BayEUG

Roman Herzog nun fordert, Erziehung in der Familie müsse ihren Vorrang gegenüber der schulischen Erziehung behalten und eine öffentliche Schule dürfe nicht gegen das Elternhaus arbeiten (vgl. 2004, S. 19). „Wir müssen es erreichen, dass sowohl konservative Eltern als auch progressiv eingestellte ihre Kinder mit demselben Vertrauen in die Schule schicken, daß sie dort nicht in eine Richtung beeinflußt werden, die die Eltern nicht wollen" (ebd.).

Diese Forderung ist ohne Abstriche zu bejahen. Zwei Schritte sind nun essenziell, um das Verhältnis zwischen Familie und Schule konkret in Fragen der Werteerziehung gelingend zu gestalten:

1. Schulische Werteerziehung muss sich in dem im Abschnitt 2.1.1 beschriebenen Rahmen bewegen. Sie muss in Fragen der individuellen Lebensgestaltungswerte neutral sein; d.h. schulische Lebensgestaltungswerteerziehung muss auf plural-deskriptive Weise erfolgen. So werden Kinder nicht in eine Richtung *beeinflusst*, die den Eltern missfällt oder vor der sie Angst haben müssten.[17] Nicht neutral darf Schule im Bereich der Grund-

[16] Verwendet wurde die Fassung der Bekanntmachung vom 31. Mai 2000 (BGVBl, S. 414, ber. S. 632, BayRS 2230-1-1-UK), zuletzt geändert durch Gesetz vom 22. Juli 2008 (BGVBl, S. 467).

[17] Wenn ein Heranwachsender sich für ein die eigene Lebensgestaltung betreffendes Wertekonzept entscheidet, das er im Unterricht kennengelernt hat, ist es jedoch denkbar, dass er

werte sein. Die Erziehung im Geiste der demokratischen Grundwerte jedoch kann nicht im Widerspruch zum Recht der Eltern geraten (vgl. auch Dietrich 1998, S. 65).

2. Elternhaus und Schule müssen miteinander über Werteerziehung kommunizieren. Nur so können die beiden wichtigsten Orte der Wertepädagogik effektiv an einem Strang ziehen. Die im BayEUG vorgesehene vertrauensvolle Kooperation ist (eben auch) im Bereich der Werteerziehung umzusetzen. Es reicht nicht aus, dass Schule und Familie hier ihr *eigenes Süppchen kochen.* Kooperation ist nötig, und Kooperation setzt Kommunikation voraus. Das in der vorliegenden Studie bis zu diesem Punkt Erarbeitete kann keineswegs als *Common Sense* vorausgesetzt werden. Erst wenn zwischen beiden Institutionen Konsens über das gemeinsame Vorgehen erreicht wird, ist die Basis für eine gelingende Erziehungspartnerschaft gelegt.

Schließlich ist darauf hinzuweisen, dass das Verhältnis der beiden Erziehungsorte nicht als ein kompensatorisches oder substituierendes verstanden werden darf. Die Schule soll und kann nicht familiäre Erziehungsdefizite ausgleichen oder gar elterliche Erziehung ganz ersetzen, wenn diese defizitär ist. Der Staat soll nicht zum Haupterziehungsträger werden (vgl. Rekus 2003, S. 132). Die Schule kann und muss vielmehr die elterliche Erziehung ergänzen. Jürgen Rekus spricht von der familienergänzenden Erziehungsaufgabe der Schule. Den Unterricht bezeichnet er hierfür als den *eigentlichen Ort.* Das in der Familie grundgelegte Wissen werde hier „weiter differenziert und systematisiert, die in der Familie erlebten Werthaltungen und -einstellungen werden im Sinne *selbstständiger Werturteilsfähigkeit* differenziert und die in der Familie bereits gewonnene erste Handlungssicherheit wird durch eine zunehmend *eigenverantwortliche Normentscheidungsfähigkeit* weiter profiliert“ (ebd., S. 130; Hervorhebung durch kursive Formatierung im Original).

Wenn nun tatsächlich Defizite in der elterlichen Erziehung vorliegen, stellt dies für die Schule ein nicht unerhebliches Problem dar. Die Lehrer müssen bei ihrer Tätigkeit auf eine grundlegende elterliche Erziehung aufbauen können. Ist dies nicht der Fall, sind jedoch nicht *verschärfte* Forderungen an die Schule zu stellen. Das Problem defizitärer elterlicher Erziehung ist nur durch eine Stärkung elterlicher Erziehung zu lösen.

---

darüber in Konflikt mit seinen Eltern gerät. Solange der Unterricht jedoch plural-deskriptiv ist, kann der Schule nicht der Vorwurf der Beeinflussung gemacht werden. Im Gegenteil: Mündigkeit in Wertefragen kann sich nur unter Pluralitätsbedingungen herausbilden. Plural-deskriptive Lebensgestaltungswerteerziehung beeinflusst Schüler also nicht, sie ermöglicht die Entstehung von Mündigkeit in Wertefragen. Und dies sollten alle Eltern bereitwillig unterstützen, auch wenn dann die *Gefahr* besteht, dass die eigenen Kinder Dinge auch einmal anders sehen.

Anzustreben ist eine Erziehungspartnerschaft von Familie und Schule, in welcher Eltern und Lehrer miteinander kommunizieren, ihren jeweils spezifischen Aufgaben nachkommen, sich gegenseitig ergänzen.

Nach der Beschäftigung mit der jeweils spezifischen Rolle und Relevanz der beiden wichtigsten Orte der Werteerziehung sowie ihrem Verhältnis zueinander, soll nun auf weitere Werteerziehungsorte eingegangen werden.

2.1.3 Berücksichtigung weiterer Erziehungsträger

Schule und Familie sind die wichtigsten Orte der Werteerziehung, aber sie sollten nicht die einzigen Orte sein. Dort, wo Kinder und Jugendliche in einem institutionalisierten Setting unter der Anleitung von Erwachsenen regelmäßig Zeit verbringen, sollte in der Regel Werteerziehung stattfinden. Es gibt jedoch auch Settings, in denen sich dies nur in reduziertem Maße anbietet, weil es zeitlich oder aufgrund der Gegebenheiten kaum sinnvoll oder möglich ist. Zwischen den Orten, an denen es sich anbietet bzw. geboten ist, gibt es entscheidende Unterschiede, aber auch Gemeinsamkeiten. Auf all dies wird im vorliegenden Abschnitt eingegangen, wobei sich die Ausführungen wieder schwerpunktmäßig an den Begriffen Grundwerteerziehung und Lebensgestaltungswerteerziehung orientieren.

Zunächst soll exkludierend betrachtet werden, welche Situationen sich nur in reduziertem Maße zur Werteerziehung eignen. Es handelt sich hier vor allem um Einzelunterricht, beispielsweise Musikunterricht oder Tennistrainer-Einzelstunden. Hier zahlen Eltern Geld dafür, dass in einem oft zeitlich recht begrenzten Rahmen ein Erwachsener das Kind in einer bestimmten Qualifikation unterweist. Die Eltern erwarten, dass die zur Verfügung stehende Zeit voll und ganz dafür genutzt wird, die Qualifikation des Kindes zu steigern. Für direkte Werteerziehung im Sinne der expliziten Auseinandersetzung mit Wertefragen ist hier meist schlichtweg keine Zeit. Selbstverständlich jedoch sollte sich die Interaktion zwischen Erwachsenem und Kind an den Grundwerten orientieren (Vorbildfunktion und zwischenmenschliches Klima). Darüber hinaus lernt das Kind durch die in der entsprechenden Situation praktizierte Aktivität, beispielsweise das Klavierspiel oder das Singen, etwas darüber, was ihm Freude bereitet, woran es Interesse hat. Dies kann die elterliche Lebensgestaltungswerteerziehung unterstützen.[18]

Davon zu unterscheiden sind Situationen, in denen Erwachsene jeweils m e h r e r e Heranwachsende betreuen. Ob im Kindergarten, im Sportverein, in

[18] Für Nachhilfeunterricht, eine weitere Form des Einzelunterrichts, gilt letzteres hingegen nicht, da hier in der Regel gerade das geübt wird, das dem Kind in der Schule Schwierigkeiten bereitet. Doch im Gegensatz zu den anderen im Haupttext angeführten Beispielen für Einzelunterricht, können die Inhalte des Nachhilfeunterrichts – ähnlich wie im normalen Schulunterricht – durch einen qualifizierten Nachhilfelehrer werteerzieherisch genutzt werden.

kirchlichen Kinder- und Jugendgruppen oder im Jugendclub: Hier sollte Grundwerteerziehung stattfinden, da für das Erlernen eines grundwerteorientierten Miteinanders die Interaktion mit Gleichaltrigen ein besonders geeignetes und wichtiges Übungsfeld darstellt. Dies beinhaltet zunächst einmal immer, dass sich die soziale Interaktion in diesen Institutionen an den Grundwerten auszurichten hat und dass dies auch thematisiert werden sollte und zwar nicht erst dann, wenn Verstöße vorkommen – doch dann auch. In Unterrichtssituationen wie etwa beim Gruppenunterricht in der Musikschule sind die Möglichkeiten wie beim Einzelunterricht zeitlich eingeschränkt. Die soziale Situation jedoch gebietet, dass Grundwerteerziehung hier im Gegensatz zur Einzelsituation nicht gänzlich ausgelassen wird. Es sollte jedoch normalerweise der Hinweis auf einige grundlegende Regeln des Miteinanders und deren Begründung[19] genügen. Dem Kindergarten hingegen kommt in diesem Zusammenhang, wie bereits angedeutet, eine besondere Bedeutung zu, da hier die Kinder zum ersten Mal außerhalb der Familie die Interaktion in Gruppen üben können. Der Bezugsrahmen wird vergrößert, die Perspektive des sozialen Miteinanders wird erweitert. Was es bedeutet, Verantwortung zu übernehmen, anderen respektvoll zu begegnen, Auseinandersetzungen friedlich beizulegen, all dies wird im Kindergarten in einem umfassenderen Zusammenhang erlernt, als dies zuvor möglich war. In diesem Sinne konstatiert Hermann Giesecke, falls vorschulische Einrichtungen „entsprechend gestaltet werden, kann in der Tat ihre Bedeutung für die frühe Werteerziehung kaum überschätzt werden. In einer Zeit, in der vielfach Geschwister fehlen und Straßengruppen kaum noch anzutreffen sind, können Kinder im Rahmen der Vorschulerziehung lernen, sich mit solchen Gleichaltrigen auseinander zu setzen und zu arrangieren, die sie sich nicht aussuchen können. … Konflikte sind dabei unvermeidlich, aber für deren Lösung ergibt sich die Gelegenheit, nicht nur – möglichst gemeinsam mit den kleinen Kontrahenten – pragmatische Kompromisse zu finden, sondern schon in elementarer Weise über grundlegende Fragen des sozialen Zusammenlebens nachzudenken“ (2005, S. 100).

An der tatsächlichen Interaktion in den jeweiligen Institutionen orientierte Grundwerteerziehung bietet sich auch im Sportverein besonders an, da hier – vor allem beim Mannschaftssport – grundlegende Werte erlernt werden können. So ist der Einzelne mitverantwortlich für den Erfolg der Gruppe (Grundwerte Verantwortung und Gemeinwohl), für keinen der Mitspieler kann es eine Sonderbehandlung geben (Grundwert Gleichheit) und Fairness im Miteinander oder auch von Seiten der Schiedsrichter spielt eine große Rolle (Grundwert Gerechtigkeit). Dies zu thematisieren beinhaltet ein enormes werteerzieherisches Potenzial.

Über das tatsächliche Miteinander der sozialen Akteure der entsprechenden Institution hinaus, können Grundwertefragen in einigen der genannten Institu-

[19] Die Erläuterung der hinter den Regeln stehenden Gründe (beispielsweise Respekt vor dem Gegenüber) ist Werteerziehung.

tionen schon deshalb nicht behandelt werden, weil die Zeit fehlt oder das Setting dies nicht ermöglicht. Im Sportverein zum Beispiel kann es höchstens um ein grundwerteorientiertes Miteinander gehen, weil sich die Aktivitäten hier nicht dazu anbieten, etwa über Grundwerte in der Gesellschaft ins Gespräch zu kommen. In kirchlichen Gruppen wie beispielsweise im Konfirmationsunterricht oder der Kommunionvorbereitung ist dies hingegen durchaus möglich, sinnvoll und erstrebenswert, ja geboten.

Das Ziel der Grundwerteerziehung an den genannten Orten besteht vor allem darin, dass Kinder und Jugendliche die Erfahrung machen, dass die – hoffentlich – in Elternhaus und Schule propagierten Grundwerte auch in allen anderen Institutionen Bedeutung haben und gefördert werden. Der Grundwerterahmen darf nicht nur in Elternhaus oder Schule relevant sein, da die Heranwachsenden diese Orte sonst gewissermaßen als realitätsfremde pädagogische Enklaven wahrnehmen müssten.

Zwischen den Institutionen gibt es entscheidende Unterschiede bezüglich der Lebensgestaltungswerteerziehung. Eine solche kann beispielsweise in Sportvereinen nur in einer sehr eingeschränkten Form stattfinden. Hier lernt das Kind durch die praktizierte Aktivität etwas über seine Interessen. Darüber hinaus erhält der Heranwachsende möglicherweise Anregungen durch die Begegnung mit anderen Personen, die bestimmte Ansichten vertreten. In ähnlicher Weise gilt dies beispielsweise für Jugendclubs.

Weitaus mehr Möglichkeiten hat in diesem Bereich der Kindergarten. Dies ist nicht zuletzt auf die Tatsache zurückzuführen, dass das Kind hier über einige Jahre täglich viel Zeit verbringt. Bezüglich der Freizeitgestaltung werden dem Heranwachsenden hier viele Angebote gemacht. Ausgebildete Erzieher können dem Educanden altersgerechte Impulse geben, sich eigene Gedanken zu bestimmten Themen zu machen. Dadurch kann das Be-Werten geschult werden (was natürlich auch zur Grundwerteerziehung gehört). Unterschiede gibt es bei der Lebensgestaltungswerteerziehung zwischen freien und kommunalen Kindergärten. Letztere sind zur weltanschaulichen Neutralität verpflichtetet. Vor allem in kirchlichen Kindergärten kann präskriptiv-christliche Lebensgestaltungswerteerziehung stattfinden. Letzteres gilt darüber hinaus für alle kirchlichen und anderen religiösen Angebote für Kinder und Jugendliche.

Nachdem Jugendliche einen Abschluss an einer allgemein bildenden Schule erlangt haben, sollten die folgenden Bildungseinrichtungen das fortführen, was im Rahmen der Werteerziehung an der Schule – hoffentlich – geleistet wurde. Auf Fachoberschulen und berufsbildende Schulen trifft das zu, was im Abschnitt 2.1.1 über schulische Werteerziehung gesagt wurde: Der Unterricht bietet hier viele Möglichkeiten für eine jeweils altersgerechte Grundwerteerziehung und plural-deskriptive Lebensgestaltungswerteerziehung.

Mit zunehmendem Alter der auszubildenden Personen bildet sich ein neuer Fokus heraus. Dies betrifft vor allem die Hochschulen. Hier werden ausschließlich volljährige Personen unterrichtet. Diese haben grundlegende Entscheidungen bezüglich der individuellen Lebensgestaltungswerte getroffen, eine grundlegende Mündigkeit in Wertefragen sollte sich entwickelt haben. Zur materialen Werteinstellungs-Erziehung und formalen Bewertungs-Erziehung in der bisherigen Form kommt nun das hinzu, was wir als *fachspezifische ethische Qualifizierung* bezeichnen. Diese rückt zunehmend in den Mittelpunkt. Auch sie beinhaltet Aspekte materialer Werteinstellungs-Erziehung und formaler Bewertungs-Erziehung, jedoch nun nicht mehr unter der Perspektive des allgemeinen Handelns und der eigenen Lebensgestaltung, sondern unter der Perspektive des professionellen Handelns. So muss es an Hochschulen in erster Linie darum gehen, den Studenten dabei zu helfen, Kompetenz in den moralischen Wertefragen zu erlangen, die ihr spezifisches Fachgebiet bzw. die angestrebte berufliche Tätigkeit betreffen.[20] Nicht nur bei Studenten, die im sozialen oder im Bildungsbereich arbeiten möchten, sollten Werte in der Hochschulausbildung eine Rolle spielen. In allen Studiengängen ist es sinnvoll, ethische Aspekte zu behandeln. Wenn etwa die Wirtschaft das Wertethema für sich entdeckt hat (vgl. Einleitung), dann ist es geboten, Wertefragen auch mit Studenten der Betriebs- oder Volkswirtschaft zu behandeln. Wirtschaftsethik sollte im Vorlesungsverzeichnis genauso selbstverständlich vorkommen wie Statistik oder Marktforschung, um etwa angehende Manager für die moralischen Implikationen ihres Handelns sensibel zu machen. Naheliegend ist beispielsweise auch die Forderung, dass Naturwissenschaftlern, Ingenieuren und Medienschaffenden moralische Implikationen ihres professionellen Handelns bewusst gemacht werden.

Über die fachspezifische ethische Qualifizierung hinaus geht die Befähigung angehender Lehrer zur Durchführung schulischer Werteerziehung. Denn die Wertepädagogik, die ein Lehrer praktiziert, betrifft zwar auch dessen individuelles ethisches Handeln (Vorbildfunktion), doch darüber hinaus beinhaltet sie die Befähigung der Schüler zu moralischem Handeln und zu allgemeiner Mündigkeit in Wertefragen und berührt somit didaktische Fragen. Folglich sollten Wertefragen in der Lehrerausbildung in der Tat eine herausragende Rolle spielen. Denn schließlich sind die Auszubildenden hier nicht nur Auszubildende und zu Erziehende, sondern selbst angehende Ausbilder und Erzieher. Dies gilt nicht nur für die Lehrerausbildung, sondern für jede Ausbildung, die zu professionellem Ausbilden und Erziehen befähigen soll. Werte beanspruchen hier eine noch größere Rolle als in anderen Ausbildungen.

Dies betrifft in ähnlicher Weise die Fortbildung von Lehrkräften und Erziehern. Eigenes ethisches Handeln und die Durchführung von Werteerziehung sollten hier thematisiert werden. Ethische Kompetenz sollte jedoch ganz allgemein in der beruflichen Fortbildung Berücksichtigung finden, unabhängig von

---

20 Auch an den berufsbildenden Schulen, den Fachoberschulen und den Berufsoberschulen sollte dieser Aspekt Berücksichtigung finden.

Branche und Beruf. Wenn hier nicht nur Wissen und fachliche Fähigkeiten vermittelt, sondern systematisch auch moralische Themen angesprochen werden, haben Unternehmen die Möglichkeit, das Betriebsklima zu verbessern und jegliches Miteinander der Mitarbeiter sowie unternehmerische Aktivitäten auf die Einhaltung des Grundwertekataloges auszurichten.

Die bereits erwähnte Sensibilisierung von Medienschaffenden für die ethischen Implikationen ihres professionellen Handelns schließlich führt zu einem Aspekt, der im Zusammenhang mit der Fragestellung des vorliegenden Abschnitts nicht unerwähnt bleiben darf: Die im Bereich der Massenmedien verantwortlichen Personen sollten sich der aus der erheblichen erziehenden Wirkung ihrer Programmangebote erwachsenden Verantwortung stellen. Gleichzeitig ist natürlich darauf zu verweisen, dass altersinadäquater Medienkonsum von Kindern (bezüglich der Inhalte und Nutzungsdauer) nicht einseitig den Programmanbietern angelastet werden kann, ist er doch nicht selten auf unverantwortliches Verhalten der Erziehungsberechtigten zurückzuführen.

Schließlich trägt jedes erwachsene Gesellschaftsmitglied Verantwortung, der heranwachsenden Generation gewisse grundlegende Werte durch Vorbildfunktion mit auf den Weg zu geben. Grundwerteerziehung ist nicht zuletzt als gesamtgesellschaftliche Aufgabe anzusehen.

Werteerzieherische Potenziale dürfen nicht ungenutzt bleiben. Gleichzeitig unterliegt die Werteerziehung Grenzen bezüglich ihrer Zuständigkeit und Wirksamkeit. Darauf wird im folgenden Abschnitt eingegangen.

2.1.4 Grenzen in der Zuständigkeit und Wirksamkeit der Werteerziehung

In Familie und Schule und an den anderen genannten Orten sollte die Gelegenheit nicht ungenutzt bleiben, eine zeitgemäße Werteerziehung durchzuführen. Auf keinen Fall darf jedoch der falsche Eindruck entstehen, es müssten nur alle Institutionen ihre diesbezügliche Aufgabe ordnungsgemäß erfüllen, dann würde der Educand automatisch zum moralisch perfekten und in Wertefragen stets kompetenten Individuum, das durch sein Vorbild auch noch seine Mitmenschen dazu führe, stets den Grundwerten entsprechend zu handeln. Dies ist natürlich bewusst überspitzt formuliert, denn kaum jemand wird ernsthaft solch überzogene, in Reinform behavioristisch anmutende Ansichten vertreten. Doch zweifelsohne begegnet man nicht selten falschen Vorstellungen bezüglich der Wirksamkeit und Zuständigkeit von Werteerziehung.

Die Pädagogik darf sich nicht zuständig fühlen, die Welt zu verbessern. Sie entfernt sich von ihrem Auftrag, wenn sie sich dem Ziel verpflichtet sieht, Umstände zu verändern. „Pädagogik und Unterricht haben nichts mit Heilung zu tun. ... Sie reparieren kein Objekt, sie helfen einem Subjekt“ (Hentig 2001 S. 52 f.). Die Pädagogik „wird gerade nicht, wie die Weltverbesserer hoffen, die ‚Verhältnisse‘ verändern, sondern nur die jungen Menschen gegen diese stärken" (ebd., S. 57). Natürlich ist es möglich und wünschenswert, dass durch individuelle pädagogische Hilfestellungen auch ein positiver Einfluss auf die Gesamtheit ausgeübt wird (vgl. ebd., S. 53). Dies aber darf nicht die vorrangige Absicht der Pädagogik sein. Sie muss beim einzelnen Individuum ansetzen. Hier liegt ihre Zuständigkeit.

Unter Berufung auf Wolfgang Klafki kritisiert Jürgen Rekus, oftmals werde die schulische Erziehungsaufgabe „mit Blick auf sogenannte gesellschaftliche ‚Schlüsselprobleme' instrumentalisiert: In der Schulerziehung sollen dann etwa die Friedensfrage durch Friedenserziehung, die Umweltprobleme durch Umwelterziehung, die Probleme gesellschaftlicher Ungleichheit durch multikulturelle Erziehung, die Folgen multimedialer Vernetzung durch Medienerziehung und schließlich die Schwierigkeiten mitmenschlicher Beziehungen durch Sozialerziehung gelöst werden" (2003, S. 127). Werteerziehung hat nicht die Zuständigkeit, den vermeintlichen gesellschaftlichen Werteverfall aufzuhalten (vgl. Hentig 2001, S. 52) oder dem allgemeinen Individualisierungsprozess etwas entgegenzusetzen. Und sie darf eben auch nicht unter der Perspektive durchgeführt werden, die Gesamtgesellschaft zur Einhaltung der Grundwerte bringen zu wollen und in der Gesellschaft Orientierung in Wertefragen zu ermöglichen. Als realistische Perspektive ist anzustreben, dass der einzelne Erzieher seine Zuständigkeit darin sieht, dem oder den Educanden die Grundwerte nahezubringen und ihm bzw. ihnen zur Orientierung in Wertfragen zu verhelfen. Hier liegt die Zuständigkeit der Werteerziehung, und nur unter dieser Perspektive kann sie wirksam sein. Der Wertepädagogik darf es nur um die Personen gehen, mit denen sie tatsächlich zu tun hat.

So ist etwa ein grundwerteorientiertes Miteinander in Gruppen mehrerer Educanden – wie bereits mehrfach ausgeführt – anzustreben. Doch auch dies darf nicht unter der instrumentalisierenden Perspektive geschehen, die Gruppeninteraktion *reparieren* zu wollen, damit der Erzieher beispielsweise seine Ruhe hat oder der Lehrer endlich ungestört Unterricht durchführen kann. Es geht bei Grundwerteerziehung darum, den einzelnen Gruppenmitgliedern zu gelingender sozialer Interaktion zu verhelfen und nicht darum, Störfaktoren auszuschalten! Auch ist schulische Werteerziehung weder zuständig, noch in der Lage, das Gewaltproblem an Brennpunktschulen zu lösen. Auch als „Umerziehungsprogramm für Rechtsradikale oder jugendliche Gewalttäter kann sie nur versagen" (Albrecht 2001, S. 888).

Werteerziehung, konkret Grundwerteerziehung, ist nicht zuletzt als gesamtgesellschaftliche Aufgabe anzusehen. Dieser gegen Ende des vorhergehenden Abschnitts (2.1.3) angesprochene Punkt weist auf einen Aspekt hin, der die Wirksamkeit der Werteerziehung potenziell einschränken kann. Wenn das Kind in den pädagogischen Institutionen die Grundwerte erlebt, diese Erfahrung aber außerhalb dieser Orte nicht bestätigt wird, hat die Grundwerteerziehung einen schweren Stand. „Die Gesellschaft muss ‚mitmachen': mit ihren Fernsehprogrammen und ihrem Verhalten im Verkehr" (Hentig 2003, S. 59). Erzieher „können nur überzeugend lehren, was in der Erfahrung der Kinder vor- und unterkommt" (ebd.).[21] Die Grundwerte dürfen nicht nur „in der pädagogischen Provinz" (ebd.) eine Rolle spielen. Sonst schränkt dies die Wirksamkeit der Grundwerteerziehung ein. Dies impliziert Forderungen an alle Gesellschaftsmitglieder und auch an Politik, Wirtschaft und Medien.

Es ist also nicht die Zuständigkeit der Pädagogik, die Gesellschaft zu verändern. Es fällt aber durchaus in die Zuständigkeit jedes Gesellschaftsmitglieds, die Pädagogik bei der Werteerziehung zu unterstützen.

Faktoren, welche die Wirksamkeit der Wertepädagogik begrenzen, sind auch beim Educanden zu suchen. Im Kapitel 1.4 wurde ausgeführt, dass die Grundwerte zwar als verbindlich vermittelt werden müssen, jedoch nicht indoktriniert werden dürfen. *Nomen est omen*: Der freie Wille ist frei. Auf diesen kann die Pädagogik keinen Einfluss nehmen, was auch gut so ist. Wenn sich ein Heranwachsender gegen die Grundwerteerziehung und für bestimmte Untugenden entscheidet, kann er nicht gezwungen werden, die Grundwerte für sich zu bejahen. Zwar muss seine Entscheidung missbilligt werden, doch dies muss auf eine Weise geschehen, welche den Educanden als Person dennoch respektiert und wertschätzt. Wenn der Educand am Ende der Argumente bei seinem Standpunkt bleibt, so muss sich der Pädagoge mit den Grenzen der Werteerziehung abfinden, die unter anderem darin bestehen, dass eine freie Willensentscheidung begünstigt, aber nicht erzeugt werden kann. Ferner muss der Erzieher in dieser Situation seinen Idealen selbst treu bleiben, d.h.: die Grundwerteverletzung missbilligen, aber den *Grundwerteverletzer* weiterhin so behandeln, wie es den Grundwerten entspricht.

Dies schließt allerdings nicht aus, dass die Einhaltung bestimmter Regeln eingefordert wird und dass konkrete Normverstöße in angemessener Form sanktioniert werden. Im Gegenteil: Dies darf nicht unterlassen werden! Bei Werten geht es zuerst aber nun einmal nicht darum, bestimmte Regeln zu befolgen, sondern bestimmte Prinzipien (z.B. die, welche bestimmten Regeln zugrunde liegen) zu bejahen und deshalb auch in Handlungen umzusetzen. Befolgt man eine bestimmte Regel, bedeutet dies ja noch längst nicht, dass man den dieser Regel zugrundeliegenden Wert bejaht. Regeleinforderung selbst ist nicht als Werteerziehung zu bezeichnen, doch materiale Werteinstellungs-Erziehung geht üblicherweise mit Regeleinforderung einher, ist oft gar auf sie angewiesen, da Werte und Normen eine Einheit bilden müssen. Umgekehrt sollte Regeleinforderung mit Werteerziehung verknüpft werden.[22] Wenn ein Erzieher jedoch der Ansicht

---

21 Letzteres gilt für jegliche materiale Werteinstellungs-Erziehung, also etwa auch für präskriptive elterliche Lebensgestaltungswerteerziehung.

22 Hierzu ein Beispiel: Die Schüler müssen ihre Hausaufgaben verantwortlich erledigen. Die Nichteinhaltung dieser Norm wird sanktioniert. Die Regeleinforderung, ob sie nun sanktionierend oder ohne Androhung von negativen Folgen für den Fall der Nichtbeachtung geschieht, ist jedoch keine Werteerziehung. Erst wenn den Kindern erläutert wird, warum Verantwortung eine wichtige und unverzichtbare Sache ist und man ihnen so die Mög-

ist, Werteerziehung bestehe einzig in der Einforderung von Regelbefolgung, so hat er die Natur der Werteerziehung nicht verstanden. Die Auffassung, Regeleinforderung sei per se Werteerziehung, kann auch auf ein mangelndes Verständnis der begrenzten Wirksamkeit eines solchen Prozederes hindeuten. Denn durch die Regeleinforderung und die Sanktionierung der Nichtbefolgung mag man den Educanden bewegen, sein nach außen sichtbares Verhalten anzupassen, doch auf seine Wertentscheidung hat man so (alleine) keinen Einfluss.

Und schließlich möchte die Werteerziehung doch die Herausbildung einer *Haltung* beim Educanden begünstigen. Es geht um die „Haltung, nach dem Wert der Dinge zu fragen und in Lebenssituationen fähig und bereit zu sein, den Wert zu bevorzugen, der ein gutes und ein gerechtes Leben sichert. Eine Haltung *kann* man nicht durch Appelle, Ermahnungen oder Disziplinierungen erzeugen. Und man *darf* sie erst recht nicht durch kollektive Zwänge erzeugen. Das widerspricht ihrem Anspruch, die Würde des einzelnen Menschen in seiner Einmaligkeit zu achten. Die Herausbildung einer Haltung kann man aber in der Schule auf vielerlei Weise fördern" (Ladenthin 2007, S. 11, Hervorhebung durch kursive Formatierung im Original). Dass es – unabhängig vom Erziehungsort – nicht um die Erzeugung sondern um die Förderung einer Haltung geht, ist als der Werteerziehung immanente Grenze zu akzeptieren. Werner Wiater beschriebt diese Begrenzung für die Schule wie folgt: „Schüler zu Werten zu erziehen, ‚klappt' gewiss nicht. Wer das wollte, verkennt, dass Erziehung nicht machbar ist und dass das Ziel aller erzieherischen Bemühungen die Mündigkeit und Emanzipation des ‚Zöglings' ist. Wenn in der Schule Werteerziehung ernsthaft betrieben werden soll, dann nur in dem Sinne,

---

lichkeit gibt, sich bewusst für diesen Wert zu entscheiden, kann von Grundwerteerziehung (Grundwert Verantwortung) gesprochen werden. Materiale Werteinstellungs-Erziehung geht üblicherweise mit Regeleinforderung (und gegebenenfalls mit Sanktionierung bei Nichtbeachtung der Regel) einher, denn wenn bestimmte Regeln nicht eingefordert und bestimmte Regelverstöße akzeptiert werden, unterminiert dies die Werteerziehung. Es handelt sich hier um die aus den zu vermittelnden Werten abgeleiteten Normen. Man wird den Heranwachsenden kaum glaubhaft vermitteln können, dass Verantwortung wichtig ist, wenn das grob unverantwortliche Verhalten, ständig seine Hausaufgaben zu vergessen, einfach akzeptiert wird. Umgekehrt sollte die Regeleinforderung mit Werteerziehung verknüpft werden, denn das Ziel ist ja, dass die Educanden verstehen, warum es sinnvoll und nötig ist, die Regel zu befolgen. Werte k ö n n e n nicht konditioniert werden. Das Befolgen von Regeln s o l l t e nicht konditioniert werden, sondern wenn möglich – und das ist beispielsweise vom Alter der Educanden und den situativen Gegebenheiten abhängig, mit argumentativem Appell an die Einsicht eingefordert werden. In diesem Sinne fordert Werner Wiater, „dass in der Schule moralisch gute, ‚wertvolle' Handlungsweisen systematisch habitualisiert werden. Übung und Gewöhnung, learning by doing, sind eine ausgezeichnete Möglichkeit, wertbehaftetes Verhalten beim Schüler zu verankern. Damit dies nicht die Form von Domestikation und Dressur hat, müssen solche Verhaltensweisen rationalitäts- und erlebnisorientiert sein, d.h. Schülerinnen und Schülern einsehbar gemacht und mit Gründen für ein gelingenderes individuelles und soziales Leben vertreten werden können" (2006, S. 10). Die Differenz zwischen Konditionierung moralischer Regeln im negativen Sinne und Habitualisierung ethischen Verhaltens im positiven Sinne liegt in der expliziten Berücksichtigung der Metaebene.

dass Schulunterricht und Schulleben die Bedingungen für die Möglichkeit schaffen, dass Kinder und Jugendliche die ... verbindlichen Werte als für sie wertvoll erfahren bzw. erleben und sich – bei situationsbedingt gegebenen Varianzen – zu deren Einhaltung selbst verpflichten" (2006, S. 9 f.). Für die elterliche Werteerziehung resümiert Hermann Giesecke: „Selbst wenn die Familie pädagogisch optimal agiert, ist der erwartete Erfolg keineswegs sicher. Mögen die Absichten und die tatsächlichen Einflüsse noch so positiv sein – das Kind bleibt ein Einzelwesen, das dies alles mit seinem genetischen Potenzial und seinem Willen ausbalancieren muss; darin besteht die Grenze aller Erziehungskunst. Auch in solchen Familien, gegen deren Erziehung sich jedenfalls von außen keine nennenswerten Einwände erheben lassen, kann sie früher oder später scheitern. Von seinem ersten Lebenstag an muss das Kind also seine innere Wertbildung selbst besorgen, gegen seinen ernsthaften Willen wird sie nicht erfolgen. Die Eltern können diesen Prozess ermutigen und unterstützen, in ihn eingreifen oder ihn zu korrigieren versuchen, aber sie können ihn letztlich nicht herstellen" (2005, S. 108).

Ferner wird die Wirksamkeit von Werteerziehung potenziell durch die kognitiven Fähigkeiten des Educanden begrenzt[23], welche auch altersabhängig sind. Wenngleich natürlich angestrebt werden muss, eine altersangemessene Werteerziehung zu betreiben, gibt es in Gruppen mehrerer Educanden in der Regel unterschiedliche Niveaus kognitiver Fähigkeiten, weshalb eine Intervention bei einigen Kindern wirksamer sein mag als bei anderen. So sind nicht zuletzt kognitiv-abstrahierende Fähigkeiten nötig, um Werte in konkreten Situationen in konkrete Handlungen umsetzen zu können oder um sich etwa bei ethischen Entscheidungen in die Perspektive anderer Personen hineindenken zu können. Mündigkeit in Wertefragen bedarf auch kognitiver Fähigkeiten.

Bei der Beschäftigung mit den Grenzen der Werteerziehung, gilt es neben der Zuständigkeit und der Wirksamkeit auch die Realisierbarkeit zu berücksichtigen. Dies geschieht jedoch bewusst nicht an dieser Stelle im Theorieteil der vorliegenden Arbeit, sondern im dritten Hauptteil, dem Empirie-Teil. Denn es sind die in der Schulpraxis tätigen Lehrkräfte, die am besten beurteilen können, welche Faktoren die Realisierbarkeit schulischer Werteerziehung – und um letztere geht es in dieser Studie in erster Linie – einschränken. Als Antwort auf die Fragen *Welches sind Ihre Hauptkritikpunkte an der Praxis schulischer Werteerziehung?* und *Wodurch wird die Durchführung schulischer Werteerziehung erschwert?* wurden von den Untersuchungsteilnehmern überwiegend solche Hindernisse genannt. In geringerem Umfang gibt das Kapitel 3.6 auch Antwort auf die Frage, wodurch die Wirksamkeit schulischer Werteerziehung nach Ansicht der Lehrkräfte eingeschränkt wird.

An dieser Stelle soll der Hinweis darauf genügen, dass eine zeitgemäße Werteerziehung nur dann realisiert werden kann, wenn die in Erziehungsverantwor-

---

23 „Die moralische Urteilsfähigkeit entwickelt sich beim Menschen in Abhängigkeit von seinen kognitiven Strukturen" (Wiater 2006, S. 9).

tung Stehenden sich bewusst dafür entscheiden und etwa auch voll und ganz hinter den Grundwerten stehen, diese bejahen.

Der genannten Grenzen der Werteerziehung sollte man sich bewusst sein. Dieses Wissen darf aber von niemandem als Entschuldigung missbraucht werden, die eigene Verantwortung in diesem Bereich nicht zu übernehmen. Auch darf ein Bewusstsein für die Grenzen der Werteerziehung nicht zu Resignation führen. Ganz im Gegenteil: Es sollte Ansporn sein. Denn erst ein realistisches Verständnis der Chancen und Grenzen kann dazu führen, die vielfältigen und faszinierenden Möglichkeiten einer zeitgemäßen Werteerziehung nutzen zu können.

Der Frage, ob vorgesehen ist, diese Möglichkeiten an allgemein bildenden Schulen in Bayern zu nutzen, geht das folgende Kapitel nach.

2.2 *Innensicht: Angestrebter Beitrag der allgemein bildenden Schulen in Bayern zur Werteerziehung*

Im letzten Kapitel wurde dargelegt, dass die Schule einer der beiden wichtigsten Orte der Werteerziehung ist. Das vorliegende Kapitel widmet sich nun der Frage, ob Politik und Schuladministration die Durchführung von Wertepädagogik an allgemein bildenden Schulen eigentlich vorsehen und ob die Lehrerausbildung darauf angelegt ist, die Unterrichtenden auf diese wichtige Aufgabe vorzubereiten.

Um dies herauszufinden, wurden Schulgesetze, die fächerübergreifenden Elemente der Lehrpläne sowie die amtlichen Verordnungen zur Lehrerausbildung einer Analyse unterzogen.[24] Die Ergebnisse werden mit Textbeispielen in drei einzelnen Abschnitten dargestellt.

2.2.1 *Analyse relevanter Gesetze*

Das Bayerische Gesetz über das Erziehungs- und Unterrichtswesen (BayEUG) schreibt auf Grundlage der Artikel 128 bis 137 der Verfassung des Freistaates Bayern (BayVerf) die rechtlichen Rahmenbedingungen für die Schulen in Bayern fest. Für die Fragestellung relevante Passagen beider Gesetze werden im vorliegenden Abschnitt dargestellt und erörtert.

---

[24] Für die Entscheidung, welche Fassung der entsprechenden Dokumente jeweils für die Analyse heranzuziehen war, wurde als Hauptauswahlkriterium die Gültigkeit im Schuljahr der empirischen Untersuchung festgelegt. Wenn in den für die Fragestellung dieses Kapitels relevanten Passagen der entsprechenden Dokumente seit dem Untersuchungsschuljahr keine relevanten Änderungen vorgenommen worden waren, wurden in einigen Fällen auch aktuellere Fassungen der entsprechenden Dokumente verwendet.

Verfassung des Freistaates Bayern (Bay Verf)[25]

Artikel 131 der bayerischen Verfassung legt für die Schulen im Freistaat *Ziele der Bildung* fest. Die ersten drei Absätze des Artikels beinhalten Aspekte, die für die Fragestellung dieser Arbeit relevant sind.

> (1) Die Schulen sollen nicht nur Wissen und Können vermitteln, sondern auch Herz und Charakter bilden.
> (2) Oberste Bildungsziele sind Ehrfurcht vor Gott, Achtung vor religiöser Überzeugung und vor der Würde des Menschen, Selbstbeherrschung, Verantwortungsgefühl und Verantwortungsfreudigkeit, Hilfsbereitschaft und Aufgeschlossenheit für alles Wahre, Gute und Schöne und Verantwortungsbewusstsein für Natur und Umwelt.
> (3) Die Schüler sind im Geiste der Demokratie, in der Liebe zur bayerischen Heimat und zum deutschen Volk und im Sinne der Völkerversöhnung zu erziehen.
>
> Art. 131 Abs. 1 bis 3 BayVerf

Gleich der erste Absatz schreibt fest, dass sich die Schule nicht auf die Vermittlung fachlicher Inhalte beschränken darf. Auch wenn die verwendete Terminologie nicht explizit das Wort Werteerziehung enthält, kann doch ohne Zweifel herausgelesen werden, dass eben diese betrieben werden soll. Dies gilt vor allem dann, wenn man den ersten Absatz in Bezug setzt zu den beiden darauffolgenden Absätzen. Diese enthalten keinerlei fachliche, dafür aber erzieherische Ziele der schulischen Bildung. Die meisten der aufgezählten Ziele sind mit den im Rahmen dieser Arbeit formulierten Zielen einer zeitgemäßen Werteerziehung kompatibel. Einige der aufgezählten Ziele lassen sich aus den in dieser Arbeit allgemein formulierten Zielen materialer Werteinstellungs-Erziehung direkt ableiten. Einige Ziele sind identisch.

So kommen die Grundwerte Würde des Menschen und Verantwortung im Artikel 131 der bayerischen Verfassung explizit vor. Erziehung „im Sinne der Völkerversöhnung" ist dem Grundwert Frieden verpflichtet. „Hilfsbereitschaft" ist eine Tugend, die etwa aus den Grundwerten Gemeinwohl oder Verantwortung abgeleitet werden kann. „Erziehung im Geiste der Demokratie" ist eine mögliche Umschreibung für eine materiale Werteinstellungs-Erziehung, die sich den demokratischen Grundwerten verpflichtet fühlt.

„Ehrfurcht vor Gott" als eines der obersten Bildungsziele ist mit den im Rahmen dieser Arbeit formulierten Grundannahmen nicht kompatibel. Denn genau wie die Begründung der für alle Gesellschaftsmitglieder verbindlichen Grundwerte frei von weltanschaulichen oder religiösen Aspekten möglich sein muss (vgl. 1.3.4), sollten auch bei der Formulierung von verbindlichen Bildungszielen weltanschauliche oder religiöse Inhalte vermieden werden. An so zentraler Stelle

[25] Für die Analyse wurde die Fassung der Bekanntmachung vom 15. Dezember 1998 (BGVBl, S. 991), zuletzt geändert durch Gesetze vom 10. November 2003 (BGVBl, S. 816 und 817) verwendet.

festgeschriebene Bildungsziele sollten geeignet sein, für Schüler aller Religionen und Weltanschauungen Gültigkeit beanspruchen zu können.

Dennoch sollte dieser Punkt nicht problematisiert werden. Denn erstens folgt auf das Bildungsziel „Ehrfurcht vor Gott" direkt die „Achtung vor religiöser Überzeugung". Und diese Formulierung schließt alle Religionen ein. Zweitens hält Artikel 136 der bayerischen Verfassung fest, dass an „allen Schulen ... beim Unterricht die religiösen Empfindungen aller zu achten" sind (Abs. 1). Und drittens wird im darauffolgenden Artikel 137 festgeschrieben, dass die „Teilnahme am Religionsunterricht und an kirchlichen Handlungen und Feierlichkeiten ... der Willenserklärung der Erziehungsberechtigten, vom vollendeten 18. Lebensjahr ab der Willenserklärung der Schüler überlassen" bleibt (Abs. 1). Und schließlich schreibt Artikel 107, einer von über 20 Artikeln der bayerischen Verfassung, in denen es um Grundrechte und Grundpflichten geht, fest: „Die Glaubens- und Gewissensfreiheit ist gewährleistet" (Abs. 1). Das Recht der religiösen Selbstbestimmung der Schüler ist durch den zitierten Passus aus Artikel 131 also nicht gefährdet. Entscheidend für die dieses Kapitel motivierende Fragestellung ist, dass die bayerische Verfassung die Durchführung von Werteerziehung an Schulen im Freistaat vorsieht.

Bayerisches Gesetz über das Erziehungs- und Unterrichtswesen (BayEUG)[26]

Artikel 1 schreibt unter der Überschrift *Bildungs- und Erziehungsauftrag* zunächst fest, dass die „Schulen ... den in der Verfassung verankerten Bildungs- und Erziehungsauftrag zu verwirklichen" haben (Abs. 1 Satz 1). Dann werden die eben zitierten ersten drei Absätze des Artikels 131 der bayerischen Verfassung in leichter Abwandlung angeführt. Z.B. wird ergänzend zur Verfassung „Achtung ... vor der Gleichberechtigung von Männern und Frauen" als ein weiteres oberstes Bildungsziel genannt.

Artikel 2 schreibt *Aufgaben der Schulen* fest. Absatz 1 Satz 1 enthält einige für die Fragestellung dieser Arbeit relevante Aspekte.[27]

---

26 Für die Analyse wurde die Fassung der Bekanntmachung vom 31. Mai 2000 (BGVBl, S. 414, ber. S. 632, BayRS 2230-1-1-UK), zuletzt geändert durch Gesetz vom 22. Juli 2008 (BGVBl, S. 467) verwendet. Im Vergleich zu der im Untersuchungsjahr gültigen Fassung weist die verwendete Version im Bezug auf die zitierten Passagen keine relevanten Änderungen auf.

27 Es sei darauf hingewiesen, dass bei der vorliegenden Zitierung des Artikel 2 auch Sätze übernommen wurden, die im weitesten Sinne als werteerzieherische Aufgaben verstanden werden können, auch wenn sie nicht zu den im Rahmen dieser Arbeit formulierten zentralen Zielen einer zeitgemäßen Werteerziehung gehören. Bsp.: „Förderung des europäischen Bewusstseins".

(1) [1] Die Schulen haben insbesondere die Aufgabe,

...

zu selbstständigem Urteil und eigenverantwortlichem Handeln zu befähigen,
zu verantwortlichem Gebrauch der Freiheit, zu Toleranz, friedlicher Gesinnung und Achtung vor anderen Menschen zu erziehen, zur Anerkennung kultureller und religiöser Werte zu erziehen,

...

zur Förderung des europäischen Bewusstseins beizutragen,
im Geist der Völkerverständigung zu erziehen,

...

die Durchsetzung der Gleichberechtigung von Frauen und Männern zu fördern und auf die Beseitigung bestehender Nachteile hinzuwirken,
die Schülerinnen und Schüler zur gleichberechtigten Wahrnehmung ihrer Rechte und Pflichten in Familie, Staat und Gesellschaft zu befähigen, insbesondere Buben und junge Männer zu ermutigen, ihre künftige Vaterrolle verantwortlich anzunehmen sowie Familien- und Hausarbeit partnerschaftlich zu teilen,

...

Verantwortungsbewusstsein für die Umwelt zu wecken.

Art. 2 Abs. 1 Satz 1 BayEUG

Zunächst einmal wird als Aufgabe der Schulen die Vermittlung einiger Werte und Tugenden festgeschrieben, die der materialen Werteinstellungs-Erziehung zugerechnet bzw. die aus ihr abgeleitet werden können.

Die Befähigung „zu selbstständigem Urteil“ ist zwar keine ausschließlich wertepädagogische schulische Aufgabe, denn auch in fachlichen Fragen sollten die Schüler lernen, eigene Bewertungen zu treffen. Die Fähigkeit, eigenständig zu urteilen, gehört jedoch essenziell zum Umgang mit Werten. So gesehen ist diese im Bayerischen Gesetz über das Erziehungs- und Unterrichtswesen festgeschriebene Aufgabe als wichtiger Bestandteil einer formalen Bewertungs-Erziehung anzusehen.

Auch der zentrale Gesichtspunkt, dass Werteerziehung dem Individuum bei einer gesunden Balance zwischen Rechten und Pflichten helfen muss, kommt in diesem Gesetzesartikel vor. Nicht nur die Befähigung der Schüler „zur gleichberechtigten Wahrnehmung ihrer Rechte und Pflichten“ schreibt diesen grundlegenden Aspekt fest, sondern auch die Erziehung zu „verantwortlichem Gebrauch der Freiheit“, denn Freiheit impliziert intuitiv eher ein Recht, Verantwortung eine Pflicht.[28]

Darüber hinaus beinhaltet Artikel 2 des BayEUG mit der Befähigung zu „eigenverantwortlichem Handeln“ den Handlungsaspekt der Werteerziehung.

Die Artikel 7 bis 9 des BayEUG schreiben die gesetzlichen Rahmenbedingungen für die in der vorliegenden Untersuchung berücksichtigten Schularten fest. Im Artikel 7 wird festgehalten, angesichts der geschichtlichen und kulturellen Prägung Bayerns werde in jedem Volksschulklassenzimmer ein Kreuz angebracht (Abs. 3 Satz 1). Damit komme „der Wille zum Ausdruck, die obersten Bildungsziele der Verfassung auf Grundlage christlicher und abendländischer Werte unter

[28] Auf diesen Gedankengang wird im Abschnitt 3.4.2 weiter eingegangen.

Wahrung der Glaubensfreiheit zu verwirklichen" (ebd., Satz 2).[29] Relevant ist im Bezug auf die Fragestellung dieses Kapitels der explizite Wertebezug. Die Artikel über die Realschule und das Gymnasium enthalten keine wertepädagogischen Implikationen. Die dort festgeschriebenen Rahmenbedingungen betreffen in erster Linie organisatorische und fachliche Fragen.

Artikel 47 legt die Rahmenbedingungen für den Ethikunterricht fest. Es überrascht nicht, dass für die Fragestellung relevante Aspekte enthalten sind:

> (2) [1] Der Ethikunterricht dient der Erziehung der Schülerinnen und Schüler zu werteinsichtigem Urteilen und Handeln. [2] Sein Inhalt orientiert sich an den sittlichen Grundsätzen, wie sie in der Verfassung und im Grundgesetz niedergelegt sind. [3] Im Übrigen berücksichtigt er die Pluralität der Bekenntnisse und Weltanschauungen.
>
> Art. 47 Abs. 2 BayEUG

Auf diese Passage soll nicht weiter eingegangen werden, da Ethik nicht für alle Schüler Pflichtfach ist.[30] Interessant ist jedoch, dass sowohl das Urteilen als auch das Handeln hier vorkommen.

Im Artikel 56 BayEUG werden Schülerinnen und Schüler definiert als „Personen, die in den Schulen unterrichtet und erzogen werden" (Abs. 1 Satz 1). Auch hier wird deutlich, dass an der Schule nicht nur Fachliches vermittelt, sondern auch Erziehung betrieben werden soll. In eben diesem Sinne hat die „Lehrerkonferenz ... die Aufgabe, die Erziehungs- und Unterrichtsarbeit an der Schule zu sichern" (Art. 58 Abs. 3 Satz 1). Und nach Artikel 59 tragen die „Lehrkräfte ... die unmittelbare pädagogische Verantwortung für den Unterricht und die Erziehung der Schülerinnen und Schüler" (Abs. 1 Satz 1). Für die Fragestellung dieses Kapitels besonders relevant ist eine weitere Formulierung aus Artikel 59 (*Lehrkräfte*):

> (2) [1] Die Lehrkräfte haben den in Art. 1 und 2 niedergelegten Bildungs- und Erziehungsauftrag sowie die Lehrpläne und Richtlinien für den Unterricht und die Erziehung zu beachten. [2] Sie müssen die verfassungsrechtlichen Grundwerte glaubhaft vermitteln.
>
> Art. 59 Abs. 2 Satz 1 und 2 BayEUG

Satz 1 stellt zunächst einmal heraus, dass die Lehrkräfte verpflichtet sind, auch den erzieherischen Teil ihrer Aufgabe zu erfüllen. Und dass die Lehrer „die verfassungsrechtlichen Grundwerte glaubhaft vermitteln" müssen, heißt in anderen Worten: Sie sind verpflichtet, materiale Werteinstellungs-Erziehung zu betreiben.

---

[29] Wie im Artikel 131 der bayerischen Verfassung ist auch hier der Bezug zum christlichen Glauben evident. Entscheidend ist: Es wird auch festgeschrieben, dass Schüler in Glaubens- und Weltanschauungsfragen nicht bevormundet werden dürfen („unter Wahrung der Glaubensfreiheit").

[30] Ethik ist Pflichtfach für Schüler, die nicht am Religionsunterricht teilnehmen (vgl. Art. 137 Abs. 2 BayVerf).

Zudem wird im BayEUG festgeschrieben, dass dafür gesorgt werden muss, dass an der Schule Zeit und Raum für Erzieherisches bleibt. Diesen Aspekt enthält Artikel 89 (überschrieben mit *Schulordnung*):

> (1) [1] Das zuständige Staatsministerium regelt durch Rechtsverordnung den Schulbetrieb und die inneren Schulverhältnisse an öffentlichen Schulen in Schulordnungen … [2] … [3] Inhalt und Umfang der Schulordnungen bestimmen sich nach dem in der Verfassung und in diesem Gesetz festgelegten Bildungs- und Erziehungsauftrag der Schule; der notwendige Freiraum für die Erfüllung auch der erzieherischen Aufgabe der Schule und der einzelnen Lehrkraft ist zu sichern.
>
> Art. 89 Abs. 1 BayEUG

Nach einer Analyse der relevanten Gesetzestexte kann folgendes Fazit gezogen werden: Die Durchführung von Werteerziehung an bayerischen Schulen ist zweifelsohne vorgesehen.

Abschließend sei auf Artikel 45 BayEUG verwiesen. Dort wird festgehalten, dass neben Stundentafeln und sonstigen Richtlinien die Lehrpläne die „Grundlage für Unterricht und Erziehung bilden“ (Abs. 1 Satz 1). Die „Lehrpläne … richten sich nach den besonderen Bildungszielen und Aufgaben der jeweiligen Schulart; sie haben die Vermittlung von Wissen und Können und die erzieherische Aufgabe der Schule zu berücksichtigen“ (ebd., Satz 2). Ob und in welchem Umfang in den Lehrplänen konkret werteerzieherische Aspekte vorkommen und inwiefern diese mit den im Kapitel 1.4 dargestellten Zielen einer zeitgemäßen Werteerziehung übereinstimmen, wird im folgenden Abschnitt erörtert.

2.2.2 Analyse fächerübergreifender Elemente der Lehrpläne

Untersucht wurden ausschließlich die nicht fachspezifischen Elemente der Lehrpläne für die in dieser Studie berücksichtigten Schularten. Eine Analyse der Fachlehrpläne hätte den Rahmen dieser Arbeit gesprengt und war für die Beantwortung der Fragestellung dieses Kapitels nicht notwendig, da sich die fächerübergreifenden Elemente hervorragend dafür eignen, die Intentionen des zuständigen Staatsministeriums für die Erziehungsarbeit an den verschiedenen Schularten herauszuarbeiten.

Um die Länge dieses Abschnitts übersichtlich zu halten und Redundanzen zu vermeiden, wird nicht auf alle Lehrpläne in gleichem Maße ausführlich eingegangen. Für eine etwas ausführlichere Darstellung wurde der Grundschullehrplan gewählt, da im Gegensatz zu anderen Schularten die Grundschule von jedem Schüler besucht wird. Ihr fällt somit eine besondere Bedeutung zu, da die weiterführenden Schulen in ihrer Wertepädagogik auf die Werteerziehung der Grundschule aufbauen können müssen.

Lehrplan für die bayerische Grundschule (LGS)[31]

Berücksichtigt wurden bei der Analyse Kapitel I (*Grundlagen und Leitideen*) und II A (*Fächerübergreifende Bildungs- und Erziehungsaufgaben*) sowie die pädagogischen Leitthemen für die einzelnen Jahrgangsstufen.

Gleich zu Beginn des Kapitels I über *Grundlagen und Leitlinien* der Grundschule wird unter der Überschrift *Bildung und Erziehung als Auftrag der Grundschule* festgehalten:

> Die Grundschule hat den Auftrag, alle Schüler in ihrer Persönlichkeitsentwicklung zu unterstützen. Es geht dabei vor allem darum, Wissenserwerb zu ermöglichen, Verstehen anzubahnen, Interessen zu entwickeln, soziale Verhaltensweisen sowie musische und praktische Fähigkeiten zu fördern und Werthaltungen aufzubauen.
>
> LGS, S. 6

Neben dem expliziten Wertebezug an dieser exponierten Stelle des Lehrplans ist hier vor allem die Erwähnung des Aufbaus sozialer Verhaltensweisen für die Fragestellung dieses Kapitels relevant. Die Grundwerte stellen einen verbindlichen Bezugsrahmen für jegliche soziale Interaktion in der Gesellschaft dar. Somit geht es der materialen Werteinstellungs-Erziehung, in deren Zentrum die Vermittlung der Grundwerte steht, darum, dem Educandus soziales Denken und Handeln nahezubringen. Hilfestellung zum sozialen Lernen und Werteerziehung liegen so verstanden nah beieinander, sie haben eine deutliche Schnittmenge, sind jedoch nicht als Synonyme zu verwenden.[32]

Einige der in der zuletzt zitierten Passage enthaltenen Aspekte werden im Lehrplan in eigenen Abschnitten näher erläutert. Im Absatz über *Wertorientierung* wird festgehalten:

> Die Grundschule bahnt freiheitlich-demokratische, religiöse, sittliche und soziale Werthaltungen an. Im Sinne der bayerischen Verfassung stellt das christliche Menschenbild die Grundlage für Wertorientierung und Sinnerschließung in der Grundschule dar. Eine daran orientierte Entwicklung von Wertvorstellungen trägt zur eigenen Standortbestimmung bei und befähigt zu Aufgeschlossenheit und Toleranz gegenüber anderen Wertvorstellungen. Darauf kann der für ein Zusammenleben in einer pluralen Gesellschaft notwendige Wertekonsens aufgebaut werden.
>
> LGS, S. 7

---

31 Genehmigungsnummer der untersuchten Lehrplaninhalte: IV/1-S7410/1-4/84000; gültig seit 9. August 2000.

32 Dazu passen die Ausführungen im untersuchten Lehrplan im Absatz über die *Entwicklung der Persönlichkeit.* Dort wird resümiert, soziales Lernen lege „ein Fundament für das Zusammenleben in einer demokratischen Gesellschaft" (ebd.).

Hier wird unmissverständlich festgehalten, dass an der Grundschule Werteerziehung betrieben werden soll. Das Bestreben, freiheitlich-demokratische und soziale Werthaltungen anzubahnen, steht in Einklang mit den dieser Dissertation zugrundeliegenden Annahmen. Was den explizit christlichen Bezug betrifft, ist analog zu den Ausführungen über Artikel 131 der bayerischen Verfassung festzuhalten: Da die religiöse und weltanschauliche Selbstbestimmung der Schüler durch Gesetze und Verordnungen sichergestellt ist, muss der christliche Bezug nicht problematisiert werden.[33] Bezogen auf das vorliegende Zitat darf sogar konstatiert werden: Im Gegenteil! Denn es ist festzuhalten, dass „das christliche Menschenbild" in Einklang mit den demokratischen Grundwerten steht und dass die – das Ideal der Grundwerte unterstützende – Berufung auf christliches Gedankengut in einem durch das Christentum stark geprägten Land als legitim betrachtet werden kann, solange die religiöse und weltanschauliche Selbstbestimmung des Individuums nicht eingeschränkt wird.[34]

Der zweite Abschnitt des Kapitels I befasst sich mit dem *Unterricht in der Grundschule*. Im Absatz über *Lernen und Lehren* wird festgehalten:

> Lernziele und Lernsituationen bedingen die Unterrichtsmethoden. Ihre Wahl wird ferner dadurch bestimmt, wie sich soziales Lernen am besten verwirklichen lässt.
>
> LGS, S. 8

Dass die Wahl der Unterrichtsmethoden auch dadurch bestimmt wird, wie sich soziales Lernen am besten verwirklichen lässt, zeigt, dass diesem ein hoher Stellenwert eingeräumt wird.

Die im Kapitel II A dargestellten fächerübergreifenden Bildungs- und Erziehungsaufgaben enthalten einige konkret werteerzieherische Aspekte. Im Folgenden werden Beispiele hierfür aufgeführt.

---

33 Auch im vorliegenden Teil des Lehrplans wird die „Aufgeschlossenheit und Toleranz gegenüber anderen Wertvorstellungen" explizit als Ziel schulischer Erziehung und somit als Prinzip sozialer Interaktion an der Grundschule hervorgehoben.

34 Bezug nehmend zu den Ausführungen zu Artikel 131 BayVerf ist folgende Differenzierung zu treffen: Im Gegensatz zur Berufung auf das christliche Menschenbild oder auf christliches Gedankengut ist die Konstituierung von Ehrfurcht vor Gott als ein verbindliches oberstes Bildungsziel auch staatlicher Schulen in einer pluralistischen Gesellschaft eher kritisch zu würdigen. So stellt es sich als legitim dar, wenn man beispielsweise konstatiert, (nicht nur aber) auch aufgrund des großen Einflusses des Christentums in der Geschichte Deutschlands sei der Wert Würde des Menschen in diesem Land von besonderer Bedeutung und man fordere diesen Wert auch von Atheisten ein (obwohl oder gerade weil diese den Wert für sich auch anders begründen können). Es ist jedoch nicht legitim, von einem Atheisten Ehrfurcht vor Gott einzufordern. Jedoch gilt – wie bereits ausgeführt – auch im Bezug auf diesen Passus des Artikel 131 BayVerf (Ehrfurcht vor Gott als eines der obersten Bildungsziele), dass er nicht problematisiert werden muss, solange die religiöse und weltanschauliche Selbstbestimmung des Schülerindividuums gewährleistet ist. Und dies ist der Fall.

Im Abschnitt über *Familien- und Sexualerziehung* wird festgehalten, dass „Achtung im Umgang miteinander im Schulleben und in der Klassengemeinschaft" Grundlage für die gemeinsame Erziehung von Mädchen und Buben sei (ebd., S. 13).

Im Abschnitt über *Freizeiterziehung* ist zu lesen:

> Vor dem Hintergrund des veränderten Freizeitverhaltens bestehen Aufgabe und Chance der Grundschule darin, Kindern vielseitige Gestaltungsmöglichkeiten der Freizeit aufzuzeigen und in Zusammenarbeit mit den Erziehungsberechtigten einen zunehmend verantwortungsvollen Umgang mit ihr anzubahnen. ... Wichtige Voraussetzungen für eine sinnvolle Freizeitgestaltung sind das Erkennen von persönlichen Interessen und Begabungen, aber auch das Schaffen von Zeiträumen, die nicht vollkommen verplant sind.
>
> LGS, S. 13

Hier geht es darum, den Schülern dabei zu helfen, Entscheidungen im Bereich der Lebensgestaltungswerte zu treffen. Somit schreibt der Lehrplan an dieser Stelle einen konkreten Aspekt formaler Bewertungs-Erziehung als Aufgabe für die bayerische Grundschule explizit fest. Formale Bewertungs-Erziehung kommt bis zu diesem Punkt recht kurz. Hier nun wird ein sehr spezifischer Aspekt dieses Teilbereichs einer zeitgemäßen Werteerziehung angeführt. In einen umfassenderen Zusammenhang wird die formale Bewertungs-Erziehung zwei Seiten später gestellt, worauf gleich eingegangen wird.

Geprägt von den Grundwerten Gleichheit und Würde des Menschen ist die *Interkulturelle Erziehung – Miteinander und voneinander lernen*. Gefördert werden soll die „Erkenntnis, dass Menschen und Kulturen in gleichberechtigter Weise nebeneinander und miteinander leben, dass man voneinander lernen kann und sich so gegenseitig bereichert. Interkulturelle Erziehung verlangt den Erwerb von elementaren Kenntnissen über den anderen, über seine Kultur und Religion, aber auch soziales Lernen: andere in ihrer Eigenart – also in ihrer Andersartigkeit – zu akzeptieren und auf sie zuzugehen" (ebd., S. 14).

Äußerst ergiebig für die Fragestellung dieses Kapitels schließlich ist der Abschnitt über die fächerübergreifende Bildungs- und Erziehungsaufgabe *Soziales Lernen und grundlegende politische Bildung*:

> Im Sinne einer politischen Grundbildung werden in der Grundschule soziale Lernprozesse initiiert und unverzichtbare Werte menschlichen Zusammenlebens erfahrbar gemacht. Durch die Förderung sozialer Verhaltensweisen wie Rücksichtnahme, Verantwortungsbereitschaft, Solidarität, Toleranz, Urteilsfähigkeit und die Bereitschaft, Konflikte friedlich zu lösen oder auszuhalten, werden die Schüler auf ein Leben als Staatsbürger in einer demokratischen Gesellschaft vorbereitet. Unterricht und Schulleben sollen dem Schüler ermöglichen, in die Rolle des verantwortungsbewussten, autonomen Staatsbürgers hineinzuwachsen.
>
> Im täglichen Miteinander bekommen die Schüler Gelegenheit, sich selbst zu entfalten und neue Möglichkeiten des Umgangs zu erproben. Sie sollen einsehen, dass die eigene Freiheit und Selbstverwirklichung dort Grenzen hat, wo Rechte anderer berührt werden, dass es gilt annehmbare Kompromisse zu finden und notwendige Einschränkungen zu akzeptieren. Indem ihnen klar wird, dass sie auf andere angewiesen sind und von der Gemeinschaft profitieren, können sie bereit werden ihren eigenen Beitrag zu einem befriedigenden Zusammenleben

zu leisten. Achtung vor dem Anderen und Toleranz werden den Schülern leichter fallen, wenn sie die Andersartigkeit und Verschiedenheit als Gewinn und Bereicherung erleben.

LGS, S. 15

Dieser Abschnitt enthält viele zentrale Aspekte einer zeitgemäßen Werteerziehung. Grundwerte sowie aus den Grundwerten abzuleitende Tugenden kommen genauso vor wie etwa die Balance zwischen Rechten und Pflichten bzw. eigener Freiheit und deren notwendiger Einschränkung. Entscheidend ist, dass der Aspekt der Urteilsfähigkeit vorkommt und somit hier die formale Bewertungs-Erziehung in einen umfassenden Zusammenhang gestellt wird. Dennoch bleibt als Fazit festzuhalten, dass der Grundschullehrplan materiale Werteinstellungs-Erziehung insgesamt stärker betont als formale Bewertungs-Erziehung.

Die Übernahme von Verantwortung und den manchmal notwendigen Verzicht auf Vorrechte erlernen die Schüler im Rahmen der *Verkehrs- und Sicherheitserziehung* (vgl. ebd., S. 16).

Die Ausführungen über werteerzieherische Aspekte im Lehrplan für die bayerische Grundschule schließen an dieser Stelle mit kurzen Gedanken über die pädagogischen Leitthemen. Das pädagogische Leitthema für die ersten beiden Jahrgangsstufen ist überschrieben mit *Sich anderen öffnen – miteinander leben* und umfasst vier Punkte: „Sich selbst wertschätzen", „Verantwortungsgefühl für eigenes Handeln entwickeln", „Anderen mit Achtung begegnen" und „Füreinander da sein" (ebd., S. 47). All diese Punkte können als Bestandteile einer zeitgemäßen Werteerziehung angesehen werden.

Das pädagogische Leitthema der Jahrgangsstufe 3 ist überschrieben mit *Selbstsicherheit gewinnen – anderen Sichtweisen mit Offenheit begegnen.* Es umfasst u.a. den Punkt „Konflikte fair austragen", der als Bestandteil einer zeitgemäßen, den Grundwerten verpflichteten Wertepädagogik angesehen werden kann (ebd., S. 149).

Das pädagogische Leitthema für die vierte Jahrgangsstufe lautet *Vertrauen in die Zukunft entwickeln – Verantwortung übernehmen.* Es umfasst u.a. die Punkte „Solidarisch handeln" und „Freundschaft erleben", welche den Blick der Schüler auf das Gegenüber in der sozialen Interaktion ausrichten wollen. Dieses Ziel hat auch eine zeitgemäße Werteerziehung (ebd., S. 223).

Als Fazit kann festgehalten werden, dass werteerzieherische Aspekte in den fächerübergreifenden Elementen des Lehrplans für die bayerische Grundschule kontinuierlich vorkommen. Sie sind mit den erarbeiteten Zielen einer zeitgemäßen Werteerziehung nicht nur größtenteils kompatibel, sondern stellen häufig Kernpunkte dar. Die Durchführung einer zeitgemäßen Werteerziehung ist zweifelsohne intendiert, wenngleich der formalen Bewertungs-Erziehung ein höherer Stellenwert zukommen sollte.

Lehrplan für die bayerische Hauptschule (LHS)[35]

Berücksichtigt wurden bei der Analyse Kapitel I (*Grundlagen und Leitlinien*) und II. 1 (*Fächerübergreifende Unterrichts- und Erziehungsaufgaben*) sowie *Pädagogische und unterrichtliche Schwerpunkte* der einzelnen Jahrgangsstufen.

Auch im Hauptschullehrplan findet sich die *Wertorientierung* an exponierter Stelle. Im zweiten Abschnitt (*Der Auftrag der Hauptschule*) des ersten Kapitels ist ihr als drittem Punkt ein Absatz gewidmet, der das Ziel festschreibt, den Schülern dabei zu helfen, „sich in der Vielfalt widersprüchlicher Werte zu orientieren" (LHS, S. 8). Wie der Grundschullehrplan beruft sich der Hauptschullehrplan hier auf das christliche Menschenbild (vgl. ebd.).

Direkt im Anschluss beinhaltet Punkt vier unter der Überschrift *Aufschließen für gesellschaftliche Grund- und Zeitfragen; politische Bildung* konkrete Aspekte einer zeitgemäßen Werteerziehung wie etwa die Vorbereitung der „Schüler auf die Wahrnehmung ihrer Rechte und Pflichten als mündige Bürger" und damit verbundene fächerübergreifende Ziele wie z.B. „waches Bewusstsein für Fragen der sozialen Ordnung und Gerechtigkeit, der Achtung von Recht und Würde der Person im Verhältnis der Geschlechter, der Generationen, sozialer Gruppen wie auch im Zusammenleben mit Kranken und Behinderten ... Bereitschaft zu friedlichem Zusammenleben und gewaltfreier Konfliktlösung im persönlichen wie auch im öffentlichen Leben ... Bejahung der freiheitlich-demokratischen rechtsstaatlichen Grundordnung als Fundament aller gesellschaftlichen Entwicklungen ... [und] wechselseitige Offenheit für Wertvorstellungen von Angehörigen verschiedener Nationalitäten, Kulturen und Religionen" (ebd.).

Punkt fünf des entsprechenden Abschnitts beinhaltet unter der Überschrift *Hilfe zur persönlichen Lebensgestaltung* mit der „Hilfe zum Selbstständigwerden in der Spannung von Freiheit und Bindung im persönlichen Lebensbereich" die explizite Nennung der beiden Eckpfeiler einer zeitgemäßen Werteerziehung (ebd., S. 9).

Der Lehrplan lässt keinen Zweifel daran, dass nicht nur fachliche Inhalte vermittelt werden sollen: Der *Erziehung in der Hauptschule* ist ein eigener Abschnitt gewidmet. Aus den dort formulierten Erziehungszielen lässt sich u.a. herauslesen, dass Erziehung in der Hauptschule dem Grundwert Verantwortung verpflichtet ist. Die Lehrkräfte werden in dem Abschnitt explizit darauf hingewiesen, dass sie den Erziehungsauftrag bejahen sollen (vgl. ebd., S. 9 f.).

Im vierten Abschnitt (*Unterricht an der Hauptschule*) wird festgeschrieben, dass Werteerziehung auch explizit Teil des Fachunterrichts ist. Demnach lernen die Schüler dort „sachgerechte Fragestellungen kennen, gewinnen facheigene Erkenntnisse, üben fachgemäße Arbeitsweisen ein und entwickeln Einstellungen und Werthaltungen" (ebd., S. 11). Überhaupt hat der Unterricht nicht nur die

---

35 Genehmigungsnummer der untersuchten Lehrplaninhalte: IV.2-5S7410.2-4.60750; gültig seit 7. Juli 2004.

Aufgabe, die fachliche und methodische, sondern auch die „personale und soziale Kompetenz der Schüler zu fördern“ (ebd.).

Die im Kapitel II. 1 festgeschriebenen fächerübergreifenden Unterrichts- und Erziehungsaufgaben, die neben Kapitel I und Kapitel II. 2 richtungsweisend „für die gesamte Arbeit mit dem Lehrplan sind“ (ebd., S. 13), enthalten zahlreiche werteerzieherische Aspekte.

Dem bereits erwähnten Punkt *Aufschließen für gesellschaftliche Grund- und Zeitfragen – Politische Bildung* ist hier ein ganzer Abschnitt gewidmet, in welchem es um Menschenwürde, Frieden, interkulturelle Erziehung und Umwelt geht.

Im Abschnitt 2 (*Hilfen zur persönlichen Lebensgestaltung*) ist zunächst der Unterpunkt 2.2 (*Zusammenleben mit anderen*) von Interesse für die Fragestellung dieses Kapitels. Demnach gibt die Schule „Raum für vielfältige soziale Erfahrungen und ermöglicht soziales Lernen und Handeln“ (ebd., S. 18).

In diesem Abschnitt findet sich unter der Überschrift *Freizeit* zudem ein aus dem Grundschullehrplan bereits bekannter spezifischer Aspekt der formalen Bewertungs-Erziehung:

> Die Schüler ... setzen sich mit unterschiedlichen Möglichkeiten der Freizeitgestaltung auseinander und lernen, Freizeitangebote zu bewerten und für das eigene Leben richtige Entscheidungen zu treffen.
>
> LHS, S. 18

Ein weiterer, ebenfalls die Lebensgestaltungswerte betreffender, konkreter Aspekt formaler Bewertungs-Erziehung findet sich schließlich im Abschnitt 3 (*Vorbereitung auf das Arbeits- und Wirtschaftsleben*). Die Schüler sollen „ihre eigenen Wünsche, Fähigkeiten und Grenzen klären und lernen, sie realistisch einzuschätzen, um so eine verantwortliche Berufswahl treffen zu können“ (ebd., S. 20).

Werteerzieherische Aspekte finden sich auch an einigen Stellen in den pädagogischen und unterrichtlichen Schwerpunkten der einzelnen Jahrgangsstufen. So sollen z.B. Schüler der fünften Klasse lernen, „dass für ein angenehmes Klassenklima gegenseitiger Respekt und ein entsprechender Umgangston unerlässlich sind“ (ebd., S. 88). Für die Jahrgangsstufe 7 wird festgehalten, es müsse „ein auf Offenheit und Toleranz anderen gegenüber abgestimmter Unterricht der Gruppentendenz, alles Andersartige negativ zu sehen, entgegenwirken“ (ebd., S. 193). Für die Jahrgangsstufe M7[36] wird festgeschrieben, es gelte, „bis zur Jahrgangsstufe 10 ein sich gegenseitig respektierendes Verhalten und eine Gesprächskultur aufzubauen“ (ebd., S. 446). In der Jahrgangsstufe M9 spielt „die Mitwirkung in schulischen Gremien und bei Projekten für die Gemeinschaft“ eine Rolle (ebd., S. 569). Darüber hinaus wird häufig die Übernahme von Verantwortung durch die Schüler als wichtig angesehen (vgl. ebd., S. 141, 259, 331, 505, 639).

---

36 Als M-Klassen bezeichnet man Klassen des Mittlere-Reife-Zugs an der Hauptschule.

Aus den fächerübergreifenden Elementen des untersuchten Lehrplans lässt sich ohne Zweifel herauslesen, dass die Durchführung einer zeitgemäßen Werteerziehung an der Hauptschule vorgesehen ist. Jedoch gilt, dass die formale Bewertungs-Erziehung ausschließlich in sehr spezifischen Zusammenhängen genannt wird. Es wäre sinnvoll, sie darüber hinaus in einen umfassenden Zusammenhang zu stellen und entsprechende Passagen an exponierten Stellen des Lehrplans einzufügen. Dies wäre Ausdruck eines angemessenen Stellenwerts formaler Bewertungs-Erziehung im Hauptschullehrplan, was als Desiderat anzusehen ist.

Lehrplan für die sechsstufige Realschule (LRS6)[37]

Berücksichtigt wurden bei der Analyse Kapitel 1 (*Der Bildungs- und Erziehungsauftrag der sechsstufigen Realschule*) und Abschnitt 2.1 (*Fächerübergreifende Bildungs- und Erziehungsaufgaben*) sowie aus den Jahrgangsstufenlehrplänen die pädagogischen Leitthemen und die fächerverbindenden Unterrichtsvorhaben.

Im ersten Abschnitt (*Ziel und Anspruch der sechsstufigen Realschule*) des ersten Kapitels findet sich die Festschreibung, die Realschule vermittle „Grundlagen, Anregungen und Orientierungshilfen für die Heranbildung einer mündigen, selbstständig urteilenden und – im Sinne einer verantworteten Zivilcourage – entschlossen handelnden Persönlichkeit in einer freiheitlich demokratisch verfassten, pluralistischen Gesellschaft" (LRS6, S. 13). Hier lässt sich gleich zu Beginn unmissverständlich herauslesen, dass auch die Durchführung formaler Bewertungs-Erziehung intendiert wird. Im sich direkt anschließenden Abschnitt findet sich der Aspekt der materialen Werteinstellungs-Erziehung. Hier ist zu lesen, dass sich Bildung und Erziehung an der Realschule an Wertmaßstäben orientieren, „die der abendländischen Kulturtradition entspringen" (ebd.).

Im zweiten Abschnitt (*Bildungs- und Erziehungsschwerpunkte an der sechsstufigen Realschule*) des ersten Kapitels befindet sich ein Absatz, der unter der Überschrift *Ethisches Urteilen und Handeln* Erziehungsziele formuliert, welche die im Kapitel 1.4 dieser Arbeit dargestellten Ziele einer zeitgemäßen Werteerziehung treffend zusammenfassen:

> Damit die Schüler in den Gemeinschaften, in denen sie leben und in die sie hineinwachsen, verantwortlich entscheiden und handeln können, ist es notwendig, ihre Urteilsfähigkeit weiter zu entwickeln. Sie setzen sich mit Werten, Normen und Vorbildern auseinander und gelangen so zu sittlich guten Orientierungsmaßstäben für ihr Handeln. Vor allem müssen sie die

37 Verwendete Fassung: „genehmigt mit Bekanntmachung des Bayerischen Staatsministeriums für Unterricht und Kultus vom 15. Juni 2001, Nr. V/1-S 6410-5/28432". Mittlerweile liegt eine neuere Fassung des Lehrplans vor (gültig seit 1. August 2007). Wie mit Herrn Hausknecht, Abteilungsleiter Realschule am Staatsinstitut für Schulqualität und Bildungsforschung (ISB), in einem Telefongespräch am 31. Juli 2008 abgeklärt, betreffen die erfolgten Änderungen nicht die für diese Arbeit analysierten Inhalte.

Grundwerte und Grundentscheidungen verstehen lernen und sich zu eigen machen, die für ein friedliches Zusammenleben in unserer Gesellschaft unentbehrlich sind.

LRS6, S. 17

Das Zitat beinhaltet sowohl den Aspekt materialer Werteinstellungs-Erziehung („Grundwerte“) als auch formaler Bewertungs-Erziehung („Urteilsfähigkeit“). Schon an diesem Punkt kann festgehalten werden, dass die Durchführung einer ausgewogenen zeitgemäßen Werteerziehung an der sechsstufigen Realschule zweifelsohne vorgesehen ist.

In demselben Lehrplanabschnitt (1.2) befinden sich weitere konkret werteerzieherische Gesichtspunkte. Demnach gehört es z.B. zum Auftrag der Realschule, „Schüler auf ein Leben vorzubereiten, in dem die Menschen und Kulturen auf der Basis der Grund- und Menschenrechte miteinander leben, füreinander eintreten und ihre Meinungsverschiedenheiten und Konflikte mit friedlichen Mitteln austragen“ (ebd.). Darüber hinaus bereitet die Realschule die Schüler „von Anfang an auf ihre Rechte und Pflichten als Staatsbürger vor und befähigt sie, eigene Interessen und Entscheidungen auf ihre Verantwortbarkeit zu überprüfen und dann selbstbewusst zu vertreten“ (ebd.).

Auch in den fächerübergreifenden Bildungs- und Erziehungsaufgaben (2.1) finden sich zahlreiche wertepädagogische Aspekte. Hier seien nur einige Beispiele genannt. So wird etwa festgeschrieben, dass sich die *Berufliche Orientierung* in besonderer Weise eigne, „den Schülern praxisnah und eindringlich die Bedeutung von Werthaltungen (z. B. Verantwortlichkeit, Loyalität, Solidarität) ... vor Augen zu führen“ (ebd., S. 29). Unter der Überschrift *Gewaltfreies Zusammenleben* wird formuliert, es gelte, „soziale Tugenden wie Ehrlichkeit, Hilfsbereitschaft, Zivilcourage, Fairness, Kompromissfähigkeit, Rücksichtnahme, Toleranz und Selbstdisziplin zu üben.“ Gleichzeitig müsse „eine wertorientierte Erziehung im Sinn des Grundgesetzes erfolgen, in der Grundwerte wie Achtung vor der Würde des Menschen, Toleranz gegenüber anderen Kulturen und gegenüber Randgruppen, Gerechtigkeit und Wahrung der freiheitlichen demokratischen Grundordnung vermittelt werden“ (ebd., S.33). Auf der Seite über *Menschenrechtserziehung* wird ausgeführt, diese fördere die Realschule „besonders dadurch, dass sie Raum gewährt für eine von gegenseitiger Achtung getragene, rücksichtsvolle und faire Begegnung zwischen Schulleiter, Lehrern, Schülern und Eltern“ (ebd., S. 36). Die *Politische Bildung* strebt die „Erziehung der Schüler zu einer demokratischen Haltung und zu sozial verantwortlichem Handeln“ an (ebd., S.37). Im Rahmen der *Verkehrs- und Sicherheitserziehung* schließlich sollen die Schüler u.a. „die Notwendigkeit und den Wert partnerschaftlichen Handelns im Straßenverkehr einsehen“ (ebd., S. 39).

„Die Fachlehrpläne jeder Jahrgangsstufe beziehen sich so weit wie möglich auf das pädagogische Leitthema“ (ebd., S. 103). Diese pädagogischen Leitthemen enthalten an einigen Stellen werteerzieherische Aspekte. In der fünften Jahrgangsstufe etwa sollen die Verhaltensregeln für das Zusammenleben innerhalb der Klassen- und Schulgemeinschaft erlernt werden. Zu den Zielen gehört hier u.a. „das Verständnis für die Rechte anderer und für die jeweils aktuellen Erfordernisse des gemeinschaftlichen Zusammenseins“ (ebd., S. 105). Im Unterricht der Jahrgangsstufe 8 soll u.a. auf herausragende Persönlichkeiten und deren Lebensentwürfe eingegangen werden. Dies, so das formulierte Ziel, unterstütze die Schüler „bei ihrer eigenen Suche nach Lebenssinn und zeigt den Wert von erstrebenswert erscheinenden Fähigkeiten (Tugenden) vor allem im Rahmen des gesellschaftlichen Zusammenlebens“ (ebd., S. 291).[38] Für die Jahrgangsstufe 10 schließlich wird als pädagogischer Schwerpunkt festgeschrieben, dass die Schüler lernen sollen, „komplexe Sachverhalte aus verschiedenen Blickwinkeln zu betrachten. Sie versuchen, Zusammenhänge und Vernetzungen zu erschließen und die Erkenntnisse zur Grundlage für verantwortungsvolles und ethisches Handeln werden zu lassen“ (ebd., S. 491).

Die fächerverbindenden Unterrichtsvorhaben der einzelnen Jahrgangsstufen enthalten an nicht wenigen Stellen werteerzieherische Aspekte. In vielen Fällen handelt es sich jedoch nur um nicht verbindliche „Vorschläge“ für fächerverbindende Unterrichtsvorhaben, auf welche deshalb hier nicht weiter eingegangen werden soll. Die in den verbindlichen fächerverbindenden Unterrichtsvorhaben (nur Jahrgangsstufen 5, 6 und 9) enthaltenen werteerzieherischen Aspekte werden auch an anderen Stellen der fächerübergreifenden Elemente des Lehrplans erwähnt und sind deshalb in diesem Abschnitt bereits angesprochen worden.[39]

Lehrplan für die vierstufige bayerische Realschule (LRS4)[40]

Im Schuljahr 2006/07, in welchem die dieser Arbeit als empirische Basis zugrunde liegende Lehrerbefragung durchgeführt wurde, arbeitete man an bayerischen Realschulen überwiegend mit dem LRS6. Deshalb wird auf den LRS4 an dieser Stelle nur kurz eingegangen. [41]

---

38 Vgl. zum Aspekt der Vorbildwirkung die Ausführungen im Abschnitt 3.6.2 dieser Arbeit.

39 Bsp.: Im Rahmen eines Verkehrserziehungstags (verbindliches fächerverbindendes Unterrichtsvorhaben in der fünften Jahrgangsstufe) sollen die Schüler „partnerschaftliches und rücksichtsvolles Verhalten im Straßenverkehr“ trainieren (ebd., S. 107).

40 Verwendete Fassung: „Bekanntmachung des Bayerischen Staatsministeriums für Unterricht, Kultus, Wissenschaft und Kunst vom 8. Juli 1993 Nr. V/2 - VIII/5 - S 6410 - 10/91 284“

41 In einem Telefongespräch am 31. Juli 2008 stellte Herr Heinrich Hausknecht, der Leiter der *Abteilung Realschule* am Staatsinstitut für Schulqualität und Bildungsforschung (ISB) in München, dem Verfasser dieser Arbeit folgende Informationen zur Verfügung: Letztmalig wurden im Schuljahr 2007/08 Schüler nach dem LRS4 unterrichtet, welcher mit dem Schuljahr 2008/09 somit seine Gültigkeit verlor. Bereits im Schuljahr 2006/07, in welchem die Lehrerbefragung durchgeführt wurde, gab es in Bayern Realschulen, die ausschließlich nach dem LRS6 arbeiteten. Es gab zu diesem Zeitpunkt jedoch auch noch Realschulen, an welchen Schüler nach dem LRS4 unterrichtet wurden. Es handelte sich in diesen Fällen ausschließlich um Schüler der neunten und zehnten Klasse.

Berücksichtigt wurden bei der Analyse des LRS4 das erste Kapitel (*Die bayerische Realschule*) und der Abschnitt über fächerübergreifende Bildungs- und Erziehungsaufgaben im zweiten Kapitel.

Zusammenfassend ist zu sagen, dass auch der LRS4 die Durchführung von Werteerziehung vorsieht. Bereits im ersten Abschnitt (*Ziel und Anspruch der Realschule*) des ersten Kapitels wird festgehalten, dass die Realschule ihre Schüler befähigen soll, „sich an Wertmaßstäben zu orientieren, die der abendländischen Kulturtradition entsprechen" (LRS4, S. 8).

Fast im Wortlaut gleichen sich einige der für die Fragestellung dieses Kapitels relevanten Passagen aus LRS4 und LRS6. So unterscheidet sich etwa der wichtige Absatz über die *Befähigung zum ethischen Urteilen und Handeln* im LRS4 (S. 11) nur in wenigen Formulierungen von den weiter oben in diesem Abschnitt zitierten entsprechenden Zeilen aus dem LRS6 (S. 17).

Insgesamt ist nicht zu übersehen, dass der LRS6 aus dem LRS4 heraus entwickelt wurde. Beide Lehrpläne sehen die Durchführung einer ausgewogenen zeitgemäßen Werteerziehung an der Realschule vor und verwenden dabei häufig sehr ähnliche Terminologie.

Abschließend werden in diesem Abschnitt nun die Lehrpläne für das Gymnasium behandelt. Im Untersuchungsschuljahr 2006/07 wurden in Bayern die Jahrgangsstufen 5 bis 8 nach dem Lehrplan für das achtstufige Gymnasium und die Jahrgangsstufen 9 bis 13 nach dem Lehrplan für das neunstufige Gymnasium unterrichtet. Auf beide Lehrpläne wird deshalb im Folgenden eingegangen, wobei der Schwerpunkt auf dem Lehrplan für das G8 liegt, da dieser den Lehrplan für das G9 im Schuljahr 2011/12 abgelöst haben wird.

Lehrplan für das Gymnasium in Bayern [G8] (LGY8)[42]

Berücksichtigt wurden bei der Analyse das Kapitel I (*Das Gymnasium in Bayern*)

---

42 Verwendet wurde für die Analyse die Fassung des Lehrplans, die am 1. August 2008 im Internet unter www.isb-gym8-lehrplan.de verfügbar war (Genehmigungsnummer der untersuchten Lehrplaninhalte: II.3 - 5 O 1323.1 - 1.8881). Es handelt sich um eine Fassung, die zu diesem Zeitpunkt potenziell Gegenstand weiterer Änderungen war. Denn nach Information von Herrn Dr. Hans W. Thum, Leiter der *Abteilung Gymnasium* am Staatsinstitut für Schulqualität und Bildungsforschung (ISB) in München, wurde der Lehrplan der Fächer Deutsch, Latein, Englisch, Französisch, Mathematik, Physik, Chemie und Biologie im Sommer 2008 am Institut zur Qualitätsentwicklung im Bildungswesen (IQB) geprüft. Es ist darauf hinzuweisen, dass potenzielle Änderungen nach Information von Herrn Dr. Thum somit nicht die untersuchten Lehrplaninhalte betreffen würden, sondern nur fachspezifische Inhalte. Im Übrigen wurden die für die vorliegende Analyse herangezogenen Lehrplaninhalte seit dem Schuljahr 2004/05, in welchem der Lehrplan erstmalig an bayerischen Gymnasien verwendet wurde, nur sehr geringfügigen Modifikationen unterzogen. Für die Fragestellung dieses Kapitels relevante Änderungen gab es nicht. Es ist ferner darauf hinzuweisen, dass die hier verwendeten Online-Dokumente keine Seitenzahlen enthalten.

sowie die Einleitungstexte zu den einzelnen Jahrgangsstufen-Lehrplänen im Kapitel III.

Gleich zu Beginn des ersten Kapitels wird klar, dass die Durchführung von Werteerziehung, die auch eine formale Bewertungs-Erziehung beinhaltet, am Gymnasium intendiert wird:

> Wer ein Gymnasium erfolgreich besucht, wird nicht nur gründlich auf Studium bzw. Beruf vorbereitet, sondern gewinnt auch kulturelle Identität und erfährt eine Werteerziehung, die ihn seiner selbst sicher macht und ihn zur gesicherten Urteilsbildung befähigt.
>
> LGY8, Einleitungstext Kap. I

Der Aspekt der Befähigung zum Bewerten findet sich auch im Abschnitt über *Profil und Anspruch des bayerischen Gymnasiums* als Punkt (4) *Wertorientierung*. Interessant ist, dass in diesen Zeilen die Religion vorkommt, ohne jedoch den Eindruck zu erwecken, die religiöse und weltanschauliche Freiheit der Schüler werde eingeschränkt.

> (4) Der gymnasiale Unterricht vermittelt nicht nur Kenntnisse und Fertigkeiten, sondern begleitet die Schüler auch bei ihrer Suche nach Sinn und Orientierung; dazu gehört auch die Wahrnehmung der religiösen Dimension des menschlichen Lebens. Durch die Begegnung mit der europäischen Kultur, die in der griechisch-römischen Antike und in der jüdisch-christlichen Tradition ihre Wurzeln hat, aber auch durch Kontakte mit dem arabischen Kulturraum befruchtet wurde, entwickeln die Schüler ebenso wie durch die Auseinandersetzung mit aktuellen Fragen Maßstäbe, mit deren Hilfe sie ihr Leben selbstbewusst und urteilssicher meistern können.
>
> LGY8, Abschnitt 1.1, Ausschnitt aus Punkt (4)

Aspekte der materialen Werteinstellungs-Erziehung finden sich u.a. im direkt folgenden Punkt (5), der mit *Verantwortung* überschrieben ist. Dort wird festgehalten, ein wichtiger Bestandteil gymnasialer Bildung sei „das Anliegen, den Kindern und Jugendlichen ihre Verantwortung für sich selbst und für andere bewusst zu machen. Die Schüler sollen die Bedeutung angemessener Verhaltensweisen gegenüber ihren Mitmenschen erfahren und dabei auch die Achtung, den Respekt und die Rücksichtnahme lernen, die im Zusammenleben von Menschen erforderlich sind“ (ebd., Punkt 5).

Im Abschnitt 1.3 wird festgeschrieben, dass „für die Schüler des Gymnasiums … der Erwerb überfachlicher Kompetenzen“ unerlässlich sei. Dazu gehöre neben Selbst-, Sach- und Methodenkompetenz auch die in der entsprechenden Aufzählung an zweiter Stelle genannte Sozialkompetenz, zu der „z. B. Kommunikationsfähigkeit, Teamfähigkeit, Konfliktfähigkeit, Toleranzbereitschaft, Gemeinschaftssinn [und] Hilfsbereitschaft“ gezählt werden (ebd., 1.3, Punkt 5).

Auch der in einer zeitgemäßen Werteerziehung so zentrale Aspekt der gesunden Balance zwischen Rechten und Pflichten findet sich im untersuchten Lehrplan. So ist im Abschnitt 1.4 zu lesen, es gehöre „zum Erziehungsauftrag der

Schule, die Schüler stets anzuhalten ... zu erkennen, dass allen Rechten, die sie beanspruchen können, entsprechende Verantwortlichkeiten und Pflichten gegenüber Mitschülern, Lehrern und der Schulgemeinschaft insgesamt gegenüberstehen" (ebd., 1.4, Punkt 4).

Im Kapitel III befindet sich zu Beginn jedes Jahrgangsstufen-Lehrplans[43] im Rahmen des Einleitungstextes jeweils ein kurzer Absatz, überschrieben mit dem Hinweis: „Für diese Jahrgangsstufe bieten sich folgende pädagogische Akzente an." Zwar handelt es sich, wie man aus der Formulierung schließen kann, nicht um verbindliche Erziehungsthemen. Dennoch finden sich hier an exponierten Stellen einige wertepädagogische Aspekte wie beispielsweise „Kooperations- und Teamfähigkeit unterstützen" (Stufe 6), „Fähigkeit zur Konfliktlösung fördern; ... Orientierungshilfen bieten, z. B. bei Sinnfragen" (Stufe 8), „zur Reflexion über eigene und fremde Wertvorstellungen anleiten, dabei die Herausbildung eines realistischen Selbst- und Lebenskonzeptes unterstützen und das Selbstwertgefühl des Einzelnen stärken" (Stufe 9) oder „Achtung und Respekt vor der Würde, Persönlichkeit und Meinung anderer fördern" (Stufen 11/12).

Für die Jahrgangsstufen 5 bis 10 werden Vorschläge für fächerverbindende und fächerübergreifende Unterrichtsvorhaben gemacht. An mindestens einem dieser Vorhaben soll jeder Schüler pro Schuljahr teilnehmen. Unter recht vielen Vorschlägen – je nach Jahrgangsstufe sind es 13 bis 28 – finden sich hier zwar wertepädagogische Aspekte. Es sind jedoch relativ wenige.

Dennoch kann – das zeigen die vorgestellten Textausschnitte – als Fazit festgehalten werden, dass die Durchführung einer ausgewogenen zeitgemäßen Werteerziehung am achtstufigen Gymnasium zweifelsohne vorgesehen ist.

Lehrplan für das bayerische Gymnasium [G9] (LGY9)[44]

Berücksichtigt wurden bei der Analyse Kapitel 1 (*Das bayerische Gymnasium und sein Bildungs- und Erziehungsauftrag*) sowie Abschnitt 2.2 (*Fächerübergreifende Bildungs- und Erziehungsaufgaben*).

Wie in allen untersuchten Lehrplänen wird im ersten Kapitel auf Artikel 131 der bayerischen Verfassung verwiesen. Die dort enthaltenen Grundsätze werden für die Lehrkräfte und jedes Gymnasium als verbindlich festgeschrieben, woraus

---

43 Fächerübergreifende Aspekte sind für die beiden Jahrgangsstufen 11 und 12 in einem gemeinsamen Abschnitt zusammengefasst.

44 Verwendet wurde für die Analyse die Fassung vom Juli 1990. Die Genehmigungsnummer für die berücksichtigten Kapitel lautet II/19-S 5410-8/77064. Es ist darauf hinzuweisen, dass in der verwendeten Online-Version des Lehrplans an einigen Stellen die im Inhaltsverzeichnis angegebenen Seitenzahlen nicht den tatsächlichen Seitenzahlen entsprechen. Für die Seitenverweise wurden in diesen Fällen die tatsächlichen Seitenzahlen, nicht die im Inhaltsverzeichnis verwendeten, angegeben.

sich die Intention, Werteerziehung am neunstufigen Gymnasium durchzuführen, ableiten lässt (vgl. LGY9, S. 13).[45]

Deutlich wird diese Intention zudem u.a. an einer weiteren Stelle des ersten Kapitels. Dort ist zu lesen, der Unterricht könne „geprägt sein durch den Aufbau eines Kenntnisstandes und die Schulung des Gedächtnisses, durch die Einübung von Fähigkeiten und Methoden, durch die Auseinandersetzung mit Problemen und Gestaltungsaufgaben oder durch die Heranbildung von Werthaltungen und das Hinführen zu Wertentscheidungen" (ebd., S. 18). Dieses Zitat beinhaltet sowohl den Aspekt der inhaltlichen Vermittlung von Werten als auch den der formalen Bewertungs-Erziehung.

Auch im zweiten Abschnitt des zweiten Kapitels finden sich konkret werteerzieherische Aspekte, wofür im Folgenden einige Beispiele angeführt werden. In den Ausführungen über die fächerübergreifende Bildungs- und Erziehungsaufgabe *Dritte Welt* ist festgeschrieben, den Schülern solle „bewußt werden, daß es beim Begriff ‚Entwicklung' nicht nur um materielle Wohlstandssicherung, sondern auch um die menschliche Würde, den Frieden, die Gerechtigkeit und die Gleichheit geht" (ebd., S. 77). Unter der Überschrift *Familien- und Sexualerziehung* ist zu lesen, es gehöre zu den Aufgaben der Schule, „den jungen Menschen auf ihrer Suche nach Lebenssinn eine Orientierung auf der Grundlage der im Grundgesetz und in der bayerischen Verfassung verankerten Werte zu geben" (ebd., S. 79). Auf der Seite über die *Friedenserziehung* wird festgehalten, es sei Aufgabe der Politik, eine funktionsfähige Friedenssicherung zu ermöglichen. Das politische Handeln müsse „aber hervorgehen aus einer in den Grundwerten gemeinsamen Einstellung aller Bürger. Deshalb muss auch die Schule ihren erzieherischen Beitrag dazu leisten. … Alle Fächer können mithelfen, den Schülern Möglichkeiten und Wege zu einem friedlichen Zusammenleben mit anderen Menschen aufzuzeigen. Verantwortungsvoller Gebrauch der Freiheit, Achtung vor anderen Menschen, Anerkennung religiöser Werte, Fairness und Rücksicht gegenüber den Mitmenschen, Völkerverständigung, Toleranz, Aufgeschlossenheit, Verständnis und Offenheit für fremde Lebensformen und kulturelle Leistungen, Bekämpfung und Abbau von Vorurteilen – dies alles sind Erziehungsziele, die eine friedliche Gesinnung begründen und ein friedliches Zusammenleben in einer staatlichen Gemeinschaft und auch der Staaten untereinander fördern können" (ebd., S.81).

Insgesamt ist festzuhalten, dass sich aus allen untersuchten Lehrplänen herauslesen lässt, dass die Durchführung einer zeitgemäßen Werteerziehung an allgemein bildenden Schulen in Bayern vorgesehen ist. Als Desiderat ist zu nennen, dass in den Volksschullehrplänen der Stellenwert der formalen Bewertungs-Erziehung höher sein sollte.

---

45 Die Lehrkräfte und die Gymnasien sind ferner an die Prinzipien des deutschen Grundgesetzes, der gesamten bayerischen Verfassung und des Bayerischen Gesetzes über das Erziehungs- und Unterrichtswesen gebunden (vgl. ebd.).

2.2.3 *Analyse amtlicher Verordnungen zur Lehrerausbildung*

In diesem Abschnitt, der das vorliegende Kapitel abschließt, wird der Frage nachgegangen, ob amtliche Verordnungen den Schluss zulassen, dass die Lehrerausbildung darauf angelegt ist, die Unterrichtenden auf die Durchführung schulischer Werteerziehung vorzubereiten.

Untersucht wurden zu diesem Zweck die Lehramtsprüfungsordnungen I und II sowie die Zulassungs- und Ausbildungsordnungen für die einzelnen Lehrämter.[46] Die Rechtsgrundlage für diese Verordnungen bildet das Bayerische Lehrerbildungsgesetz (BayLBG). Auf dieses wird in diesem Abschnitt nicht vertiefend eingegangen, da es für die Fragestellung lediglich einen interessanten Passus enthält. Artikel 1 des BayLBG[47] schreibt fest, dass Vorbildung und Ausbildung der Lehrkräfte „der Erziehungs- und Unterrichtstätigkeit gemäß den allgemeinen Bildungszielen der Verfassung des Freistaates Bayern und den besonderen Bildungszielen des gegliederten Schulwesens in Bayern entsprechen" müssen. Hier wird gleich zu Beginn Bezug genommen auf die Bildungsziele der bayerischen Verfassung, welche konkret werteerzieherische Ziele beinhalten. Zudem wird explizit der Grundsatz aufgegriffen, wonach Schulen auch Erziehung betreiben sollen und sich nicht auf die Vermittlung fachlicher Inhalte beschränken dürfen. Entscheidend ist nun die im Folgenden zu behandelnde Frage, ob sich aus den das BayLBG ausführenden Verordnungen die Intention, diese Grundsätze bei der Ausbildung der Lehrer konsequent umzusetzen, herauslesen lässt.

Lehramtsprüfungsordnung I (LPO I)[48]

Die LPO I legt die Rahmenbedingungen für die Prüfungen zum ersten Staatsexamen für die Lehrämter an öffentlichen Schulen in Bayern fest. Untersucht wurden – ähnlich wie bei den Lehrplänen – ausschließlich die nicht fachspezifischen Elemente der Verordnung. Aus diesen lassen sich Schlüsse für die Beantwortung der Fragestellung dieses Abschnitts ziehen. Solche Schlüsse könnte man ferner aus den Lehramtsstudienordnungen der einzelnen Universitäten ziehen. Auf ei-

---

46 Auf die Verordnungen zur Ausbildung der Fach- und Förderlehrer wird nicht eingegangen. Es erfolgt bei der Analyse stattdessen eine Konzentration auf Verordnungen zur ersten und zweiten Ausbildungsphase der universitär ausgebildeten Lehrkräfte, da diese unter Lehrkräften an allgemein bildenden Schulen den weitaus größten Teil ausmachen.

47 Fassung der Bekanntmachung vom 12. Dezember 1995 (BGVBl 1996, S. 16, ber. S.40, BayRS 2238-1-UK), zuletzt geändert durch Gesetz vom 24. Juli 2007 (BGVBl, S. 536). Der zitierte Passus ist in der im Untersuchungsjahr gültig Fassung wortidentisch.

48 Im Zentrum der Analyse steht die LPO I (2002) in der Fassung der Bekanntmachung vom 7. November 2002 (BGVBl, S. 657), da diese im Untersuchungsjahr gültig war. Auf die rückwirkend zum 1. Oktober 2007 in Kraft getretene neue LPO I (2008) vom 13. März 2008 (BGVBl, S. 180) wird zum Ende der Ausführungen hin kurz vergleichend eingegangen.

ne Analyse der Studienordnungen wurde aber verzichtet, weil die LPO I als einzige Verordnung für alle bayerischen Lehramtsstudiengänge zentral gültig ist und weil sich die einzelnen Studienordnungen nach der LPO I richten müssen.

Der erste Teil (§§ 1 bis 35) der LPO I (2002) ist überschrieben mit *Organisation und Verfahren.* Wenn man der Frage nachgeht, welchen Stellenwert die Erziehungswissenschaft bei der Ausbildung der Lehrkräfte im Untersuchungsjahr hatte, fällt hier im Schulartvergleich ein interessanter Punkt auf. Im § 34 ist festgeschrieben, wie die Gesamtnote des ersten Staatsexamens gebildet wurde. Für Lehrkräfte aller untersuchten Schularten galt: Die Fachnoten für die beiden Fächer der Fächerverbindung zählten bei der Ermittlung der Gesamtnote jeweils dreifach, die schriftliche Hausarbeit (Zulassungsarbeit) einfach. Im Unterschied zu Lehrkräften an Grund-, Haupt- und Realschulen zählte bei den Gymnasiallehrkräften die Fachnote in Erziehungswissenschaften jedoch nicht doppelt sondern nur einfach (vgl. § 34 Abs. 1 und Abs. 2 Satz 1 LPO I 2002). Dies kann so interpretiert werden, dass bei der Ausbildung der Gymnasiallehrkräfte das Erzieherische einen etwas geringeren Stellenwert hatte, als bei der Ausbildung der Lehrkräfte an Volks- und Realschulen. Diese Interpretation wird bestätigt, wenn man § 30 hinzuzieht. Angehende Volks- oder Realschullehrer konnten ihre Zulassungsarbeit in einem Fach ihrer Fächerverbindung oder in Erziehungswissenschaften schreiben. Angehenden Gymnasiallehrkräften stand die Möglichkeit, ihre schriftliche Hausarbeit ausschließlich in Erziehungswissenschaften anzufertigen, nicht offen. Sie mussten ein Fach ihrer Fächerverbindung wählen oder sich zumindest für ein Thema entscheiden, das der Erziehungswissenschaft <u>und</u> einem Fach der Fächerverbindung zugeordnet werden konnte. Angehende Gymnasiallehrkräfte konnten also keine ausschließlich erziehungswissenschaftliche Abschlussarbeit schreiben (vgl. ebd., § 30 Abs. 1).

Im zweiten Teil (§§ 36 bis 110d) der LPO I (2002) geht es um *Fachliche Inhalte.* § 36 widmet sich den Erziehungswissenschaften. Als Grundsatz ist hier festgeschrieben:

> Das erziehungswissenschaftliche Studium dient dem Ziel, zusammen mit den fachwissenschaftlichen und den fachdidaktischen Studien die Lehrkraft zu befähigen, ihre Aufgaben der Erziehung und des Unterrichts zu erfüllen.
>
> § 36 Abs. 1 Nr. 1 LPO I (2002)

Beim Studium für die Lehrämter an Grund-, Haupt- und Realschulen waren hierfür als Richtzahl 32 Semesterwochenstunden vorgesehen, beim Lehramt an Gymnasien nur 20. Vorgesehen waren für Lehrkräfte aller untersuchten Schularten Semesterwochenstunden in allgemeiner Pädagogik, Schulpädagogik und Psychologie. Im Gegensatz zur Ausbildung der Gymnasiallehrer beinhalteten die als Richtwert vorgegebenen Semesterwochenstunden bei den angehenden Volks- und Realschullehrern auch Semesterwochenstunden für den Bereich der Gesellschaftswissenschaften und Theologie bzw. Philosophie. Zu den Lehrveranstaltungen aus dem Bereich der Theologie ist hierbei angemerkt, dass sie sich u.a. auf die „Kenntnis ethischer Probleme aus theologischer Sicht" beziehen mussten (ebd., Abs. 2 Nr. 3 Buchst. a).

Besonders relevant für die Fragestellung dieses Abschnitts ist der mit *Inhaltliche Prüfungsanforderungen* überschriebene dritte Absatz des § 36. Bei der allgemeinen Pädagogik wird hier unter der Überschrift *Pädagogische Anthropologie und pädagogische Zielfragen* neben anderen Punkten die Werteerziehung explizit genannt (vgl. ebd., Abs. 3 Nr. 1 Buchst. a). Dieser Punkt galt gleichermaßen für die Prüfungen der Lehrkräfte aller Schularten, jedoch jeweils „unter besonderer Berücksichtigung der Erfordernisse des angestrebten Lehramts". Dieser Passus lässt einen gewissen Spielraum.[49]

Bei den Ausführungen zu Schulpädagogik fällt auf, dass „vertiefte Kenntnisse" in dem unter d genannten Teilgebiet nur von angehenden Volks- und Realschullehrern, nicht von künftigen Gymnasiallehrern verlangt wurden. Dieses Teilgebiet ist überschrieben mit *Bildung, Erziehung, Förderung und Beratung in Schule und Unterricht* und beinhaltet u.a. den wichtigen Punkt „Lehrerverhalten, Lehrerpersönlichkeit" (ebd., Nr. 2 Buchst. d).

Bei den inhaltlichen Prüfungsanforderungen im Bereich Psychologie fällt der Buchstabe d besonders auf, der überschrieben ist mit *Entwicklungspsychologie des Kindes- und Jugendalters*. Hier wird bei der Aufzählung erforderlicher Kenntnisse bei der „Entwicklung ausgewählter Funktionsbereiche ... moralisches Denken und Handeln" explizit genannt (ebd., Nr. 3 Buchst. d).

Dass Werteerziehung als inhaltliche Prüfungsanforderung der ersten Staatsprüfung in Erziehungswissenschaften explizit aufgeführt wird, kann als Haupterkenntnis der Analyse des entsprechenden § 36 angesehen werden.[50]

Der sich anschließende § 37 behandelt die *Fachdidaktik* in den Lehramtsstudiengängen. Der Paragraf ist überaus relevant, da alle Paragrafen der LPO I

---

49 Der Passus bezieht sich auf sämtliche inhaltliche Prüfungsanforderungen in den Bereichen allgemeine Pädagogik, Schulpädagogik und Psychologie.

50 Die Absätze 1 bis 4 des § 36 der LPO I (2002) galten erstmalig für Prüfungen im Frühjahr 2006, in bestimmten Fällen bereits ab Frühjahr 2003. In der davor übergangsweise geltenden Fassung der entsprechenden Absätze wird Werteerziehung nicht explizit genannt. Sie hat somit in der aktuelleren Fassung eine Aufwertung erfahren. Zwei weitere Unterschiede fallen auf: In der älteren Fassung sind für das Gymnasiallehramt 12 Semesterwochenstunden als Richtwert für das erziehungswissenschaftliche Studium vorgesehen, in der aktuelleren Version 20. Hier lässt sich eine Aufwertung des Erzieherischen beim Gymnasiallehramt feststellen. Für angehende Volks- und Realschullehrer liegt der Richtwert in beiden Fassungen bei 32. Ferner wird in der älteren im Gegensatz zur aktuelleren Fassung die Entwicklung des Funktionsbereichs „moralisches Denken und Handeln" nicht als inhaltliche Prüfungsanforderung im Bereich Psychologie genannt. (Quellenhinweis: Die ehemals übergangsweise geltende Fassung des § 36 lässt sich an der im Quellenverzeichnis angegebenen Stelle, die auch die für die Analyse verwendete aktuellere Fassung der LPO I von 2002 enthält, nachlesen.)

(2002), welche die Rahmenbedingungen für das Studium und die Prüfungen in den verschiedenen Unterrichtsfächern für die Lehrämter an allgemein bildenden Schulen festlegen, fachdidaktische Kenntnisse als inhaltliche Prüfungsanforderung festschreiben und sich dabei explizit auf § 37 berufen.[51] Der analysierte Paragraf ist also von entscheidender fächerübergreifender Relevanz. Bei den inhaltlichen Prüfungsanforderungen führt er u.a. folgende zwei Punkte auf:

> 5. Kenntnis der Beiträge des betreffenden Fachs für die Erfüllung der fächerübergreifenden Bildungs- und Erziehungsaufgaben der jeweiligen Schulart.
> 6. Kenntnis der Möglichkeiten des betreffenden Fachs, Werthaltungen anzubahnen und zum Verantwortungsbewusstsein für die natürliche und kulturelle Umwelt beizutragen.
>
> § 37 Abs. 2 Nr. 5 und 6 LPO I (2002)

Die fächerübergreifenden Bildungs- und Erziehungsaufgaben aller Lehrpläne enthalten konkret werteerzieherische Aspekte. Die angehenden Lehrkräfte sollten im Rahmen der fachdidaktischen Studien also nicht nur befähigt werden, die fachlichen Inhalte ihrer Unterrichtsfächer zu vermitteln, sondern auch das den Fächern und den Inhalten innewohnende allgemein erzieherische sowie spezifisch werteerzieherische Potenzial zu nutzen. Letzteres wird im Punkt 6 nicht nur implizit sondern explizit festgeschrieben.[52]

So lässt sich festhalten, dass aus den fächerübergreifenden Paragrafen der im Untersuchungsschuljahr gültigen LPO I (2002) zweifelsohne die Intention herauszulesen ist, die zukünftigen Lehrkräfte auf die Durchführung von Werteerziehung – auch im Fachunterricht – vorzubereiten. Gegenüber den zuvor übergangsweise geltenden Fassungen der zitierten Paragrafen scheint die Befähigung der Lehrkräfte zur Durchführung schulischer Werteerziehung in der untersuchten Verordnung eine Aufwertung erhalten zu haben.

Bei der Erstellung der neuen LPO I (2008) wurde diese zuvor erfolgte Aufwertung nur teilweise beibehalten. Zwar schreibt § 32 (*Erziehungswissenschaften*) „Theorien der Erziehung, Werteerziehung und Medienerziehung" (Abs. 2 Nr. 1 Buchst. a, Hervorhebung M.G.) als inhaltliche Prüfungsanforderungen bei der allgemeinen Pädagogik fest. Bei den im selben Paragrafen festgeschriebenen

---

51 Einzige Ausnahme: Bei den Unterrichtsfächern, die nur als Erweiterung zu studieren sind, fehlt der entsprechende Passus.

52 Die Bestimmungen des § 37 galten erstmals für die Prüfungen im Herbst 2004. Die bis dahin übergangsweise geltende Fassung des zitierten Ausschnitts aus § 37 Abs. 2 lautet: „5. Kenntnis der Erziehungsziele des entsprechenden Unterrichtsfachs. 6. Kenntnis der Möglichkeiten des Unterrichtsfachs, zum Verantwortungsbewusstsein für Natur und Umwelt beizutragen." Vor allem bei Punkt 6 hat in der aktuelleren Fassung der Aspekt Werteerziehung eine deutliche Aufwertung gegenüber der älteren Version erhalten. (Quellenhinweis: Die ehemals übergangsweise geltende Fassung des § 37 lässt sich an der im Quellenverzeichnis angegebenen Stelle, die auch die für die Analyse verwendete aktuellere Fassung der LPO I von 2002 enthält, nachlesen.)

inhaltlichen Prüfungsanforderungen in Psychologie taucht jedoch die Entwicklung des Funktionsbereichs „moralisches Denken und Handeln" nicht auf. Entscheidender und durchaus kritisch zu würdigen ist, dass im § 33 (*Fachdidaktik*) die Werteerziehung weniger explizit vorkommt als in der Vorversion. Es werden lediglich „Kenntnis der Beiträge des betreffenden Fachs für die Erfüllung der fächerübergreifenden Bildungs- und Erziehungsaufgaben der jeweiligen Schulart" (ebd., § 33 Abs. 2 Nr. 1 Buchst. c) und „Fähigkeit, insbesondere fachspezifische, aber auch überfachliche Bildungs- und Erziehungsaufgaben des betreffenden Fachs in den einzelnen Schularten zu diskutieren" (ebd., Nr. 4 Buchst. b) als inhaltliche Prüfungsanforderungen festgeschrieben. Da die fächerübergreifenden Bildungs- und Erziehungsaufgaben aller Schularten werteerzieherische Aspekte beinhalten, impliziert die Formulierung – wie bereits weiter oben ausgeführt – zwar Werteerzieherisches. Der ganz explizit werteerzieherische Bezug („Kenntnis der Möglichkeiten des betreffenden Fachs, Werthaltungen anzubahnen") ist im Paragrafen über die Fachdidaktik aber weggefallen.[53] Da jedoch Werteerziehung

---

[53] Überhaupt fällt auf, dass der Stellenwert des Erzieherischen im Paragrafen zur Fachdidaktik in der neuen Version im Vergleich zur Vorversion zurückgegangen zu sein scheint. Im Absatz über *Grundsätze* schreibt die Version von 2002 einleitend fest: „Die fachdidaktischen Studien sollen durch Kenntnis fachdidaktischer Forschungsergebnisse zur Erschließung von Gegenständen der Fachwissenschaften unter Berücksichtigung der Erkenntnisse der Erziehungswissenschaften für E r z i e h u n g s - und B i l d u n g s a u f g a b e n befähigen" (§ 37 Abs. 1 Nr. 1 Satz 1 und 2 LPO I 2002, Hervorhebung M.G.). Die neue Version dagegen schreibt im Absatz über Grundsätze fest: „Aus der Kenntnis fachdidaktischer Forschungsfragen, -methoden und -ergebnisse sowie unter Berücksichtigung der Erkenntnisse der Fachwissenschaften und der Erziehungswissenschaften sollen die Studierenden befähigt werden, fachliche Lernprozesse bei Schülerinnen und Schülern gemäß den Erfordernissen der jeweiligen Schulart anzuregen und den fachlichen Lernfortschritt zu diagnostizieren, zu beurteilen und zu fördern" (§ 33 Abs. 1 Nr. 1 Satz 1 LPO I 2008). Zwar sollen die Erkenntnisse der Erziehungswissenschaften herangezogen werden. Bei der Formulierung der Zielsetzung wird jedoch einzig der fachliche – nicht mehr der erzieherische – Aspekt genannt. Diese Feststellung lässt zwar keinen Schluss auf den Stellenwert des Erzieherischen in der LPO I von 2008 insgesamt zu. Da der Paragraf zur Fachdidaktik jedoch 1. auch in der LPO I von 2008 ein wichtiger fächerübergreifend relevanter Paragraf ist und da 2. der Verknüpfung der Vermittlung fachlicher Inhalte mit der Erziehung der Schüler eine große Chance innewohnt, stellt sich der festgestellte Trend, wonach das allgemein Erzieherische und das spezifisch Werteerzieherische im Paragrafen zur Fachdidaktik einen geringeren Raum einnimmt als in der Vorversion, als bedauerlich dar.
Zwei weitere vergleichende Anmerkungen: 1. Laut § 29 der LPO I (2008) können nun auch angehende Gymnasiallehrer ihre schriftliche Hausarbeit in Erziehungswissenschaften anfertigen. 2. Studenten aller Lehramtsstudiengänge, die auf das Unterrichten an allgemein bildenden Schulen vorbereiten, müssen im Rahmen des erziehungswissenschaftlichen Teils ihres Studiums laut LPO I von 2008 nun die gleiche Anzahl an Leistungspunkten in allgemeiner Pädagogik und Schulpädagogik (jeweils mindestens sieben) sowie Psychologie (mindestens zehn) erreichen. Im Rahmen des erziehungswissenschaftlichen Studiums müssen dagegen nur noch angehende Grund- und Hauptschullehrer, d.h. nicht mehr wie in der Vorversion auch angehende Realschullehrer, im Bereich der Gesellschaftswissenschaften und Theologie bzw. Philosophie Leistungen erbringen. Das erziehungswissenschaftliche Studium nimmt somit insgesamt bei den angehenden Volksschul-

bei der allgemeinen Pädagogik als inhaltliche Prüfungsanforderung vorkommt, lässt sich die Intention, die Lehrkräfte darauf vorzubereiten, allerdings auch aus der LPO I von 2008 herauslesen.

Zulassungs- und Ausbildungsordnungen

Die Zulassungs- und Ausbildungsordnungen legen die Ausbildungsrahmenbedingungen und die Inhalte für den Vorbereitungsdienst (Referendariat) der angehenden Lehrkräfte in Bayern fest.

Untersucht wurden die Zulassungs- und Ausbildungsordnung für das Lehramt an Grundschulen und das Lehramt an Hauptschulen (ZALGH)[54], die Zulassungs- und Ausbildungsordnung für das Lehramt an Realschulen (ZALR)[55] sowie die Zulassungs- und Ausbildungsordnung für das Lehramt an Gymnasien (ZALG)[56]. Da diese drei Verordnungen bezüglich der die Analyse motivierenden Fragestellung keine entscheidenden Unterschiede aufweisen, werden sie an dieser Stelle unter einer gemeinsamen Überschrift behandelt.

Die drei Verordnungen schreiben jeweils im § 2 (*Ziele des Vorbereitungsdienstes*) explizit fest, dass die angehenden Lehrkräfte nicht nur auf das Lehren sondern auch auf das Erziehen vorbereitet werden sollen. Laut ZALGH sollen „die Lehramtsanwärter so weit gefördert werden, dass sie zu eigenverantwortlicher Lehr- und Erziehertätigkeit ... befähigt sind“ (§ 2 Abs. 1 Satz 2 ZALGH). Die ZALR legt fest, dass die Studienreferendare „schulpraktisch, pädagogisch und didaktisch ausgebildet und gefördert sowie auf ihre Tätigkeit und Verantwortung als Lehrer und Erzieher ... vorbereitet werden“ sollen (§ 2 Abs. 1 Satz 2 ZALR). Der entsprechende Passus in der ZALG ist fast wortidentisch.

Die ZALGH fasst im § 15 *Inhalte der Ausbildung* aus den unterschiedlichen Bereichen zusammen.[57] In der ZALR und der ZALG sind jeweils ein Paragraf für

lehrern einen größeren Raum ein als bei Realschul- und Gymnasiallehrern (vgl. § 32 Abs. 1 Nr. 1 Buchst. b und c).

54 Verwendet wurde die Fassung der Bekanntmachung vom 29. September 1992 (BGVBl, S. 454), zuletzt geändert durch Verordnung vom 4. August 2003 (BGVBl, S. 565).

55 Verwendet wurde die im Untersuchungsschuljahr gültige Fassung vom 31. August 1995 (BGVBl, S. 682), zuletzt geändert durch Verordnung vom 4. August 2003 (BGVBl, S. 577). Per Verordnung vom 3. August 2007 erfolgte eine weitere Änderung, welche jedoch keine der für die Fragestellung dieser Arbeit relevanten Passagen der Verordnung betraf.

56 Verwendet wurde die im Untersuchungsschuljahr gültige Fassung der Bekanntmachung vom 29. September 1992 (BGVBl, S. 477), zuletzt geändert durch Verordnung vom 4. August 2003 (BGVBl, S. 582). Per Verordnung vom 3. August 2007 erfolgte eine weitere Änderung, welche jedoch keine der für die Fragestellung dieser Arbeit relevanten Passagen der Verordnung betraf.

57 „Die Ausbildung im Vorbereitungsdienst umfasst Bereiche der Pädagogik, der Psychologie, die Didaktik der Fächer, ausgewählte Schwerpunkte aus dem Schulrecht und der Schulkunde sowie Fragen der staatsbürgerlichen Bildung“ (§ 15 Abs. 1 Satz 1 ZALGH).

die *Inhalte der allgemeinen Ausbildung*[58] sowie ein Paragraf für die *Inhalte der fachspezifischen Ausbildung* vorgesehen.

Bei den als Ausbildungsinhalte des Bereichs Pädagogik „insbesondere" zu berücksichtigenden Themen sehen alle drei Verordnungen unter der Überschrift *Erziehen und Bilden* u.a. folgenden, jeweils an erster Stelle genannten Punkt vor: „Werteerziehung, Bildungs- und Erziehungsziele" (§ 15 Abs. 2 Nr. 1 Buchst. a Doppelbuchst. aa ZALGH und ZALR; § 17 Abs. 2 Nr. 1 Buchst. a Doppelbuchst. aa ZALG). Werteerziehung ist als Ausbildungsinhalt des Vorbereitungsdienstes für Lehramtsanwärter aller untersuchten Schularten explizit vorgesehen.[59]

An dieser Stelle sollen nun die Passagen, in welchen es um die Inhalte des unterrichtsfachspezifischen Teils der Ausbildung im Vorbereitungsdienst geht, betrachtet werden.

Die Passage zur *Fachdidaktik* in der ZALGH (§ 15 Abs. 2 Nr. 2) beinhaltet den erzieherischen Aspekt nur sehr am Rande. Bei der Aufzählung der im Rahmen der Ausbildung zu beachtenden Themen wird unter der Überschrift *Unterricht gestalten* der Punkt „unterrichtlichen und erziehlichen Erfordernissen gemäß handeln" aufgeführt (ebd., Buchst. b Doppelbuchst. bb). Werteerzieherisches kommt nur sehr implizit vor. Der unter der Überschrift *Unterricht planen* aufgeführte Punkt „Beitrag des Faches zu fächerübergreifenden Bildungsaufgaben und Schlüsselqualifikationen" (ebd., Buchst. a Doppelbuchst. bb) ist hier zu nennen, denn die obersten Bildungsziele der Verfassung enthalten konkret werteerzieherische Aspekte. Dennoch überrascht, dass entgegen der sonst – etwa in den Lehrplänen – üblichen Terminologie nicht von fächerübergreifenden Bildungs- *und Erziehungs*aufgaben gesprochen wird. Fazit ist, dass Erzieherisches in den Ausführungen zu Inhalten des unterrichtsfachspezifischen Teils der Ausbildung im Referendariat in der ZALGH sehr kurz kommt.

Im Paragrafen über *Inhalte der fachspezifischen Ausbildung* findet sich in der ZALR und der ZALG jeweils der Passus, der Beitrag der einzelnen Fächer „zu den fächerübergreifenden Bildungs- und Erziehungsaufgaben" sei zu verdeutlichen (§ 16 Abs. 2 Nr. 3 ZALR; § 18 Abs. 2 Nr. 3 ZALG). Beide Verordnungen betonen hierbei die „Verbindung zur Unterrichtstätigkeit und zu den erzieherischen Aufgaben"

---

58 „Die allgemeine Ausbildung im Vorbereitungsdienst umfasst Bereiche der Pädagogik (Allgemeine Pädagogik und Schulpädagogik), der Psychologie, des Schulrechts und der Schulkunde sowie Grundfragen der staatsbürgerlichen Bildung" (§ 15 Abs. 1 Satz 1 ZALR; § 17 Abs. 1 Satz 1 ZALG).

59 Die den zitierten Passus beinhaltenden Passagen aller drei Verordnungen galten nicht für Personen, welche die Ausbildung im Vorbereitungsdienst vor dem ersten August 2003 aufnahmen und welche das zweite Staatsexamen spätestens zum Prüfungstermin 2004 (ZALGH) bzw. 2005/I (ZALR und ZALG) erstmals ablegten. Die für diese Personen übergangsweise geltenden Fassungen der Verordnungen schreiben Werteerziehung nicht explizit als Ausbildungsinhalt des Bereichs Pädagogik fest. Insofern fand mit den aktuelleren Fassungen eine Aufwertung der Werteerziehung statt (vgl. BGVBl 2003, S. 565, S. 577 und S. 582).

der Lehrkraft (ebd.). Somit hat das Erzieherische in den Ausführungen zu Inhalten des unterrichtsfachspezifischen Teils der Ausbildung im Referendariat in der ZALR und der ZALG einen etwas größeren Raum als an den entsprechenden Stellen der ZALGH.[60] Werteerzieherisches kommt jedoch auch hier nicht so explizit vor wie im Paragrafen über Fachdidaktik in der LPO I von 2002.

Lehramtsprüfungsordnung II (LPO II)[61]

Die LPO II legt die Rahmenbedingungen für die Prüfungen zum zweiten Staatsexamen für die Lehrämter an öffentlichen Schulen in Bayern fest.

Im Abschnitt II werden die *Prüfungsleistungen im Einzelnen* festgeschrieben. „Die Zweite Staatsprüfung besteht aus einer schriftlichen Hausarbeit, einem Kolloquium, einer mündlichen Prüfung sowie drei Prüfungslehrproben" (§ 17 LPO II). Neben den Benotungen für diese Prüfungsbestandteile fließen die Noten für Unterrichtskompetenz, erzieherische Kompetenz sowie Handlungs- und Sachkompetenz der Lehramtsanwärter in die die Berechnung der Gesamtnote für das zweite Staatsexamen ein (vgl. ebd., § 23 Satz 1 und 2).

Im Gegensatz zur LPO I werden in der LPO II keine inhaltlichen Prüfungsanforderungen festgeschrieben. Es wird lediglich ohne inhaltliche Konkretisierung festgehalten, in welchen Bereichen Leistungen erbracht werden müssen. Während sich die LPO I als geeignet erweist, für das Lehramtsstudium festzustellen, dass die Intention besteht, die angehenden Lehrkräfte auf die Durchführung schulischer Werteerziehung vorzubereiten, eignet sich die LPO II deshalb nicht, diesbezüglich Aussagen über den Vorbereitungsdienst zu treffen. Die forschungsleitende Frage, ob Lehramtsanwärter im Rahmen ihres Referendariats auf die Durchführung schulischer Wertepädagogik vorbereitet werden sollen, ließ sich jedoch – wie bereits ausgeführt – durch eine Analyse der Zulassungs- und Ausbildungsordnungen positiv beantworten.

Trotz der für das primäre forschungsleitende Interesse dieses Kapitels geringen Aussagekraft der LPO II lässt sich insbesondere ein interessanter Punkt feststellen, wenn man sich mit dem § 22a auseinander setzt, in welchem es um die Prüfungsleistung *Erzieherische Kompetenz* geht:

---

[60] Interessant ist in diesem Zusammenhang der zweite Satz im folgenden Zitat, der sich so nur in der ZALR findet: „Die Studienreferendare werden in die Unterrichtspraxis, die Planung, Gestaltung und Evaluation des Unterrichts in den einzelnen Fächern und in den verschiedenen Jahrgangsstufen eingeführt. Darüber hinaus beschäftigen sie sich mit Möglichkeiten, wie sich Schule als Lebensraum gestalten lässt" (§ 16 Abs. 2 Nr. 1 ZALR). Die *Gestaltung der Schule als Lebensraum* als Inhalt der fachspezifischen Ausbildung festzuschreiben, ist ein gutes Beispiel dafür, das Fachliche nicht von anderen wichtigen schulischen Belangen isoliert zu sehen.

[61] Verwendet wurde für die Analyse die Fassung vom 28. Oktober 2004 (BGVBl, S. 428).

> [1] Gegen Ende des Vorbereitungsdienstes erstellt der Leiter oder die Leiterin des Studienseminars auf Grund von Vorschlägen der Seminarlehrkräfte ein Gutachten, in dem die erzieherische Kompetenz eines jeden Prüfungsteilnehmers und einer jeden Prüfungsteilnehmerin … bewertet wird. [2] Tätigkeiten in Schülerheimen, Tagesheimen, Tagesstätten, Schulvorbereitenden Einrichtungen und Einrichtungen der pädagogischen Frühförderung, die im Rahmen des Vorbereitungsdienstes abgeleistet werden, sind in die Bewertung der erzieherischen Kompetenz einzubeziehen, ebenso Lehrgänge und Lehrveranstaltungen (z. B. Schulwandern, Schulspiel, Sprecherziehung, Verkehrserziehung), die im Rahmen des Vorbereitungsdienstes durchgeführt werden. [3] Beobachtungen hinsichtlich der Tätigkeit in einem Erweiterungsfach nach dem Zweiten Teil dieser Prüfungsordnung können bei der Bewertung der erzieherischen Kompetenz angemessen berücksichtigt werden.
>
> § 22a Satz 1 bis 3 LPO II

Hier fällt auf: Bei der Bewertung der erzieherischen Kompetenz wird die erzieherische Kompetenz im Rahmen des – im Schulalltag doch zeitlich dominierenden – normalen Unterrichts nicht berücksichtigt.[62] Diesem Sachverhalt scheint ein Verständnis zugrunde zu liegen, das Fachliches und Erzieherisches nicht als Einheit sieht. Fachliches und Erzieherisches jedoch gehören zusammen. Sie dürfen nicht voneinander getrennt werden.

Insgesamt lässt sich die Intention, Lehrkräfte auf die Durchführung schulischer Werteerziehung vorzubereiten, aus den im Untersuchungsjahr gültigen Verordnungen zur Lehrerausbildung herauslesen.

Fazit: Im Jahr 2006 rief die bayerische Staatsregierung unter dem Motto „Werte machen stark“ eine Initiative zur schulischen Werteerziehung ins Leben. An bayerischen Schulen, „die sich mit besonderen Werteprojekten beworben hatten oder ihr Schulprofil über die Werteerziehung definieren“, erfolgten Schulbesuche, an denen jeweils ein Kabinettsmitglied und ein prominenter Pate teilnahmen (vgl. Lehrerinfo 1/08). Um die Ergebnisse der Initiative für alle Schulen zu erschließen, fand am 20. Februar 2008 in München ein Wertekongress statt, an dem 650 Personen teilnahmen.[63]

Die Initiative „Werte machen stark“ bestätigt, was die in diesem Kapitel beschriebene Analyse gezeigt hat: Politik und Schuladministration sehen die Durchführung von Werteerziehung an allgemein bildenden Schulen in Bayern vor. Ferner besteht die Absicht, die Lehrkräfte auf diese wichtige Aufgabe vorzubereiten. Der folgende dritte Hauptteil widmet sich der Frage, wie es um diese Punkte in der Praxis tatsächlich bestellt ist.

---

[62] Ebenso wird im Paragrafen über die Unterrichtskompetenz die erzieherische Kompetenz nicht erwähnt (vgl. ebd., § 22).

[63] vgl. www.km.bayern.de/km/aufgaben/werteerziehung/kongress_2008/index.shtml und www.km.bayern.de/km/aufgaben/werteerziehung, 22. August 2008, 18:00 Uhr

3 Schulische Werteerziehung in Bayerisch-Schwaben

Im ersten Hauptteil dieser Arbeit wurden unter Berücksichtigung gesamtgesellschaftlicher Phänomene Ziele einer zeitgemäßen Werteerziehung erarbeitet. Im zweiten Hauptteil wurde nicht nur begründet, warum aus wissenschaftlicher Sicht an der Schule Wertepädagogik betrieben werden sollte. Vielmehr führte vor allem die Analyse relevanter offizieller Dokumente zu dem Schluss, dass dies von Seiten der Politik und Schuladministration in Bayern durchaus auch vorgesehen ist.

Das Ziel dieser Arbeit ist es, eine Basis zu schaffen, auf welcher die schulische Werteerziehung in Bayern weiterentwickelt und optimiert werden kann. Dies ist nicht möglich ohne Wissen darüber, wie es um die Praxis schulischer Werteerziehung tatsächlich bestellt ist. Hier reicht eine Analyse von Gesetzen, Lehrplänen und Verordnungen nicht aus. Denn die in diesen Dokumenten formulierten themenrelevanten Aspekte stellen zunächst einmal lediglich Absichtserklärungen dar, mithilfe derer man nicht den tatsächlichen Status quo schulischer Werteerziehung erfassen kann. Im Zentrum der wissenschaftlichen Fundierung schulpraktischer Optimierung darf nicht der Schluss vom Sollen auf das Sein stehen. Hier bedarf es empirischer Fundierung. Und um eine solche geht es in diesem dritten Hauptteil.

Es werden zunächst Konzeptionalisierung und Durchführung der empirischen Studie beschrieben, bevor Ergebnisse dargestellt und bewertet werden. Folgenden Fragen geht die Untersuchung nach: 1. Findet an allgemein bildenden Schulen in öffentlicher Trägerschaft im Untersuchungsbereich im Unterricht und im Rahmen außerunterrichtlicher Aktivitäten Werteerziehung (d.h. materiale Werteinstellungs-Erziehung und formale Bewertungs-Erziehung) statt? 2. Worin liegen Stärken und Chancen, worin Defizite und Hindernisse schulischer Werteerziehung im Untersuchungsbereich? 3. Worin liegen diesbezüglich Unterschiede zwischen den Schularten? 4. Welche Ansichten haben Lehrkräfte zur Werteerziehung und zur aktuellen Wertedebatte? 5. Werden Lehrkräfte im Rahmen ihrer Aus- und Fortbildung hinreichend auf die Durchführung schulischer Werteerziehung vorbereitet?

Neben der Darstellung der Ergebnisse aus dem empirischen Datenmaterial werden in diesem Hauptteil daraus auch konzeptionelle Schlüsse gezogen, welche als Basis zur optimierenden Weiterentwicklung der Methoden schulischer Werteerziehung dienen können. Zudem werden Hinweise gegeben, in welcher Form in diesem Zusammenhang die Lehrerfortbildung optimiert werden kann, um die Lehrkräfte sinnvoll auf die Durchführung schulischer Werteerziehung vorbereiten zu können.[1]

3.1 Konzeptionalisierung und Durchführung der empirischen Untersuchung

In diesem Kapitel wird zunächst die Entwicklung des Untersuchungsdesigns und des Erhebungsinstruments beschrieben (3.1.1), bevor im darauffolgenden Abschnitt (3.1.2) Stichprobenziehung und Untersuchungsdurchführung geschildert werden.

3.1.1 Entwicklung des Untersuchungsdesigns und des Lehrerfragebogens

In den Monaten der Vorbereitung der empirischen Studie gab es einige deutliche Veränderungen am Untersuchungsdesign und am Erhebungsinstrument. Der ursprüngliche Plan bestand darin, einen Papier-Lehrerfragebogen mit vielen offenen und wenigen geschlossenen Fragen an wenigen Schulen in ganz Bayern zu verteilen. Tatsächlich wurde am Ende ein Online-Fragebogen mit wenigen offenen und vielen geschlossenen Fragen von Lehrkräften vieler Schulen, die jedoch auf den Regierungsbezirk Bayerisch-Schwaben beschränkt waren, ausgefüllt.

Bevor auf diese Modifikationen und die Gründe dafür eingegangen wird, sei zunächst auf die Aspekte in der Konzeptionalisierung des Untersuchungsdesigns verwiesen, die sich nicht verändert haben:

1. Um dem forschungsleitenden Interesse nachzugehen, sollten – das stand bereits am Anfang fest – L e h r k r ä f t e befragt werden. Es handelt sich um eine Befragung von E x p e r t e n im Sinne der Definition von Michael Meuser und Ulrike Nagel: Lehrer sind Teil des Handlungsfeldes, das den Forschungsgegenstand ausmacht.[2]Sie verfügen somit über einen privilegierten Zugang zu den Informationen, die im Forschungsinteresse liegen. Darüber hinaus tragen sie selbst Verantwortung im Rahmen dieses Handlungsfeldes. Sie sind entscheidende Funktionsträger innerhalb des organisatorischen und institutionellen

---

1 Bei der Erarbeitung von Vorschlägen für eine optimierte Vorbereitung der Lehrkräfte auf die Durchführung schulischer Werteerziehung konzentriert sich diese Arbeit auf den Bereich der Lehrer*fortbildung*. Denn ihre *Ausbildung* haben alle an den Schulen tätigen Lehrkräfte bereits hinter sich (mit Ausnahme der Referendare). Wenn man nicht nur die zukünftigen, sondern auch die bereits tätigen Lehrkräfte erreichen möchte, bieten sich hierfür Fortbildungsangebote an. Diese Konzentration äußert sich u.a. auch in der Tatsache, dass im Zuge der Entwicklung des Erhebungsinstruments in einigen älteren Versionen des Fragebogens der Aspekt der Lehrerausbildung gar nicht vorkam (vgl. hierzu Kapitel 3.8).

2 „Wir meinen nicht den Experten, der von außen – im Sinne eines Gutachters – Stellung zum Handlungsfeld nimmt“ (2002, S. 73).

Kontextes Schule (vgl. 2002, S. 73 f.). Somit sind auch ihre Ansichten zum Thema Werteerziehung von Belang und werden erfragt.

2. Im Gegensatz zur Methode von Meuser und Nagel jedoch, die explizit und ausschließlich die Durchführung mündlicher Experteninterviews beschreiben und dafür plädieren (vgl. u.a. ebd., S. 78), war die vorliegende Studie von Beginn an als schriftliche Befragung geplant. Die Intention hinter dieser Entscheidung lag darin, dadurch eine größere Anzahl an Lehrkräften befragen zu können und damit in stärkerem Maße verallgemeinerbare Ergebnisse zu erhalten. Denn nur verallgemeinerbare Ergebnisse können als Basis zur schulpraktischen Optimierung wertepädagogischer Konzepte dienen.
3. Bereits zu Beginn war die Planung darauf angelegt, Aussagen über Werteerziehung an allgemein bildenden Schulen zu ermöglichen. In die Untersuchung einbezogen wurden Grund-, Haupt- und Realschulen sowie Gymnasien und als Vergleichsgruppe Volksschulen mit Grund- und Hauptschulzweig.[3]
4. Ebenfalls von Anfang an geplant war eine Konzentration auf Schulen in öffentlicher Trägerschaft, da diese unter den allgemein bildenden Schulen den größten Teil ausmachen. So befanden sich bayernweit im Untersuchungszeitraum (Schuljahr 2006/07) nur 129 der 2866 Volksschulen[4] in privater Trägerschaft, bei den Realschulen waren es 92 der insgesamt 349 Schulen, bei den Gymnasien 66 der bayernweit 406 Schulen (vgl. Bayerisches Staatsministerium für Unterricht und Kultus 2007, S. 24).

   Unterschiede in der schulischen Werteerziehung sind zwischen öffentlichen und privaten Schulträgern durchaus zu erwarten; dies ist jedoch nicht Gegenstand des für diese Arbeit forschungsleitenden Interesses.[5] Letzteres orientiert sich vielmehr daran, Aussagen zur Werteerziehung an den allgemein bildenden Schulen treffen zu können, die von den mit Abstand meisten Schülern besucht werden. Und von den im Schuljahr 2006/07 bayernweit insgesamt 1.366.013 Schülern an Volksschulen, Realschulen und Gymnasien, besuchten nur 106.055 den Unterricht an Schulen in privater Trägerschaft (vgl. ebd.).

Jenseits dieser Konstanten in der Planung der Studie wurden zunächst einmal vor allem am Erhebungsinstrument starke Modifikationen vorgenommen. Von der ersten Version des Fragebogens, die am 13. Januar 2006 im Rahmen eines For-

---

[3] Zu den allgemein bildenden Schulen gehören zudem die Schulen des zweiten Bildungswegs (Abendrealschule, Abendgymnasium und Kolleg). Diese Schulen wurden in diese Untersuchung zum einen aufgrund der vergleichsweise geringen Schülerzahlen jedoch nicht miteinbezogen. Zum anderen ist davon auszugehen, dass jeder Schüler an einer Schule des zweiten Bildungswegs zumindest bereits zwei Einrichtungen der in der Untersuchung berücksichtigten Schularten besucht hat.

[4] In der vorliegenden Statistik werden Grund- und Hauptschulen zusammengefasst.

[5] Es wäre aber durchaus eine interessante Fragestellung für eine weitere Arbeit.

schungskolloquiums einigen Wissenschaftlern an der Universität Augsburg vorgestellt wurde, bis zur endgültigen Version 7.2, mit der ab dem 12. Oktober 2006 die Befragung durchgeführt wurde, gab es insgesamt 20 unterschiedliche Teilversionen. Maßgeblich für die Modifikationen am Bogen waren neben theoretischen Überlegungen und Gesprächen mit anderen Wissenschaftlern vor allem die Erkenntnisse aus den Voruntersuchungen (Pretests). Im Rahmen der ersten drei Pretests, die an unterschiedlichen Schulen durchgeführt wurden, wurde der Fragebogen jeweils an mehrere Lehrkräfte verteilt. Circa eine Woche später fand dann jeweils eine Besprechung statt, in der es darum ging, wie die Teilnehmer mit dem Ausfüllen zurechtgekommen waren und welche Verbesserungsvorschläge sie hatten.

Ursprünglich war vorgesehen, für die Untersuchung einen Fragebogen zu verwenden, der neben wenigen geschlossen formulierten viele in offener Form gestellte Fragen enthielt. Die Intention hinter diesem an einigen Grundgedanken des qualitativen Forschungsparadigmas orientierten Vorgehen lag darin, den Lehrkräften zu ermöglichen, die ihrer Meinung nach relevanten Aspekte bei der Beantwortung einbringen zu können, ohne durch die Vorgabe von Antwortmöglichkeiten eingeschränkt zu werden. Eine einengende Lenkung der Untersuchungsteilnehmer sollte vermieden werden.[6]

---

6 Solche Gedanken finden sich z.B. bei Siegfried Lamnek, der an der traditionell quantitativen Sozialforschung kritisiert, es werde „nur das erhoben, was der Forscher noch vor Kenntnis des Objektbereichs für sinnvoll und notwendig erachtet. Die Perspektiven und die Relevanzsysteme der betroffenen Untersuchungsobjekte können jedoch ganz andere sein. Der Forscher wird sie nie erfahren, weil er den zu untersuchenden Subjekten seine Vorstellungen mit dem standardisierten Instrument aufoktroyiert“ (2005, S. 15 f.). Weiter zitiert Lamnek H.S. Becker und B. Geer: „Ein Gesprächsteilnehmer in einem unstrukturierten Interview wird wahrscheinlich eher eine Entdeckung provozieren, indem er etwas Unerwartetes sagt, als ein Teilnehmer, der uns eine von sechs vorkodierten Antworten in einem Fragebogen ankreuzen kann“ (ebd., S. 16). Qualitatives Vorgehen schließlich beschreibt Lamnek als eher rezeptiv-stimulierend im Gegensatz zu einem traditionell quantitativen Vorgehen, das er als suggestiv-determinierend bezeichnet (vgl. ebd., S. 260). Wenngleich diese Zitate die Idee hinter dem ursprünglich angestrebten methodischen Vorgehen mit einem Schwerpunkt auf offen formulierten Fragen gut zusammenfassen, klingen sie ein wenig danach, als würden sich qualitative und quantitative Methoden gänzlich ausschließen. Doch diesen Standpunkt vertritt Lamnek nicht. Er schreibt: „Nach der schematischen Gegenüberstellung einiger methodologischer Dimensionen von quantitativer und qualitativer Sozialforschung könnte gerade durch die polarisierende Darstellung der Eindruck absoluter Unvereinbarkeit und gegenseitiger Ausschließlichkeit entstehen. Eine solche Vermutung ist jedoch unbegründet, wenn man sich dem Prinzip methodologischer Offenheit verpflichtet fühlt und bereit ist, sie – etwa in Form der Triangulation – zu praktizieren“ (ebd., S. 274). Dass es nicht als Eklektizismus im negativen Wortsinne verstanden werden kann, wenn man eine sich gegenseitig ausschließende Abgrenzung beider Methodenparadigmen weder für sinnvoll noch für nötig hält, wird auch deutlich, wenn man die Ausführungen Philipp Mayrings liest. Er schreibt über die von ihm entwickelte Auswertungsmethode der Qualitativen Inhaltsanalyse, sie stehe „mitten in der aktuellen sozialwissenschaftlichen Methodendiskussion, in der eine strikte Gegenüberstellung qualitativer versus quantitativer Analyse als unsinnig angesehen wird und nach Verbindungen, Integrationsmöglichkeiten gesucht wird“ (2003, S. 8). Weiter schreibt er: „Dies ist das of-

Die somit ursprünglich vorgesehene Konzentration auf explizit induktives Vorgehen findet sich primär in qualitativem Forschungsdenken (vgl. Mayring 2002, S. 36 f.; Lamnek 2005, S. 249 f.). Doch selbst der dem quantitativen Forschungsparadigma nahestehende Jürgen Friedrichs fordert in seinen Ausführungen über die schriftliche Befragung zwar grundsätzlich, dass die meisten Fragen geschlossen sein sollten (vgl. 1990, S. 238). Wenige Seiten später jedoch merkt er an: „Eine sehr homogene Befragtengruppe mit hoher Schulbildung wird man zu einem sie betreffenden Thema auch noch mit vielen offenen Fragen, also einem weniger standardisierten Bogen befragen können“ (ebd., S. 242). Alle drei Punkte treffen auf die Befragung von Lehrkräften zum Thema Werteerziehung an Schulen zu. Ergo wurde ein wenig standardisierter Fragebogen entwickelt.

Mit der Fragebogenversion 4.2 wurden Pretests an einem Gymnasium und einer Realschule im Augsburger Raum durchgeführt.[7] Am 23. März und am 6. April 2006 fanden die Besprechungen statt. Der ursprüngliche Plan, nach Voruntersuchungen an allen Schularten mit einem nur leicht modifizierten Fragebogen in die Datenerhebung zu gehen, musste nach diesen Besprechungen revidiert werden. Zu eindeutig zeigte das Feedback der Lehrkräfte, dass größere Veränderungen nötig sein würden. Fast alle Teilnehmer monierten, und dies lässt sich als Hauptkritikpunkt zusammenfassen, dass die vielen offenen Fragen es sehr aufwendig machten, den Bogen auszufüllen. Eine stärkere Standardisierung des Erhebungsinstruments war offensichtlich nötig.

Ein teilnehmender Gymnasiallehrer brachte dies so auf den Punkt: Am Anfang sei er sehr motiviert gewesen, den Bogen auszufüllen. Nach einer Stunde aber sei er entnervt nur noch kurz auf die Fragen eingegangen. Weil diese so offen formuliert seien, könne man sehr viel schreiben, was aber zu aufwendig sei, weshalb man dann nur kurz – gewissermaßen willkürlich – einzelne Aspekte aufgreife, was zu Oberflächlichkeit führe. Diese Ansicht wurde von den anwesenden Lehrkräften am Gymnasium bestätigt, mit Ausnahme einer Lehrerin, die den Fragebogen in der ihr vorliegenden Form grundsätzlich gut fand. Und auch in der Besprechung an der Realschule zwei Wochen später wurden die Erkenntnisse bestätigt. Alle fünf Teilnehmer dort wünschten sich explizit einen Fragebogen mit vielen geschlossenen Fragen, bei dem das Ausfüllen nicht so lange dauert. Wohl am drastischsten auf den Punkt brachte dies ein Lehrer im Fragebogen bei Frage 14. Er schrieb wörtlich: „Habe jetzt nach ca. 1 Stunde keinen Bock mehr!“

---

fenkundigste Ergebnis der Kontroverse, daß beide Vorgehensweisen ihre Daseinsberechtigung haben, daß quantitative wie qualitative Analyse sinnvoll angewandt werden können“ (ebd., S. 19).

7 Die Fragebogenversion 4.2 kann im erweiterten Anhang dieser Arbeit im Internet eingesehen werden (Teil C). Die endgültige Online-Version des Fragebogens (7.2) befindet sich im Anhang am Ende dieses Buchs (Teil A). Die Darstellung der Online-Version enthält auch die beiden zur ersten Frage hinleitenden Internetseiten, die u.a. einige Instruktionen beinhalten.

Mit den Besprechungen waren die ersten beiden Pretests aber noch lange nicht abgeschlossen. In einem nächsten Arbeitsschritt wurden alle 14 ausgefüllten Bögen intensiv durchgearbeitet.

Unter anderem wurde analysiert, ob die gegebenen Antworten tatsächlich auch Antwort gaben auf das hinter der jeweiligen Frageformulierung stehende Forschungsinteresse. Hier wurde das aus den Besprechungen gezogene Fazit, das Erhebungsinstrument stärker zu standardisieren, dahin gehend bestätigt, dass aufgrund der offenen Frageformulierung oft nicht zuverlässig genug Antworten auf das Forschungsinteresse hin gegeben wurden. Selbst wenn viele Aspekte aus den Antworten überaus interessant waren, passten sie oft nicht exakt zur entsprechenden Frage. Zudem aber wurden häufig nicht ausreichend konkrete Antworten gegeben.

Ein Beispiel: Für die Frage 10 waren (mit dem Ziel der Kürzung des Bogens) in einem sorgfältigen Entscheidungsprozess vier der acht Grundwerte ausgewählt worden. Hinter der Frage, ob diese Werte an der Schule vorkommen, stand zunächst einmal das Ziel, Schlüsse ziehen zu können auf Defizite und Chancen schulischer materialer Werteinstellungs-Erziehung. Hinter der Frage, in welcher Form diese Werte vorkommen, stand zudem das Interesse, kreative Konzepte aus der Praxis kennen zu lernen, wie diese Werte vermittelt bzw. erlebbar gemacht werden können. Die gegebenen Antworten zeigten, dass exakter gefragt werden muss. Oft wurde nur in Stichworten geantwortet. Es ließen sich hier nur sehr wenige Erkenntnisse für das Forschungsinteresse ableiten. So schrieb z.B. ein Teilnehmer zum Wert Verantwortung: „Lehrer - Schüler, Schüler - Schüler". Und zum Wert Freiheit lautete eine Antwort „Gestaltungsspielraum".

Im Rahmen eines längeren mündlichen Interviews[8], in dem man sich den Fragen ausführlich widmen kann und im Rahmen dessen die Möglichkeit des Nachfragens besteht, würden vermutlich auch die offenen Frageformulierungen zuverlässig interessante Ergebnisse für das Forschungsinteresse ermöglichen. Für einen Fragebogen, der in einem überschaubaren Zeitrahmen zu bearbeiten sein muss, ist es notwendig, die Fragen stärker standardisiert zu formulieren. Im bereits erwähnten Forschungskolloquium hatte ein Teilnehmer über die erste Version des Fragebogens gesagt, sie erinnere ihn ein wenig an einen Leitfaden für ein mündliches Interview. Er hatte damit wohl recht.[9]

Als Fazit wurde im Folgenden nicht nur angestrebt, mehr Fragen in geschlossener Form zu stellen, sondern insgesamt bei der Frageformulierung auf mehr Exaktheit zu achten.

Für die nun anstehende Weiterentwicklung des Erhebungsinstruments waren die Pretests auf zweierlei Weise wegweisend. Sie zeigten nicht nur, dass Modifi-

---

8 z.B. problemzentriertes Interview (vgl. Mayring 2002, S. 67 ff.)

9 Zwar gab es zwischen der ersten Version und der Pretest-Version 4.2 viele Veränderung, die qualitative Grundstruktur jedoch war erhalten geblieben.

kationen nötig sein würden; sie gaben auch konkrete Hinweise darauf, wie diese Modifikationen aussehen könnten.

So war es aufgrund der Analyse der ausgefüllten Bögen zunächst möglich, Entscheidungen zu treffen, welche Fragen nun standardisiert werden sollten, welche gestrichen werden konnten und welche wenigen Fragen in offener Form gestellt werden konnten bzw. sogar mussten. Denn auch der für die Datenerhebung letztendlich verwendete Bogen enthielt offene Fragen, um in bestimmten Punkten explorativ die für die Teilnehmer relevanten Aspekte herauszufinden, ohne durch Antwortvorgaben restringierend zu wirken. Allerdings hatte sich das Verhältnis zwischen offenen und geschlossenen Fragen deutlich verändert.

Darüber hinaus erweiterten die Antworten aus den Pretestbögen sowie die Besprechungen mit den Lehrkräften das Gesamtverständnis des Autors dieser Studie und unterstützen somit die Weiterentwicklung. Auch führten einige Antworten aus den Bögen zu neuen Erkenntnissen, aus denen neue Fragen, teils inklusive der Antwortmöglichkeiten, formuliert werden konnten. Somit hatten die Pretests auch einen gewissen explorativen Charakter.[10]

Mit dem komplett überarbeiteten Fragebogen in der Version 6.0 wurde schließlich am 1. Juni 2006 ein weiterer Pretest an einer Grundschule in Augsburg durchgeführt. Das Ergebnis lässt sich so zusammenfassen, dass der Fragebogen neben einigen Kritikpunkten im Grundsatz akzeptiert und von den Lehrkräften befürwortet wurde. Das Grundgerüst stand nun. An den konkreten Formulierungen wurden bis zur endgültigen Version Änderungen durchgeführt. Die Nummerierung der Fragen wurde modifiziert. Zudem wurden zwei Fragen gestrichen, um die Ausfülldauer auf 30 Minuten zu reduzieren.

Die deutliche Umgestaltung der Grundstruktur des Erhebungsinstruments brachte mit sich, dass sich das ursprünglich stärker qualitativ ausgerichtete Forschungsdesign zu einem eher – aber nicht ausschließlich – quantitativen gewandelt hatte. Eine Folge: Es war nun nötig geworden, mit mehr Untersuchungsteil-

---

10 Einige Beispiele, an welchen Stellen die Pretests konkret zur Weiterentwicklung des Erhebungsinstruments beigetragen haben:
- Aus den Antworten auf die offene Frage 9 (Fragebogenversion 4.2) wurde die geschlossene Frage 3 b (endgültige Fragebogenversion) inklusive der Antwortmöglichkeiten konstruiert.
- Die beiden letzten Items in Frage 1 (endgültige Fragebogenversion), bei denen es um den Zusammenhang zwischen der multikulturellen Gesellschaft und der Möglichkeit bzw. Notwendigkeit eines Wertekonsenses geht, wurden basierend auf den Antworten der Pretestteilnehmer hinzugefügt.
- Vor allem die Auswertung der Antworten auf die Frage 14 im Pretestbogen führte zur Erkenntnis, dass explizite Forderungen der Lehrkräfte an bestimmte Personengruppen überaus interessante Ergebnisse darstellen. In der Folge wurde die in offener Form gestellte Frage 12 (endgültiger Fragebogen) entwickelt. Wenngleich der aus den Pretests abgeleitete Haupttrend also eigentlich in einer Standardisierung des Erhebungsinstruments bestand, wurde im vorliegenden Fall nach differenzierter Analyse die Konstruktion einer neuen offenen Frage für sinnvoll erachtet.

nehmern zu arbeiten. Sollte der Fragebogen nach ersten Planungen an die Lehrerkollegien von jeweils zwei Schulen jeder Schulart verschickt werden, erhielten letztendlich die Lehrkräfte an 244 Schulen Einladungen zur Teilnahme an der Untersuchung. Zudem erfolgte eine Konzentration auf Schulen im Regierungsbezirk Bayerisch-Schwaben.[11]

Neben der deutlichen Erhöhung der angepeilten Stichprobengröße war zudem der stärker standardisierte Fragebogen knapp doppelt so lang wie vorher (15 Seiten statt acht Seiten in der Version 4.2). Beide Aspekte zusammen führten zu logistischen, finanziellen und konkret arbeitstechnischen Problemen. Zum einen hätten Druck und Versand der Papier-Fragebögen sowie Rückporto und Verpackungsmaterial die Kosten der Untersuchung empfindlich in die Höhe getrieben. Darüber hinaus wäre die entstehende Datenflut kaum zu bewältigen gewesen, denn alleine das Übertragen der Antworten auf die geschlossenen Fragen in eine elektronische Datenbank hätte bei 800 abgegebenen Bögen mehrere Monate gedauert, in denen wissenschaftliches Arbeiten nicht hätte stattfinden können. Zudem wären bei einem solchen Vorgehen Übertragungsfehler kaum zu vermeiden gewesen.

Ein erster Lösungsansatz war die mögliche Datenauswertung der Papierbögen mit einer speziellen Auswertungsmaschine, die mehrere Lehrstühle an der Universität Augsburg besitzen. Das Kostenproblem wäre damit aber nicht gelöst gewesen. Außerdem hätte es ganz konkrete Umsetzungsprobleme gegeben, das Layout des Bogens für die maschinelle Lesbarkeit zu modifizieren. Bei Gesprächen im Freundeskreis entstand die Idee, die Befragung im Internet durchzuführen. Die Entscheidung dafür fiel am 2. Juni 2006.

Einer der entscheidenden Vorteile in der Durchführung von schriftlichen Online-Befragungen[12] liegt in der Ökonomisierung der Datenerhebungsphase durch die Automatisierung der Datenerfassung und die Reduzierung von Druck- und Portokosten.[13] In der automatischen Protokollierung der Antwortdaten sowie der Daten über den Untersuchungsprozess (wie etwa Zeitpunkt und Dauer der Befragung) liegt nicht nur ein ökonomischer Vorteil, sondern es ist auch eine optimale Dokumentation gewährleistet, bei der es darüber hinaus nicht zu Eingabe- oder Übertragungsfehlern kommen kann. Ähnlich wie bei klassischen schriftlichen Befragungen kann der Proband den Zeitpunkt, zu welchem er den Fragebogen ausfül-

---

11 Auf die Stichprobenziehung wird im folgenden Abschnitt (3.1.2) ausführlicher eingegangen.

12 Die Ausführungen beziehen sich auf das für diese Studie gewählte Prozedere einer Befragung der Teilnehmer durch einen sich auf einer Internetseite befindlichen Fragebogen (www-basierte Befragung). Hiervon unterscheiden sich e-Mail-basierte Befragungen, die in der Anfangszeit des Internet häufig durchgeführt wurden (vgl. Batinic 2003, S. 7).

13 Im Rahmen der vorliegenden Studie fielen die Druck- und Portokosten nicht vollständig weg, da die Einladungs- und Erinnerungsschreiben zur Teilnahme auf dem Postweg und nicht per E-Mail verschickt wurden. Es erfolgte aber eine drastische Reduzierung dieser Kosten im Vergleich zum klassischen Erhebungsprozedere, bei welchem alle Fragebögen gedruckt und frankierte Rückumschläge zur Verfügung gestellt werden müssen.

len möchte, selbst auswählen. Es findet keine direkte Interaktion mit dem Versuchsleiter statt, weshalb Internet-Befragungen als objektiv gelten.[14] Eine Beeinflussung durch Dritte ist allerdings nicht auszuschließen. Da der Befragungsteilnehmer den Bogen an jedem beliebigen Ort, an dem sich ein PC mit Internetanschluss befindet, bearbeiten kann, gilt die Untersuchungssituation – ähnlich wie bei klassischen schriftlichen Befragungen – als unkontrollierbar (vgl. Batinic 2003, S. 6 ff.).

Entscheidend ist die Frage nach der Qualität der Daten, die im Rahmen einer schriftlichen Online-Befragung erhoben werden. Hier zieht Bernad Batinic folgendes Fazit: Lange sei vermutet worden, dass es bei internetbasierten Befragungen zu vielen fehlerhaften Antworten komme und dass es viele „Scherzteilnehmer" gebe. [15] „Wäre dies der Fall, dann müsste die Qualität von im Internet gesammelten Daten, im Sinne der dort erzielten Reliabilität und Validität, nur gering sein. Wie die bisher vorliegenden Untersuchungen zu diesem Themenkomplex zeigen, ist dies jedoch nicht der Fall. Vielmehr belegen zahlreiche empirische Studien, dass internetbasierte Befragungen eine mit traditionellen Befragungen vergleichbar hohe Reliabilität und Validität erreichen" (ebd., S. 12).

Eine Befürchtung bestand darin, dass an einer Online-Befragung möglicherweise nur wenige ältere Lehrkräfte teilnehmen würden. Im Rahmen der Pretest-Besprechung an der Augsburger Grundschule wurde aber erwähnt, dass das Bayerische Staatsministerium für Unterricht und Kultus von allen Lehrkräften regelmäßig Arbeiten im Internet verlangt. Somit konnte davon ausgegangen werden, dass die Entscheidung für das Internet als Erhebungsmedium für keine Lehrkraft eine sie von der Teilnahme abhaltende unüberbrückbare Bürde darstellen sollte. Und tatsächlich sind weder ältere Lehrkräfte in der Untersuchungsstichprobe unter- noch jüngere Lehrkräfte überrepräsentiert (vgl. Kapitel 3.2).

Nachdem eine erste Version der Website von einem Computerspezialisten programmiert worden war, wurden ausführliche Testläufe durchgeführt, um technische und logische Fehler auszuschließen. Nicht zuletzt wurde auch intensiv an einem übersichtlichen Layout gearbeitet. Zudem wurden einige weitere Pretests durchgeführt, nun mit Einzelpersonen, vor allem mit Lehrkräften aus dem Freundes- und Bekanntenkreis des Autors dieser Studie. Ergebnis der Testläufe und der Voruntersuchungen waren zahlreiche Detailentscheidungen sowie die Optimierung vieler Formulierungen. Oberstes Ziel war eine eindeutige Benutzerführung, die niemanden unnötig verwirrt. Auch technisch wenig versierte Personen sollten mit dem Ausfüllen gut zurechtkommen. Vermieden werden sollte dadurch unbedingt eine Demotivation der Untersuchungsteilnehmer im Erhebungsprozess.[16]

---

[14] Bernad Batinic beruft sich hier auf Gustav A. Lienert und Ulrich Raatz.

[15] Der potenziellen Verzerrung der Ergebnisse durch Scherzteilnehmer wurde durch die Einrichtung eines Benutzernamens und eines Kennworts entgegengewirkt. Die Zugangsdaten waren jedoch für alle Untersuchungsteilnehmer identisch.

[16] Hier einige Beispiele für Detailentscheidungen:

3.1.2 Stichprobenziehung und Durchführung der Untersuchung

Zu Beginn der Untersuchungsplanung war – wie bereits erwähnt – angestrebt worden, dass Lehrkräfte von zwei Schulen jeder Schulart den an qualitativem Methodendenken orientiert entwickelten Fragebogen ausfüllen. Für jede Schulart sollte jeweils eine Schule im ländlichen und eine im städtischen Bereich einbezogen werden. Alle bayerischen Regierungsbezirke sollten bei der Auswahl der Schulen berücksichtigt werden. Es ging bei diesem intendierten Prozedere um verallgemeinerbare Aussagen[17], jedoch nicht im Sinne des quantitativen Paradigmas. Nicht die Einbeziehung einer großen Anzahl von Fällen wurde als entscheidend erachtet, sondern die Berücksichtigung von für die Fragestellung typischen bzw. interessanten Fällen. Es sollten Strukturen und Bezüge entdeckt und beschrieben und nicht die quantitative Ausprägung dieser Aspekte bestimmt werden (vgl. Lamnek 2005, S. 193[18]).[19]

Mit der Modifizierung des Fragebogens hatte sich dies nun geändert. Mit dem stärker standardisierten Erhebungsinstrument kam es bei der Erarbeitung verallgemeinerbarer Ergebnisse, bei denen es nun zentral um quantitative Ausprägungen ging, mehr darauf an, dass die Stichprobe ausreichend groß ist. Nach wie vor jedoch bestand der Plan darin, jeweils alle Lehrkräfte einzelner Schulen zur Teilnahme an der Untersuchung einzuladen.

Überlegungen zur Stichprobengröße führten zu der Entscheidung, die Untersuchung auf den Regierungsbezirk Bayerisch-Schwaben zu beschränken. Zwar gilt: „Das Verhältnis von Population und Stichprobe ändert sich mit der Größe der

- Das Freilassen von Antwortfeldern wurde bei den offenen Fragen zugelassen, bei den geschlossenen nicht.
- Es wurde die Möglichkeit eingerichtet, nach der Beantwortung einer Frage zu dieser und zu der davorliegenden zurückzugehen, um die Antworten zu korrigieren. Ein weiteres Zurückgehen wurde nicht ermöglicht, da dies in der Benutzerführung zwangsläufig unübersichtlich und potenziell verwirrend gewesen wäre.
- Es wurde technisch ermöglicht, das Ausfüllen des Internet-Fragebogens beliebig oft zu unterbrechen. Mit einem persönlichen mehrstelligen Pin-Code war es möglich, an der Stelle weitermachen, an der man aufgehört hatte. Diese Möglichkeit wurde sehr häufig genutzt. Es ist wahrscheinlich, dass ohne diese Option mehr Lehrkräfte die Befragung vorzeitig abgebrochen hätten.

17 „Repräsentativität bzw. Generalisierbarkeit markieren die erkenntnistheoretischen Zielsetzungen" (Lamnek 2005, S. 187).

18 Siegfried Lamnek beruft sich in diesem Punkt auf H. Witt.

19 Auch für die Auswertung der geschlossenen Fragen hätte das Erkenntnisinteresse weniger darin bestanden, Aussagen darüber zu treffen, wie viel Prozent der Teilnehmer eine bestimmte Option ankreuzen. Vielmehr wäre herauszufinden gewesen, ob ein bestimmtes Antwortverhalten bei den offenen Fragen mit einem bestimmten Antwortverhalten bei den geschlossenen einhergeht. Umgekehrt ging es bei der Auswertung des später für die Untersuchung tatsächlich verwendeten, stärker standardisierten Erhebungsinstruments nicht nur bei den geschlossenen Fragen um quantitative Ausprägungen, sondern auch bei der Auswertung der Antworten auf die offenen Fragen wurden – zumindest teilweise – in die qualitativen Analyseschritte quantitative miteinbezogen.

Grundgesamtheit. Bei sehr kleinen Populationen muss ein hoher Prozentsatz von Personen in die Stichprobe miteinbezogen werden. Je größer die Grundgesamtheit ist, um so kleiner kann der prozentuale Anteil derjenigen Elemente werden, die zur Stichprobe gehören" (Rost 2005, S. 75).[20] Zu klein darf er aber dennoch nicht sein. Und um Aussagen über Werteerziehung an allgemein bildenden Schulen in öffentlicher Trägerschaft in ganz Bayern machen zu können, wäre bei weit über 3.000 Schulen eine Stichprobengröße sinnvoll bzw. nötig gewesen, die von einem einzelnen Doktoranden schwerlich geleistet werden kann. Deshalb erfolgte eine Konzentration auf Schulen im Regierungsbezirk Bayerisch-Schwaben.

Nach dieser Entscheidung wurden in einem nächsten Arbeitsschritt aus der Schuldatenbank, auf welche über die Internetseite des Bayerischen Staatsministeriums für Unterricht und Kultus (www.km.bayern.de) zugegriffen werden kann, Listen der Schulen in Bayerisch-Schwaben ausgedruckt. Diese Listen dienten von nun an als Referenz für die Kontaktaufnahme und Einbeziehung der zu untersuchenden Schulen.[21] Die Schulen in privater Trägerschaft wurden ermittelt und auf der Liste durchgestrichen.[22] Die folgende Tabelle gibt eine Übersicht über die Anzahl allgemein bildender Schulen in öffentlicher Trägerschaft in Bayerisch-Schwaben im Schuljahr 2006/07:

---

20 Eine größere Gesamtpopulation setzt dennoch eine größere Stichprobe voraus.

21 Um die Einhaltung des geplanten Untersuchungsbeginns zu gewährleisten, wurde direkt nach den Sommerferien 2006 mit der Kontaktaufnahme der Schulleiter begonnen. Deshalb mussten die Listen noch vor Beginn des Schuljahres 2006/07, in welchem die Untersuchung stattfand, ausgedruckt werden.
Bei zwei der in die Untersuchung einbezogenen Schulen handelte es sich zum Zeitpunkt des Ausdrucks der Listen um Volksschulen mit Grund- und Hauptschulzweig, zu Untersuchungsbeginn hatte sich der Status geändert. Sie waren nun reine Grundschulen; der Hauptschulzweig war geschlossen worden. Diese Änderungen sind in den Tabellen in diesem Abschnitt berücksichtigt.
Auch bei einigen nicht in die Untersuchung einbezogenen Schulen hatte sich zum Schuljahr 2006/07 der Status geändert von Volksschule mit Grund- und Hauptschulzweig in reine Grundschule. Diese Änderungen sind in der im Haupttext folgenden Tabelle berücksichtigt. Die entsprechenden Daten über die drei Volksschularten wurden dem Autor dieser Studie freundlicherweise von Herrn Martin Kastner vom Kultusministerium zur Verfügung gestellt.
Auf den Ende des Schuljahres 2005/06 ausgedruckten Listen addiert sich die Anzahl der Volksschulen (reine Grundschulen, reine Hauptschulen und Volksschulen mit Grund- und Hauptschulzweig) auf 407. Aus der folgenden Tabelle sowie aus der amtlichen Statistik lässt sich dagegen ersehen, dass es im Herbst 2006 in Bayerisch-Schwaben 408 Volksschulen in öffentlicher Trägerschaft gab (vgl. Bayerisches Landesamt für Statistik und Datenverarbeitung 2007, S. 92). Folglich gibt es eine Volksschule, die bei der Zufallsauswahl der in die Untersuchung einzubeziehenden Schulen nicht berücksichtigt wurde. Aufgrund der großen Anzahl der für die Befragung kontaktierten Schulen ist jedoch davon auszugehen, dass dies zu keiner Ergebnisverfälschung geführt hat.
Bei der Anzahl der Realschulen und Gymnasien gab es keine Veränderungen.

22 Für die Identifizierung der Realschulen und Gymnasien in privater Trägerschaft wurden auch die Internetseiten des Bayerischen Realschulnetzes (www.realschule.bayern.de) und des Bayerischen Gymnasialnetzes (www.gymnasium.bayern.de) hinzugezogen.

	GS[23]	HS	VS	RS	GY	gesamt
Anzahl	236	64	108	39	42	**488**

Allgemein bildende Schulen in öffentlicher Trägerschaft in Bayerisch-Schwaben im Schuljahr 2006/07

Bei der Festlegung der zu erreichenden Stichprobengröße wurde angestrebt, mindestens 100 Lehrkräfte jeder Schulart als Untersuchungsteilnehmer zu gewinnen. Zu diesem Zweck sollten mindestens 500 Lehrkräfte jeder Schulart zur Teilnahme eingeladen werden. Als weiterer Kennwert wurde festgelegt, dass mindestens 20 Schulen jeder Schulart in die Untersuchung einbezogen werden sollten, da bei einer kleineren Anzahl die Gefahr bestanden hätte, dass strukturelle oder sonstige Spezifika einzelner Schulen einen zu großen Einfluss auf das Gesamtergebnis der betreffenden Schulart hätten haben können. Die durchschnittliche Anzahl der Lehrkräfte pro Schule variiert zwischen den Schularten teils stark. Und so kam es, dass 35 reine Grundschulen angeschrieben werden mussten, um 603 Lehrkräfte einzuladen, wohingegen durch das Verschicken der Einladungsschreiben an 20 Gymnasien über 1.400 potenzielle Untersuchungsteilnehmer erreicht werden konnten.

Als Untersuchungszeitraum wurden die viereinhalb Wochen vom 12. Oktober bis zum 12. November 2006 festgelegt.[24] Die Schulen wurden in einem Zufallsverfahren ausgewählt. Die Anzahl der Schulen bzw. Lehrkräfte, an welche Einladungsschreiben verschickt wurden, verteilt sich wie folgt:

Erste Phase	GS	HS	VS	RS	GY	gesamt
Summe Schulen	35	20	20	20	20	**115**
Summe Lehrer	603	679	577	898	1421	**4178**

Nachdem sich schon während der Erhebungsphase bald deutlich abzeichnete, dass die angestrebte Teilnehmerzahl nicht erreicht werden würde, fiel die Entscheidung, den Untersuchungszeitraum um zwei Wochen bis zum 26. November 2006 zu verlängern. Dies wurde den Besuchern der Befragungs-Website auf der Begrüßungsseite mitgeteilt, verbunden mit der Bitte, dies den anderen Lehrkräften aus dem eigenen Kollegium mitzuteilen. Zudem wurde entschieden, direkt im Anschluss an die

23 Für die verschiedenen Schularten werden ab dieser Stelle folgende Abkürzungen verwendet: GS (reine Grundschule), HS (reine Hauptschule), VS (Volksschule mit Grund- und Hauptschulzweig), RS (Realschule) und GY (Gymnasium).

24 Diese Entscheidung war Ergebnis der Gespräche mit Lehrkräften im Rahmen der letzten Pretests.

erste eine zweite Erhebungsphase durchzuführen.[25] Tatsächlich hatten nach Abschluss des ersten Erhebungszeitraums statt der angestrebten Untergrenze von 500 Lehrkräften nur 398 an der Untersuchung teilgenommen. Nachdem für einige Schularten die Anzahl der Untersuchungsteilnehmer der ersten Erhebungsphase besonders niedrig war, wurden für die zweite Phase im Vergleich zur ersten vor allem mehr Volksschulen angeschrieben. Bei den Realschulen und Gymnasien wurde angestrebt, alle bisher noch nicht angeschriebenen Schulen mit Ausnahme der Pretest-Schulen in die Untersuchung einzubeziehen. Per Zufallsverfahren ermittelt wurden für die zweite Phase also nur noch die Volksschulen.

Die Dauer der zweiten Erhebungsphase wurde nun von Beginn an auf sechseinhalb Wochen festgelegt. Die Anzahl der Schulen bzw. Lehrkräfte, an welche Einladungsschreiben für den Befragungszeitraum vom 30. November 2006 bis zum 14. Januar 2007 verschickt wurden, sieht folgendermaßen aus:

Zweite Phase	GS	HS	VS	RS	GY	**gesamt**
Summe Schulen	45	25	25	15	19	**129**
Summe Lehrer	774	919	824	648	1342	**4507**

Mit diesem zweiten Befragungs-Zeitraum wurde die angestrebte Datenbasis erreicht. 854 Lehrkräfte hatten nun teilgenommen. In der folgenden Tabelle ist für die Gesamtuntersuchung die Anzahl der Schulen und Lehrkräfte zusammengefasst, an welche Einladungen versandt wurden:

Gesamt-untersuchung	GS	HS	VS	RS	GY	**gesamt**
Summe Schulen	80	45	45	35	39	**244**
Summe Lehrer	1377	1598	1401	1546	2763	**8685**

F a z i t z u r S t i c h p r o b e n z i e h u n g: Es wurden alle Lehrkräfte an insgesamt 244 allgemein bildenden Schulen in öffentlicher Trägerschaft in Bayerisch-Schwaben zur Teilnahme an der Untersuchung eingeladen. Bei den Realschulen und Gymnasien wurden jeweils alle Schulen im Untersuchungsbereich angeschrieben mit Ausnahme der Schulen, an denen Pretests durchgeführt worden

25 Lediglich für drei Tage wurde die Untersuchungsplattform zwischenzeitlich geschlossen.

waren und der wenigen Schulen, bei denen die Schulleiter einer Untersuchung nicht zugestimmt hatten. Die Grund- und Hauptschulen sowie die Volksschulen mit Grund- und Hauptschulzweig wurden zwar in einem Zufallsverfahren ausgewählt. Dennoch handelt es sich nicht um eine Zufallsstichprobe. Beim so genannten Klumpen-Verfahren werden alle Elemente der per Zufallsstichprobe oder systematischer Wahrscheinlichkeitsstichprobe ausgewählten Klumpen untersucht (vgl. Friedrichs 1990, S. 142). Das wäre in der vorliegenden Studie der Fall gewesen, wenn jeweils alle Lehrkräfte der 244 Schulen an der Befragung teilgenommen hätten. Von den knapp 8700 angeschriebenen Lehrkräften nahmen aber weniger als 10 % teil. Deshalb handelt es sich um eine so genannte Ad-hoc-Stichprobe. Es ist davon auszugehen, dass vor allem an der Thematik schulische Werteerziehung interessierte Personen teilgenommen haben.[26]

Dies bedeutet, dass die Auswertung der Teilnehmerantworten nicht auf die Gesamtpopulation der Lehrkräfte an allgemein bildenden Schulen in öffentlicher Trägerschaft in Bayerisch-Schwaben übertragen werden kann, sondern auf am Thema Werteerziehung interessierte Lehrkräfte. Auch im Bezug auf diese ist keine Repräsentativität im statistischen Sinne gegeben. Die Größe eines Unterschieds in der Stichprobe muss nicht der Größe des Unterschieds in der Gesamtpopulation entsprechen.

Aufgrund der hohen Stichprobengröße ist es jedoch möglich, Aussagen zu treffen, die eine Tendenz beschreiben im Sinne von:

→ *Für die am Thema schulische Werteerziehung interessierten Lehrkräfte an allgemein bildenden Schulen in öffentlicher Trägerschaft in Bayerisch-Schwaben gilt: Ein bestimmter Wert (x) ist größer als ein bestimmter Wert (y).*

Aus diesen Tendenzen lassen sich zunächst relevante Erkenntnisse über und für die Werteerziehung an Schulen im untersuchten Regierungsbezirk ziehen. Da in den anderen sechs Regierungsbezirken in Bayern die selben für die Schulen relevanten Gesetze sowie Lehrpläne und Verordnungen zur Lehrerausbildung gelten, darf gefragt werden, ob man die Erkenntnisse auf Bayerisch-Schwaben beschränken sollte. Trotz der bewussten Entscheidung, aufgrund stichprobentheoretischer Überlegungen nur Schulen in Bayerisch-Schwaben in die Untersuchung mit ein-

---

26 Dass diese Vermutung zutrifft, wird auch deutlich, wenn man sich das Antwortverhalten der Untersuchungsteilnehmer auf die Frage 4 a aus dem Online-Fragebogen betrachtet:

4. Bitte kreuzen Sie die Aussage an, die am ehesten Ihrer Meinung entspricht:
a) Dass in der Schule Werteerziehung stattfindet, erachte ich als

überaus wichtig ○ ○ ○ ○ ○ ○ ganz unwichtig

Das erste Feld (überaus wichtig) wurde mit 6 kodiert, das letzte (ganz unwichtig) mit 1. Auf der sechsstufigen Skala kreuzten 78,1 % der Teilnehmer die 6 an, 19,1 % die 5, nur 2,2 % die 4 und weniger als 1 % einen niedrigeren Wert. Das arithmetische Mittel liegt für diese Frage bei 5,74.

zubeziehen, erscheint es nicht zwingend nötig, bei der Beurteilung der Tragweite der Erkenntnisse eine ähnliche Grenze zu ziehen.

Nach diesen Überlegungen zur Stichprobe und zur Aussagekraft der Teilnehmeraussagen wird im Folgenden geschildert, wie die Untersuchung konkret durchgeführt wurde.

Das Verschicken der Einladungsschreiben an die einzelnen Schulen erfolgte – wie bereits angedeutet – nicht, ohne vorher die jeweilige Schulleitung telefonisch kontaktiert zu haben. Es wurde als wichtig erachtet, nicht nur deren Einverständnis zu erhalten, sondern möglichst eine aktive Unterstützung der Befragung zugesichert zu bekommen. Die meisten Schulleiter waren freundlich, einige sagten ihre vollste Unterstützung zu, einige reagierten eher geschäftsmäßig nüchtern. In nur neun Fällen wurde dem Anliegen, Einladungsschreiben schicken zu dürfen, nicht zugestimmt. Es gab auch einige wenige unhöfliche Schulleiter, die interessanterweise dennoch zusagten. Im Gros wurde das Anliegen positiv aufgenommen und unterstützt. Jeder Schulleiter, der zugesagt hatte, erhielt eine E-Mail zur Bestätigung und Erinnerung.

Mitunter war es sehr schwierig, ein Mitglied der Schulleitung telefonisch zu erreichen. Vor allem bei den Realschulen und Gymnasien waren häufig mehrere Versuche nötig. Nach einer vorsichtigen Schätzung hat der Autor dieser Studie circa 70 Stunden am Telefon verbracht, um bei Schulleitern um die Genehmigung und Unterstützung der Untersuchung zu werben.

Zu Beginn der Untersuchungszeiträume wurden schließlich kopierte Einladungsschreiben mit dem Briefkopf des Lehrstuhls sowie mit Faksimile-Unterschriften der Betreuerin dieser Arbeit, der Lehrstuhlinhaberin Prof. Dr. Eva Matthes, sowie des Doktoranden an die Schulen verschickt. Die Anzahl der an jede Schule verschickten Einladungsschreiben richtete sich nach der Anzahl der dort unterrichtenden Lehrkräfte, die zuvor im Rahmen des erwähnten Telefonats in Erfahrung gebracht worden war.[27] Auf eben jenes Bezug nehmend lag jeweils ein personalisiertes Anschreiben an das entsprechende Mitglied der Schulleitung bei, das die Bitte enthielt, wie vereinbart die Einladungsschreiben in die persönlichen Fächer der Lehrkräfte zu verteilen. Zwei Wochen nach dem Einladungsschreiben erhielten die Lehrkräfte jeweils ein Erinnerungsschreiben.[28] Knapp 8.700 Lehrkräfte an 244 Schulen erhielten also jeweils zwei Schreiben des Lehrstuhls. Das sind insgesamt über 17.000 Anschreiben, zudem zwei Mal 244 personalisierte Anschreiben an die Schulleiter.

---

[27] Die in den Telefonaten in Erfahrung gebrachten Lehrerzahlen bildeten auch die Basis für die Erstellung der Tabellen zu den Erhebungsphasen in diesem Abschnitt.

[28] Sowohl das Einladungs- als auch das Erinnerungsschreiben für den zweiten Untersuchungszeitraum können im erweiterten Anhang dieser Arbeit im Internet (Teile D und E) eingesehen werden. Beide Schreiben wurden, wie der Fragebogen, im Rahmen der Pretests optimiert.

Um möglichst viele Lehrkräfte für die Teilnahme an der Online-Befragung zu motivieren, wurden in den Einladungs- und Erinnerungsschreiben zwei Arten von Teilnahmeanreizen geschaffen (vgl. hierzu Hennig-Thurau & Dallwitz-Wegner 2002, S. 311):

- Incentivierung mittels intrinsischer Motivation: Den Empfängern der Schreiben wurde in Aussicht gestellt, dass sie mit ihrer Teilnahme an der Untersuchung dazu beitragen könnten, vorhandene Konzepte schulischer Werteerziehung zu optimieren sowie Empfehlungen zu erarbeiten, wie Lehrkräften im Rahmen der Fortbildung geholfen werden kann, Werteerziehung durchzuführen.
- Sachpreisliche Incentivierung: Es wurde darauf hingewiesen, dass unter den Teilnehmern, die alle Fragen beantworten, vier Gutscheine über je 50 € für einen Internetbuchladen verlost werden. Nach Abschluss der zweiten Erhebungsphase wurden die Gewinner der Gutscheine per Zufallsgenerator ermittelt.

Die Datenerhebung war nun erfolgreich abgeschlossen. Im folgenden Kapitel wird zunächst die Zusammensetzung der Teilnehmerstichprobe beschrieben, bevor ab Kapitel 3.3 Auswertungsergebnisse und daraus gezogene Schlussfolgerungen geschildert werden. Anmerkungen zur den verschiedenen Auswertungsmethoden erfolgen in den entsprechenden Kapiteln.[29]

3.2 Zusammensetzung der Stichprobe

Die Stichprobe setzt sich aus 854 Untersuchungsteilnehmern zusammen. Diese Zahl stand nach Abschluss der Datenerhebung jedoch keinesfalls sofort fest. Sie musste vielmehr im Rahmen eines aufwendigen Arbeitsschritts ermittelt werden.

Die Untersuchungsdatenbank enthielt nach Beendigung der Online-Lehrerbefragung 866 Einzeldatensätze, das heißt vollständig ausgefüllte Fragebögen. Eine erste ausführliche Beschäftigung mit dem Datenmaterial führte zur Streichung von 12 Einzeldatensätzen. In sechs Fällen handelte es sich um Scherzteilnehmer, teilweise vermutlich um Schüler, die in den Besitz eines Einladungs- oder Erinnerungsschreibens mit den Zugangsdaten gelangt waren. Drei Personen hatten ganz offensichtlich den Fragebogen jeweils zwei Mal direkt nacheinander ausgefüllt und dabei identische bzw. in Stil und Inhalt auffallend ähnliche Angaben gemacht. In diesen Fällen der deutlich erkennbaren Doppelteilnahme wurde

[29] Die in den Kapiteln 3.3 und 3.5 dargestellten Untersuchungsergebnisse wurden mit Methoden der deskriptiven Statistik ermittelt, welche keiner weiteren Erläuterung bedürfen. An den entsprechenden Stellen wird also nicht in einem eigenen Abschnitt gesondert auf die Auswertungsmethodik eingegangen. Alle quantitativen Auswertungen wurden mit der Statistiksoftware *SPSS* durchgeführt.

jeweils einer der beiden Einzeldatensätze aus der Datenbank gelöscht. Bei drei Untersuchungsteilnehmern handelte es sich um Lehrkräfte, die angaben, an einer Schulart zu unterrichten, die im Rahmen dieser Studie nicht untersucht wird (Berufsschule bzw. Abendrealschule). Auch hier erfolgten Streichungen.

Die folgenden Tabellen geben einen Überblick darüber, wie sich die Stichprobe der 854 Untersuchungsteilnehmer zusammensetzt. Zunächst zur wichtigsten unabhängigen Variable, der Frage nach der Schulart.

An welcher Schulart sind Sie tätig?	Häufigkeit	Prozent
reine Grundschule	173	20,3
reine Hauptschule	136	15,9
Volksschule mit Grund- und Hauptschulzweig	116	13,6
Realschule	161	18,9
Gymnasium	262	30,7
nicht einer einzelnen Schulart zuzuordnen	6	0,7
Gesamt	854	100,0

Mit knapp einem Drittel stellen Gymnasiallehrkräfte die größte Gruppe der Untersuchungsteilnehmer dar. Dies lässt sich dadurch erklären, dass überdurchschnittlich viele Einladungs- und Erinnerungsschreiben an Gymnasien verschickt wurden (vgl. Abschnitt 3.1.2). Sechs Untersuchungsteilnehmer ließen sich nicht einer einzelnen Schulart zurechnen, da sie angaben, an mehreren Schularten tätig zu sein. Die Antworten dieser Teilnehmer wurden bei der schulartbezogenen Auswertung der Teilnehmerantworten nicht berücksichtigt.

Welcher Personengruppe gehören Sie an?	Häufigkeit	Prozent
Lehrer/in in administrativer Leitungsposition	203	23,8
Lehrerkraft ohne administrative Leitungsfunktion	615	72,0
Referendar/in	31	3,6
Schulsozialarbeiter/in	2	0,2
überwiegend Referendarsausbildung	3	0,4
Gesamt	854	100,0

Drei Personen gaben bei der Frage, welcher Personengruppe sie angehören, unter der Option „andere" an, überwiegend in der Referendarsausbildung tätig zu sein. Sie wurden deshalb separat erfasst. Alle anderen Untersuchungsteilnehmer, welche die Option „andere“ angekreuzt hatten, ließen sich eindeutig einer der vier Vorgaben zuordnen.

Innerhalb der Personengruppen liegt teilweise Heterogenität bezüglich der Ausbildung vor.[30]

Alle Lehrkräfte in administrativer Leitungsposition haben ein Lehramtsstudium absolviert. Für die Personengruppe der Lehrkräfte ohne administrative Leitungsfunktion gilt: Knapp 90 % haben ein Lehramtsstudium absolviert, knapp 8 % eine Fachlehrerausbildung. Zu der Personengruppe gehören zudem drei Förderlehrer sowie 20 Lehrkräfte mit theologischer Ausbildung. Zwei Lehrkräfte dieser Gruppe haben eine andere Ausbildung absolviert[31], bei vier Lehrkräften ließ sich aus den erfolgten Angaben nicht feststellen, welche Art der Ausbildung sie absolviert haben.

28 der 31 Referendare haben ein Lehramtsstudium absolviert, ein Referendar ist Quereinsteiger aus der technischen Verwaltung, zwei Referendare ließen sich keiner Ausbildung zuordnen.

Arbeiten Sie in dieser Position in Voll- oder Teilzeit?	Häufigkeit	Prozent
Vollzeit	572	67,0
Teilzeit	282	33,0
Gesamt	854	100,0

Circa zwei Drittel der Untersuchungsteilnehmer arbeiten in ihrer Position in Vollzeit.

Wie viele Einwohner leben in der Stadt, in der sich Ihre Schule befindet?	Häufigkeit	Prozent
unter 20.000	503	58,9
20.000 bis 50.000	170	19,9
über 50.000	181	21,2
Gesamt	854	100,0

30 Die Untersuchungsteilnehmer wurden nicht explizit danach gefragt, welche Art der Ausbildung sie absolviert haben. Aus den Angaben zur unterrichteten Fächerkombination in Verbindung mit anderen Variablen konnte jedoch in fast allen Fällen mit an Sicherheit grenzender Wahrscheinlichkeit ermittelt werden, welche Art der Ausbildung der entsprechende Teilnehmer absolviert hat. Insgesamt in nur sechs Fällen war dies nicht möglich, u.a. weil z.B. ein Teilnehmer keinerlei Angaben zur Fächerkombination machte.

31 Es handelt sich um eine Musikerin und eine „ausgebildete Grundschul- und Montessorilehrerin“.

Ein Großteil der Untersuchungsteilnehmer arbeitet an Schulen, die sich in kleineren Städten befinden. Jeweils circa 20 % der teilnehmenden Lehrkräfte arbeiten an Schulen in mittelgroßen bzw. größeren Städten.

Betreuen Sie eine Schulklasse als Klassenlehrer/in?	Häufigkeit	Prozent
ja	566	66,3
nein	288	33,7
Gesamt	854	100,0

Circa zwei Drittel der Untersuchungsteilnehmer betreuen eine Schulklasse als Klassenlehrkraft. Bei den im Rahmen der Studie befragten Personen, die an reinen Grundschulen unterrichten, ist dieser Wert mit 86,1 % erwartungsgemäß besonders hoch.

Alter	Häufigkeit	Prozent
bis 30	76	8,9
31 - 40	216	25,3
41 - 50	202	23,7
51 oder älter	360	42,2
Gesamt	854	100,0

Bei der Betrachtung der Altersstruktur der Untersuchungsteilnehmer der Online-Befragung zeigt sich, dass entgegen ersten Befürchtungen weder ältere Lehrkräfte unter- noch jüngere Lehrkräfte überrepräsentiert sind. Tatsächlich scheint auf den ersten Blick sogar das Gegenteil der Fall zu sein, was aber auch nicht zutrifft.[32]

---

32 Der Vergleich mit einigen Zahlen aus der Schulstatistik macht deutlich, dass in der Untersuchungsstichprobe weder ältere Lehrkräfte über- noch jüngere unterrepräsentiert sind, obgleich dieser Eindruck bei der Betrachtung der Tabelle auf den ersten Blick entstehen mag. Zwar sind die publizierten schulstatistischen Daten nicht exakt mit den Werten vergleichbar, welche die Altersstruktur der Stichprobe beschreiben, u.a. weil die gewählten Altersgrenzen leicht variieren. Dennoch vermitteln die folgenden Zahlen einen Eindruck über die Altersstruktur der Lehrkräfte in Bayern bzw. Bayerisch-Schwaben und unterstreichen das Gesagte. Über die Altersstruktur der Lehrkräfte an Realschulen und Gymnasien in öffentlicher Trägerschaft liegen keine Daten für Bayerisch-Schwaben sondern nur für Bayern insgesamt vor. Für die Volksschulen liegen zwar Zahlen über die Altersstruktur der Lehrerschaft im untersuchten Regierungsbezirk Bayerisch-Schwaben vor, in welchen jedoch die Schulen in öffentlicher und privater Trägerschaft zusammengefasst sind. Alle nun folgenden Zahlen beziehen sich auf voll- und teilzeitbeschäftigte Lehrkräfte im Schuljahr 2006/07 (Stand 1. Oktober 2006).

Geschlecht		Häufigkeit	Prozent
Gültig	weiblich	458	53,6
	männlich	395	46,3
	Gesamt	853	99,9
Fehlend[33]	System	1	0,1
	Gesamt	854	100,0

Unter den Teilnehmern der Befragung überwiegen Frauen insgesamt leicht.

Im Schulartvergleich sticht vor allem ein Wert heraus: Von den teilnehmenden Lehrkräften an reinen Grundschulen sind 76,9 % weiblich.[34] Ein Blick in die Schulstatistik bestätigt die Vermutung, dass unter den Lehrkräften an Grundschulen in Bayerisch-Schwaben der Anteil weiblicher Lehrkräfte im Untersuchungszeitraum mit 86,73 % tatsächlich überdurchschnittlich hoch war (vgl. Bayerisches Landesamt für Statistik und Datenverarbeitung 2007 a, S. 92).[35]

Mit dem folgenden Kapitel beginnt die Darstellung der Untersuchungsergebnisse und der resultierenden Empfehlungen.

5,88 % der 7274 Lehrkräfte an Volksschulen in öffentlicher und privater Trägerschaft in Bayerisch-Schwaben waren unter 30 Jahre alt, 45,88 % waren 50 oder älter (vgl. Bayerisches Landesamt für Statistik und Datenverarbeitung 2007 d, S. 31). 7,76 % der 9924 Lehrkräfte an staatlichen und kommunalen Realschulen in Bayern waren unter 30 Jahre alt, 39,35 % waren 50 oder älter (vgl. Bayerisches Landesamt für Statistik und Datenverarbeitung 2007 c, S. 24). 3,97 % der 20.982 Lehrkräfte an staatlichen oder kommunalen Gymnasien in Bayern waren unter 30 Jahre alt, 43,18 % waren 50 oder älter (vgl. Bayerisches Landesamt für Statistik und Datenverarbeitung 2007 b, S. 35).

33 Aufgrund eines technischen Fehlers liegt bei einem Untersuchungsteilnehmer keine Angabe über das Geschlecht vor.

34 zum Vergleich: reine Hauptschule (45,2 %), Volksschule mit Grund- und Hauptschulzweig (57,8 %), Realschule (49,7 %), Gymnasium (43,1 %).

35 zum Vergleich: Hauptschule (52,81 %), Realschule (57,28 %), Gymnasium (44,22 %). Diese Zahlen beziehen sich auf voll- und teilzeitbeschäftigte Lehrkräfte an Schulen in öffentlicher und in privater Trägerschaft in Bayerisch-Schwaben im Herbst 2006. Bei der Interpretation der Zahlen muss beachtet werden, dass in der vorliegenden Schulstatistik (im Gegensatz zur Auswertung der Stichprobendaten) die Volksschulen mit Grund- und Hauptschulzweig jeweils bei den Grundschulen und den Hauptschulen gezählt werden (vgl. ebd.). Dies ist insbesondere beim Vergleich zwischen den Zahlen aus der vorliegenden Schulstatistik und Zahlen aus der Stichprobenauswertung zu berücksichtigen.

3.3 *Ansichten und Einstellungen der Untersuchungsteilnehmer*

Die Fragen 1, 3 und 4 der Online-Untersuchung wurden konzipiert, um herauszufinden, welche Ansichten die teilnehmenden Lehrkräfte zum Thema Werte und Werteerziehung haben.

In Frage 1 geht es um Meinungen der Untersuchungsteilnehmer zur aktuellen Wertedebatte. In Frage 3 wird erhoben, welche Relevanz Schule und Familie als Orte der Werteerziehung haben und in welcher Beziehung sie hier nach Ansicht der Lehrkräfte zueinander stehen. Frage 4 wurde entworfen, um zu ermitteln, an welchen Stellen Werteerziehung in der Schule nach Meinung der Lehrenden stattfinden sollte. In diesem Kapitel werden die Teilnehmerantworten ausgewertet.[36]

Frage 1 – Die aktuelle Wertedebatte

In der ersten Frage wurden die Untersuchungsteilnehmer in acht Fällen gefragt, wie sie zu bestimmten Aussagen stehen. Sie hatten jeweils die Möglichkeit, auf einer sechsstufigen Skala zwischen „stimme absolut zu“ und „stimme absolut nicht zu“ zu wählen.

stimme absolut zu	○	○	○	○	○	○	stimme absolut nicht zu

Bei der Umsetzung der Antworten in numerische Werte wurde von absolute Zustimmung (6) bis absolute Nichtzustimmung (1) kodiert. Die Werte 4 bis 6 wurden zusammenfassend als Zustimmung, die Werte 1 bis 3 als Nichtzustimmung gewertet.[37]

---

36 Besonders bei der Interpretation der Auswertungsergebnisse der Fragen 1, 3 und 4 ist zu beachten, dass es sich hier um Einstellungen und Ansichten einer im Bezug auf die der schulischen Werteerziehung zugeschriebene Bedeutung recht homogene Teilnehmerschaft handelt. Es wäre durchaus interessant, diese drei Fragen im Rahmen einer weiteren Studie einer repräsentativen Stichprobe von Lehrkräften an allgemein bildenden Schulen in Bayern vorzulegen.

37 Die in diesem Kapitel in fünf Einzeltabellen dargestellten Auswertungsergebnisse zu Frage 1 können im erweiterten Anhang dieser Arbeit im Internet (Teil F) in einer Gesamttabelle eingesehen werden.

	Zustimmung		Nichtzustimmung		Median
	absolut (6)	insg. (4 - 6)	insg. (1 - 3)	absolut (1)	**(Mittelwert)** [38]
***a)** „Eine Debatte über Werte ist angesichts der gesellschaftlichen Situation in Deutschland notwendig."*	539 (63,1%)	828 (97,0%)	26 (3,0%)	7 (0,8%)	6 **(5,48)**

97 % der Untersuchungsteilnehmer stimmen der Aussage zu, dass eine Wertedebatte notwendig sei. 63,1 % stimmen dem absolut zu. Diese Zahlen sind nicht überraschend, wenn man bedenkt, dass es sich um Lehrkräfte handelt, welche die Durchführung schulischer Werteerziehung für wichtig halten.

	Zustimmung		Nichtzustimmung		Median
	absolut (6)	insg. (4 - 6)	insg. (1 - 3)	absolut (1)	**(Mittelwert)**
***b)** „Eine öffentliche Wertedebatte ist überflüssig, da in einer freiheitlichen Gesellschaft wie der deutschen sowieso jeder Mensch seine individuellen Werte für sich selbst finden muss."*	9 (1,1%)	41 (4,8%)	813 (95,2%)	512 (60,0%)	1 **(1,58)**

Analog dazu stimmen 95,2 % der teilnehmenden Lehrkräfte der Aussage b) nicht zu. 60 % stimmen hier absolut nicht zu.

	Zustimmung		Nichtzustimmung		Median
	absolut (6)	insg. (4 - 6)	insg. (1 - 3)	absolut (1)	**(Mittelwert)**
c) „Beliebigkeit in Wertefragen schadet einer Gesellschaft."	476 (55,7%)	796 (93,2%)	58 (6,8%)	21 (2,5%)	6 **(5,30)**

93,2 % sind der Meinung, dass Beliebigkeit in Wertefragen einer Gesellschaft schade. 55,7 % stimmen dieser Aussage absolut zu. Umgekehrt betrachtet ist festzuhalten, dass immerhin knapp 7 % der Untersuchungsteilnehmer nicht so weit gehen würden zu sagen, dass Beliebigkeit in Wertefragen einer Gesellschaft schade.

---

[38] Obwohl es sich um Datenmaterial auf Ordinalskalenniveau handelt, wird das arithmetische Mittel berechnet, um die Bewertungen der einzelnen Aussagen zu vergleichen. Im Abschnitt 3.4.1 wird dieses Vorgehen begründet. Dort werden auch die Kennwerte Median und arithmetisches Mittel näher erläutert.

	Zustimmung		Nichtzustimmung		Median
	absolut **(6)**	insg. **(4 - 6)**	insg. **(1 - 3)**	absolut **(1)**	**(Mittelwert)**
d) „Werte einzufordern ist nicht mehr zeitgemäß."	7 (0,8%)	37 (4,3%)	817 (95,7%)	639 (74,8%)	1 **(1,40)**

Der Aussage, dass es nicht mehr zeitgemäß sei, Werte einzufordern, können 95,7 % der Befragten nicht zustimmen. Knapp drei Viertel (74,8 %) lehnen diese Aussage vollkommen ab.

	Zustimmung		Nichtzustimmung		Median
	absolut **(6)**	insg. **(4 - 6)**	insg. **(1 - 3)**	absolut **(1)**	**(Mittelwert)**
e) „Auch in einer freiheitlichen Gesellschaft sollten bestimmte Werte für alle gelten."	685 (80,2%)	840 (98,4%)	14 (1,6%)	11 (1,3%)	6 **(5,72)**
f) „Wenn bestimmte Werte für alle verbindlich gelten sollen, führt das zu einer nicht akzeptablen Einengung persönlicher Freiheiten."	12 (1,4%)	71 (8,3%)	783 (91,7%)	475 (55,6%)	1 **(1,73)**

98,4 % der Teilnehmer sind der Ansicht, dass in einer freiheitlichen Gesellschaft bestimmte Werte für alle gelten sollten. 80,2 % signalisieren in diesem Punkt absolute Zustimmung.

Gleichzeitig stimmen immerhin 8,3 % der Teilnehmer der Aussage zu, dass es zu einer nicht akzeptablen Einengung persönlicher Freiheiten führe, wenn bestimmte Werte für alle verbindlich gelten sollen. Nur 55,6 % lehnen diese Aussage f) absolut ab. Wenn man das Antwortverhalten auf die Aussagen e) und f) in Bezug setzt, lässt sich der Schluss ziehen, dass auch unter den am Thema Werteerziehung interessierten Lehrkräften teils Unsicherheit herrscht, wie die Forderung nach allgemein verbindlichen Werten mit der persönlichen Freiheit des Einzelnen in Einklang gebracht werden kann.

Die Forderung nach der Allgemeinverbindlichkeit bestimmter Werte steht nicht in Widerspruch zur Forderung nach der individuellen Freiheit des Einzelnen. Im Gegenteil: Die Verbindlichkeit bestimmter Werte ermöglicht individuelle Freiheit erst (vgl. Kapitel 1.3). Wäre dies allen Untersuchungsteilnehmern bewusst, so müsste die Ablehnung der Aussage f) genauso groß sein wie die Zustimmung zur Aussage e).

Lehrkräfte sollten folglich sensibilisiert werden, dass und in welcher Form individuelle Freiheit und verbindliche Werte miteinander vereinbar sind. Hier geht es um zwei konzeptionelle Grundpfeiler einer zeitgemäßen Wertepädagogik. Wenn schon bei am Thema Werteerziehung interessierten Lehrkräften in diesem Punkt eine gewisse Diskrepanz empirisch festzustellen ist, muss festgehalten werden, dass auf diese essenziell wichtigen Kernforderungen ein besonderes Augenmerk gerichtet werden sollte. Die Befähigung der Lehrkräfte zur Durchführung von materialer Werteinstellungs-Erziehung in Kombination mit formaler Bewertungs-Erziehung im Sinne der Ausführungen im Kapitel 1.4 vermag diese scheinbar von einigen als Paradoxie wahrgenommene Spannung aufzulösen.

Bei den letzten beiden Aussage-Items der Frage 1 geht es um die Allgemeingültigkeit bestimmter Werte in der multikulturellen Gesellschaft.

	Zustimmung		**Nichtzustimmung**		Median
	absolut **(6)**	insg. **(4 - 6)**	insg. **(1 - 3)**	absolut **(1)**	**(Mittelwert)**
g) „Aufgrund der multikulturellen Struktur der deutschen Gesellschaft ist es in der Praxis nicht möglich, dass bestimmte Werte für alle gelten.“	12 (1,4%)	147 (17,2%)	707 (82,8%)	333 (39,0%)	2 **(2,14)**
h) „Auch in einer multikulturellen Gesellschaft sollten bestimmte Werte für alle gelten.“	619 (72,5%)	839 (98,2%)	15 (1,8%)	4 (0,5%)	6 **(5,65)**

98,2 % der Untersuchungsteilnehmer stimmen der Aussage h) zu, dass auch in einer multikulturellen Gesellschaft bestimmte Werte für alle gelten sollten. Absolute Zustimmung drücken hier 72,5 % der Befragten aus. Die Zustimmung fällt bei dieser Aussage damit zwar geringfügig verhaltener aus als bei der fast wortgleichen Aussage e) (*„Auch in einer freiheitlichen Gesellschaft sollten bestimmte Werte für alle gelten.“*) [80,2 % absolute Zustimmung]. Die Zustimmung ist dennoch sehr hoch.

Gleichzeitig aber sind immerhin 17,2 % der Meinung, dass es aufgrund der multikulturellen Struktur der deutschen Gesellschaft nicht möglich sei, dass bestimmte Werte für alle gelten. Nur 39 % der Teilnehmer lehnen diese Aussage g) absolut ab.

Wenn man den Aspekt der der Multikulturalität ins Spiel bringt, ist also eine deutliche Diskrepanz zwischen wahrgenommener Notwendigkeit und wahrgenommener Möglichkeit festzustellen. Die Allgemeinverbindlichkeit bestimmter Werte wird als notwendig erachtet, gleichzeitig wird die Umsetzung dieser Forderung tendenziell für problematisch gehalten.

Bei der Optimierung der Konzepte schulischer Werteerziehung muss berücksichtigt werden, dass es nicht zielführend ist, idealtypische Vorschläge zu machen, welche den Lehrkräften mit der gesellschaftlichen Realität dann aber nicht vereinbar erscheinen. Wenn die Lehrenden in dem hier behandelten Punkt tendenziell ein Problem sehen, ist daraus zu schließen, dass ihnen dabei geholfen werden muss, die moralischen Grundwerte auch in Klassen mit kultureller Heterogenität zu vermitteln. Hier darf man sie nicht alleine lassen. Es muss aufgezeigt werden, welche Werte unter welchen Bedingungen auch in der multikulturellen

Gesellschaft für alle gelten können und sollen und was das für die schulische Werteerziehung bedeutet (vgl. Kapitel 1.3).

Frage 3 – Orte der Werteerziehung

In vier Teilfragen wurden die Untersuchungsteilnehmer gebeten, jeweils die Aussage anzukreuzen, die ihrer Meinung am ehesten entspricht.

a) Von Bedeutung für die Werteerziehung sind...	Häufigkeit	Prozent
Schule und Familie	843	98,7
nur die Schule (bitte weiter mit d)	1	0,1
nur die Familie (bitte weiter mit d)	10	1,2
keiner der beiden Orte (bitte weiter mit d)	0	0,0
Gesamt	854	100,0

Hier ist das Antwortverhalten eindeutig. 98,7 % der Untersuchungsteilnehmer halten Schule und Familie für Orte, die für die Werteerziehung von Kindern und Jugendlichen von Bedeutung sind. Am Thema Werteerziehung interessierte Lehrkräfte im Untersuchungsbereich halten also nicht nur die Schule im Bezug auf die Fragestellung für einen wichtigen Ort. Ihnen ist vielmehr die Relevanz der Familie bewusst. Das zeigt auch das Antwortverhalten auf die Frage 3 c).

c) Welcher Ort ist für die Werteerziehung grundsätzlich von größerer Bedeutung?	Häufigkeit	Prozent
Familie	606	71,9
Schule	1	0,1
Beide sind gleich wichtig.	236	28,0
Gesamt	843 [39]	100,0

Knapp 72 % der Lehrkräfte, die Schule und Familie für bedeutsame Orte der Werteerziehung halten, schreiben der Familie eine größere Bedeutung zu als der Schule. Immerhin 28 % halten beide Orte für gleich wichtig.

[39] Die 11 Untersuchungsteilnehmer, die bei 3 a) nicht die erste Option angekreuzt haben, wurden aufgefordert, direkt bei Frage 3 d) weiterzumachen. Sie werden bei 3 b) und c) deshalb nicht zu den 100 % gezählt.

b) Wie würden Sie die Bedeutung der Schule als Ort für Werteerziehung aktuell beschreiben?	Häufigkeit	Prozent
Nur weil Werteerziehung in der Familie oft zu kurz kommt, ist schulische Werteerziehung überhaupt bedeutend.	28	3,3
Weil Werteerziehung in der Familie oft zu kurz kommt, wird schulische Werteerziehung noch bedeutender als sie es auch unabhängig davon wäre.	697	82,7
Ob Werteerziehung in der Familie stattfindet oder nicht, hat keinen Einfluss auf die Bedeutung der schulischen Werteerziehung.	118	14,0
Gesamt	843	100,0

Ein Großteil der Lehrkräfte, die Schule und Familie für bedeutende Orte der Werteerziehung halten, ist der Ansicht, dass die ihrer Meinung nach ohnehin wichtige schulische Werteerziehung dadurch noch an Bedeutung gewinne, dass Werteerziehung in der Familie oft zu kurz komme. Nur wenige Lehrkräfte vertreten die Ansicht, die Bedeutung schulischer Werteerziehung beruhe einzig und allein auf einer mangelnden Erfüllung dieser erzieherischen Aufgabe im Elternhaus. Vergleichsweise wenige Untersuchungsteilnehmer sehen es aber als für die Bedeutung schulischer Werteerziehung irrelevant an, ob in der Familie Werte vermittelt werden oder nicht.

d) Wer sollte für die Inhalte der Werteerziehung maßgebend sein?	Häufigkeit	Prozent
Die Schule muss sich an der Werteerziehung der Familie orientieren.	10	1,2
Die Familie muss sich an der Werteerziehung der Schule orientieren.	12	1,4
Schule und Familie müssen sich in der Werteerziehung an einem gemeinsamen Konsens orientieren.	832	97,4
Gesamt	854	100,0

Bei der Frage, wer für die Inhalte der Werteerziehung maßgebend sein sollte, ist das Antwortverhalten sehr homogen. Die meisten Untersuchungsteilnehmer vertreten die Meinung, dass Schule und Familie sich an einem gemeinsamen Konsens orientieren sollten. Die Ausrichtung einer Erziehungsinstitution an den werteerzieherischen Inhalten der jeweils anderen verlangen nur wenige Lehrkräfte.

Frage 4 – Schulische Werteerziehung

Auch in Frage 4 wurden die Untersuchungsteilnehmer gebeten, jeweils die ihrer Ansicht nach am ehesten zutreffende Aussage anzukreuzen.

Die Auswertung der Antworten zu Frage 4 a) hat gezeigt, dass an der Online-Befragung vor allem Lehrkräfte teilgenommen haben, denen schulische Werteerziehung sehr wichtig ist, die an der Thematik also besonders interessiert sind (vgl. Abschnitt 3.1.2). An dieser Stelle soll kurz auf bisher nicht dargestellte Schulartunterschiede im Antwortverhalten auf diese Frage eingegangen werden. Zur Erinnerung: Wie wichtig ihnen das Stattfinden von schulischer Werteerziehung ist, konnten die Untersuchungsteilnehmer auf einer sechsstufigen Skala bewerten:

überaus wichtig	○ ○ ○ ○ ○ ○	ganz unwichtig

Das erste Feld (überaus wichtig) wurde mit 6 kodiert, das letzte (ganz unwichtig) mit 1. Hier das Antwortverhalten im Schulartvergleich:

a) Dass in der Schule Werteerziehung stattfindet, erachte ich als…	**SGD (854)**	**GS (173)**	**HS (136)**	**VS (116)**	**RS (161)**	**GY (262)**
6 [überaus wichtig]	78,1%	83,8%	80,1%	87,9%	75,2%	71,0%
5	19,1%	13,3%	17,6%	11,2%	23,6%	24,0%
4	2,2%	1,7%	1,5%	0,9%	1,2%	4,2%
3	0,4%	0,6%	-	-	-	0,8%
2	-	-	-	-	-	-
1 [ganz unwichtig]	0,2%	0,6%	0,7%	-	-	-
Median	6	6	6	6	6	6
arithmetisches Mittel[40]	5,74	5,79	5,76	5,87	5,74	5,65

An der Untersuchung teilnehmende Lehrkräfte der verschiedenen Schularten halten die Durchführung schulischer Werteerziehung im Schnitt für sehr wichtig und liegen in ihrer diesbezüglichen Einschätzung nah beieinander. Für jede der untersuchten Schularten gilt: Mindestens 95 % der Lehrkräfte kreuzen bei dieser Frage einen der beiden höchsten Werte (5 oder 6) an. Dennoch ist festzustellen, dass vor allem Gymnasiallehrkräfte im Vergleich zu Lehrern an Volksschulen ein

40 Obwohl es sich um Datenmaterial auf Ordinalskalenniveau handelt, wird das arithmetische Mittel berechnet, um zwischen den Schularten zu vergleichen. Im Abschnitt 3.4.1 wird dieses Vorgehen begründet.

wenig zögerlicher sind, den höchsten Wert (6 - *überaus wichtig*) anzukreuzen. Die der schulischen Werteerziehung zugeschriebene Bedeutung ist bei an der Untersuchung teilnehmenden Gymnasiallehrkräften insgesamt geringfügig kleiner als bei Volksschullehrkräften. Die im nächsten Kapitel dargestellten Auswertungsergebnisse lassen Schlüsse darauf zu, wie dies zu interpretieren ist.

Nun zur Frage 4 b).

b) Schulische Werteerziehung sollte stattfinden...	Häufigkeit	Prozent
im Unterricht und im Rahmen außerunterrichtlicher Aktivitäten	847	99,2
nur im Unterricht	7	0,8
nur im Rahmen außerunterrichtlicher Aktivitäten (bitte weiter mit 5)	0	0,0
Gesamt	854	100,0

Hier ist das Antwortverhalten sehr einheitlich. Für fast alle Untersuchungsteilnehmer steht fest, dass Werteerziehung im Unterricht und im Rahmen außerunterrichtlicher Aktivitäten stattfinden sollte. Da die Forderung nach Werteerziehung im Unterricht mit sehr unterschiedlichen Vorstellungen verbunden sein kann, wurde Frage 4 c) konstruiert. Wie sich zeigt, sind die Vorstellungen der teilnehmenden Lehrkräfte jedoch auch hier sehr homogen.

c) Werteerziehung im Unterricht sollte stattfinden...	Häufigkeit	Prozent
ausschließlich in einem einzigen, eigens dafür vorgesehenen Schulfach	2	0,2
in mehreren Schulfächern, die dafür geeignet sind, nämlich ...	48	5,6
in allen Schulfächern	804	94,1
Gesamt	854	100,0

Für die meisten Befragungsteilnehmer gehört Werteerziehung nicht nur in mehrere, sondern in alle Schulfächer. Die Ansicht, dass Wertepädagogik nur in einem einzigen, eigens dafür vorgesehenen Schulfach betrieben werden sollte, wird nur von zwei Befragten vertreten.

Teilnehmer, welche die zweite Option ankreuzten, hatten die Gelegenheit, in einem offenen Antwortfeld die ihrer Ansicht nach geeigneten Schulfächer anzugeben. Folgende Fächer wurden am häufigsten genannt: Religion/Religionslehre/Religionsunterricht (38 Nennungen), Deutsch (36), Ethik (31).[41]

Wenngleich das offene Antwortfeld eigentlich ausschließlich für Untersuchungsteilnehmer gedacht war, welche die zweite Antwortoption ankreuzten (vgl. Online-Version des Fragebogens, Anhang Teil A), wurde es auch von einigen Teilnehmern genutzt, welche angekreuzt hatten, unterrichtliche Werteerziehung solle in allen Schulfächern stattfinden. Drei dieser Lehrkräfte nannten einige Schulfächer und führten aus, dass sich diese in besonderem Maße für Werteerziehung eigneten. Diese Aussage ist nicht als Widerspruch zur Forderung zu sehen, dass Werteerziehung in allen Schulfächern stattfinden sollte. Sieben Teilnehmer kreuzten die dritte Option an und zählten dann kommentarlos einige Fächer auf. Auch dies wurde so interpretiert, dass sich diese Fächer nach Ansicht der betreffenden Lehrkräfte besonders eignen. Auch von den somit insgesamt zehn Lehrkräften, die bei Frage 4 c) die dritte Option wählten und die dann Schulfächer aufzählten, wurden Religion (8 Nennungen), Ethik (6) und Deutsch (6) am häufigsten aufgeführt.

Abschließend soll nicht unerwähnt bleiben, dass für die Fragen 1, 3 und 4 analysiert wurde, ob sich das Antwortverhalten unter Berücksichtigung unabhängiger Variablen[42] unterscheidet. Mit Ausnahme der geringfügigen aber erwähnenswerten Schulartunterschiede im Antwortverhalten bei Frage 4 a) wurden keine nennenswerten Abweichungen festgestellt.

3.4 Bewertung von Einzelaspekten schulischer Werteerziehung

In den Fragen 5 bis 8 wurden die Untersuchungsteilnehmer gebeten zu bewerten, wie gut bestimmte Aspekte schulischer Werteerziehung ihrer Meinung nach in der Praxis umgesetzt werden. Die Antworten auf diese vier Fragen wurden in einem gemeinsamen Arbeitsschritt ausgewertet.

Jede der vier Fragen beinhaltet eine Tabelle, in welcher jeweils mehrere Aufgaben schulischer Werteerziehung aufgezählt werden. Die Lehrkräfte bewerteten jeweils mit einer Schulnote (von 1 bis 6 mit Zwischennoten) die Umsetzung der einzelnen Aufgaben im Unterricht sowie im Rahmen offizieller schulischer Aktivitäten außerhalb des Unterrichts.

---

41 Ethik und Religion wurden von einigen Teilnehmern in Einheit genannt (Bsp.: „Religion/Ethik" oder „religion bzw. ethik" [sic]). In diesen Fällen wurden beide Fächer gezählt. Weitere Fächer mit mindestens zehn Nennungen: Sachunterricht/HSU/Heimat- und Sachunterricht/Heimatkunde (15), Sport/Sporterziehung (14), Gemeinschaftskunde/Sozialkunde (13), Biologie (12), Geschichte (10). Zudem nannten drei Teilnehmer das an bayerischen Hauptschulen unterrichtete Fach GSE (Geschichte-Sozialkunde-Erdkunde).

42 Schulart; Einwohnerzahl der Stadt, in der sich die Schule befindet; Personengruppe; Betreuung einer Schulklasse als Klassenlehrkraft (vgl. Kap. 3.2)

Bei der Konstruktion der ersten beiden Bewertungstabellen waren die Erkenntnisse aus Abschnitt 2.2.1 dieser Arbeit zentral, wonach bayerische Gesetze die Durchführung schulischer Werteerziehung vorsehen. Frage 5 hat Bildungsaufgaben der Schule zum Inhalt, welche im Artikel 131 der bayerischen Verfassung festgeschrieben sind. In die Bewertungstabelle der Frage 6 flossen ausschließlich schulische Aufgaben ein, welche im Bayerischen Gesetz über das Erziehungs- und Unterrichtswesen in den ersten beiden Artikeln zu finden sind.

Die dritte Bewertungstabelle erhebt, wie gut den Schülern bestimmte Grundwerte vermittelt werden. Es wird nach den Werten gefragt, die in den für die ersten beiden Tabellen verwendeten Gesetzestexten nicht explizit vorkommen. Für Frage 8 schließlich wurden drei Aufgaben formaler Bewertungs-Erziehung formuliert, deren schulpraktische Umsetzung bewertet werden sollte.

Die Befragungsteilnehmer wurden zudem gebeten, jeweils anzukreuzen, ob die entsprechenden Aufgaben ihrer Meinung nach in die Schule gehören oder nicht.

Die Pretestbesprechungen zeigten, dass für die Fragen 5 bis 8 ein relativ ausführlicher Instruktionstext nötig sein würde. Diesen konnten die Befragungsteilnehmer nicht nur zu Beginn des vierteiligen Fragenkatalogs einsehen, sondern auch während des Ausfüllens durch einen Klick jederzeit wieder öffnen. Darin wurden die Lehrkräfte etwa aufgefordert, nicht nur ihren eigenen Unterricht oder von ihnen selbst geleitete außerunterrichtliche Aktivitäten zu bewerten, sondern in die Benotung all das einfließen zu lassen, was sie über die Bildungs- und Erziehungspraxis an ihrer Schule mitbekommen (Gesamteindruck). Durch diesen Hinweis sollte erreicht werden, dass die Lehrkräfte ehrliche Noten geben und nicht den Eindruck haben müssen, durch eine schlechte Note sich selbst gewissermaßen *abzuwerten* (vgl. Online-Fragebogen, Anhang Teil A).

Im folgenden Abschnitt wird auf die Auswertungsmethodik eingegangen, bevor im Abschnitt 3.4.2 Ergebnisse und resultierende Empfehlungen dargestellt werden.

3.4.1 Anmerkungen zur Auswertungsmethodik

854 Untersuchungsteilnehmer bewerteten im Rahmen der Fragen 5 bis 8 die Umsetzung von 29 Aufgaben schulischer Werteerziehung. Sie vergaben jeweils eine Note für die Umsetzung im Unterricht sowie im Rahmen offizieller schulischer Aktivitäten außerhalb des Unterrichts. Jeder dieser somit 58 Aspekte ist eine Variable. Ausgewertet wurden die Variablen sowohl nach Schularten getrennt als auch für alle Teilnehmer zusammengefasst (SGD → Standardgesamtdatensatz). Es liegen also sechs Auswertungen von 58 Variablen vor.[43]

---

[43] Die Frage, ob die jeweiligen Aufgaben der Werteerziehung nach Ansicht der teilnehmenden Lehrkräfte in die Schule gehören, ist in dieser Zählung nicht berücksichtigt. Bei der Beschreibung der Auswertungsmethodik in diesem Abschnitt geht es ausschließlich um die Bewertung mit Schulnoten.

In einem ersten Arbeitsschritt wurden für alle fünf Schularten sowie den Standardgesamtdatensatz in Tabellen mehrere Kennwerte zusammengetragen, welche die Ausprägungen der verschiedenen Variablen beschreiben. Diese vollständigen Kennwerttabellen befinden sich im erweiterten Anhang dieser Arbeit im Internet (Teil G). Hier ein kleiner Ausschnitt (die ersten beiden Variablen) aus der Kennwerttabelle für die reinen Grundschulen:

Kennwerte GS (Ausschnitt)	**Median**	**Mittelwert**	**Modus**	**sehr gut, gut**	**unterm Strich**
5_a_1: „Die Schulen sollen nicht nur Wissen und Können vermitteln, sondern auch Herz und Charakter bilden."	2,0	2,10	2,0	76,9%	0,0%
5_a_2: „Die Schulen sollen nicht nur Wissen und Können vermitteln, sondern auch Herz und Charakter bilden."	2,0	2,18	2,0	72,8%	0,0%

Wichtig zum Verständnis der Kennwerttabellen sowie der Ranglisten, auf welche im Anschluss eingegangen wird: Die Zeilen in normaler weißer Hintergrundformatierung enthalten die Werte für die Umsetzung im Rahmen des Unterrichts.[44] Grau hinterlegt sind die Zeilen, in welchen die Werte für die Umsetzung der jeweiligen Aufgabe im Rahmen offizieller schulischer Aktivitäten außerhalb des Unterrichts stehen.[45]

Zur Erklärung der verwendeten Kennwerte: Der Median ist „jener Wert, der eine nach der Größe geordnete Reihe von Meßwerten halbiert" (Benninghaus 2005, S. 39). Anders ausgedrückt: Liegen in einer Verteilung über einem Wert genauso viele Fälle wie unter diesem Wert, so wird dieser Wert als Median bezeichnet. Bezogen auf die erste Zeile des obigen Tabellenausschnitts bedeutet dies: 50 % der Lehrkräfte an reinen Grundschulen haben diese Variable mit einer 2,0 oder einer besseren Note bewertet, 50 % mit einer 2,0 oder einer schlechteren Note.[46] Der Mittelwert (arithmetisches Mittel) „ist das gebräuchlichste Maß zur Kennzeichnung der zentralen Tendenz einer Verteilung" (Bortz 2005, S. 37). Er wird berechnet, indem die Summe aller Werte (in diesem Fall

44 Der Variablenname endet in diesen Fällen mit einer 1.

45 Der Variablenname endet in diesen Fällen mit einer 2.

46 Im konkreten Fall haben 31,8 % der Lehrkräfte eine Note bis einschließlich 2 plus und 67,6 % eine Note bis einschließlich 2,0 vergeben. D.h. der Median, der die Teilnehmer bezogen auf die Bewertung in zwei Hälften mit jeweils gleich vielen Personen teilt, fällt in die relativ große Gruppe der Lehrkräfte, welche eine 2,0 vergeben haben. Deshalb ist der Median hier – und das gilt für die meisten Bewertungs-Variablen in diesem Kapitel – nicht so zu interpretieren, dass die Gruppe der Teilnehmer, die eine bessere Note als 2,0 vergeben haben gleich groß ist wie die Gruppe, die eine schlechtere Note als 2,0 vergeben hat.

Schulnoten) durch die Anzahl aller Werte dividiert wird.[47] Der Modus (Modalwert) ist der am häufigsten vorkommende Wert (vgl. ebd., S. 35 ff.). Bei der Bewertung der Variable 5_a_1 durch Grundschullehrkräfte wurde also die Note 2,0 am häufigsten vergeben.

In der vorletzten Spalte (*„sehr gut, gut"*) ist festgehalten, wie viel Prozent der Befragten die Umsetzung der entsprechenden Aufgabe sehr gut oder gut, d.h. mit einer Note von 1,0 bis 2 minus bewertet haben. Der Wert in der Spalte „unterm Strich" sagt aus, welcher Prozentsatz der Befragten hier eine Note zwischen 5 plus und 6,0 vergeben hat.[48]

Die sechs Kennwerttabellen vermitteln bei eingehender Beschäftigung schon einen recht differenzierten Überblick darüber, wie gut bestimmte Aufgaben schulischer Werteerziehung nach Ansicht der Untersuchungsteilnehmer umgesetzt werden. Es fällt jedoch schwer, anhand dieser Tabellen abschließend zu beurteilen, welche Aufgaben besser umgesetzt werden, welche schlechter.

Deshalb wurden aus den sechs Kennwerttabellen sechs Ranglisten erstellt. Diese sind so sortiert, dass sich auf Rang 1 jeweils die nach Ansicht der Befragungsteilnehmer am besten bewertete Variable und auf Rang 58 die am schlechtesten bewertete Variable befindet. Die vollständigen Ranglisten befinden sich im erweiterten Anhang dieser Arbeit im Internet (Teil H).[49] Hier ein Ausschnitt (die ersten zehn Rangplätze) aus der Rangliste für die reinen Grundschulen:

---

47 Bei der Berechnung erfolgte eine Rundung auf zwei Dezimalstellen. Eigentlich setzt die Berechnung des arithmetischen Mittels metrische Daten, d.h. Daten auf Intervall- oder Verhältnisskalenniveau voraus (vgl. Benninghaus 2005, S. 45). Schulnoten sind zwar nur ordinalskaliert, da von den Abständen zwischen den einzelnen Noten nicht angenommen werden kann, dass sie gleich groß sind. So wird etwa der Unterschied zwischen einer 3,0 (befriedigend) und einer 4,0 (ausreichend) als geringer wahrgenommen als der Unterschied zwischen einer 4,0 (noch bestanden) und einer 5,0 (nicht bestanden). Dennoch wurde im Rahmen der vorliegenden Auswertung für alle Bewertungs-Variablen das arithmetische Mittel berechnet. Dies ist zunächst einmal aufgrund der Größe der Stichprobe möglich und sinnvoll. Darüber hinaus aber wird der Mittelwert hier nicht als absoluter, sondern als relationaler Kennwert interpretiert. Er kann z.B. dabei helfen zu beurteilen, ob eine bestimmte Aufgabe nach Ansicht der Untersuchungsteilnehmer besser umgesetzt wird als eine andere oder ob die Umsetzung einer bestimmten Aufgabe an einer bestimmten Schulart besser bewertet wird als an einer anderen Schulart. Auch an anderen Stellen in dieser Studie wird das aus ordinalskalierten Daten berechnete arithmetische Mittel als relationaler Wert interpretiert (vgl. z.B. Kap. 3.3, Auswertung der Frage 4 a). Ausführungen über die verschiedenen Skalenarten und Messniveaus finden sich u.a. bei Benninghaus 2005, S. 22 ff. und Bortz 2005, S. 18 ff.

48 Minusnoten wurden mit *,33* und Plusnoten mit *,66* kodiert. Bsp.: 2,33 (2 minus), 4,66 (5 plus). Im Gegensatz zu einer Kodierung mit *,3* und *,7* liegt der Vorteil hier darin, dass die Abstandsgrößen einheitlicher sind.

49 Mit dem Ziel einer übersichtlicheren Darstellung der Ergebnisse enthalten auch die Kennwerttabellen im erweiterten Anhang eine Spalte mit den jeweiligen Rangwerten.

Rang	Rangliste GS (Ausschnitt)	Median	Mittel-wert	Modus	sehr gut, gut	unterm Strich
1	5_d_1: „Achtung … vor der Würde des Menschen“	2,0	1,84	2,0	85,5%	0,0%
1	7_c_1: Gerechtigkeit	2,0	1,84	2,0	86,7%	0,6%
3	5_h_1: „Hilfsbereitschaft“	2,0	1,85	2,0	85,0%	0,0%
4	6_e_1: Die Schulen sollen erziehen zu „Toleranz“	2,0	1,94	2,0	85,0%	0,6%
5	6_f_1: Die Schulen sollen erziehen zu „friedlicher Gesinnung“	2,0	1,95	2,0	80,9%	1,2%
5	7_f_1: Frieden	2,0	1,95	2,0	83,2%	1,2%
7	7_d_1: Gleichheit aller Menschen	2,0	1,98	2,0	80,9%	0,6%
8	5_d_2: „Achtung … vor der Würde des Menschen“	2,0	1,99	2,0	79,2%	0,0%
9	6_a_1: Den SchülerInnen soll „Achtung … vor der Gleichberechtigung von Männern und Frauen“ vermittelt werden.	2,0	2,00	2,0	79,8%	1,2%
10	5_h_2: „Hilfsbereitschaft“	2,0	2,01	2,0	79,2%	0,0%

Folgendes Beispiel zeigt anhand des Tabellenausschnitts, wie die Ranglisten zu lesen sind: Die Umsetzung der Aufgabe, dass Schulen Achtung vor der Würde des Menschen vermitteln sollen, liegt für die reinen Grundschulen auf Rang 1, das heißt es ist nach Ansicht der Lehrkräfte an reinen Grundschulen die am besten umgesetzte Aufgabe schulischer Werteerziehung von der Liste, und dies gilt für die Umsetzung im Unterricht (weiße Hintergrundformatierung). Die Umsetzung im Rahmen offizieller schulischer Aktivitäten außerhalb des Unterrichts (graue Hintergrundformatierung) ist auf Rang 8 von 58.

Die Ranglisten wurden in einem dreistufigen Verfahren sortiert nach: 1. Median, 2. Mittelwert, 3. Modus. Wenn ein bestimmter Medianwert in einer Rangliste mehrmals vorkommt, wurde innerhalb dieser Gruppe sortiert nach Mittelwert. Wenn zwei oder mehr Variablen einen identischen Median und Mittelwert haben, wurde der Modalwert bei der Sortierung berücksichtigt. Wenn bei zwei oder mehr Variablen alle drei Kennwerte identisch sind, teilen sich diese Variablen einen Rangplatz. Wenn innerhalb einer Rangliste ein Rangplatz mehrfach vorkommt, sind die entsprechenden Rangwerte in fetter Schrift formatiert. Wurde ein Rangwert zweifach vergeben, wurde der in der Rangliste folgenden Variable der entsprechende Rangwert plus 2 zugewiesen. Die Kennwerte der letzten beiden Spalten („*sehr gut, gut*", „*unterm Strich*") wurden bei der Sortierung nicht berücksichtigt.[50]

Um alle errechneten Rangwerte vergleichen zu können, wurden die Rangwerte aus allen sechs Ranglisten in einer Ranglistenübersicht zusammengetragen. Diese liegt, wie die Kennwerttabellen, in der Reihenfolge vor, in welcher die Variablen im Rahmen der Online-Befragung erhoben wurden. Die vollständige dreiseitige Ranglistenübersicht befindet sich im erweiterten Anhang dieser Arbeit im Internet (Teil I). Hier ein kleiner Ausschnitt:

Ranglistenübersicht (Ausschnitt)	SGD	GS	HS	VS	RS	GY
5_a_1: „Die Schulen sollen nicht nur Wissen und Können vermitteln, sondern auch Herz und Charakter bilden."	**27**	**17**	23	13	38	46
5_a_2: „Die Schulen sollen nicht nur Wissen und Können vermitteln, sondern auch Herz und Charakter bilden."	18	21	14	**24**	17	12
Den SchülerInnen sollen folgende obersten Bildungsziele vermittelt werden (Auszug):	SGD	GS	HS	VS	RS	GY
5_b_1: „Ehrfurcht vor Gott"	55	48	55	55	57	57
5_b_2: „Ehrfurcht vor Gott"	56	52	56	56	58	**55**
5_c_1: „Achtung vor religiöser Überzeugung"	19	**15**	17	17	23	20
5_c_2: „Achtung vor religiöser Überzeugung"	36	34	41	51	47	**23**

854 Teilnehmer haben 58 Variablen mit Schulnoten bewertet. Die dreiseitige Ranglistenübersicht ist somit eine sehr komprimierte Zusammenfassung der Ergebnisse, denn sie gibt einen Überblick über die Tendenz von 854 mal 58 (also 49.532) Einzelnoten.

50 Da die Entscheidung, nach welchem Kennwert in erster und nach welchem Kennwert in zweiter Instanz sortiert wird, durchaus in jeder der sechs Ranglisten im Fall mehrerer Variablen modifizierenden Einfluss auf die Rangfolge hat, soll diese hier begründet werden. Obwohl das arithmetische Mittel als der genauere Messwert gilt, wurde in erster Instanz nach dem Median sortiert, da dieser der messgenaueste Wert ist, den man streng messtheoretisch betrachtet auf Ordinalskalenniveau errechnen darf. Er ist somit für die vorliegenden Bewertungsdaten das stabilste Maß der zentralen Tendenz zur Beschreibung der Ausprägungsverteilung. Wie bereits angedeutet, kann das arithmetische Mittel als relationale Maßzahl herangezogen werden, jedoch erst in zweiter Instanz. Der Modus als „einfachste Maßzahl der zentralen Tendenz" (Benninghaus 2005, S. 38) wurde erst in dritter Instanz zur Sortierung verwendet.

3.4.2 Ergebnisse und resultierende Empfehlungen

Im Rahmen der Auswertung der Teilnehmerantworten auf die Fragen 5 - 8 wurde das Datenmaterial unter verschiedenen Gesichtspunkten analysiert.[51]

Folgender Frage wurde als erstes nachgegangen: An welchen Schularten vergeben die Lehrkräfte tendenziell bessere Noten für die Umsetzung einzelner Aufgaben schulischer Werteerziehung als an anderen Schularten? Zu diesem Zweck wurden für die Rangplätze 1, 15, 30, 45 und 58 jeweils die Kennwerte Median und Mittelwert in einer Tabelle zusammengetragen:

Kennwerte		GS	HS	VS	RS	GY
Rang 1	Median	2,0	2,0	2,0	2,0	2,0
	Mittelwert	1,84	2,18	1,92	2,02	1,99
Rang 15	Median	2,0	2,17	2,0	2,0	2,0
	Mittelwert	2,08	2,35	2,24	2,33	2,26
Rang 30	Median	2,0	2,66	2,33	2,33	2,33
	Mittelwert	2,35	2,73	2,48	2,52	2,43
Rang 45[52]	Median	2,33	3,0	2,66	2,66	2,66
	Mittelwert	2,54	2,85	2,58	2,68	2,71
Rang 58	Median	3,0	3,66	3,33	4,0	3,0
	Mittelwert	3,17	3,56	3,40	3,50	3,29

In der Analyse werden die beiden Kennwerte im Folgenden nicht isoliert voneinander sondern in Kombination interpretiert. Es fällt auf, dass für alle Rangplätze die Kennwerte der reinen Grundschulen am besten sind, die Werte der reinen Hauptschulen am schlechtesten. Einzige Ausnahme: Bei Rang 58 ist der Median der Realschule schlechter als der Wert der reinen Hauptschule. Lehrkräfte an reinen Grundschulen vergeben also durchschnittlich bessere Noten als Lehrkräfte anderer Schularten, Lehrer an reinen Hauptschulen bewerten die Umsetzung einzelner Aspekte schulischer Werteerziehung durchschnittlich mit den schlechtesten Noten. Die Werte für Volksschulen mit Grund- und Hauptschulzweig, Realschulen und Gymnasien liegen bis auf die erwähnte Ausnahme dazwischen.

---

[51] Darüber hinaus bieten die Kennwerttabellen und Ranglisten sowie die Ranglistenübersicht im erweiterten Anhang im Internet dem interessierten Leser die Möglichkeit, vertiefend eigene Fragen an das Datenmaterial heranzutragen.

[52] In den Ranglisten GS und HS gibt es keinen Rang 45, da der Rangwert 44 in beiden Fällen zwei Variablen zugewiesen wurde. In der vorliegenden Tabelle befinden sich an den entsprechenden Stellen die Kennwerte für Rang 44.

Die Tabelle beschreibt zunächst nur die generelle Tendenz der Bewertungen und macht keine Aussagen darüber, welche Aufgaben besser oder schlechter umgesetzt werden. Ein differenzierteres Bild ergibt sich, wenn an späterer Stelle in diesem Abschnitt die Bewertungen der Umsetzung konkreter Aufgaben und die entsprechenden Rangwerte vergleichend analysiert und interpretiert werden. Für die entsprechenden Interpretationen aber lassen sich aus der obigen Tabelle bereits zwei wichtige Fakten herauslesen:

1. Die Differenzen zwischen einzelnen Rangplätzen fallen klein aus. Die Rangplätze liegen nah beieinander. Auch bei einer größeren Rangdifferenz unterscheiden sich die zugrunde liegenden Maße der zentralen Tendenz teils relativ geringfügig.

2. Die Untersuchungsteilnehmer haben insgesamt überaus gute Noten vergeben. Auch auf weiter hinten liegenden Rangplätzen wurden im Durchschnitt oft noch recht gute Noten vergeben.

Vor allem der zweite Punkt wird auch bei der Betrachtung folgender Tabelle deutlich, in welcher für die unterschiedlichen Rangplätze zusammengetragen wurde, wie viel Prozent der Teilnehmer jeweils eine gute oder sehr gute Note (1,0 bis 2 minus) vergeben haben:

gute oder sehr gute Benotung[53]	SGD	GS	HS	VS	RS	GY
Rang 1	76,9%	86,7%	70,4%	79,3%	74,5%	80,2%
Rang 15	66,3%	75,7%	58,1%	68,1%	60,2%	65,3%
Rang 30	54,6%	60,1%	49,6%	55,2%	57,8%	55,3%
Rang 45	46,5%	53,2%	37,8%	49,1%	47,2%	49,2%
Rang 58	28,1%	31,2%	14,8%	27,6%	24,2%	26,7%

Die Untersuchungsteilnehmer bewerten die 58 Variablen auf einem engen Spektrum überaus gut. Dies ist nicht ganz überraschend, denn es wurde die Umsetzung positiv belegter Aufgaben abgefragt, welche darüber hinaus zu einem nicht unerheblichen Teil direkt aus der bayerischen Verfassung und dem Bayerischen Gesetz über das Erziehungs- und Unterrichtswesen stammen. So besteht mögli-

53 In den Ranglisten GS und HS kommt der Rangwert 45 nicht vor. An den entsprechenden Stellen wurden in der vorliegenden Tabelle die Kennwerte für Rang 44 eingetragen. In der Rangliste SGD kommt der Rangwert 15 nicht vor. An der entsprechenden Stelle wurde in der Tabelle der Kennwert für Rang 14 eingetragen. In diesen drei Fällen sowie im Fall der Rangwerte 1, 15 und 30 in der Spalte GS gilt: Zwei oder mehr Variablen teilen sich den Rangplatz. In diesen insgesamt sechs Fällen wurde für die Tabelle der jeweils bessere bzw. beste Kennwert verwendet. In der Rangliste RS teilen sich zwei Variablen den Rangwert 15. Der Kennwert ist in diesem Fall bei beiden Variablen identisch.

cherweise die Tendenz, Bewertungen im Rahmen des sozial Erwünschten vorzunehmen.

Was bedeutet dies nun für die Interpretation der Ranglisten und Kennwerttabellen? Es geht nicht darum festzustellen, dass eine bestimmte Aufgabe schulischer Werteerziehung im absoluten Sinne gut oder schlecht umgesetzt wird. Wenn selbst bei Rang 45 noch 46,5 % der Befragten eine sehr gute oder gute Note vergeben, dann wird klar, dass ein relativ schlechter Rangwert nicht unbedingt so interpretiert werden kann, dass die entsprechende Aufgabe nach Ansicht der Befragungsteilnehmer schlecht umgesetzt wird. Stattdessen interessieren im Folgenden relationale Aussagen. Es geht um die Frage, welche Aufgaben besser umgesetzt werden als andere. Und selbst, wenn die Rangplätze nah beieinander liegen, ist es als interessanter Unterschied zu werten, wenn etwa bei Rang 15 statt 80,2 % nur 65,3 % oder bei Rang 30 nur 55,3 % der Gymnasiallehrkräfte für die Umsetzung der entsprechenden Aufgabe eine gute oder sehr gute Note vergeben.[54] Denn umgekehrt betrachtet vergeben im letzten Fall immerhin knapp 45 % keine gute Note. Aus diesen Analysen lassen sich dann Schlüsse ziehen, welche Aufgaben im Rahmen der Optimierung schulischer Werteerziehung stärker Beachtung finden sollten. Denn das Ziel ist eine ausgewogene Wertepädagogik, welche z.B. gleichermaßen materiale Werteinstellungs-Erziehung und formale Bewertungs-Erziehung umfasst. Überhaupt wird bei der Interpretation trotz der teils geringen Unterschiede der Kennwerte davon ausgegangen, dass jede Lehrkraft, die sich die Mühe gemacht hat, die ausführlichen Bewertungstabellen auszufüllen, damit auch Differenzierungen ausdrücken wollte. Es gilt, diese feinen Nuancen aus dem Datenmaterial herauszulesen.

Bei fast allen Aufgaben, deren Umsetzung in den Fragen 5 - 8 bewertet wurde, geht es um spezifische Aspekte schulischer Werteerziehung wie z.B. Toleranz oder konkrete Grundwerte als Erziehungsziele. Die einzige Ausnahme ist gleich der erste Satz in Frage 5. Ohne einen spezifischen Aspekt hervorzuheben fasst er – wenn auch in anderer Terminologie – die Forderung zusammen, dass die Schulen Werteerziehung betreiben sollen.

---

54 Der Kennwert *„sehr gut, gut"* kann zur konkretisierenden Veranschaulichung der Kennwerte Median, Mittelwert und Modus dienen. In diesem Sinne wird er in diesem Kapitel an einigen Stellen verwendet. Denn z.B. die Aussage, dass 56 % der Untersuchungsteilnehmer die Umsetzung einer bestimmten Aufgabe mit einer guten oder sehr guten Note bewertet haben, erscheint weniger abstrakt als die Aussage, dass der Medianwert für die Bewertung bei 2,33 und das arithmetische Mittel bei 2,48 liegt. Da der Kennwert *„sehr gut, gut"* jedoch nicht in die Sortierung der Ranglisten eingeflossen ist, kommt es häufig vor, dass eine schlechter platzierte Variable hier einen besseren Kennwert hat als eine oder mehrere besser platzierte Variable(n). Deshalb ist bei der Interpretation kleiner prozentualer Differenzen Vorsicht geboten. Das gleiche gilt für die Interpretation kleiner Rangwertunterschiede. Gerade für die konkretisierende Beschreibung größerer Rangwertdifferenzen ist der Kennwert jedoch hilfreich und sinnvoll.

	SGD	GS	HS	VS	RS	GY
5_a_1: „Die Schulen sollen nicht nur Wissen und Können vermitteln, sondern auch Herz und Charakter bilden."	**27**	**17**	23	13	38	46
5_a_2: „Die Schulen sollen nicht nur Wissen und Können vermitteln, sondern auch Herz und Charakter bilden."	18	21	14	**24**	17	12

Im vorliegenden Fall ist es wenig sinnvoll zu vergleichen, ob die Aufgabe besser oder schlechter umgesetzt wird als andere Aufgaben. Denn man kann schwerlich die Umsetzung einer konkreten Aufgabe schulischer Werteerziehung vergleichen mit der Umsetzung schulischer Werteerziehung insgesamt. An dieser Stelle ist vielmehr folgende Frage von Interesse: Bewerten die Lehrkräfte die Umsetzung im Unterricht oder im Rahmen außerunterrichtlicher Aktivitäten besser? Lehrkräfte an reinen Grundschulen sowie Volksschulen mit Grund- und Hauptschulzweig vergeben bessere Noten für die Umsetzung dieser Aufgabe im Unterricht, Lehrkräfte an reinen Hauptschulen, Realschulen und Gymnasien bewerten die Umsetzung im Rahmen außerunterrichtlicher Aktivitäten besser. Besonders groß ist der Rangwertunterschied für das Gymnasium. Die Größe des Unterschieds wird hier auch deutlich, wenn man sich einen anderen Kennwert anschaut: 72,1 % der Gymnasiallehrer vergeben hier für die Umsetzung außerhalb des Unterrichts eine gute oder sehr gute Note, für die Umsetzung im Unterricht sind es nur 42,4 %.

Um diese Erkenntnisse systematisch zu überprüfen, wurde in folgender Tabelle für alle Schularten zusammengetragen, bei wie vielen der 29 Aufgaben jeweils die unterrichtliche bzw. außerunterrichtliche Umsetzung besser bewertet wurde.

Häufigkeiten	GS	HS	VS	RS	GY
Umsetzung im Unterricht wird besser beurteilt	25	19	28	11	5
Umsetzung im Rahmen offizieller schulischer Aktivitäten außerhalb des Unterrichts wird besser beurteilt	3	9	1	18	24
identische Bewertung beider Aspekte	1	1	-	-	-

Die Tendenz ist vor allem in drei Fällen sehr klar: Die Umsetzung konkreter Aufgaben schulischer Werteerziehung im Unterricht wird von Lehrern an reinen Grundschulen sowie Volksschulen mit Grund- und Hauptschulzweig in fast allen Fällen im Schnitt besser beurteilt als die außerunterrichtliche Umsetzung. Für das Gymnasium gilt das Gegenteil. Realschullehrkräfte bewerten die außerunterrichtliche Umsetzung häufiger besser als die unterrichtliche, bei Lehrern an reinen Hauptschulen ist es umgekehrt. In beiden Fällen ist die Tendenz jedoch weniger stark ausgeprägt als bei den anderen drei Schularten. Diese Häufigkeitstabelle bestätigt also die Erkenntnisse aus der vorhergehenden Tabelle („*Schulen sol-*

len … auch Herz und Charakter bilden") für alle Schularten, mit Ausnahme der reinen Hauptschulen.

Ein wichtiger Aspekt ist in der Häufigkeitstabelle jedoch nicht berücksichtigt: Die Größe der Rangdifferenzen. So macht es einen Unterschied, ob beispielsweise die Umsetzung einer Aufgabe im Unterricht um 30 oder nur um zwei Rangplätze besser bewertet wird als die außerunterrichtliche Umsetzung. Folgende Tabelle illustriert die Berechnung der durchschnittlichen Größe der Rangdifferenzen:

Größe der Rangdifferenzen	**GS**	**HS**	**VS**	**RS**	**GY**
Addition der Rangwerte für die Umsetzung der Aufgaben im Unterricht	755	787	718	918	1005
Addition der Rangwerte für die Umsetzung der Aufgaben im Rahmen offizieller schulischer Aktivitäten außerhalb des Unterrichts	944	918	988	789	698
Differenz der Rangplätze	-189	-131	-270	129	307
Durchschnittliche Größe der Rangdifferenzen (Differenz der Rangplätze geteilt durch 29)	-6,52	-4,52	-9,31	4,45	10,59

Die letzte Zeile ist wie folgt zu interpretieren: Werte mit negativem Vorzeichen drücken aus, dass die unterrichtliche Umsetzung der Aufgaben im Durchschnitt besser bewertet wird. Umgekehrt bedeuten Werte mit positivem Vorzeichen, dass die außerunterrichtliche Umsetzung im Schnitt besser bewertet wird. Gymnasiallehrkräfte etwa bewerten die Umsetzung einer Aufgabe schulischer Werteerziehung außerhalb des Unterrichts im Durchschnitt um 10,59 Rangplätze besser als die Umsetzung im Unterricht. Lehrkräfte an reinen Grundschulen bewerten die unterrichtliche Umsetzung im Durchschnitt um 6,52 Rangplätze besser als die außerunterrichtliche Umsetzung.

Grob lassen sich also zwei Gruppen bilden: Volksschullehrkräfte (GS, HS, VS) bewerten die Umsetzung der Aufgaben schulischer Werteerziehung im Unterricht insgesamt optimistischer. Realschul- und Gymnasiallehrer bewerten die Umsetzung im Rahmen außerunterrichtlicher Aktivitäten insgesamt besser. Lässt man die Werte für die Volksschulen mit Grund- und Hauptschulzweig einmal außen vor[55], ist bezogen auf diese Fragestellung der Unterschied zwischen Gymnasium und reiner Grundschule besonders groß. Der beschriebene Trend wird auch deutlich, wenn man die schulartbezogenen Ranglisten betrachtet: Acht der zehn am besten bewerteten Variablen in den Ranglisten GS und VS beziehen sich auf die Umsetzung im Unterricht, in der Rangliste HS sind dies sieben. Acht

55 Denn hier ist nicht bekannt, ob in die Bewertungen eher Erfahrungen aus dem Grund- oder dem Hauptschulzweig eingeflossen sind.

der zehn am besten bewerteten Variablen in der Rangliste GY beziehen sich auf die Umsetzung im Rahmen offizieller schulischer Aktivitäten außerhalb des Unterrichts, in der Rangliste RS sind dies sieben.

Welche Schlüsse lassen sich aus diesen Zahlen nun ziehen? Es steht außer Frage, dass im Rahmen offizieller schulischer Aktivitäten außerhalb des Unterrichts, also z.B. im Rahmen von Klassenfahrten, von Arbeitsgemeinschaften, im Schulleben, auf dem Pausenhof, auf den Schulkorridoren etc. Werteerziehung stattfinden soll. Dem wohnt eine große Chance inne, und es wird vom Autor dieser Arbeit explizit gefordert. Doch Schule ist in erster Linie Unterricht. Den größten Teil ihrer Zeit mit schulischen Erziehern verbringen die Schüler im Unterricht. Somit bietet der Unterricht die größeren Chancen, erzieherisch auf die Schülerschaft Einfluss zu nehmen. Deshalb erscheint es problematisch, dass vor allem von Gymnasiallehrkräften die Umsetzung unterrichtlicher Werteerziehung [zwar teils (auch in zentralen Aspekten) geringfügig aber doch im Durchschnitt der Befragungsteilnehmer] systematisch schlechter bewertet wird als die Umsetzung im Rahmen außerunterrichtlicher Aktivitäten.[56] So entsteht besonders für das Gymnasium der Eindruck, dass im Unterricht möglicherweise doch die Vermittlung von Wissen und Können die Bildung von Herz und Charakter zu verdrängen scheint. An späterer Stelle wird zwar deutlich, dass die Problematik der besonders starken Betonung fachlicher Inhalte sowie der Stofffülle auch an den anderen Schularten nach Ansicht der Lehrkräfte ein großes Problem darstellt (vgl. Kapitel 3.6). Dennoch zeigen die vorliegenden Zahlen: Auf Werteerziehung im Gymnasialunterricht scheint dies den am stärksten messbaren negativen Einfluss zu haben. Und so sollte bei der Optimierung schulischer Werteerziehung hierauf ein besonderes Augenmerk gerichtet werden. Die Zahlen für die Realschule sind zwar weniger eindeutig. Doch auch hier sollte darauf geachtet werden, dass der unterrichtlichen Werteerziehung ausreichend Platz eingeräumt wird.

Wenn Gymnasiallehrkräfte die Bildung von Herz und Charakter im Unterricht deutlich weniger optimistisch bewerten, als die Umsetzung dieser Aufgabe im Rahmen offizieller schulischer Aktivitäten außerhalb des Unterrichts, so ist dies möglicherweise auch ein Hinweis darauf, dass sie sich mehr als Lehrkräfte anderer Schularten (vor allem der Volksschulen) in besonders starkem Maße primär als Stoffvermittler sehen. In diesem Lichte ist es auch erklärlich, warum an der Untersuchung teilnehmende Gymnasiallehrkräfte etwas zögerlicher sind als Volksschul-

---

56 Auch wenn sich die Kennwerte für außerunterrichtliche und unterrichtliche Umsetzung der Aufgaben in zentralen Aspekten teils nur geringfügig unterscheiden, so ist doch vor allem auch der große Unterschied in der Bewertung der ersten Aufgabe („*Schulen sollen … auch Herz und Charakter bilden*“) frappierend. Ein weiterer Punkt, der auffällt: Sogar die Aufgabe, dass die Schüler zu selbstständigem Urteil befähigt werden sollen, die eigentlich gerade für den Unterricht prädestiniert zu sein scheint, wird von Gymnasiallehrkräften in der außerunterrichtlichen Umsetzung besser bewertet als in der unterrichtlichen. Das gleiche gilt für die Realschule.

lehrkräfte, bei der persönlichen Bewertung der Wichtigkeit schulischer Werteerziehung den höchsten Wert anzukreuzen (vgl. Kap. 3.3, Auswertung der Frage 4 a).

Die Unterschiede in der Bewertung der Umsetzung unterrichtlicher und außerunterrichtlicher Werteerziehung stellen *einen* Aspekt dar, der aus den Kennwert- und Ranglisten herauszulesen ist. Im Folgenden geht es nun um die Frage, welche spezifischen Aufgaben schulischer Werteerziehung nach Ansicht der Untersuchungsteilnehmer besser als andere umgesetzt werden.

Um hier vergleichende Interpretationen vorzunehmen, sind die einzelnen Ranglisten (sechs mal zweieinhalb Seiten Tabellenmaterial) noch recht unübersichtlich. Selbst die knapp dreiseitige Ranglistenübersicht wirkt auf den ersten Blick ein wenig unübersichtlich. Deshalb werden im Folgenden Ausschnitte aus der Ranglistenübersicht verwendet, welche die Aufgaben schulischer Werteerziehung und die dazugehörigen Rangwerte nach Gruppen sortiert darstellen. Zunächst geht es um materiale Werteinstellungs-, danach um formale Bewertungs-Erziehung, bevor auf andere Aspekte schulischer Werteerziehung eingegangen wird.

Für die Interpretation wird die Rangliste in drei annähernd gleich große Abschnitte eingeteilt. Rangwerte von 1 bis 20 werden als überdurchschnittlich bewertete Umsetzung interpretiert, Rangwerte von 21 bis 39 als im Mittelfeld, d.h. durchschnittlich bewertete Umsetzung. Rangwerte von 40 bis 58 werden als unterdurchschnittlich, d.h. vergleichsweise (!) schlechte Umsetzung definiert. Ein schlechter Rangwert bedeutet wie erwähnt nicht eine schlechte Umsetzung, sondern eine in Relation zu anderen Aufgaben schlechtere Umsetzung.[57]

Es geht hier immer um Vergleiche der Umsetzung bestimmter Aufgaben innerhalb der Rangliste einer Schulart. Da nämlich – wie bereits ausgeführt – z.B. Lehrkräfte an reinen Hauptschulen im Schnitt schlechtere Noten vergeben als Lehrkräfte an reinen Hauptschulen, implizieren identische Rangwerte im Schulartvergleich keine identische Bewertung der Umsetzung. So führen z.B. identische Kennwerte (Median 2,0; Mittelwert 2,18; Modus 2,0) in der Rangliste HS zu einem Rangwert 1, in der Rangliste GS nur zu einem Rangwert 21. Es wird im Folgenden also der Frage nachgegangen: Welche Aufgaben werden nach Ansicht der Lehrkräfte einer bestimmten Schulart besser umgesetzt, welche schlechter?

In den Ausschnitten aus der Ranglistenübersicht befinden sich sowohl die Rangwerte für die unterrichtliche als auch die außerunterrichtliche Umsetzung. Wenn nun z.B. der Rangwert für die außerunterrichtliche Umsetzung einer Aufgabe bei 6 und der Rangwert für die unterrichtliche Umsetzung bei 40 liegt, wird dies als überdurchschnittliche Umsetzung der Aufgabe interpretiert, da sie zu-

[57] Im Übrigen muss bei der Interpretation beachtet werden, dass aufgrund der geringen Differenzen zwischen einzelnen Rangplätzen geringe Rangwertunterschiede mit Vorsicht zu interpretieren sind. Es ist wenig sinnvoll, etwa Rangwert 39 als durchschnittliche und im direkten Vergleich Rangwert 40 als unterdurchschnittliche Bewertung zu interpretieren. Die Einteilung der Rangliste in drei Teile dient nur als grober Richtwert bei der Interpretation.

mindest in einem der beiden Bereiche nach Ansicht der Untersuchungsteilnehmer überdurchschnittlich gut umgesetzt wird.

Materiale Werteinstellungs-Erziehung

Materiale Werteinstellungs-Erziehung beinhaltet, dass die einzelnen Grundwerte den Schülern vermittelt werden (vgl. Kap. 1.4). Die Bewertungstabellen des Online-Fragebogens enthalten sowohl 1. die allgemeine Formulierung dieser Aufgaben in Form der Grundwerte, ohne diese auf einen bestimmten Bereich konkretisierend einzugrenzen und darüber hinaus 2. einige konkretere, auf einen bestimmten Bereich eingegrenzte Aufgaben materialer Werteinstellungs-Erziehung.[58] Die unter Punkt 2. genannten Aufgaben sind den unter Punkt 1. genannten Aufgaben immanent, sie leiten sich aus diesen ab.

Die in Punkt 1. genannten Aufgaben fassen die Ziele materialer Werteinstellungs-Erziehung treffend zusammen. Deshalb sind die zu diesen Aufgaben gehörigen Rangwerte in der folgenden Tabelle zusammengefasst, um die Bewertungen der Umsetzung dieses Teilbereichs der Werteerziehung durch die Untersuchungsteilnehmer zu interpretieren.[59]

Materiale Werteinstellungs-Erziehung (Rangwerte)	**SGD**	**GS**	**HS**	**VS**	**RS**	**GY**
Den SchülerInnen sollen folgende obersten Bildungsziele vermittelt werden (Auszug):						
5_d_1: „Achtung … vor der Würde des Menschen"	1	**1**	2	2	1	2
5_d_2: „Achtung … vor der Würde des Menschen"	2	8	4	6	2	1
5_f_1: „Verantwortungsgefühl"	21	**12**	22	11	25	40
5_f_2: „Verantwortungsgefühl"	12	24	16	16	**6**	6
5_g_1: „Verantwortungsfreudigkeit"	51	39	54	41	53	54
5_g_2: „Verantwortungsfreudigkeit"	30	**40**	40	**43**	29	22

→

[58] Ein Beispiel hierfür: *Den SchülerInnen soll „Achtung … vor der Gleichberechtigung von Männern und Frauen" vermittelt werden* ist eine konkretere, auf einen bestimmten Bereich eingegrenzte Formulierung der Aufgabe, dass Schulen den Grundwert *Gleichheit aller Menschen* vermitteln sollen.

[59] Der Grundwert *Verantwortung* wird in der vorliegenden Tabelle gewissermaßen konkretisiert durch *Verantwortungsgefühl* und *Verantwortungsfreudigkeit.* Diese beiden Formulierungen grenzen *Verantwortung* jedoch nicht auf einen bestimmten Bereich ein, sondern fassen die Forderung nach der Vermittlung dieses Grundwertes gut zusammen. Das gleiche gilt für *Achtung vor der Würde des Menschen* (Grundwert *Würde des Menschen*), *Schutz des Lebens* (*Leben*), *Gleichheit aller Menschen* (*Gleichheit*).

Materiale Werteinstellungs-Erziehung (Rangwerte)	SGD	GS	HS	VS	RS	GY
Den SchülerInnen soll vermittelt werden, was folgende Grundwerte konkret bedeuten und wie sie nach diesen ihr Leben und Handeln gestalten können:						
7_a_1: Gemeinwohl	47	**35**	34	38	49	49
7_a_2: Gemeinwohl	**39**	**35**	**44**	42	32	38
7_b_1: Schutz des Lebens	22	**28**	12	23	11	**34**
7_b_2: Schutz des Lebens	34	37	**28**	**34**	22	37
7_c_1: Gerechtigkeit	5	**1**	3	4	5	26
7_c_2: Gerechtigkeit	**14**	11	18	15	9	**23**
7_d_1: Gleichheit aller Menschen	9	7	8	8	13	**17**
7_d_2: Gleichheit aller Menschen	16	14	13	22	**15**	**13**
7_e_1: Freiheit	42	46	**38**	32	41	**34**
7_e_2: Freiheit	44	50	48	**36**	40	29
7_f_1: Frieden	6	**5**	**6**	7	12	11
7_f_2: Frieden	17	**12**	25	21	20	10

Zunächst fällt auf: Bezogen auf den Standardgesamtdatensatz ist die Vermittlung von Achtung vor der Würde des Menschen die nach Ansicht der Untersuchungsteilnehmer am besten umgesetzte Aufgabe schulischer Werteerziehung. Die unterrichtliche Umsetzung wird an allen Schularten mit einem ersten oder zweiten Rangplatz bewertet; der im Schulartvergleich schlechteste Rangwert für die außerunterrichtliche Umsetzung liegt bei 8 (GS).

Überdurchschnittlich gut bewertet wird auch die Vermittlung der Grundwerte Frieden und Gleichheit aller Menschen. Die unterrichtliche Vermittlung von Frieden wird von Lehrkräften im schlechtesten Fall mit einem zwölften Rang bewertet. Im Fall der reinen Grundschulen sowie der Gymnasien gilt dies auch für die außerunterrichtliche Umsetzung. Die Vermittlung des Grundwertes Gleichheit wird von Lehrkräften aller Schularten für mindestens einen der beiden Bereiche (unterrichtlich/außerunterrichtlich) mit einem 13. oder einem besseren Rangplatz bewertet.

Die unterrichtliche Umsetzung der Vermittlung des Grundwertes Gerechtigkeit wird von Volksschul- und Realschullehrkräften mit hervorragenden

Rangwerten zwischen 1 und 5 bewertet. Gymnasiallehrkräfte bewerten die Umsetzung bestenfalls (d.h. hier außerunterrichtlich) mit einem 23. Rang.[60]

Eine weitere Aufgabe schulischer Werteerziehung, deren Umsetzung von Lehrkräften aller Schularten überdurchschnittlich gut bewertet wird, ist die Vermittlung von Verantwortungsgefühl. Für mindestens einen der beiden Bereiche vergeben die Lehrkräfte hier jeweils einen Rangplatz, der besser als 17 ist. Die außerunterrichtliche Umsetzung bewerten Realschul- und Gymnasiallehrkräfte sogar jeweils mit einem sechsten Platz. Die Vermittlung von Verantwortungsfreudigkeit hingegen bewerten die Untersuchungsteilnehmer insgesamt weniger optimistisch. Vielleicht lässt sich dies so deuten, dass die Lehrkräfte glauben, im Rahmen ihrer erzieherischen Bemühungen eher Wissen und Gefühl der Schüler zu erreichen, als Einfluss auf das tatsächliche Handeln zu haben.

Die unterrichtliche Umsetzung der Vermittlung des Grundwertes Schutz des Lebens wird von Lehrern an Real- sowie reinen Hauptschulen mit einem Rangplatz im oberen Drittel bewertet. Die Bewertungen der Lehrkräfte der anderen drei Schularten führen hier bestenfalls zu Rangwerten im Mittelfeld.

Vergleicht man die schulische Vermittlung der acht Grundwerte, so schneiden Gemeinwohl und Freiheit nach Ansicht der Befragungsteilnehmer insgesamt am schlechtesten ab. Lehrkräfte aller Schularten vergeben für die Vermittlung von Gemeinwohl für einen der beiden Bereiche (unterrichtlich/außerunterrichtlich) bestenfalls einen Rangplatz im Mittelfeld. In der Rangliste GS gilt dies für beide Bereiche. Bestenfalls wird die Vermittlung des Grundwertes Freiheit für mindestens einen der beiden Bereiche mit Rangplätzen im Mittelfeld (HS, VS, GY) bzw. im unteren Drittel der Rangliste (GS, RS) bewertet.

Dies wird auch deutlich, wenn man sich folgende Zahlen betrachtet: Auf Rang 1 (SGD) vergeben 76,9 % aller Untersuchungsteilnehmer eine gute oder sehr gute Note für die Umsetzung der entsprechenden Aufgabe. Für die außerunterrichtliche Vermittlung von Gemeinwohl sind es nur 50,6 %, für die unterrichtliche Vermittlung 43,9 %. Für die unterrichtliche und außerunterrichtliche Vermittlung des Grundwertes Freiheit vergeben jeweils knapp über 49 % eine gute oder sehr gute Note.

Fazit: Angestrebt werden sollte im Rahmen der Optimierung schulischer Werteerziehung im Untersuchungsbereich eine ausgewogene materiale Werteein-

---

60 Auch an diesem Beispiel lässt sich illustrieren, dass die hier vorgenommenen Interpretationen der Rangwerte sich sinnvollerweise immer relational auf die Bewertungen innerhalb einer Schulart beziehen müssen: 64 % der Lehrkräfte an reinen Hauptschulen bewerten die unterrichtliche Umsetzung dieser Aufgabe mit einer guten oder sehr guten Note. 60,3 % der Gymnasiallehrkräfte bewerten die außerunterrichtliche Umsetzung mit einer solchen Note. Somit liegen diese Kennwerte nah beieinander. Da aber auf Rang 1 80,2 % der Gymnasiallehrer aber nur 70,4 % der Lehrer an reinen Hauptschulen eine gute oder sehr gute Note vergeben, liegt der Rangwert für die entsprechenden Variablen einmal bei 3 (HS) und einmal bei 23 (GY).

stellungs-Erziehung, welche die Vermittlung aller acht Grundwerte beinhaltet. Gemeinwohl und Freiheit sind Grundwerte, auf welche hier schulartübergreifend ein besonderes Augenmerk gerichtet werden sollte. An reinen Grundschulen, Volksschulen mit Grund- und Hauptschulzweig sowie an Gymnasien sollte überprüft werden, ob dem Grundwert Schutz des Lebens in der Erziehung ein ausreichender Stellenwert eingeräumt wird. Das gleiche gilt für die Vermittlung von Gerechtigkeit am Gymnasium.

Insgesamt kann jedoch das Fazit gezogen werden, dass die Umsetzung materialer Werteinstellungs-Erziehung von den Befragungsteilnehmern überwiegend überdurchschnittlich gut bewertet wird.

Hinweise darauf, dass das Datenmaterial trotz der geringen Rangdifferenzen hohe Reliabilität aufweist, sind darin zu sehen, dass ähnlich lautende Aufgaben ähnlich gut bewertet werden. So geht die insgesamt überdurchschnittlich gute Bewertung der Umsetzung der Vermittlung des Grundwertes Gleichheit einher mit einer überdurchschnittlichen Bewertung der Umsetzung folgender Aufgabe:

	SGD	GS	HS	VS	RS	GY
6_a_1: Den SchülerInnen soll „Achtung ... vor der Gleichberechtigung von Männern und Frauen" vermittelt werden.	3	9	1	5	3	3
6_a_2: Den SchülerInnen soll „Achtung ... vor der Gleichberechtigung von Männern und Frauen" vermittelt werden.	8	19	11	14	6	5

Die Rangwerte dieser konkreter formulierten Aufgabe bestätigen, dass die schulische Vermittlung des Grundwertes Gleichheit von den Untersuchungsteilnehmern insgesamt überdurchschnittlich optimistisch gesehen wird.

In ähnlicher Weise geht die überdurchschnittlich gute Bewertung der Vermittlung des Grundwertes Frieden einher mit einer überdurchschnittlichen Bewertung der Umsetzung folgender Aufgabe:[61]

[61] Im Gegensatz zu den beiden dargestellten Beispielen wird die Vermittlung von *Verantwortungsbewusstsein für Natur und Umwelt* insgesamt etwas weniger optimistisch bewertet als die Vermittlung von *Verantwortungsgefühl.* Vielleicht lässt sich die in diesem Fall etwas größere Differenz dadurch erklären, dass es sich hier um einen sehr spezifischen Aspekt von Verantwortung handelt. Dahingegen ist die Gleichberechtigung von Männern und Frauen als überaus zentraler Aspekt des Grundwertes Gleichheit anzusehen. Und auch *friedliche Gesinnung* und *Frieden* liegen sehr nah beieinander.

	SGD	GS	HS	VS	RS	GY
6_f_1: Die Schulen sollen erziehen zu „friedlicher Gesinnung“	7	**5**	**6**	3	**15**	16
6_f_2: Die Schulen sollen erziehen zu „friedlicher Gesinnung“	**10**	**15**	10	12	10	9

Eine weitere wichtige Aufgabe, die der materialen Werteinstellungs-Erziehung zugerechnet werden kann, ist die Erziehung zu Toleranz:

	SGD	GS	HS	VS	RS	GY
6_e_1: Die Schulen sollen erziehen zu „Toleranz“	**10**	4	9	9	14	**17**
6_e_2: Die Schulen sollen erziehen zu „Toleranz“	13	**17**	21	20	8	**7**

Auch die Umsetzung dieser Aufgabe wird überdurchschnittlich gut bewertet. Lehrkräfte aller fünf Schularten vergeben entweder für die unterrichtliche oder die außerunterrichtliche Umsetzung einen Rangplatz unter den ersten neun.

Nach diesen Aspekten materialer Werteinstellungs-Erziehung wird im Folgenden der zweite große Teilbereich von Werteerziehung behandelt.

Formale Bewertungs-Erziehung

Der folgende Ausschnitt aus der Ranglistenübersicht enthält Aufgaben formaler Bewertungs-Erziehung, deren schulpraktische Umsetzung die Untersuchungsteilnehmer bewertet haben.

Formale Bewertungs-Erziehung	SGD	GS	HS	VS	RS	GY
6_b_1: Die Schüler/innen sollen befähigt werden zu „selbstständigem Urteil“.	**31**	**30**	**44**	40	37	30
6_b_2: Die Schüler/innen sollen befähigt werden zu „selbstständigem Urteil“.	**31**	47	**44**	47	28	21
Positive Werte, sogar demokratische Grundwerte, können in konkreten Situationen zueinander in Konflikt stehen. Man muss sich dann für eine Handlungsoption entscheiden. Bsp.: Soll man sich für Gerechtigkeit einsetzen, auch wenn man dadurch den Frieden gefährdet? Darf man es mit der Wahrheit auch mal nicht so eng sehen, wenn man dadurch einen Freund vor Schaden bewahrt?						

→

Formale Bewertungs-Erziehung	SGD	GS	HS	VS	RS	GY
8_a_1: Schüler/innen sollen lernen, in solchen **Konfliktsituationen** sinnvolle eigene Entscheidungen zu treffen.	37	38	26	**24**	42	43
8_a_2: Schüler/innen sollen lernen, in solchen **Konfliktsituationen** sinnvolle eigene Entscheidungen zu treffen.	35	43	33	39	30	31
Vor allem gegen Ende ihrer Schullaufbahn müssen Jugendliche wichtige Entscheidungen treffen, die ihre weitere Lebensplanung betreffen.						
8_b_1: In der Schule soll von Anfang an die Fähigkeit der Schüler/innen gestärkt werden, in wichtigen Fragen der **Lebensplanung** sinnvolle eigene Entscheidungen zu treffen.	52	55	**28**	**34**	36	**55**
8_b_2: In der Schule soll von Anfang an die Fähigkeit der Schüler/innen gestärkt werden, in wichtigen Fragen der **Lebensplanung** sinnvolle eigene Entscheidungen zu treffen.	50	56	35	53	**34**	51
Auch Entscheidungen mit geringerer Reichweite sind mitunter herausfordernd. So müssen sich Kinder und Jugendliche etwa in einer Fülle angebotener Freizeitgestaltungsmöglichkeiten zurechtfinden. Da muss man oft erst einmal herausfinden, was man will.						
8_c_1: Schüler/innen sollen lernen, in Fragen der **Freizeitgestaltung** sinnvolle eigene Entscheidungen zu treffen.	54	**44**	53	49	54	58
8_c_2: Schüler/innen sollen lernen, in Fragen der **Freizeitgestaltung** sinnvolle eigene Entscheidungen zu treffen.	48	**40**	49	48	51	45

Wie im Abschnitt 2.2.1 ausgeführt, ist Befähigung der Schüler zu selbstständigem Urteil (6_b) zunächst keine ausschließlich werteerzieherische schulische Aufgabe. Sie sollte ebenso Teil der akademischen Ausbildung des Nachwuchses sein. Denn auch in fachlichen Fragen gilt es, Entscheidungen treffen zu können. Die Fähigkeit, eigenständig zu urteilen, gehört jedoch auch essenziell zum Umgang mit Werten (sowohl mit Grundwerten als auch mit Lebensgestaltungswerten). So gesehen ist diese im Bayerischen Gesetz über das Erziehungs- und Unterrichtswesen festgeschriebene Aufgabe als wichtiger Aspekt einer formalen Bewertungs-Erziehung anzusehen. Realschul- und Gymnasiallehrkräfte bewerten die unterrichtliche und die außerunterrichtliche Umsetzung jeweils mit Rangplätzen im Mittelfeld. Das gleiche gilt für die Bewertung der unterrichtlichen Umsetzung durch Lehrer an reinen Grundschulen. Lehrkräfte der beiden anderen Volksschularten vergeben Noten, die ausschließlich zu Plätzen im unteren Drittel der Rangliste führen.

8_a fragt danach, wie gut die Schüler befähigt werden, in Situationen, in denen positiv belegte Werte in Widerspruch zueinander stehen, eigene Entscheidungen zu treffen. Lehrkräfte jeder Schulart bewerten die Umsetzung dieser Aufgabe bestenfalls für jeweils mindestens einen der beiden Bereiche mit einem Rangwert im Mittelfeld.

Nach diesen beiden Aufgaben (6_b und 8_a), welche die Ziele formaler Bewertungs-Erziehung gewissermaßen allgemein zusammenfassen, beleuchten die Aufgaben 8_b und 8_c spezifischere Aspekte – gewissermaßen konkrete Beispiele – dieses Teilbereichs der Werteerziehung. Es handelt sich um Beispiele, die Wertentscheidungen aus dem Bereich der Lebensgestaltungswerte betreffen.

Die Umsetzung der Aufgabe, dass Schüler befähigt werden sollen, in Fragen der Lebensplanung sinnvolle eigene Entscheidungen zu treffen (8_b), wird von Lehrkräften an reinen Grundschulen sowie Gymnasien ausschließlich mit Rangplätzen im unteren Siebtel bewertet. Lehrer der anderen drei Schularten vergeben jeweils zumindest für einen der beiden Bereiche einen Rangwert im Mittelfeld. Was die Grundschulen betrifft, stellt die schlechte Bewertung der Umsetzung dieser Aufgabe kein größeres Problem dar, denn Grundschüler sind so jung, dass dieser Aspekt getrost hinter anderen zurückstehen darf. Was jedoch das Gymnasium betrifft, ist die vergleichsweise schlechte Bewertung als potenziell problematisch anzusehen. Jedem Schulabgänger stellt sich die Frage, wie es nach dem Schulabschluss weitergeht. Hier sollte die Schule den Jugendlichen nicht alleine lassen.

8_c schließlich fordert die Lehrkräfte auf zu bewerten, wie gut es der Schule gelingt, die Schüler zu befähigen, in Fragen der Freizeitgestaltung sinnvolle eigene Entscheidungen zu treffen. Die Lehrkräfte vergeben hier ausschließlich Rangplätze im unteren Drittel.

Zusammenfassend kann gesagt werden, dass die schulpraktische Umsetzung formaler Bewertungs-Erziehung bestenfalls mit Rangwerten im Mittelfeld bewertet wird. Zentrale Aspekte werden hier also schlechter bewertet als viele zentrale Aspekte materialer Werteinstellungs-Erziehung.

Auf allen fünf Schulartranglisten stehen auf Platz 1 Aufgaben, welche der materialen Werteinstellungs-Erziehung zugerechnet werden können.[62] Vergleicht man nun für jede der Schularten den Kennwert, wie viel Prozent der Lehrkräfte die in der jeweiligen Rangliste am besten bewertete Variable formaler Bewertungs-

62 Auch die Erziehung zu Hilfsbereitschaft (Rangplatz 1 VS) kann der materialen Werteinstellungs-Erziehung zugerechnet werden, denn Hilfsbereitschaft ist eine Tugend, welche z.B. Mittel zur Verwirklichung der Grundwerte Gemeinwohl oder Verantwortung sein kann.

Erziehung gut oder sehr gut bewertet haben mit dem Kennwert, wie viel Prozent die Variable auf Platz 1 gut oder sehr gut bewertet haben, so stellt man fest: Im Falle des erstgenannten Kennwertes sind es im Schnitt circa 20 % weniger.[63]

Eine weitere Empfehlung zur Optimierung schulischer Werteerziehung lautet also: An allen Schularten im Untersuchungsbereich sollte darauf geachtet werden, dass der formalen Bewertungs-Erziehung ausreichend Platz eingeräumt wird. Denn gute Werteerziehung vermittelt nicht nur inhaltlich Werte, sondern fördert auch mündige Entscheidungen.

Diese Empfehlung lässt sich bereits aus der Analyse der Bewertungen der allgemeiner formulierten Aufgaben 6_b und 8_a ableiten und wird durch die Analyse der Bewertungen der spezifischer formulierten Aufgaben 8_b und 8_c bestätigt.

Wie bereits erwähnt, wurden die Untersuchungsteilnehmer auch gefragt, ob die 29 in den Bewertungstabellen enthaltenen Aufgaben ihrer Meinung nach in die Schule gehören oder nicht. In fast allen Fällen liegt die Zustimmung bei mindestens 96 %. Nur vier Mal liegt der Wert darunter, und dies betrifft in zwei Fällen die formale Bewertungs-Erziehung.[64] 6,3 % der teilnehmenden Lehrkräfte sind der Meinung, die Befähigung der Jugendlichen, in Fragen der Lebensplanung sinnvolle eigene Entscheidungen zu treffen (8_b), gehöre nicht in die Schule. Ganze 18 % sind der Meinung, es sei nicht Aufgabe der Schule, die Kinder und Jugendlichen zu Entscheidungen bezüglich der Freizeitgestaltung zu befähigen (8_c). Die folgenden beiden Tabellen zeigen Schulartunterschiede auf.

Gehört Aufgabe **8_b** („*Lebensplanung*") für Sie in die Schule?	**SGD (854)**	**GS (173)**	**HS (136)**	**VS (116)**	**RS (161)**	**GY (262)**
ja	93,7%	95,4%	94,1%	96,6%	93,8%	91,2%
nein	6,3%	4,6%	5,9%	3,4%	6,2%	8,8%

Erstaunlicherweise ist unter Gymnasial- und Realschullehrern sowie unter Lehrkräften an reinen Hauptschulen die Zustimmung zu Aufgabe 8_b ein wenig geringer als unter Lehrern an reinen Grundschulen, obwohl man von Grundschullehrkräften die Umsetzung dieser Aufgabe im Vergleich dieser vier Schularten aus erwähnten Gründen am wenigsten erwarten würde. Die Unterschiede sind hier allerdings geringfügig.

---

63 Die genauen Zahlen: GS (-26,6 %), HS (-22,6 %), VS (-18,1 %), RS (-18,6 %), GY (-20,3 %). [In der Rangliste GS teilen sich zwei Variablen den ersten Platz. Für die vorliegende Berechnung wurde der bessere Kennwert verwendet.]

64 Auf die anderen beiden Fälle wird an entsprechender Stelle eingegangen. In den 25 Fällen, in welchen die Zustimmung bei mindestens 96 % liegt, wird auf diese Variable nicht eingegangen.

Gehört Aufgabe **8_c** („*Freizeitgestaltung*“) für Sie in die Schule?	**SGD (854)**	**GS (173)**	**HS (136)**	**VS (116)**	**RS (161)**	**GY (262)**
ja	82,0%	89,0%	87,5%	87,9%	76,4%	75,6%
nein	18,0%	11,0%	12,5%	12,1%	23,6%	24,4%

Die Ablehnung der Aufgabe 8_c ist unter Lehrkräften an Realschulen und Gymnasien größer als unter Lehrern an Volksschulen.

Im Folgenden geht es nun um die Teilnehmerbewertungen eines zentralen Bestandteils schulischer Werteerziehung, welcher jedoch – wie bereits ausgeführt – nicht als zusätzlicher Aspekt zur materialen Werteinstellungs-Erziehung und formalen Bewertungs-Erziehung verstanden werden kann, sondern welcher einer Werteerziehung, die beide Teilbereiche berücksichtigt, innewohnt und sie gleichzeitig zentral definiert, ja konstituiert.

Rechte und Pflichten

Werteerziehung muss dem Individuum helfen bei einer gesunden Balance zwischen Rechten und Pflichten, bei der Balance zwischen persönlicher Freiheit und notwendiger Einschränkung.

Im Rahmen der Umfrage wurde dieser Aspekt explizit durch folgende zwei Aufgaben abgefragt:

Rechte und Pflichten	SGD	GS	HS	VS	RS	GY
6_d_1: Die Schulen sollen erziehen zu „verantwortlichem Gebrauch der Freiheit“	53	54	52	52	52	52
6_d_2: Die Schulen sollen erziehen zu „verantwortlichem Gebrauch der Freiheit“	49	53	51	54	48	42
6_j_1: Die Schulen haben die Aufgabe, die „Schülerinnen und Schüler zur gleichberechtigten Wahrnehmung ihrer Rechte und Pflichten ... zu befähigen.“	41	33	32	**28**	44	48
6_j_2: Die Schulen haben die Aufgabe, die „Schülerinnen und Schüler zur gleichberechtigten Wahrnehmung ihrer Rechte und Pflichten ... zu befähigen.“	46	42	43	33	45	39

6_d formuliert den Spagat zwischen Rechten und Pflichten, indem ein Grundwert (Verantwortung), den man intuitiv eher mit Pflichten in Verbindung bringt, mit einem anderen Grundwert (Freiheit) verknüpft wird, welcher intuitiv eher als

Recht aufgefasst wird.[65] Noch expliziter auf den Punkt gebracht wird der angesprochene Balanceakt in Aufgabe 6_j.

Die schulpraktische Umsetzung der Erziehung zum verantwortlichen Gebrauch der Freiheit (6_d) wird von Lehrkräften aller Schularten mit Noten bewertet, die ausschließlich zu Rangwerten im unteren Drittel der Rangliste führen. Dazu passt, dass – wie bereits ausgeführt – Freiheit einer der beiden Grundwerte ist, deren Vermittlung im Vergleich zur Vermittlung der anderen sechs Grundwerte nach Ansicht der Untersuchungsteilnehmer am wenigsten optimistisch bewertet wird. Somit bestätigt die Analyse der Teilnehmerbewertungen der Aufgabe 6_d, dass darauf geachtet werden sollte, dass im Rahmen der schulischen materialen Werteinstellungs-Erziehung der Vermittlung des Grundwertes Freiheit in ausreichendem Maße Platz eingeräumt wird.

Die Befähigung der Schüler zur gleichberechtigten Wahrnehmung ihrer Rechte und Pflichten (6_j) wird von Volksschul- sowie Gymnasiallehrkräften bestenfalls für jeweils mindestens einen der beiden Bereiche mit einem Rangplatz im Mittelfeld bewertet. Realschullehrkräfte vergeben hier Noten, die zu Rangplätzen im unteren Drittel führen.

Vergleicht man auch hier für jede der Schularten den Kennwert, wie viel Prozent der Lehrkräfte die im vorliegenden Ranglistenausschnitt am besten bewertete Variable gut oder sehr gut bewertet haben mit dem entsprechenden Kennwert auf Rang 1, so stellt man fest: Im Falle des erstgenannten Kennwertes sind es zwischen 16,4 % und 28,7 % weniger.[66]

Eine weitere Empfehlung zur Optimierung schulischer Werteerziehung lautet also: An allen Schularten sollte darauf geachtet werden, dass dem Erziehungsziel, die Schüler zu einer gesunden Balance zwischen individuellen Rechten und Plichten zu befähigen, in ausreichendem Maße Platz eingeräumt wird.

Im Folgenden sollen die drei Aspekte materiale Werteinstellungs-Erziehung, formale Bewertungs-Erziehung und die Erziehung zur Balance zwischen individuellen Rechten und Pflichten in Relation zueinander gesetzt werden:

1. Eine ausgewogene Werteerziehung, welche sowohl materiale Werteinstellungs-Erziehung als auch formale Bewertungs-Erziehung umfasst, verhilft dem Individuum zu einer Balance zwischen individuellen Rechten und Pflichten. Denn

---

65 In der Tat wird der Begriff Freiheit auch in der vorliegenden Arbeit in erster Linie im Zusammenhang mit individueller Freiheit, also als Recht verwendet (siehe erster Hauptteil). Natürlich ist es aber so, dass jeder Grundwert Rechte und Pflichten impliziert. Denn jeder Grundwert gilt für alle Gesellschaftsmitglieder. So verstanden bedeutet Verantwortung nicht nur eine Pflicht für das eigene Handeln, sondern auch das Recht, von anderen verantwortlich behandelt zu werden. Und Freiheit ist nicht nur ein Recht, sondern dieser Grundwert impliziert auch die Verpflichtung, die Freiheit anderer zu respektieren.

66 Die genauen Zahlen: GS (-26,6 %), HS (-26,7 %), VS (-16,4 %), RS (-27,3 %), GY (-28,7 %). [In der Rangliste GS teilen sich zwei Variablen den ersten Platz. Für die vorliegende Berechnung wurde der bessere Kennwert verwendet.]

sie beinhaltet sowohl die Verpflichtung zu den allgemeingültigen Grundwerten als auch die Gestaltung individueller Freiräume und den mündigen Umgang mit Konflikten zwischen Lebensgestaltungs- und Grundwerten (vgl. Kap. 1.4).

2. Die Untersuchungsteilnehmer bewerten sowohl zentrale Aspekte formaler Bewertungs-Erziehung als auch die Erziehung zur Balance zwischen individuellen Rechten und Pflichten weniger optimistisch als die Umsetzung vieler zentraler Aspekte materialer Werteinstellungs-Erziehung.
3. Somit bestätigen die Ergebnisse aus diesem Abschnitt (Rechte und Pflichten), dass bei der Optimierung schulischer Werteerziehung verstärkt darauf geachtet werden sollte, dass der formalen Bewertungs-Erziehung gleichberechtigt zur materialen Werteinstellungs-Erziehung in ausreichendem Maße Platz eingeräumt werden muss.

In der Interpretation der Bewertung der Umsetzung von Einzelaspekten schulischer Werteerziehung sind einige Aufgaben bisher noch nicht berücksichtigt worden. Auf diese Einzelaufgaben soll im Folgenden eingegangen werden.

Beleuchtet wird zunächst, wie solche Aufgaben schulischer Werteerziehung bewertet werden, welche (ausschließlich) den Aspekt des Handelns implizieren.[67]

Weiter oben in diesem Kapitel wurde bereits dargestellt, dass die Befragungsteilnehmer die Vermittlung von Verantwortungsfreudigkeit insgesamt weniger optimistisch bewerten als die Vermittlung von Verantwortungsgefühl. Dies wurde so interpretiert, dass die Lehrer möglicherweise glauben, im Rahmen ihrer erzieherischen Bemühungen eher Wissen und Gefühl der Schüler zu erreichen, als Einfluss auf das tatsächliche Handeln zu haben.

Bestätigt wird diese Interpretation, wenn man die Rangwerte zu folgender Aufgabe betrachtet:

	SGD	GS	HS	VS	RS	GY
6_c_1: Die Schüler/innen sollen befähigt werden zu „eigenverantwortlichem Handeln“	45	**22**	37	30	39	50
6_c_2: Die Schüler/innen sollen befähigt werden zu „eigenverantwortlichem Handeln“	23	**28**	30	**36**	21	15

Hier wird der Grundwert Verantwortung noch expliziter als in der Formulierung „Verantwortungsfreudigkeit“ in Verbindung gebracht mit dem Handeln. Auch

67 Nicht eingegangen wird in diesem Zusammenhang auf die Aufgaben aus Frage 7 (7_a bis 7_f). Zwar wird in der Aufgabenformulierung der Aspekt des Handelns explizit erwähnt, aber es geht nicht ausschließlich um das Handeln sondern auch allgemein darum, was die „Grundwerte konkret bedeuten“. Das Handeln ist in der Aufgabenformulierung einer von zwei Aspekten.

diese Aufgabe 6_c wird insgesamt schlechter bewertet als die Vermittlung von Verantwortungsgefühl.

Eine andere Aufgabe, welche das Handeln der Schüler in den Fokus stellt, wird hingegen überaus gut bewertet:

	SGD	GS	HS	VS	RS	GY
Den SchülerInnen sollen folgende obersten Bildungsziele vermittelt werden (Auszug):						
5_h_1: „Hilfsbereitschaft"	**14**	3	15	1	26	41
5_h_2: „Hilfsbereitschaft"	4	10	5	10	**3**	4

Für die Umsetzung dieser Aufgabe vergeben Lehrkräfte aller Schularten für die unterrichtliche oder die außerunterrichtliche Umsetzung einen hervorragenden Rangwert zwischen 1 und 5.

Die Frage, als wie handlungsrelevant die Untersuchungsteilnehmer die schulische Werteerziehung ansehen, kann mit dem vorliegenden Datenmaterial also nicht abschließend beantwortet werden.

Im Vergleich der Einzelaspekte am schlechtesten bewertet wird die Umsetzung folgender bisher nicht behandelter Aufgaben:

	SGD	GS	HS	VS	RS	GY
Den SchülerInnen sollen folgende obersten Bildungsziele vermittelt werden (Auszug):						
5_b_1: „Ehrfurcht vor Gott"	55	48	55	55	57	57
5_b_2: „Ehrfurcht vor Gott"	56	52	56	56	58	**55**
6_h_1: Die Schulen haben die Aufgabe, zur „Förderung des europäischen Bewusstseins beizutragen".	58	58	58	57	56	53
6_h_2: Die Schulen haben die Aufgabe, zur „Förderung des europäischen Bewusstseins beizutragen".	57	57	57	58	55	47

Nur 28,1 % bis 32,5 % aller Untersuchungsteilnehmer vergeben für die schulpraktische Umsetzung dieser Aufgaben eine gute oder sehr gute Note. 10,5 % bis 14,4 % bewerten die Umsetzung dieser Aufgaben mit Noten zwischen 5 plus und 6,0.

Für 35,2 % der Untersuchungsteilnehmer gehört Ehrfurcht vor Gott als eines der obersten Bildungsziele (5_b) nicht in die Schule. 14,8 % der Befragten stimmen nicht der Forderung aus dem Bayerischen Gesetz über das Erziehungs- und Unterrichtswesen zu, wonach die Schulen zu Förderung des europäischen Bewusstseins beizutragen haben (6_h).

Folgende Tabelle zeigt Schulartunterschiede bezüglich der Ablehnung der Aufgabe 5_b auf:

Gehört Aufgabe **5_b** („*Ehrfurcht vor Gott*") für Sie in die Schule?	**SGD (854)**	**GS (173)**	**HS (136)**	**VS (116)**	**RS (161)**	**GY (262)**
ja	64,8%	73,4%	66,2%	68,1%	61,5%	58,0%
nein	35,2%	26,6%	33,8%	31,9%	38,5%	42,0%

Die Ablehnung der Aufgabe 5_b ist unter Realschul- und Gymnasiallehrkräften größer als unter Volksschullehrern. Unter Lehrkräften an reinen Grundschulen ist die Zustimmung, dass Ehrfurcht vor Gott als eines der obersten Bildungsziele in die Schule gehört, im Schulartvergleich am größten.

Bezüglich der Ablehnung der Aufgabe 6_h lassen sich keine nennenswerten Schulartunterschiede feststellen.

Im folgenden Ausschnitt aus der Ranglistenübersicht sind die Rangwerte der sechs bisher nicht behandelten Aufgaben schulischer Werteerziehung zusammengefasst.

restliche Aufgaben	SGD	GS	HS	VS	RS	GY
Den SchülerInnen sollen folgende obersten Bildungsziele vermittelt werden (Auszug):						
5_c_1: „Achtung vor religiöser Überzeugung"	19	**15**	17	17	23	20
5_c_2: „Achtung vor religiöser Überzeugung"	36	34	41	51	47	**23**
5_e_1: „Selbstbeherrschung"	25	**22**	19	18	27	33
5_e_2: „Selbstbeherrschung"	**31**	32	27	31	31	36
5_i_1: „Verantwortungsbewusstsein für Natur und Umwelt"	38	**25**	47	19	43	44
5_i_2: „Verantwortungsbewusstsein für Natur und Umwelt"	29	27	**38**	**28**	24	28
5_j_1: „Die Schüler sind im Geiste der Demokratie … zu erziehen."	20	**30**	20	27	18	**13**
5_j_2: „Die Schüler sind im Geiste der Demokratie … zu erziehen."	**27**	44	36	46	19	**17**
6_g_1: Die Schulen sollen erziehen zu „Anerkennung kultureller und religiöser Werte"	24	20	24	26	**34**	32

→

restliche Aufgaben	SGD	GS	HS	VS	RS	GY
6_g_2: Die Schulen sollen erziehen zu „Anerkennung kultureller und religiöser Werte“	26	**25**	31	**43**	33	25
6_i_1: Die Schulen sollen im „Geist der Völkerverständigung“ erziehen.	43	49	42	45	50	27
6_i_2: Die Schulen sollen im „Geist der Völkerverständigung“ erziehen.	**39**	51	50	50	46	**7**

Die unterrichtliche Umsetzung der Vermittlung von Achtung vor religiöser Überzeugung (5_c) als einem der obersten Bildungsziele wird von Lehrkräften aller Schularten mit Rangwerten von 15 bis 23 bewertet. So kann in Relation zu dem zuvor Ausgeführten festgehalten werden, dass für ein gutes Drittel der Befragten die Erziehung zu Ehrfurcht vor Gott nicht in die Schule gehört und dass die Umsetzung dieser Aufgabe insgesamt am zweitschlechtesten bewertet wird, dass dagegen aber die Vermittlung von Achtung vor religiöser Überzeugung deutlich besser bewertet wird.

Die Vermittlung von Selbstbeherrschung (5_e) als einem der obersten Bildungsziele wird im Durchschnitt aller Untersuchungsteilnehmer im Mittelfeld bewertet.

Die Vermittlung von Verantwortungsbewusstsein für Natur und Umwelt (5_i) kann der materialen Werteinstellungs-Erziehung zugerechnet werden, denn sie ist dem Grundwert Verantwortung verpflichtet. Dieses oberste Bildungsziel stellt einen sehr spezifischen aber nicht zentralen Aspekt materialer Werteinstellungs-Erziehung dar. Bezogen auf den Standardgesamtdatensatz wird die Umsetzung im Mittelfeld bewertet.

Nicht eingegangen wird in diesem Kapitel auf die Bewertung der Umsetzung der Erziehung im Geiste der Demokratie (5_j), da es sich um eine Formulierung handelt, unter der sich verschiedene Personen unterschiedliche Dinge vorstellen, weshalb Interpretationen problematisch sind. Der Autor dieser Arbeit verwendet den Begriff erst zwei Fragen später in der Einleitung zur Frage 7 explizierend im Zusammenhang mit den Grundwerten.[68]

Ebenfalls nicht näher eingegangen wird hier auf die Bewertung der Erziehung zur Anerkennung kultureller und religiöser Werte (6_g). Die Formulierung aus dem Bayerischen Gesetz über das Erziehungs- und Unterrichtswesen kann zum einen – im Gegensatz zur Aufgabe 5_a („*Schulen sollen … auch Herz und Charakter bilden*“) – nicht als Zusammenfassung der Forderung nach Werteerziehung angesehen wird, da eine Einschränkung auf kulturelle und religiöse Werte erfolgt. Zum anderen ist die Formulierung sehr allgemein, da sie

68 „Zum *Geist der Demokratie* gehören bestimmte Werte, auf denen das *Deutsche Grundgesetz* und die *Bayerische Verfassung* aufbauen“ (vgl. Online-Fragebogen, Anhang Teil A).

nicht expliziert, um welche kulturellen und religiösen Werte es geht. Zudem mag mancher Befragter die Erziehung zur Anerkennung kultureller Werte anders bewerten als die Erziehung zur Anerkennung religiöser Werte. Die Aufgabenformulierung ist also zu multidimensional, als dass man die Umsetzung sinnvollerweise direkt mit der Umsetzung anderer Aufgaben vergleichen könnte.[69]

Bei der Bewertung der schulpraktischen Umsetzung der Erziehung im Geist der Völkerverständigung schließlich lassen sich deutliche Schulartunterschiede feststellen. Während Gymnasiallehrkräfte die außerunterrichtliche Umsetzung mit einem sehr guten siebten Platz bewerten, vergeben Lehrkräfte der anderen Schularten Noten, die ausschließlich zu Rangwerten im unteren Drittel der Rangliste führen. Dies ist möglicherweise als Hinweis zu werten, dass vor allem an Volks- und Realschulen im Untersuchungsbereich darauf geachtet werden sollte, der multikulturellen Erziehung ausreichend Platz einzuräumen.

Nach der Beantwortung der Fragen 5 bis 8 war für die Untersuchungsteilnehmer die Bewertung der Praxis schulischer Werteerziehung nicht abgeschlossen, wie das folgende Kapitel beschreibt.

3.5 Gesamtbewertung schulischer Werteerziehung

Nachdem die Untersuchungsteilnehmer in den Fragen 5 - 8 die Umsetzung von Einzelaspekten schulischer Werteerziehung bewertet hatten, wurden sie in Frage 10 um eine Gesamtbewertung gebeten.

Zunächst kreuzten sie an, wie viel Platz der Werteerziehung an ihrer Schule insgesamt eingeräumt wird (10 a), bevor sie jeweils mit einer Gesamtnote bewerteten, wie gut Werteerziehung im Alltag an ihrer Schule insgesamt umgesetzt wird (10 b) und wie gut Werteerziehung in den Lehrplänen umgesetzt wird (10 c).[70]

---

69 Die Aufgaben 5_j und 6_g wurden dennoch bei der Konstruktion des Online-Fragebogens berücksichtigt, da sie an zentralen Stellen der bayerischen Verfassung bzw. des Bayerischen Gesetzes über das Erziehungs- und Unterrichtswesen festgeschrieben sind und das Thema Werteerziehung betreffen.

70 Die Ergebnisse der Auswertung der Teilnehmerantworten zu Frage 10 d) werden im Kapitel 3.8 dargestellt.

Frage 10 a) Wie viel Platz wird der Werteerziehung an Ihrer Schule insgesamt eingeräumt?

10 a) Der Werteerziehung wird an meiner Schule...	SGD (854)	GS (173)	HS (136)	VS (116)	RS (161)	GY (262)
... deutlich zu wenig Platz eingeräumt	60 (7,0%)	5 (2,9%)	10 (7,4%)	8 (6,9%)	7 (4,3%)	29 (11,1%)
... etwas zu wenig Platz eingeräumt	273 (32,0%)	39 (22,5%)	45 (33,1%)	29 (25,0%)	67 (41,6%)	93 (35,5%)
... in angemessenem Maße Platz eingeräumt	517 (60,5%)	129 (74,6%)	81 (59,6%)	78 (67,2%)	84 (52,2%)	140 (53,4%)
... etwas zu viel Platz eingeräumt	-	-	-	-	-	-
... deutlich zu viel Platz eingeräumt	4 (0,5%)	-	-	1 (0,9%)	3 (1,9%)	-

Im Schulartvergleich schneidet die Grundschule hier am besten ab. Knapp drei Viertel der Lehrkräfte an reinen Grundschulen sind der Meinung, der Werteerziehung werde an ihrer Schule in angemessenem Maße Platz eingeräumt. Über ihre Schulen sagen dies 67,2 % der Lehrkräfte an Volksschulen mit Grund- und Hauptschulzweig, 59,6 % der Lehrkräfte an reinen Hauptschulen, 52,2 % der Realschul- und 53,4 % der Gymnasiallehrer.

Umgekehrt betrachtet sind nur gut 25 % der teilnehmenden Lehrer an reinen Grundschulen der Meinung, der Werteerziehung werde an ihrer Schule zu wenig Platz eingeräumt. An den Volksschulen mit Grund- und Hauptschulzweig sind dies knapp 32 % und an den reinen Hauptschulen gut 40 %. 45,9 % der Realschul- und 46,6 % der Gymnasiallehrkräfte halten den an ihrer Schule der Werteerziehung eingeräumten Platz für nicht ausreichend. Unter den Gymnasiallehrern ist der Anteil der Befragten, die sagen, der Werteerziehung werde deutlich zu wenig Platz eingeräumt, mit 11,1 % am höchsten.

Nur vier Untersuchungsteilnehmer (0,5 %) sind der Ansicht, der Werteerziehung werde deutlich zu viel Platz eingeräumt. Die Option, der Werteerziehung werde etwas zu viel Platz eingeräumt, wurde von keinem der Befragten angekreuzt.

Bei Frage 10 a) unterscheidet sich das Antwortverhalten der Lehrer in administrativer Leitungsposition (PG1) von dem der Lehrkräfte ohne administrative Leistungsfunktion (PG2):

10 a) Der Werteerziehung wird an meiner Schule...	SGD (854)	PG1 (203)	PG2 (615)
... deutlich zu wenig Platz eingeräumt	60 (7,0%)	11 (5,4%)	46 (7,5%)
... etwas zu wenig Platz eingeräumt	273 (32,0%)	48 (23,6%)	212 (34,5%)
... in angemessenem Maße Platz eingeräumt	517 (60,5%)	144 (70,9%)	353 (57,4%)
... etwas zu viel Platz eingeräumt	-	-	-
... deutlich zu viel Platz eingeräumt	4 (0,5%)	-	4 (0,7%)

Unter den Lehrern in administrativer Leitungsposition ist der Anteil der Personen, die den der schulischen Werteerziehung eingeräumten Platz für angemessen halten, um 13,5 % höher als unter den Lehrkräften ohne administrative Leitungsfunktion. Dies ist möglicherweise so zu interpretieren, dass Lehrkräfte in Leitungspositionen die Praxis an den Schulen, für die sie (mit-) verantwortlich sind, etwas weniger kritisch hinterfragen als Lehrkräfte ohne Leitungsfunktion. Darüber hinaus ist bei Personen in Leitungspositionen die Tendenz, im Rahmen des sozial Erwünschten zu antworten, möglicherweise etwas stärker ausgeprägt.

Dies führt zur Frage, ob bezüglich der im Kapitel 3.2 dargestellten Zusammensetzung der Untersuchungsstichprobe nach dem Kriterium *Personengruppe* Schulartunterschiede vorliegen.

Welcher Personengruppe gehören Sie an?	SGD (854)	GS (173)	HS (136)	VS (116)	RS (161)	GY (262)
Lehrer/in in administrativer Leitungsposition (PG1)	203 (23,8%)	50 (28,9%)	28 (20,6%)	32 (27,6%)	34 (21,1%)	59 (22,5%)
Lehrerkraft ohne administrative Leitungsfunktion (PG2)	615 (72,0%)	112 (64,7%)	103 (75,7%)	78 (67,2%)	120 (74,5%)	196 (74,8%)
Referendar/in (PG3)	31 (3,6%)	10 (5,8%)	3 (2,2%)	6 (5,2%)	5 (3,1%)	7 (2,7%)
Schulsozialarbeiter/in (PG4)	2 (0,2%)	-	2 (1,5%)	-	-	-
überwiegend Referendarsausbildung (PG5)	3 (0,4%)	1 (0,6%)	-	-	2 (1,2%)	-

Unter den Untersuchungsteilnehmern, die an reinen Grundschulen und Volksschulen mit Grund- und Hauptschulzweig unterrichten, ist der Anteil der Lehrer in administrativer Leitungsposition ein wenig höher als unter den Befragungsteilnehmern anderer Schularten.

Da also 1. GS- und VS-Lehrkräfte die Frage 10 a) optimistischer bewerten als Teilnehmer anderer Schularten, 2. Lehrer in administrativer Leitungsposition (PG1) in ihrer Bewertung optimistischer sind als Lehrkräfte ohne administrative Leitungsfunktion (PG2) und 3. unter den GS- und VS-Lehrkräften der Anteil der Lehrer in administrativer Leitungsposition etwas höher ist als unter Teilnehmern anderer Schularten, muss gefragt werden: Ist das bessere Abschneiden der reinen Grundschulen und der Volksschulen mit Grund- und Hauptschulzweig nur darauf zurückzuführen, dass unter den Untersuchungsteilnehmern dieser beiden Schularten anteilig mehr Lehrer mit Leitungsfunktion sind?

Um dieser Frage nachzugehen, wurde das Antwortverhalten zu Frage 10 a) unter Ausschluss der PG1 erneut analysiert. Die Ergebnisse sind in folgender Tabelle zusammengefasst:

10 a) Der Werteerziehung wird an meiner Schule...	**SGD (651)**	**GS (123)**	**HS (108)**	**VS (84)**	**RS (127)**	**GY (203)**
... deutlich zu wenig Platz eingeräumt	49 (7,5%)	3 (2,4%)	8 (7,4%)	7 (8,3%)	7 (5,5%)	23 (11,3%)
... etwas zu wenig Platz eingeräumt	225 (34,6%)	33 (26,8%)	35 (32,4%)	24 (28,6%)	55 (43,3%)	78 (38,4%)
... in angemessenem Maße Platz eingeräumt	373 (57,3%)	87 (70,7%)	65 (60,2%)	52 (61,9%)	62 (48,8%)	102 (50,2%)
... etwas zu viel Platz eingeräumt	-	-	-	-		-
... deutlich zu viel Platz eingeräumt	4 (0,6%)	-	-	1 (1,2%)	3 (2,4%)	-

Auswertung Frage 10 a) unter Ausschluss der Lehrkräfte in administrativer Leitungsposition (PG1)

Auch wenn man die Antworten der Lehrer in administrativer Leitungsposition nicht berücksichtigt, bleibt der Trend im Schulartvergleich im Großen und Ganzen bestehen. Bei der Einschätzung, ob der Werteerziehung in ausreichendem Maße Platz eingeräumt wird, schneiden in der Bewertung durch die Untersuchungsteilnehmer die reinen Grundschulen am besten ab. Es folgen die reinen Hauptschulen und die Volksschulen mit Grund- und Hauptschulzweig, die bei Nichtberücksichtigung der Antworten der Lehrer in Leitungspositionen ungefähr gleichauf liegen. Die Volksschulen mit Grund- und Hauptschulzweig büßen hier ihren Vorsprung vor den reinen Hauptschulen gegenüber der alle Untersuchungsteilnehmer einbeziehenden Analyse ein. Am schlechtesten schneiden in der Bewertung durch die Befragten die Realschulen und Gymnasien ab, wobei unter den Gymnasiallehrkräften im Vergleich zu Lehrern anderer Schularten der Anteil der Lehrkräfte am höchsten ist, die den der Werteerziehung eingeräumten Platz als deutlich zu gering einschätzen.

Frage 10 b) Bitte bewerten Sie mit einer Gesamtnote die Praxis schulischer Werteerziehung: Wie gut wird Werteerziehung im Alltag an Ihrer Schule umgesetzt?

Folgende Tabelle enthält für den Standardgesamtdatensatz und die verschiedenen Schularten jeweils fünf Kennwerte, welche die Tendenz der Teilnehmerbewertungen zur vorliegenden Teilfrage beschreiben. Die Kennwerte sind aus dem letzten Kapitel bekannt (vgl. Abschnitt 3.4.1).

10 b) Gesamtnote: Praxis schulischer Werteerziehung	**Median**	**Mittelwert**	**Modus**	**sehr gut, gut**	**„unterm Strich“**
SGD (854)	2,83	2,85	3,0	39,1%	5,0%
GS (173)	2,33	2,55	2,0	54,3%	1,7%
HS (136)	3,0	3,01	3,0	29,4%	5,9%
VS (116)	2,66	2,67	2,0	47,4%	3,4%
RS (161)	3,0	2,96	3,0	29,2%	5,6%
GY (262)	3,0	2,97	3,0	36,3%	6,9%

427 Lehrkräfte – das sind exakt 50 % der Untersuchungsteilnehmer – bewerten die Praxis schulischer Werteerziehung mit einer 3 plus oder einer besseren Gesamtnote. 50 % vergeben eine 3,0 oder eine schlechtere Note.[71] 39,1 % der Befragten vergeben eine gute oder eine sehr gute Gesamtnote.

Im Schulartvergleich bewerten Lehrkräfte an reinen Grundschulen die Praxis schulischer Werteerziehung im Durchschnitt mit den besten Gesamtnoten. 54,3 % vergeben hier eine gute oder sehr gute Note. Ein wenig schlechter fällt die Bewertung der Lehrkräfte an Volksschulen mit Grund- und Hauptschulzweig aus. Nah beieinander und im Schulartvergleich hinten liegen die Bewertungen der Lehrkräfte der anderen drei Schularten. Weniger als ein Drittel der Haupt- und Realschullehrer sowie etwas mehr als ein Drittel der Gymnasiallehrkräfte vergeben eine gute oder sehr gute Gesamtnote.

Es fällt auf, dass die Befragten im Rahmen der Bewertung von Einzelaspekten schulischer Werteerziehung in den Fragen 5 - 8 insgesamt deutlich bessere Noten vergeben haben als im Rahmen der vorliegenden Gesamtbewertung. 46,5 % aller Untersuchungsteilnehmer haben z.B. für die Umsetzung der vergleichsweise

71 Deshalb liegt der Median für den Standardgesamtdatensatz hier bei 2,83, dem Wert, der in der Mitte zwischen 2,66 und 3,0 liegt.

schlecht bewerteten Aufgabe auf Rang 45 [Rangliste SGD] eine gute oder sehr gute Note vergeben. Und nur 39,1 % aller Untersuchungsteilnehmer haben im Rahmen der Gesamtbewertung eine gute oder sehr gute Note vergeben. Bezogen auf den Standardgesamtdatensatz wird also sogar die Umsetzung der Aufgabe auf Rang 45 etwas besser bewertet als die Praxis schulischer Werteerziehung insgesamt.[72] So kann festgehalten werden: Die Untersuchungsteilnehmer bewerten die Praxis schulischer Werteerziehung insgesamt nicht so optimistisch, wie es nach der Auswertung der Fragen 5 - 8 erschien. Dies bestätigt, dass die fein nuancierten Differenzen in der Bewertung der Einzelaspekte ernst genommen werden müssen, wie es im Abschnitt 3.4.2 geschehen ist. Der positive Notentrend bei der Bewertung von Einzelaspekten darf nicht dahin gehend fehlinterpretiert werden, dass nach Ansicht der Untersuchungsteilnehmer alles in Ordnung sei mit der schulischen Werteerziehung. Denn über 60 % der Befragten geben der Praxis schulischer Werteerziehung keine gute oder sehr gute Note.

Auch bei Frage 10 b) unterscheidet sich das Antwortverhalten der Lehrer in administrativer Leitungsposition (PG1) von dem der Lehrkräfte ohne administrative Leistungsfunktion (PG2):

10 b) Gesamtnote: Praxis schulischer Werteerziehung	**Median**	**Mittelwert**	**Modus**	**sehr gut, gut**	**„unterm Strich“**
SGD (854)	2,83	2,85	3,0	39,1%	5,0%
PG1 (203)	2,66	2,67	2,0	46,8%	3,4%
PG2 (615)	3,0	2,90	3,0	36,9%	5,7%

Da Lehrkräfte in administrativer Leitungsposition nicht nur Frage 10 a), sondern auch 10 b) optimistischer bewerten als Lehrkräfte ohne administrative Leitungsfunktion, wurde auch die vorliegende Teilfrage unter Ausschluss der PG1 erneut ausgewertet, um zu analysieren, ob auch dann noch die reinen Grundschulen in der Bewertung am besten abschneiden:

72 Dies wird auch bestätigt, wenn man andere zugrundeliegende Kennwerte betrachtet: Rang 45 SGD (Median: 2,66; Mittelwert: 2,62), Gesamtbewertung SGD (Median: 2,83; Mittelwert: 2,85).

10 b) Gesamtnote: Praxis schulischer Werteerziehung	Median	Mittelwert	Modus	sehr gut, gut	„unterm Strich“
SGD (651)	3,0	2,90	3,0	36,7%	5,5%
GS (123)	2,33	2,57	2,0	52,8%	1,6%
HS (108)	3,0	3,02	3,0	29,6%	5,6%
VS (84)	2,83	2,81	2,0 und 3,0	38,1%	4,8%
RS (127)	3,0	3,01	3,0	29,1%	6,3%
GY (203)	3,0	3,02	3,0	34,5%	7,4%

Auswertung Frage 10 b) unter Ausschluss der Lehrkräfte in administrativer Leitungsposition (PG1)

Auch wenn man die Antworten der Lehrer in administrativer Leitungsposition nicht berücksichtigt, bleibt der Trend im Schulartvergleich bestehen. Bei der Bewertung der Praxis schulischer Werteerziehung mit einer Gesamtnote schneiden die reinen Grundschulen am besten ab. Es folgen die Volksschulen mit Grund- und Hauptschulzweig, deren Kennwerte sich aber im Vergleich zur Auswertung, bei welcher die Antworten aller Untersuchungsteilnehmer berücksichtigt werden, am deutlichsten verschlechtert haben. Die Werte der anderen vier Schularten haben sich hingegen nur minimal verändert. Nah beieinander und im Schulartvergleich hinten liegen die Bewertungen der Lehrkräfte an reinen Hauptschulen, Realschulen und Gymnasien.

Möchte man die Bewertung der Praxis schulischer Werteerziehung durch die Untersuchungsteilnehmer im Schulartvergleich zusammenfassen, gewissermaßen im Rahmen eines Schulartrankings, dann gibt es dafür drei Indikatoren: [a] den allgemeinen Notentrend bei der Bewertung von Einzelaspekten (Fragen 5 - 8), [b] das Antwortverhalten auf die Frage nach dem Platz, welcher der Werteerziehung eingeräumt wird (Frage 10 a) und [c] den Trend bei der Gesamtbewertung (Frage 10 b).

Im Schulartvergleich[73] schneiden die reinen Grundschulen am besten ab. Die Lehrkräfte bewerten hier alle drei Indikatoren am optimistischsten. Es folgen die Volksschulen mit Grund- und Hauptschulzweig. Für alle drei Indikatoren liegen die Bewertungen hier jeweils im Mittelfeld. Etwas abgeschlagen folgen die reinen Hauptschulen, die Realschulen und die Gymnasien. Für diese drei Schularten gilt jeweils: für einen der drei Indikatoren liegen die Bewertungen im Schulartvergleich im Mittelfeld, für zwei Indikatoren im unteren Bereich.[74]

---

73 Um einen Vergleich zu ermöglichen, wird für jeden der Indikatoren ermittelt, welche Schularten im Schulartvergleich hier an der Spitze liegen, welche im Mittelfeld und welche am unteren Ende. Es handelt sich um eine grobe Differenzierung.

74 HS: [a] und [c] unterer Bereich, [b] Mittelfeld; RS und GY: [a] Mittelfeld, [b] und [c] unterer Bereich.

Beim Antwortverhalten zu Frage 10 b) lassen sich Unterschiede feststellen zwischen Lehrkräften verschiedener Fachbereiche:[75]

10 b) Gesamtnote: Praxis schulischer Werteerziehung	**Median**	**Mittelwert**	**Modus**	**sehr gut, gut**	**„unterm Strich"**
SGD (854)	2,83	2,85	3,0	39,1%	5,0%
RS (161) [zum Vergleich]	3,0	2,96	3,0	29,2%	5,6%
GY (262) [zum Vergleich]	3,0	2,97	3,0	36,3%	6,9%
ausschließlich sprachlich (51)	2,66	2,84	2,0 und 3,0	41,2%	5,9%
ausschließlich mathematisch-naturwissenschaftlich (90)	3,0	3,07	3,0	31,1%	7,8%
sprachlich und soziokulturell (124)	3,0	3,01	3,0	32,3%	7,3%

An Realschulen und Gymnasien tätige Lehrkräfte, die ausschließlich sprachliche Fächer unterrichten, vergeben im Rahmen der Gesamtbewertung der Praxis schulischer Werteerziehung insgesamt etwas bessere Noten als an diesen Schularten tätige Lehrkräfte, die ausschließlich mathematisch-naturwissenschaftliche Fächer unterrichten und als Lehrer, die sowohl sprachliche als auch soziokulturelle Fächer lehren.

75 Da an Volksschulen tätige Lehrkräfte – mit Ausnahme der Fach- sowie reinen Religionslehrer – befähigt sind, alle Fächer (außer Religion) zu unterrichten, erfolgte bei der Frage, ob Lehrkräfte unterschiedlicher Fachbereiche im Rahmen der Online-Erhebung unterschiedliches Antwortverhalten an den Tag legen, eine Konzentration auf Lehrkräfte an Realschulen und Gymnasien. Deren Angaben zu von ihnen unterrichteten Fächern wurden wie folgt verarbeitet: Die Unterrichtsfächer wurden in einem ersten Arbeitsschritt in fünf Kategorien eingeteilt: sprachliche, mathematisch-naturwissenschaftliche, soziokulturelle, ästhetische und arbeitspraktische Fächer. Welche Fächer welcher Kategorie zugeordnet wurden, ist im erweiterten Anhang dieser Arbeit im Internet (Teil J) einzusehen. In einem zweiten Arbeitsschritt wurde für alle Realschul- und Gymnasiallehrkräfte ermittelt, zu welcher Kategorie bzw. zu welchen Kategorien die von ihnen unterrichteten Fächer gehören. Die drei häufigsten Kodierungen sind: *sprachlich und soziokulturell* (124 Teilnehmer), *ausschließlich mathematisch-naturwissenschaftlich* (90 Teilnehmer) und *ausschließlich sprachlich* (51 Teilnehmer). Auf andere Kodierungen (z.B. *ausschließlich ästhetisch* oder *mathematisch-naturwissenschaftlich und soziokulturell*) entfielen jeweils zu wenige Teilnehmer, als dass man das Antwortverhalten der Teilnehmer dieser Gruppen systematisch mit den Antworten der Teilnehmer anderer Gruppen hätte vergleichen können. Unter den 124 mit *sprachlich und soziokulturell* kodierten Untersuchungsteilnehmern sind 85 Gymnasial- und 39 Realschullehrer. Unter den 90 mit *ausschließlich mathematisch-naturwissenschaftlich* kodierten Befragten sind 60 Gymnasial- und 30 Realschullehrkräfte. Unter den 51 mit *ausschließlich sprachlich* kodierten Teilnehmern sind 44 Gymnasial- und sieben Realschullehrer.

Frage 10 c) Bitte bewerten Sie mit einer Gesamtnote die Theorie schulischer Werteerziehung: Wie gut wird Werteerziehung in den Lehrplänen umgesetzt?

Folgende Tabelle fasst für den Standardgesamtdatensatz und die verschiedenen Schularten jeweils die fünf Kennwerte zusammen, welche die Tendenz der Teilnehmerbewertungen beschreiben.

10 c) Gesamtnote: Theorie schulischer Werteerziehung (Lehrpläne)	**Median**	**Mittelwert**	**Modus**	**sehr gut, gut**	**„unterm Strich"**
SGD (854)	3,0	2,85	2,0	42,0%	5,7%
GS (173)	2,33	2,53	2,0	55,5%	2,3%
HS (136)	3,0	2,90	2,0	39,7%	5,9%
VS (116)	3,0	2,81	2,0	44,0%	3,4%
RS (161)	2,66	2,88	2,0	43,5%	6,2%
GY (262)	3,0	3,04	3,0	32,8%	8,8%

Auch bei der Beantwortung der vorliegenden Teilfrage sind die Lehrkräfte an reinen Grundschulen in ihrer Bewertung im Schulartvergleich mit nicht unerheblichem Abstand am optimistischsten. 55,5 % bewerten die Umsetzung von Werteerziehung in den Lehrplänen mit einer guten oder sehr guten Note. Es folgen im Mittelfeld die Realschulen, die Volksschulen mit Grund- und Hauptschulzweig und die reinen Hauptschulen. Die Bewertungen der Lehrkräfte dieser drei Schularten liegen recht nah beieinander.[76] Gymnasiallehrkräfte bewerten die Umsetzung schulischer Werteerziehung in den Lehrplänen mit den schlechtesten Noten. Nur ein Drittel der Teilnehmer vergibt hier eine gute oder sehr gute Note. 8,8 % bewerten die Umsetzung mit einer besonders schlechten Note (5 plus bis 6,0).

Die Unterschiede im Antwortverhalten zwischen Lehrkräften in administrativer Leitungsposition (PG1) und Lehrern ohne administrative Leitungsfunktion (PG2) fallen bei der vorliegenden Teilfrage geringer aus als bei 10 a) und b):

10 c) Gesamtnote: Theorie schulischer Werteerziehung (Lehrpläne)	**Median**	**Mittelwert**	**Modus**	**sehr gut, gut**	**„unterm Strich"**
SGD (854)	3,0	2,85	2,0	42,0%	5,7%
PG1 (203)	3,0	2,80	2,0	40,9%	3,9%
PG2 (615)	3,0	2,89	2,0	41,6%	6,5%

76 Im Vergleich dieser drei Schularten liegt die Realschule aufgrund des besseren Medianwerts leicht vorne.

Dahingegen lassen sich deutliche Unterschiede im Antwortverhalten der Lehrkräfte unterschiedlicher Fachbereiche feststellen:

10 c) Gesamtnote: Theorie schulischer Werteerziehung (Lehrpläne)	**Median**	**Mittelwert**	**Modus**	**sehr gut, gut**	**„unterm Strich"**
SGD (854)	3,0	2,85	2,0	42,0%	5,7%
RS (161) [zum Vergleich]	2,66	2,88	2,0	43,5%	6,2%
GY (262) [zum Vergleich]	3,0	3,04	3,0	32,8%	8,8%
ausschließlich sprachlich (51)	2,66	2,70	3,0	47,1%	5,9%
ausschließlich mathematisch-naturwissenschaftlich (90)	3,0	3,19	3,0	27,8%	11,1%
sprachlich und soziokulturell (124)	2,83	2,90	2,0	41,9%	7,3%

An Realschulen und Gymnasien tätige Lehrkräfte, die ausschließlich sprachliche Fächer unterrichten, bewerten die Umsetzung schulischer Werteerziehung in den Lehrplänen deutlich besser als an den beiden Schularten tätige Lehrer, die ausschließlich mathematisch-naturwissenschaftliche Unterrichtsfächer lehren.[77] Untersuchungsteilnehmer, die sprachliche und soziokulturelle Fächer unterrichten, liegen in ihrer diesbezüglichen Bewertung zwischen den beiden Gruppen.

Wie im Abschnitt 2.2.2 dieser Arbeit ausgeführt, enthalten die nicht fachspezifischen Teile der Lehrpläne aller untersuchten Schularten zentrale werteerzieherische Aspekte. Die Fachdidaktiken hingegen wurden nicht analysiert. Es ist davon auszugehen, dass die vorliegenden unterschiedlichen Bewertungen der Lehrkräfte unterschiedlicher Fachbereiche sich auf die fachspezifischen Teile der Lehrpläne beziehen. Diesbezüglich ist festzuhalten, dass darauf geachtet werden sollte, dass auch in den Schulfächern, die auf den ersten Blick nicht oder nur wenig für Werteerziehung geeignet erscheinen, werteerzieherische Aspekte sinnvoll und kontinuierlich in die Fachlehrpläne eingebunden werden.

Auf die sinnvolle und kontinuierliche Einbindung werteerzieherischer Aspekte in die Fachlehrpläne muss darüber hinaus jedoch generell mehr geachtet werden. Dies ist als Fazit aus der Tatsache abzuleiten, dass 58 % aller Untersuchungsteilnehmer und immerhin noch 44,5 % der in der diesbezüglichen Bewertung im Schulartvergleich optimistischsten Lehrkräfte an reinen Grundschulen die Um-

[77] Wie bereits ausgeführt, bewerten rein sprachliche Lehrkräfte auch die Praxis schulischer Werteerziehung besser als rein mathematisch-naturwissenschaftliche Lehrer. Allerdings ist bei der vorliegenden Bewertung der Theorie schulischer Werteerziehung der Unterschied zwischen beiden Personengruppen noch größer.

setzung von Werteerziehung in den Lehrplänen nicht mit einer guten oder sehr guten Note bewerten.

Dies beschreibt ein Hindernis schulischer Werteerziehung. Das folgende Kapitel beschäftigt sich systematisch mit Hindernissen und Defiziten schulischer Wertepädagogik im Untersuchungsbereich.

3.6 *Defizite und Hindernisse schulischer Werteerziehung*

In Frage 11 wurden die Untersuchungsteilnehmer gebeten auszuführen, wo ihrer Meinung nach Defizite und Hindernisse schulischer Werteerziehung liegen. Die Antworten auf die beiden in offener Form gestellten Teilfragen 11 a) [*Welches sind Ihre Hauptkritikpunkte an der Praxis schulischer Werteerziehung?*] und 11 b) [*Wodurch wird die Durchführung schulischer Werteerziehung erschwert?*] wurden in einem gemeinsamen Arbeitsschritt ausgewertet.

Zunächst wird in diesem Kapitel auf die Auswertungsmethodik eingegangen (3.6.1) bevor Ergebnisse und resultierende Empfehlungen dargestellt werden (3.6.2).

3.6.1 *Anmerkungen zur Auswertungsmethodik*

Die Antworten der Untersuchungsteilnehmer zu Frage 11 wurden mithilfe der Qualitativen Inhaltsanalyse ausgewertet. Philipp Mayring beschreibt drei Grundtechniken der von ihm entwickelten Methode:[78] Zusammenfassung, Explikation und Strukturierung (vgl. 2003, S. 58). Primär unter Anwendung der ersten qualitativen Technik Zusammenfassung wurde aus dem Datenmaterial induktiv ein Kategoriensystem entwickelt.

Allgemein formuliert ist das Ziel der zusammenfassenden Inhaltsanalyse, „das Material so zu reduzieren, daß die wesentlichen Inhalte erhalten bleiben, durch Abstraktion einen überschaubaren Corpus zu schaffen, der immer noch Abbild des Grundmaterials ist“ (ebd.).

Das von Mayring ausführlich beschriebene Modell der zusammenfassenden qualitativen Inhaltsanalyse (vgl. ebd., S. 59 ff.) kann unter anderem für eine induktive Kategorienbildung genutzt werden. Die Kategorien werden bei einem solchen Vorgehen direkt aus dem Material abgeleitet im Gegensatz zu einem deduktiven Prozedere, bei welchem theoretische Überlegungen und Konzeptionen die Kategoriedefinitionen bestimmen. „Induktives Vorgehen … strebt nach einer

78 Mayring formuliert das Ziel, das er mit der Entwicklung der Methode verfolgt hat: „Das Anliegen dieser Arbeit ist, eine Methodik systematischer Interpretation zu entwickeln, die an den in jeder Inhaltsanalyse notwendig enthaltenen qualitativen Bestandteilen ansetzt, sie durch Analyseschritte und Analyseregeln systematisiert und überprüfbar macht“ (2003, S. 42).

möglichst naturalistischen, gegenstandsnahen Abbildung des Materials ohne Verzerrungen durch Vorannahmen des Forschers, eine Erfassung des Gegenstands in der Sprache des Materials“ (ebd. S. 75).

Zu diesem Zweck wurden die Teilnehmerantworten, die in der Datenbank chronologisch, d.h. in der Reihenfolge der Bearbeitung vorlagen, Zeile für Zeile durchgearbeitet. Nur wenige Teilnehmer hatten zur Frage 11 nichts geschrieben[79], viele hatten ein oder mehrere Stichworte geschrieben, andere ganze Sätze, manche längere Texte. Ähnliche Antworten verschiedener Befragter wurden jeweils zu Gruppen zusammengefasst. Ähnliche Gruppen wurden dann zu Kategorien zusammengefasst. Für die Kategorien wurden passende paraphrasierende Überschriften bzw. Bezeichnungen gewählt, welche die Essenz der entsprechenden Teilnehmerantworten zusammenfassen.

Bei jeder einzelnen Teilnehmerantwort wurde überprüft, ob eine Subsumierung in bereits vorhandene Kategorien möglich war oder ob eine neue Kategorie erstellt werden musste. Enthielt der Antworttext eines Teilnehmers unterschiedliche Aspekte, wurden die einzelnen Antwortteile unterschiedlichen Kategorien zugeordnet. Als Kodiereinheit galt jede vollständige Aussage eines Lehrers zu Defiziten oder Hindernissen schulischer Werteerziehung. Teilweise konnten einzelne Worte einzelnen Kategorien zugerechnet werden. Teilweise gab es auch längere Antwortpassagen eines Teilnehmers, die einer Kategorie zugeordnet werden konnten. Immer wieder wurde im Analyseprozess überprüft, ob die bisherigen Kategoriendefinitionen das bereits bearbeitete Datenmaterial treffend beschreiben. Erst dann konnte am Schluss das Material einmal endgültig durchgearbeitet und kodiert werden.

Wenn bei einer Teilnehmerantwort die Bedeutung unklar war, wurde zur Analyse die zweite grundlegende Technik der qualitativen Inhaltsanalyse, die Explikation, herangezogen. Über diese schreibt Mayring: „Ziel der Analyse ist es, zu einzelnen fraglichen Textteilen (Begriffen, Sätzen, ...) zusätzliches Material herantragen, das das Verständnis erweitert, das die Textstelle erläutert, erklärt, ausdeutet“ (ebd., S. 58). Immer, wenn also eine Antwort nicht verständlich war, wurde herangezogen, was der entsprechende Teilnehmer zu anderen Fragen geschrieben hatte. Häufig ließ sich die fragliche Textstelle dann semantisch einordnen.[80]

Die Auswertung der Teilnehmerantworten zu Frage 11 wurde mit einem quantitativen Analyseschritt abgeschlossen. Nach einer Kodierung aller Antworten

---

79 Wie im Abschnitt 3.1.1 ausgeführt, war es möglich, offene Fragen – im Gegensatz zu geschlossenen Fragen – bei der Beantwortung zu überspringen.

80 U.a. mit dem Ziel, zur Explikation unklarer Textpassagen beitragen zu können, wurde Frage 2 konstruiert (*„Bitte nennen Sie die drei wichtigsten Ziele, auf die eine zeitgemäße Werteerziehung Ihrer Meinung nach hinarbeiten sollte.“*). Der Gedanke dahinter: Wenn bekannt ist, auf welche Ziele eine zeitgemäße Werteerziehung nach Ansicht eines Untersuchungsteilnehmers hinarbeiten sollte, wird es einfacher sein, andere Ausführungen dieses Teilnehmers zum Thema Werteerziehung einzuordnen.

wurde errechnet, wie viel Prozent der Untersuchungsteilnehmer jeweils Aussagen getätigt hatten, die in die entsprechenden Kategorien entfielen. Als 100 %-Basis wurden hier die Teilnehmer genommen, die zur Frage etwas geschrieben hatten.

Zudem wurde festgelegt, als Antwortkategorien nur solche Zitatgruppen zu definieren, auf welche Antworten bzw. Antwortteile von mindestens 20 Untersuchungsteilnehmern entfallen.

Aus den Antworten der Untersuchungsteilnehmer zu Frage 11 wurden 24 solcher Kategorien induktiv entwickelt. Darüber hinaus gibt es sieben kleinere Zitatgruppen, auf welche Aussagen von jeweils fünf bis 19 Befragten entfallen.

Im folgenden Abschnitt werden zunächst in einer Übersichtstabelle die 24 Kategorien vorgestellt. Es folgen 24 Einzeltabellen, in welchen die Kategorien mit vielen typischen Antwortbeispielen ausführlich dargestellt werden.[81] Abschließend werden neben den sieben kleineren Zitatgruppen einige Antworten vorgestellt, welche keiner der Kategorien oder Zitatgruppen zugeordnet werden konnten. Hier erfolgt eine Konzentration auf besonders interessante Einzelzitate. [82]

Das Ziel hinter der Wahl der Methode für die Auswertung der vorliegenden Frage liegt, wie bereits angedeutet, in einer Darstellung der Antworten in der Sprache des Materials. Dies soll nicht nur durch die aus den Teilnehmeraussagen entwickelten Kategorieüberschriften geschehen, sondern auch durch die vielen Zitate. Dieses Kapitel soll lebensnah darstellen, was die Untersuchungsteilnehmer beschäftigt, wenn sie an Hindernisse und Defizite schulischer Werteerziehung denken. Es soll den Lehrkräften, die vor der Herausforderung stehen, in der Schulpraxis Werteerziehung zu betreiben, eine Plattform gegeben werden.

3.6.2 Ergebnisse und resultierende Empfehlungen

836 der 854 Untersuchungsteilnehmer haben zu Frage 11 etwas geschrieben. Folgende Tabelle gibt einen Überblick über die 24 Antwortkategorien.[83]

---

[81] Für die Übernahme in die Tabellen wurden Tippfehler in den Antwortbeispielen korrigiert. Darüber hinaus wurden Rechtschreibung und Interpunktion der Zitate in eine einheitliche Form gebracht.

[82] Es ist jedoch darauf hinzuweisen, dass die ausgewählten Einzelzitate nicht der Meinung des Autors dieser Arbeit entsprechen müssen.

[83] Die Festlegung der Reihenfolge der Kategorien erfolgte nicht nach dem Kriterium der Nennungshäufigkeit, sondern nach inhaltlich-logischen Gesichtspunkten. Die ersten Kategorien beinhalten Aspekte, welche ausschließlich die schulische Erziehungsarbeit betreffen. Es folgen Kategorien, in denen schulstrukturelle Gesichtspunkte angesprochen werden. Die sich anschließenden Kategorien subsumieren Zitate, in denen es um Personen bzw. Personengruppen an der Schule und schließlich um Institutionen des Schulsystems geht. Abschließend werden außerhalb der Schule und des Schulsystems liegende Gesichtspunkte ausgeführt.

Welches sind Ihre Hauptkritikpunkte an der Praxis schulischer Werteerziehung? Wodurch wird die Durchführung schulischer Werteerziehung erschwert?	**836 Teilnehmer (100%)**
Kategorie 1: Fehlender Konsens über Inhalte, Ziele und Methoden schulischer Werteerziehung – defizitäre Konzeptionalisierung – unzureichende Vorgaben	216 (25,8%)
Kategorie 2: Schulische Erziehungsarbeit bleibt an der Oberfläche: Mangelnde Praxisnähe – kein Einfluss auf Handeln und Verinnerlichung von Werten	65 (7,8%)
Kategorie 3: Inkonsequenz und unzureichendes Sanktionsverhalten in der schulischen Erziehungsarbeit	50 (6,0%)
Kategorie 4: Mangel an systematischer Kontinuität schulischer Werteerziehung	47 (5,6%)
Kategorie 5: Primat fachlicher Inhalte – im Gegensatz dazu geringer Stellenwert schulischer Werteerziehung	90 (10,8%)
Kategorie 6: Stofffülle – voller Lehrplan. Subsumiert: Zeitmangel durch Stofffülle, hohe Arbeitsbelastung der Lehrkräfte durch Stofffülle	311 (37,2%)
Kategorie 7: Prüfungs- und Notendruck, Leistungskultur & Selektionszwang. Subsumiert: Zeitmangel durch Notendruck, hohe Arbeitsbelastung der Lehrkräfte durch Notendruck	126 (15,1%)
Kategorie 8: Bürokratie und Organisatorisches. Subsumiert: Zeitdruck durch Bürokratie und Organisatorisches, hohe Arbeitsbelastung der Lehrkräfte durch Bürokratie und Organisatorisches	33 (3,9%)
Kategorie 9: 45-Minuten-Raster der Schulstunden. Subsumiert: Zeitmangel durch 45-Minuten-Raster der Stunden	26 (3,1%)
Kategorie 10: Zeitmangel – Zeitdruck ohne Angabe eines Grundes; Zeitmangel – Zeitdruck unter Angabe eines anderen Grundes	342 (40,9%)
Kategorie 11: Hohe Arbeitsbelastung und Überforderung der Lehrkräfte ohne Angabe eines Grundes; hohe Arbeitsbelastung und Überforderung der Lehrkräfte unter Angabe eines anderen Grundes	35 (4,2%)
Kategorie 12: Personelle Probleme	33 (3,9%)
Kategorie 13: Zu große Schulklassen & räumliche Enge	207 (24,8%)
Kategorie 14: Mangel an Kontinuität und individueller Beziehung, Betreuung und Einflussnahme im Lehrer-Schüler-Verhältnis	70 (8,4%)
Kategorie 15: Heterogenität der Schülerschaft	31 (3,7%)
Kategorie 16: Verhalten und Einstellungen der Schüler	81 (9,7%)
Kategorie 17: Verhalten, Einstellungen und Engagement der Lehrkräfte	146 (17,5%)
Kategorie 18: Defizitäre Kooperation und Absprache im Lehrerkollegium und mit der Schulleitung	64 (7,7%)
Kategorie 19: Mangelnde Ausbildung und Qualifikation der Lehrkräfte	68 (8,1%)
Kategorie 20: Verhalten der Schulleitung	23 (2,8%)

→

Welches sind Ihre Hauptkritikpunkte an der Praxis schulischer Werteerziehung? Wodurch wird die Durchführung schulischer Werteerziehung erschwert?	**836 Teilnehmer (100%)**
Kategorie 21: Kritik an Schulamt, Ministerium und Schulpolitik	28 (3,3%)
Kategorie 22: Verhalten, Erziehungsarbeit, Einfluss und Ansichten der Erziehungsberechtigten – Zusammenarbeit mit dem Elternhaus	352 (42,1%)
Kategorie 23: Außerschulische und außerfamiliäre Einflüsse: Gesellschaft, Medien, Politik & Peers	107 (12,8%)
Kategorie 24: Mangelnde Wertschätzung des Lehrerberufs, der Schule und der schulischen Erziehungsarbeit	21 (2,5%)

Zur vorliegenden Übersichtstabelle erfolgt keine Kommentierung. Im Rahmen der nun folgenden ausführlichen Darstellung der 24 Kategorien werden diese auch kommentiert. Die Kommentierung erfolgt jeweils im Anschluss an die Darstellungstabellen.

Kategorie 1: Fehlender Konsens über Inhalte, Ziele und Methoden schulischer Werteerziehung – defizitäre Konzeptionalisierung – unzureichende Vorgaben
1. (mangelnder gesellschaftlicher Konsens) „Es fehlt ein verbindlicher Konsens darüber, welche Werte in einer öffentlichen Einrichtung vermittelt werden sollen.“, „mangelnder gesellschaftlicher Konsens über Ziele moderner Erziehung“
2. (nicht ausreichend konkrete Vorgaben) „unklare Vorgaben“, „kein verbindlicher Katalog als Orientierung außer Verfassung“, „fehlende konkrete Richtlinien und Maßnahmen“, „zu vage Zielformulierungen“, „keine einheitlichen Vorgaben für alle Schulen“, „fehlendes Gesamtkonzept“, „nicht in ein durchdachtes Konzept eingebunden“, „kein einheitliches Konzept“, „kein sinnvoll durchdachtes Konzept“
3. (fehlender schulischer Konsens) „unterschiedliche Wertvorstellungen der Lehrkräfte“, „unterschiedliche Ansichten im Kollegium“, „Uneinigkeit, was als Wert betrachtet wird (...Schule)“, „Es gibt nicht wirklich immer einen Grundkonsens zwischen allen Lehrkräften.“, „konträre Ansichten im Kollegium“, „keine gemeinsame Linie im Kollegium“, „fehlender Konsens in der Schule/Schulleitung“, „Kollegen in Fragen der Erziehung zu unterschiedlicher Meinung“, „Uneinigkeit der Schulleitung und der Lehrkräfte untereinander“, „kein einheitlicher Wertekodex an der Schule“, „uneinheitliche Bewertung der Wichtigkeit einzelner Werte“, „ungleiche Schwerpunkte innerhalb des Kollegiums“, „Konsens über Werteerziehung allenfalls im allgemeinsten Sinne (Frieden/Freiheit/Gerechtigkeit – wer ist schon dagegen!?) gegeben“
4. (unterschiedliches Verhalten/Methoden in der Schule) „Es gibt keinen verbindlichen Werte, die vermittelt werden sollen, jeder Lehrer macht das so, wie er es eben für richtig hält.“, „keinen kleinsten gemeinsamen Konsens in der Handlungsweise unter den Kollegen“, „unterschiedliches Verhalten der einzelnen Lehrer, um bestimmte Werte zu verdeutlichen und vorzuleben“, „Man hat sich bislang noch nicht auf eine gemeinsame Basis geeinigt, so dass alle mehr oder weniger in Konkurrenz zueinander das, was sie persönlich für richtig halten, umsetzen.“, „einheitliches Handeln der Lehrer nicht möglich“, „mangelnder Konsens über die zu setzenden Grenzen“

→

Kategorie 1: Fehlender Konsens über Inhalte, Ziele und Methoden schulischer Werteerziehung – defizitäre Konzeptionalisierung – unzureichende Vorgaben						
5. (Fazit) „nicht koordiniert, jeder wurschtelt vor sich hin, kein Gesamtkonzept, kein Konsens darüber, was zum Wertekanon gehört“ **6. (Problem)** „Uneinigkeit über die Zielvorstellung – Auch Lehrerpersönlichkeiten vertreten unterschiedliche Wertvorstellungen, daraus ergeben sich für die Schüler Diskrepanzen.“						
	SGD (836)	**GS (171)**	**HS (133)**	**VS (114)**	**RS (157)**	**GY (255)**
Häufigkeit	216	40	33	19	43	77
Prozent	25,8	23,4	24,8	16,7	27,4	30,2

Circa jeder vierte Untersuchungsteilnehmer, der zu Frage 11 etwas geschrieben hat, gibt eine Antwort, die sich unter die erste Kategorie subsumieren lässt. Befragte bemängeln, schon auf gesellschaftlicher Ebene bestehe kein Konsens über Erziehungsziele (vgl. 1.).[84] Es gebe keine klaren Vorgaben und Konzepte für die schulische Werteerziehung (2.), innerhalb der Schulen fehle ein werteerzieherischer Konsens (3.), das werteerzieherische Handeln sei uneinheitlich (4.). Das Zitat eines Teilnehmers fasst die Problematik treffend zusammen (5.). Ein anderer Befragter weist auf das Problem hin, dass sich daraus „für die Schüler Diskrepanzen“ ergeben können (6.).

Dass Aussagen eines nicht unerheblichen Teils der Untersuchungsteilnehmer unter die vorliegende Kategorie fallen, hebt die dringende Notwendigkeit hervor, einen – zumindest innerschulischen – Konsens über schulische Werteerziehung herzustellen. Dieser sollte sich an den im Rahmen dieser Arbeit formulierten Grundsätzen ausrichten. Lehrkräfte an allgemein bildenden Schulen haben die unerlässliche Aufgabe, eine an den Grundwerten orientierte materiale Werteinstellungs-Erziehung zu betreiben, welche immer einher gehen muss mit einer formalen Bewertungs-Erziehung. Der hierüber zu erreichende Konsens bedarf jedoch in der Tat einer konzeptionellen Konkretisierung. Unterschiedliche Wertvorstellungen der Lehrkräfte sind dann kein Problem, wenn als verbindlicher Bezugsrahmen, als kleinster gemeinsamer Nenner die Grundwerte unverrückbar feststehen. Diese den Konsens betreffende Forderung ist dann nicht zu allgemein (vgl. letztes Zitat aus 3.), wenn den Lehrkräften Hilfen an die Hand gegeben werden, wie die Grundwerte im Schulalltag mit Leben gefüllt werden können. Dies kann z.B. im Rahmen von Fortbildungen, durch die Bereitstellung von didaktisch sinnvollen Materialien und ergänzend im gemeinsamen Austausch der Lehrkräfte geschehen.

---

84 Der von einigen Befragten ausgeführte Aspekt eines defizitären erzieherischen Konsenses zwischen Elternhaus und Schule hingegen wird unter Kategorie 22 subsumiert.

Kategorie 2: Schulische Erziehungsarbeit bleibt an der Oberfläche: Mangelnde Praxisnähe – kein Einfluss auf Handeln und Verinnerlichung von Werten
1. (Werteerziehung theoretisch und oberflächlich) „zu theoretisch“, „zu oberflächlich“, „z.T. zu wenig praxisnah“, „zu wenig praxisorientiert“, „viel Theorie, wenig Praxis“, „oft zu theoretisch und wenig an praktischen Beispielen bzw. an aktuellen Anlässen aufgehängt“, „Wertevermittlung nur auf Theoriebasis ist zum Scheitern verurteilt – Wertevermittlung in der Praxis ist im Schulalltag kaum durchführbar.“, „Der Aspekt des Handelns kommt zu kurz.“, „zu wenig Möglichkeiten, best. Verhalten auch praktisch zu erproben“, „Tätiges Beispiel würde mehr helfen als theoretischer Unterricht – Praxisbezug außerhalb der Schulen fehlt meist.“, „Wertevermittlung sollte nämlich nicht nur theoretisch stattfinden, sondern in erster Linie vorgelebt werden und für die Schüler persönlich erfahrbar werden.“, „zu theoretisch, zu kopflastig – oft nicht an den Lebensumständen der Kinder orientiert“, „Die Werteerziehung findet zu wenig an konkreten Beispielen und Situationen statt, sondern wird meist nur allgemein angesprochen.“, „zu sehr aus der Erwachsenenwelt heraus – zu wenig Bezug zur Lebenswirklichkeit der Schüler“, „theoretische Diskussionen ohne Handlungspläne“
2. (kein echter Einfluss auf Handeln und Verinnerlichung) „Die Schüler handeln oft nur vor dem Lehrer so, wie es erwartet wird: Die Werte sind nicht verinnerlicht.“, „Das, was als Unterrichtsthema stattfindet, ist oft nur Theorie und deshalb einfach einzusehen, wird aber von den Kindern selber oft nicht umgesetzt.“, „Schüler übernehmen die gelernten Werte nicht in ihren Alltag.“, „zu wenig Einfluss auf die Kinder“, „kaum Einflussmöglichkeiten auf die Persönlichkeit des Schülers“, „kein nachhaltiges Lernen“

	SGD (836)	GS (171)	HS (133)	VS (114)	RS (157)	GY (255)
Häufigkeit	65	15	12	10	5	23
Prozent	7,8	8,8	9,0	8,8	3,2	9,0

Einige Untersuchungsteilnehmer kritisieren, schulische Werteerziehung sei zu oberflächlich und wenig praxisorientiert (vgl. 1.), sie habe keinen Einfluss auf das tatsächliche Handeln und die Einstellungen der Schüler (2.).[85]

Kategorie 3: Inkonsequenz und unzureichendes Sanktionsverhalten in der schulischen Erziehungsarbeit
1. „wird oft nicht konsequent durchgeführt“, „fehlende Konsequenz in der Umsetzung“, „Inkonsequenz“, „kein konsequentes Handeln von Lehrern“, „Konsequenz fehlt“
2. „zu wenig Konsequenz beim Einfordern eines Verhaltens, das gewisse Werte berücksichtigt“, „Fehlverhalten wird Übersehen, nicht wahrgenommen oder übersehen.“, „mangelnde Konsequenz und Entschlossenheit bei der Durchsetzung von Normen“, „zu wenig Konsequenzen bei Missachtung von Werten“, „fehlende Konsequenz bei der Einforderung der konkreten Umsetzung der gültigen Werte“, „laxer Umgang mit bestehenden Regeln“, „Selbst wenn ein grundsätzlicher Konsens vorliegt, bleibt das Zuwiderhandeln zumeist ohne Sanktion, der Regelverstoß wird hingenommen, somit das Einhalten von Regeln zur (scheinbaren) Beliebigkeit.“, „Verstöße sind in der Regel ohne Konsequenzen.“, „Schüler/innen an großen Schulen haben das Gefühl, bei Verstößen gegen Regeln nicht entdeckt zu werden.“

→

85 Die Ausführungen in diesem Kapitel enthalten einige Vorschläge, wie man Schüler durchaus auf positive Weise erreichen und wie man bei ihnen Interesse an Werten wecken kann (vgl. z.B. die Erörterungen im Anschluss an die Darstellungstabellen der Kategorien 17 und 23).

Kategorie 3: Inkonsequenz und unzureichendes Sanktionsverhalten in der schulischen Erziehungsarbeit						
3. „zu wenig Handhabe gegen Schüler, die sich der Werteerziehung widersetzen“, „mangelhafte Möglichkeiten an Ordnungsmaßnahmen“ 4. „positiver und negativer Sanktionskatalog zu unzureichend“						
	SGD (836)	**GS (171)**	**HS (133)**	**VS (114)**	**RS (157)**	**GY (255)**
Häufigkeit	50	9	6	10	6	18
Prozent	6,0	5,3	4,5	8,8	3,8	7,1

Einige Befragte kritisieren allgemein mangelnde Konsequenz in der schulischen Erziehungs- und Werteerziehungsarbeit (vgl. 1.). Andere Teilnehmer werden etwas konkreter und kritisieren u.a., mit der Einhaltung und Nichteinhaltung von Normen werde von Seiten der Lehrkräfte zu wenig konsequent umgegangen (2.), die zur Verfügung stehenden Möglichkeiten für konsequente Erziehung seien unzureichend (3.). Interessant ist der Hinweis eines Befragten, wonach nicht nur die negativen sondern auch die positiven Sanktionsmöglichkeiten unzureichend seien (4.).[86]

Kategorie 4: Mangel an systematischer Kontinuität schulischer Werteerziehung
1. **(nicht kontinuierlich, nur nebenher)** „oft einmalige Aktionen“, „nur punktuelle Werteerziehung“, „Kontinuität der Werteerziehung gestaltet sich schwierig.“, „nur zwischendurch“, „Werteerziehung muss nebenher laufen.“, „Häufig verkommt sie zu einem Randthema, gilt zwar als Unterrichtsprinzip, kann aber … nicht immer konsequent realisiert werden.“, „Vieles läuft nur nebenher – von bewusster Werteerziehung kann nicht die Rede sein.“, „fehlende systematische Einbindung in den Unterricht“, „nur eher beiläufig aus konkreten Anlässen heraus“, „wird zu wenig Platz im Unterricht eingeräumt“
2. „Lehrplan sieht zu wenig Zeit für schulische Wertevermittlung vor.“, „Lehrplan hat keine Freiräume dafür vorgesehen.“, „keine vorgesehenen U-Stunden im Stundendeputat“, „kein eigener Raum für die Werteerziehung, d.h. man ist immer gezwungen, etwas zu opfern, um Werte zu vermitteln, z.B. Zeit für Lernstoff“

→

86 Die Teilfragen 11 a) und b) wurden in einem gemeinsamen Arbeitsschritt ausgewertet, weil Defizit (a) und Hindernis (b) schulischer Werteerziehung oft nah beieinander liegen und somit eine systematische Trennung häufig wenig sinnvoll erscheint. Ein Beispiel hierfür sind einige Zitate aus den Unterpunkten 2. und 3. in der Antwortkategorie 3. Wenn „Verstöße … in der Regel ohne Konsequenzen“ sind, so lässt sich dies als ein Defizit schulischer Erziehung beschreiben, „mangelhafte Möglichkeiten an Ordnungsmaßnahmen“ klingen hingegen eher nach einem Hindernis. Dennoch liegen beide Aussagen so nah beieinander, dass es wenig sinnvoll wäre, sie in unterschiedliche Kategorien zu subsumieren.

Kategorie 4: Mangel an systematischer Kontinuität schulischer Werteerziehung						
3. (nur in wenigen Fächern) „Die Wertevermittlung läuft nur in einem eng abgegrenzten Raum und in der Regel auf wenige Fächer beschränkt ab.", „einseitige Beschränkung auf die Fächer Ethik und Religion", „Werteerziehung bleibt auf einige Fächer beschränkt (R, D, B, G, Sk), naturwissenschaftliche Fächer bleiben weitgehend frei davon."						
	SGD (836)	GS (171)	HS (133)	VS (114)	RS (157)	GY (255)
Häufigkeit	47	8	8	8	4	19
Prozent	5,6	4,7	6,0	7,0	2,5	7,5

Den Mangel an systematischer Kontinuität schulischer Werteerziehung führen einige Befragte darauf zurück, dass Werteerziehung – z.B. in den Lehrplänen – nicht in ausreichendem Maße vorgesehen sei (vgl. 2.). Die Begrenzung werteerzieherischer Aktivitäten auf einzelne Fächer wird von einigen als Problem angesehen (3.).

Eng mit der vierten hängt die fünfte Antwortkategorie zusammen, in welche Aussagen subsumiert wurden, mit welchen die Untersuchungsteilnehmer einen der Gründe für einen Mangel systematischer Kontinuität schulischer Werteerziehung beschrieben haben:

Kategorie 5: Primat fachlicher Inhalte – im Gegensatz dazu geringer Stellenwert schulischer Werteerziehung						
1. (Primat fachlicher Inhalte) „Schulische Werteerziehung hat einen geringeren Stellenwert als Stoffvermittlung.", „Werteerziehung wird zu gering gewertet, das Hauptaugenmerk liegt nach wie vor auf dem Abarbeiten des Stoffes.", „Kognitive Ziele werden höher angesehen.", „Überbetonung der Lerninhalte, der Stoffvermittlung", „Wissensvermittlung vor Wertevermittlung", „Ihre Vermittlung wird den Fachdidaktiken untergeordnet und als sekundär angesehen.", „Schwerpunkt liegt in fachlichen Lerninhalten.", „Man nimmt sich oft zu wenig Zeit für die Werteerziehung, weil man denkt Lesen und Rechnen wäre wichtiger.", „Meist steht der Stoff im Vordergrund – die Bildung von Herz und Verstand beschränkt sich in der Regel auf den Verstand."						
2. (Primat fachlicher Inhalte vor anderen Aspekten) „zu starker Schwerpunkt der naturwissenschaftlichen Fächer, der Sprachen und zu wenig Beachtung der sozialen Probleme an der Schule", „Orientierung am Stoff und weniger am Kind"						
3. (Lehrplan) „Der Lehrplan legt zu viel Wert auf Facherziehung!", „zu starke Konzentration auf Stoff der Lehrpläne"						
4. „traditionell fächerorientierte Ausrichtung des Gymnasiums", „oft keine Zeit, um auf anfallende Wertefragen sofort einzugehen, weil das eigentliche Unterrichtsthema drängt"						
	SGD (836)	GS (171)	HS (133)	VS (114)	RS (157)	GY (255)
Häufigkeit	90	11	16	8	24	30
Prozent	10,8	6,4	12,0	7,0	15,3	11,8

Mehr als 10 % der Lehrkräfte, die zu Frage 11 etwas geschrieben haben, sehen im hohen Stellenwert fachlicher Inhalte ein Problem, weil dadurch Werteerziehung zu kurz komme oder auch andere wichtige Aspekte wie beispielsweise die sozialen

Probleme verdrängt würden. Unter Lehrkräften an weiterführenden Schulen, die zu Frage 11 etwas geschrieben haben, liegt der Anteil der Personen, die diesen Aspekt nennen, über 10 %, unter Lehrkräften an reinen Grundschulen darunter.

Während in Kategorie 5 Antworten zusammengefasst sind, welche den hohen Stellenwert fachlicher Inhalte betonen, geht es bei der folgenden Kategorie um Aussagen, welche die Menge dieser fachlichen Inhalte betonen.

Kategorie 6: Stofffülle – voller Lehrplan
Subsumiert: Zeitmangel durch Stofffülle, hohe Arbeitsbelastung der Lehrkräfte durch Stofffülle

1. „Stofffülle“, „Lehrplanstress“, „Lehrplan überfrachtet“, „Stoffdruck“, „übervolle Lehrpläne“, „zu volle Lehrpläne“, „Überfüllung der faktischen Lehrinhalte im Lehrplan“, Lehrplanüberfrachtung“, „zu straffer Lehrplan“, „Lehrstoff lässt kaum Raum“, „zu prall gefüllte Lehrpläne“, „zu großes Stoffgebiet“, „Fülle der Lehrplanvorgaben“, „wachsende Lehrstoffmenge im G8“

2. „Fülle der Lehrpläne lässt keine Zeit für Werteerziehung.“, „keine Zeit durch Stofffülle“, „Zeitdruck durch überfrachtete Lehrpläne“, „Stofffülle und die daraus folgende Zeitnot“, „zu wenig Zeit, da volle Fachlehrpläne“, „Zeitproblem angesichts sehr voller Lehrpläne“, „Die Stofffülle der Lehrpläne verhindert oft ein vertiefendes Eingehen auf wichtige, aber komplexe Wertefragen.“, „Stofffülle nahezu aller Fächer lässt zu wenig Spielraum.“, „Zeitdruck wegen des Stoffes“, „Werteerziehung wird oft aufgrund Stofffülle im kognitiven Bereich geopfert.“, „Zeitmangel im Unterricht wegen Fülle des Wissensstoffes“

3. „Die Stofffülle drängt Werte in den Hintergrund.“, „Stofffülle erschwert Erziehung“

	SGD (836)	GS (171)	HS (133)	VS (114)	RS (157)	GY (255)
Häufigkeit	311	69	38	40	56	107
Prozent	37,2	40,4	28,6	35,1	35,7	42,0

Mehr als jeder dritte Untersuchungsteilnehmer, der zu Frage 11 etwas geschrieben hat, sieht in der Menge der fachlichen Inhalte ein Problem. Allein das Wort „Stofffülle“ wird von 130 Befragten bei der Beantwortung verwendet.

Interessant ist, dass unter Lehrkräften an reinen Grundschulen der Anteil der Personen, welche diesen Punkt nennen, ungefähr gleich groß ist wie unter Gymnasiallehrern. Lehrkräfte dieser beiden Schularten nennen diesen Aspekt anteilig am häufigsten. Die Vermutung, die Stofffülle sei im Schulartvergleich an reinen Grundschulen am wenigsten ein Problem, wird nicht bestätigt.

Die große Menge fachlicher Inhalte gehört insgesamt zu den meistgenannten Antworten auf die Frage 11. Vielen Lehrkräften stellt sich offensichtlich das Problem, wie sie neben der Stofffülle noch Werteerziehung betreiben sollen. Doch gerade in einer solchen Herangehensweise liegt das Problem. Es kann nicht darum gehen, neben oder nach vielem Fachlichen auch noch die Werte *irgendwie unterzubekommen*. Das Desiderat liegt darin, optimalerweise jeden fachlichen Inhalt sowie die damit verbundene Situation sinnvoll mit Werteerzieherischem zu verknüpfen. Nicht ein Neben- oder Nacheinander von Fach und Wert, sondern ein symbiotisches Miteinander ist anzustreben. 58 % der Untersuchungsteilnehmer haben die Umsetzung schulischer Werteerziehung in den Lehrplänen nicht mit einer guten oder sehr guten Note bewertet (vgl. Kapitel 3.5). Es besteht die Notwendigkeit, wertepädagogische Aspekte in die Fachdidaktiken aller Fächer kontinuierlich und sinnvoll einzubinden und dies in den Lehrplänen zu verankern. Nur so kann Werteerziehung tatsächlich zum Unterrichtsprinzip werden. Sinnvoll ist es auch, den Lehrkräften – z.B. im Rahmen von Fortbildungen – dabei zu helfen, Inhalte auch an den Stellen, an denen dies (noch) nicht im Lehrplan verankert ist, kreativ für die Werteerziehung zu nutzen. Darüber hinaus muss den Lehrkräften dabei geholfen werden, Unterrichtssituationen auch unabhängig vom konkreten fachlichen Inhalt werteerzieherisch nutzen zu können.

Diese Vorschläge beschreiben nicht nur eine sinnvolle Reaktion auf die von den Lehrkräften wahrgenommene Stofffülle, sondern auch auf die damit eng zusammenhängenden Probleme bzw. Herausforderungen des Primats fachlicher Inhalte (Kategorie 5) und des Mangels an systematischer Kontinuität schulischer Werteerziehung (Kategorie 4).

Kategorie 7: Prüfungs- und Notendruck, Leistungskultur & Selektionszwang Subsumiert: Zeitmangel durch Notendruck, hohe Arbeitsbelastung der Lehrkräfte durch Notendruck
1. „Leistungskultur", „Leistungsdruck", „Notendruck", „Prüfungsdruck", „Unzahl von Tests und Prüfungen", „Selektionszwang", „selektives Bewertungssystem", „unnötig viele Leistungserhebungen", „ständiger Leistungsvergleich", „leistungsorientierter Schulalltag", „ständige Notengebung, Bewertung"
2. (Primat der Leistung) „Primat der reinen Leistung (Leistungsabfrage und Leistungsbewertung)", „Schule ist zu leistungsorientiert.", „Leistung steht im Vordergrund.", „Leistungsbeurteilungen werden immer mehr in den Vordergrund gestellt.", „Noten entscheiden über den Erfolg, nicht wertorientiertes Verhalten.", „Leistungsdenken im dreigliedrigen Schulsystem reduziert den Schüler nur auf seine Noten.", „Nur Noten zählen.", „Überbetonung der Noten"
3. (Selektion) „System der Selektion", „Konflikt zwischen Auslesefunktion der Schule und Werteerziehung", „widerstrebende Anforderungen: Selektions- und Förderaufgaben", „Schule soll funktionierende Abgänger für Wirtschaft liefern.", „Konkurrenzsituation in der Klassengemeinschaft infolge des Ausleseverfahrens zum Übertritt", „zu frühe und zu einseitige Ausrichtung auf Notengebung … Aussortieren nach der 4. Klasse", „Schwerpunkt ist ein rigoroses Ausleseverfahren, bei dem Werte oft hinderlich sein können."
4. (Leistungskultur konterkariert Werteerziehung) „Leistungsdruck und Werteerziehung ist oft schwer zu vereinbaren.", „Leistungsdruck führt zu Konkurrenzkampf.", „Leistungsdruck, Notengebung und Prüfungsbezogenheit erzieht die Schüler zu einem Wertesystem, das ausschließlich auf Leistung basiert.", „Leistungsdruck und Werteerziehung ist oft schwer zu vereinbaren --> schlechte Leistungen bringen oft Demotivation und Fehlverhalten mit sich.", „Leistungsdruck erdrückt Wertevermittlung.", „Leistungsdruck bietet kein Klima für Werteerziehung.", „Das Bemühen von Werteerziehung steht schier unvereinbar der Wichtigkeit von Noten und der neueren Entwicklung von permanentem Teststress usw. gegenüber.", „Durch schulische Praxis gefördertes Konkurrenzdenken steht manchen Werten entgegen."

→

Kategorie 7: Prüfungs- und Notendruck, Leistungskultur & Selektionszwang Subsumiert: Zeitmangel durch Notendruck, hohe Arbeitsbelastung der Lehrkräfte durch Notendruck
5. (Zeitmangel) „Stetiger Leistungs(messungs)druck verhindert es, immer dann, wenn sich die Gelegenheit bietet, sich dem Thema mit angemessenem Zeitaufwand zu widmen.", „Leistungsdruck, Notendruck - dadurch zu wenig Zeit" **6. (hohe Arbeitsbelastung der Lehrkräfte)** „Korrekturfülle"

	SGD (836)	GS (171)	HS (133)	VS (114)	RS (157)	GY (255)
Häufigkeit	126	29	16	18	21	40
Prozent	15,1	17,0	12,0	15,8	13,4	15,7

15,1 % der Untersuchungsteilnehmer, die zu Frage 11 etwas geschrieben haben, geben Antworten, die sich unter die vorliegende Kategorie subsumieren lassen. Die Befragten beleuchten verschiedene Aspekte, die sie hier für problematisch halten, wie z.B. den durch Prüfungen entstehenden Druck, den Leistungsvergleich, eine Überbetonung der Schulnoten, Konkurrenzdenken zwischen Schülern oder auch Schülerdemotivation durch ungenügende Leistungen.

In den Abschnitten 1.3.2 und 2.1.1 wurde bereits das Problem des *Hidden Curriculum*, des *heimlichen Lehrplans* dargestellt: Alle Lehrkräfte vermitteln Werte. Wenn sie sich dieser Verantwortung aber nicht bewusst stellen und sich stattdessen ausschließlich auf die Vermittlung von Lernstoff konzentrieren, besteht die Gefahr, dass sie die falschen Werte vermitteln. Recht viele Untersuchungsteilnehmer haben Notendruck, Leistungskultur und Selektionszwang bei der Beantwortung der Frage 11 genannt. Dies bestätigt die im Abschnitt 2.1.1 artikulierte Prognose, wonach ein Unterlassen schulischer Werteerziehung die Gefahr birgt, dass die Schüler dann einseitig zu Leistungsorientierung und Konkurrenzdenken erzogen werden. Ein Streben nach guten schulischen Leistungen darf und soll natürlich ausdrücklich gefördert werden! Wenn aber Erfolgsstreben nicht in explizit grundwerteorientiertes Denken und Handeln eingebettet ist, wird es potenziell *antisozial.*

Kategorie 8: Bürokratie und Organisatorisches Subsumiert: Zeitmangel durch Bürokratie und Organisatorisches, hohe Arbeitsbelastung der Lehrkräfte durch Bürokratie und Organisatorisches
1. „Verwaltungsaufgaben", „zu großer Verwaltungsaufwand", „zu viele bürokratische Arbeiten", „zu viel bürokratischer Kram", „bürokratische Aufgaben", „Bürokratisierung der Schule", „zu große Gefahr, dass sich organisatorische Fragen in den Vordergrund drängen", „zu viel Verwaltungsarbeit", „Verwaltungsaufwand während des Unterrichts (fehlende Entschuldigungen, Empfangsbestätigungen etc.) hemmt Freiraum für Werteerziehung ein.", „überflüssige Formalitäten", „zu viel Bürokratie", „z.T. sinnlose, überfordernde Organisationszusatzaufgaben"

→

Kategorie 8: Bürokratie und Organisatorisches Subsumiert: Zeitmangel durch Bürokratie und Organisatorisches, hohe Arbeitsbelastung der Lehrkräfte durch Bürokratie und Organisatorisches						
2. (Zeitmangel) „zu wenig Zeit wegen überfrachteter Bürokratisierung, v.a. im Zusammenhang mit der Leistungsmessung“, „Zeitmangel aufgrund bürokratischer Zwänge“ **3.** „zu viel Bürokratie bei pädagogischen Innovationen“						
	SGD (836)	**GS (171)**	**HS (133)**	**VS (114)**	**RS (157)**	**GY (255)**
Häufigkeit	33	0	4	0	16	13
Prozent	3,9	0,0	3,0	0,0	10,2	5,1

Der Aspekt *Bürokratie und Organisatorisches* wird von Volksschullehrern fast nicht genannt. Dagegen hat von den Realschullehrkräften, die zu Frage 11 etwas geschrieben haben, jeder Zehnte eine Antwort gegeben, die sich unter diese Kategorie subsumieren lässt.

Kategorie 9: 45-Minuten-Raster der Schulstunden Subsumiert: Zeitmangel durch 45-Minuten-Raster der Stunden						
1. „45-min Raster“, „zu enges Stundenkorsett“, „Organisation der Schulzeiten“, „fester Stundenrahmen“, „enges Zeitkorsett der Schulstunden“, „45 Min-Zeit“ **2.** „enges Stundenraster mit zu wenig Zeit“, „Es wird ihr im Alltagsbetrieb des nervenden 45-Minuten-Rhythmus nicht der hinreichende Stellenraum, sprich Zeitraum, eingeräumt.“, „Es gibt viele Störungen und Untugenden, auf die ich nicht eingehen kann, weil gleich Pause ist oder Unterrichtsende.“, „45 Minuten reichen nicht aus für ein echtes Problemgespräch mit über 30 Schülern.“						
	SGD (836)	**GS (171)**	**HS (133)**	**VS (114)**	**RS (157)**	**GY (255)**
Häufigkeit	26	2	3	4	7	10
Prozent	3,1	1,2	2,3	3,5	4,5	3,9

Einige Untersuchungsteilnehmer sehen im 45-Minuten-Raster der Schulstunden ein Problem, das die schulische Werteerziehung erschwert. Auch bei der folgenden Kategorie geht es um den Aspekt Zeit.

Kategorie 10: Zeitmangel – Zeitdruck ohne Angabe eines Grundes; Zeitmangel – Zeitdruck unter Angabe eines anderen Grundes
1. „keine Zeit", „wenig Zeit, „zu wenig Zeit!!!!!!", „Zeitnot", „Zeitmangel", „Zeitdruck", „ständiger Zeitdruck", „zu wenig Zeit für die Werteerziehung", „Zeitknappheit", „Zeitfaktor", „Zeitproblem", „fehlende Zeit", „zu wenig Zeit für Werte"
2. (Beispiele für andere Gründe) „wenig Zeit (Halbtagsschule)", „Fachlehrersystem --> wenig Zeit", „Zeitmangel: G8 Orientierung der Lernziele an den Interessen der Wirtschaft", „Zeitdruck: Konsequenz erfordert Zeit.", „zu geringes Wertebewusstsein bei vielen Jugendlichen und z. T. auch bei deren Eltern dementsprechend zu wenig Zeit zur Aufarbeitung in der Schule", „die zu geringe Zeit, die durch Bildungsstandards und die daraus entstehenden Folgen (Tests etc.) bedingt ist"

	SGD (836)	**GS (171)**	**HS (133)**	**VS (114)**	**RS (157)**	**GY (255)**
Häufigkeit	342	84	54	42	60	99
Prozent	40,9	49,1	40,6	36,8	38,2	38,8

Zeitmangel und Zeitdruck wurden von vielen Untersuchungsteilnehmern als Probleme genannt, welche die Durchführung schulischer Werteerziehung erschweren. Je nachdem, in welchen (kausalen) Zusammenhang die Befragten den Aspekt explizit stellten, erfolgte eine Subsumierung unter verschiedene Kategorien.[87] Darüber hinaus wurde der Aspekt separat erfasst und ausgezählt:

Zeitmangel, Zeitdruck – Auszählung unabhängig von der Angabe eines Grundes						
	SGD (836)	**GS (171)**	**HS (133)**	**VS (114)**	**RS (157)**	**GY (255)**
Häufigkeit	473	111	70	55	93	140
Prozent	56,6	64,9	52,6	48,2	59,2	54,9

56,6 % aller Teilnehmer, die zu Frage 11 etwas geschrieben haben, stellen – in den unterschiedlichsten Formulierungen – Zeitmangel bzw. Zeitdruck als Problem dar. Im Schulartvergleich am höchsten ist der Anteil der Personen, die zeitliche Probleme anführen, unter den Lehrkräften an reinen Grundschulen.

50,4 % (141) der 280 Personen, die keine Schulklasse als Klassenlehrkraft betreuen und die zu Frage 11 etwas geschrieben haben, nennen zeitliche Probleme. Unter den Untersuchungsteilnehmern, die eine Klasse als Klassenlehrkraft

87 z.B. Kategorie 6 (Zeitmangel durch Stofffülle), Kategorie 7 (Zeitmangel durch Notendruck), Kategorie 8 (Zeitmangel durch Bürokratie und Organisatorisches), Kategorie 9 (Zeitmangel durch 45-Minuten-Raster der Stunden) oder Kategorie 10 (andere Gründe, keine Angabe von Gründen). Mit Kategorie 10 wurde Zeitmangel auch dann kodiert, wenn der Aspekt nicht explizit in einen kausalen Zusammenhang mit anderen Aspekten gebracht wurde. Bsp.: „Zeitmangel durch Stofffülle" wurde mit Kategorie 6 kodiert, bei der Aufzählung „Stofffülle, Zeitmangel" hingegen erfolgte eine Kodierung mit Kategorie 6 und 10, weil hier kein kausaler Zusammenhang hergestellt wird.

betreuen, ist der Anteil um knapp 10 % höher. Hier schreiben 59,7 % (332) von 556 Personen etwas über zeitliche Probleme.

Kategorie 11: Hohe Arbeitsbelastung und Überforderung der Lehrkräfte ohne Angabe eines Grundes; hohe Arbeitsbelastung und Überforderung der Lehrkräfte unter Angabe eines anderen Grundes						
1. „ständig wachsende Arbeitsbelastung der Lehrer", „jedes Jahr noch weiter verlängerte Arbeitszeiten der Lehrer bei gleichzeitiger Verdichtung der Arbeit", „zu hohe Belastungen der Lehrkräfte", „ausgebrannte Lehrer", „Überforderung der Lehrenden"						
2. „zu hohe Verpflichtung in der zu erteilenden Stundenzahl (vor allem Grundschule)", „Lehrer sind oft überfordert durch zu hohes Stundenmaß.", „Wir Lehrer sind bis über die Belastungsgrenze hinaus eingedeckt mit Arbeit, Problemen mit schwierigen Schülern, bürokratischem Aufwand und immer neuen von politischen Zielsetzungen motivierten Extra-Aufgaben: zusätzliche Konferenzen, Aufsichten (Mittagsbetreuung), Projekte, schulische Veranstaltungen, Krankheitsvertretungen, unbezahlte Mehrarbeit, große Klassen. Interessieren Sie Einzelheiten? Die Liste mit Arbeiten, die heuer anfallen zum Unterricht dazu, wäre lang."						
	SGD (836)	**GS (171)**	**HS (133)**	**VS (114)**	**RS (157)**	**GY (255)**
Häufigkeit	35	4	6	2	10	13
Prozent	4,2	2,3	4,5	1,8	6,4	5,1

Auch der von einigen Untersuchungsteilnehmern genannte Aspekt der hohen Arbeitsbelastung und Überforderung der Lehrkräfte wurde unter verschiedene Kategorien subsumiert.[88]

Kategorie 12: Personelle Probleme						
1. (Lehrermangel) „Lehrermangel", „zu wenig Lehrer", „viel zu wenige Lehrer bei den bestehenden Anforderungen", „zu wenig Lehrer und fast keine mobilen Reserven", „zu viele erkrankte Lehrer, daher Doppelführungen"						
2. (Personalmangel) „Personalnot", „Kann Schule aufgrund der Personalsituation nicht leisten!", „knappe Personalressourcen", „fehlendes Personal", „zu wenig Personal"						
3. (Fachkräftemangel) „Man bräuchte mehr Unterstützung bei Problemen durch Fachpersonal (Sozialarbeiter, Psychologen etc.).", „Hilfestellung durch Fachkräfte (Schulsozialarbeiter, Medizin- bzw. Gesundheitsfachkraft in der Schule fehlen) ist nicht ausreichend.", „zu wenig (Fach-)Personal, sprich: Sozialpädagogen, Psychologen", „Fehlen von fachlich qualifizierten Personen"						
	SGD (836)	**GS (171)**	**HS (133)**	**VS (114)**	**RS (157)**	**GY (255)**
Häufigkeit	33	7	7	2	9	8
Prozent	3,9	4,1	5,3	1,8	5,7	3,1

88 Kategorien 6, 7, 8 und 11

Einige Befragte führen aus, die Durchführung schulischer Werteerziehung werde durch personelle Probleme erschwert. Genannt werden allgemein Lehrer- und Personalmangel, aber auch das Fehlen spezieller Fachkräfte wird von einigen Untersuchungsteilnehmern bemängelt.

Kategorie 13: Zu große Schulklassen & räumliche Enge

1. „zu große Klassen", „übergroße Klassen", „unpädagogisch große Klassen", „übervolle Klassen", „zu viele Schüler", „Klassenstärke", „zu große Lerngruppen", „viel zu große Klassenstärken"

2. „ungenügende räumliche Situation (große Enge in Klassenzimmern und im Schulhaus)", „beengte räumliche Verhältnisse", „Enge im Schulhaus, statt 450 (Schulhaus wurde dafür gebaut) 810 Schüler!"

	SGD (836)	GS (171)	HS (133)	VS (114)	RS (157)	GY (255)
Häufigkeit	207	29	33	21	51	71
Prozent	24,8	17,0	24,8	18,4	32,5	27,8

Knapp jeder vierte Untersuchungsteilnehmer, der zu Frage 11 etwas geschrieben hat, nennt Klassenstärke oder räumliche Enge als Hindernisse schulischer Werteerziehung. Unter den Realschullehrkräften ist es sogar fast jeder dritte Befragte. Dass die vorliegende Tabelle nur wenige Beispielzitate enthält, obwohl die Aussagen so vieler Personen unter diese Kategorie subsumiert wurden, liegt daran, dass die Formulierung „zu große Klassen" sehr häufig verwendet wurde. Der unter die vorliegende Kategorie subsumierte Gesichtspunkt der räumlichen Enge (vgl. 2.) wurde im Vergleich zum ersten Unterpunkt von nur wenigen Lehrkräften genannt.

Mit dem Problem der zu großen Klassen hängen einige Aspekte zusammen, die unter folgende Kategorie subsumiert wurden.

Kategorie 14: Mangel an Kontinuität und individueller Beziehung, Betreuung und Einflussnahme im Lehrer-Schüler-Verhältnis

1. (mangelnde Kontinuität) „häufige Lehrerwechsel", „Lehrerwechsel von Stunde zu Stunde", „viele verschiedene Lehrer pro Klasse", „Viele verschiedene Lehrkräfte in einer Klasse erschweren gemeinsame Richtung.", „Fachlehrerprinzip", „Wenn viel Fachunterricht erteilt werden muss, wirkt sich dies eher negativ auf eine einheitliche Werteerziehung aus. Dies ist in diesem Schuljahr häufig der Fall, wenn Lehrer einzelne Stunden an anderen Schulen erteilen müssen. Darunter leidet die Kontinuität der Erziehung und erschwert das Unterrichten.", „zu wenig Lehrerstunden"

2. (keine individuelle Betreuung/Beziehung) „Einzelgespräche oft nicht möglich", „kaum Zeit für persönliche Gespräche mit einzelnen Schülern", „Man nimmt sich zu wenig Zeit für den Einzelnen.", „zu wenig Zeit, um auf einzelne Schüler intensiver einzugehen", „zu wenig Ansprache des einzelnen Schülers", „große Schwierigkeit, auf Schüler persönlich einzuwirken", „wenig persönlicher Bezug zu Schülern", „kein Spielraum für individuelle Betreuung", „kaum Raum für individuelles Einwirken", „zu viele Stunden, um sich einzelnen Schüler/gruppen intensiv und entspannt zu widmen", „wenig Möglichkeiten für Gespräche in Kleingruppen", „zu wenig Möglichkeiten, differenzierend und individuell auf Schüler einzu-

→

Kategorie 14: Mangel an Kontinuität und individueller Beziehung, Betreuung und Einflussnahme im Lehrer-Schüler-Verhältnis
gehen", „Pseudo-Ichs im Unterricht, der einzelne Schüler ist meist nicht wirklich wichtig", „Anonymität", „Die eigenartige Rhythmisierung der Schule verhindert oft den Aufbau von sozialen Beziehungen zwischen Schüler und Lehrer." **3. (keine individuelle Werteerziehung)** „kaum Ressourcen für individuelle Werteerziehung", „zu wenig Zeit um einzelne Schüler zu fördern, z.B. auch in der Werteerziehung" **4. (Zusammenhang Kontinuität und individuelle Beziehung)** „Durch viele Fächer mit unterschiedlichen Lehrern fehlt der persönliche Bezug Lehrer - Schüler.", „Geringe zeitliche Präsenz der Lehrkraft in der Klassen lässt Persönliches zurücktreten.", „bei Fach mit 2 Stunden in der Woche kein individuelles Eingehen auf Schülerprobleme möglich"

	SGD (836)	GS (171)	HS (133)	VS (114)	RS (157)	GY (255)
Häufigkeit	70	7	12	4	15	32
Prozent	8,4	4,1	9,0	3,5	9,6	12,5

Knapp jeder zwölfte Untersuchungsteilnehmer, der zu Frage 11 etwas geschrieben hat, gibt eine Antwort, die sich unter die vorliegende Kategorie subsumieren lässt. Als problematisch angesehen wird neben einer unzureichenden Kontinuität im Lehrer-Schüler-Verhältnis aufgrund häufiger Lehrerwechsel (vgl. 1.), dass eine individuelle Bezugnahme zwischen Lehrkräften und Schülern nicht oder nur schwer möglich sei (2.). Der Zusammenhang, dass die angesprochene mangelnde Kontinuität die Entwicklung einer individuellen Beziehung erschwert, liegt auf der Hand und wird von einigen Befragten auch explizit ausgeführt (4.).

Doch nicht nur häufige Lehrerwechsel, sondern auch zu große Klassen (vgl. Kategorie 13) erschweren die Entstehung individueller Beziehungen zwischen Schülern und Lehrern. Einige Untersuchungsteilnehmer stellen diesen Zusammenhang her.[89] Zitatbeispiele hierfür sind:

„zu viele Schüler => zu geringes persönliches Kennenlernen", „viel zu große Klassen, um auf einzelne Schüler einzugehen", „Aufgrund der großen Klassen fehlt der Kontakt zum einzelnen Schüler.", „Große Klassen machen individuelle Betreuung schwierig."

Und dies führt noch einmal zurück zu Kategorie 13. Die Klassenstärke gehört zu den im Rahmen der Online-Befragung am häufigsten genannten Hindernissen schulischer Werteerziehung. An dieser Stelle nun die Empfehlung auszusprechen, die Klassenstärken an allgemein bildenden Schulen in Bayern zu reduzieren, liegt einerseits auf der Hand, reicht auf der anderen Seite aber nicht aus. Zu große Lerngruppen erschweren zwar in der Tat nicht nur das erzieherische Handeln der Lehrkräfte, sondern sind auch für das Vermitteln fachlicher Inhalte wenig förderlich. Das Kultusministerium sollte sich dieser Problematik stellen. Die vorliegenden Zahlen aus der Lehrerbefragung unterstreichen die Relevanz dieser Forde-

89 Die Aussagen wurden in solchen Fällen sowohl mit Kategorie 13 als auch 14 kodiert.

rung. Es ist jedoch klar, dass eine Lösung dieses Problems nicht kurzfristig erfolgen kann. Und so stellt sich den Lehrkräften die Frage, wie sie bis dahin auch in überfüllten Klassen eine gute Werteerziehung betreiben können. Optimal wäre es sicherlich, zu jedem einzelnen Schüler eine individuelle Beziehung aufbauen zu können. Optimal wäre es auch, auf jedes soziale Problem im Klassenmiteinander eingehen zu können. Dass beides – nicht nur, aber in nicht unerheblichem Maße auch aufgrund zu großer Klassen – oft kaum möglich ist, darf aber nicht zu dem Schluss führen, Werteerziehung sei dann nicht möglich. So z.B. sollte sich jeder Lehrer bewusst sein, dass auch dann, wenn es in der Praxis unmöglich erscheint, „auf einzelne Schüler intensiver einzugehen", das Lehrerverhalten und sein Reden durchaus Einfluss auf den einzelnen Schüler haben können. Der Vorbildwirkung wohnt ein nicht unerhebliches Potenzial inne.[90]

Die Lehrkraft sollte im Übrigen nicht nur darauf achten, dass das eigene Verhalten, sondern dass auch das Schülermiteinander im Unterricht sich an den Grundwerten orientiert. Natürlich ist es dem Lehrer gerade in größeren Klassen nicht möglich, von jedem Konflikt, jeder Auseinandersetzung Kenntnis zu erlangen. Doch jegliche offene und für alle wahrnehmbare Kommunikation und Interaktion im Klassenzimmer während des Unterrichts sollte von einer Achtung vor dem Anderen, von Gleichbehandlung und Gerechtigkeit und einem friedlichen Umgangston geprägt sein. Wenn im Rahmen eines solchen positiven Grundklimas fachliche Inhalte mit Werteerzieherischem sinnvoll und stetig verknüpft werden, ist dies ein Beispiel für eine gelungene Wertepädagogik auch unter widrigen Voraussetzungen.

Kategorie 15 : Heterogenität der Schülerschaft

1. (Heterogenität) „Heterogenität der Schülergruppen", „zu heterogene Klassen", „uneinheitlicher Ausgangspunkt der Schüler", „völlig unterschiedliche Voraussetzungen bei den Schülern", „zu viele unterschiedlichste Schülerpersönlichkeiten mit ihren individuellen Problemen und Konflikten"

2. (Heterogenität durch Elternhaus) „Kinder kommen aus unterschiedlichen Familien, d.h. die Werte, die die Kinder in ihrer vorschulischen Zeit erfahren haben, hängen von ihrer jeweiligen Erziehung im Elternhaus ab.", „zu unterschiedliche soziale Herkunft und damit unterschiedliche Voraussetzungen von zuhause her", „inhomogene Voraussetzungen aus dem Elternhaus"

3. (kulturelle Heterogenität) „Verschiedenheit der Kinder (Kulturen)", „Multikulti-Klassen", „multikulturelle Zusammensetzung – Werte verschiedener Kulturen", „durch die multikulturelle Zusammenstellung der Klassen, unterschiedliche Wertvorstellungen", „sehr großer Anteil von Kindern mit Migrationshintergrund", „hoher Ausländeranteil", „zu viele Emigranten und verschiedene Nationalitäten, zu viele verschiedene kulturelle Werte dieser Nationalitäten"

	SGD (836)	GS (171)	HS (133)	VS (114)	RS (157)	GY (255)
Häufigkeit	31	10	10	4	2	4
Prozent	3,7	5,8	7,5	3,5	1,3	1,6

90 Darauf wird im Rahmen der Kommentierung der Antwortkategorie 17 näher eingegangen.

Einige Untersuchungsteilnehmer sehen in der Heterogenität der Schülerschaft ein Problem, das schulische Werteerziehung erschwert. Einige Befragte verweisen auf die unterschiedlichen Voraussetzungen der Schüler aus dem Elternhaus, andere sehen in der kulturellen Heterogenität eine Schwierigkeit.

Es ist wichtig, dass die schulische Werteerziehung auch dann, wenn sie – was unvermeidbar ist – auf Heterogenität der zu Erziehenden trifft, die Inhalte der materialen Werteinstellungs-Erziehung nicht relativiert. Der kleinste gemeinsame Nenner, der Konsens über Grundwerte, darf im erzieherischen Raum Schule nicht aufgeweicht werden. Dies mag gerade dann, wenn man kultureller Heterogenität begegnet, herausfordernd erscheinen.[91] Es stellt jedoch eine Kernforderung an eine zeitgemäße Wertepädagogik dar.

Kategorie 16: Verhalten und Einstellungen der Schüler

1. „steigende Zahl an Problemschülern“

2. (Einstellungen) „zu geringes Wertebewusstsein bei vielen Jugendlichen“, „scheitert oft an völlig anderen Wertvorstellungen der Schüler (Freizeit, Party, Alkoholkonsum)“, „Schüler sehen sich fast immer außerhalb jeglicher Verantwortung.“, „Natürlich zeigen mittlerweile auch viele Schüler eine sichtbare Werteresistenz.“, „Individualismus/Egoismus der Schüler“

3. (Verhalten) „Schüler mit negativem Verhalten überwiegen.“, „Mitschüler leben falsche Werte vor.“, „Werte wie Freundlichkeit, Disziplin, Taktgefühl, Empathie, Konsumverzicht werden nicht von Mitschülern vorgelebt.“, „Freiräume zur Einübung können wegen disziplinlosen Schülern nicht gewährt werden.“

4. (mangelnde Kooperation und Desinteresse) „uneinsichtige Schüler“, „fehlende Einsicht der Schüler“, „mangelnde Bereitschaft und Einsichtsfähigkeit der Schüler“, „unmotivierte Schüler“, „Kinder sind von zuhause aus stark vorgeprägt und akzeptieren Schule nicht mehr so als Erziehungsstätte.“, „in den Klassen Gleichgültigkeit, Desinteresse“, „Desinteresse mancher Schüler“, „kein Interesse der Schüler“, „Schüler schalten ab, wenn es nicht um konkretes Wissen geht.“

5. (gemischt) „Verhalten der Schüler – zu wenig Interesse – fehlendes Verständnis“, „z.T. zu geringe Sensibilität bei Schülern, auch zu wenig Interesse“

6. (andere) „zu viele Kinder mit auditiven Wahrnehmungsstörungen oder Aufmerksamkeitsproblemen“, „unruhige Kinder“, „Kinder können häufig nicht mit Konflikten umgehen.“, „oft zu passive Haltung der Schüler“, „Schülern ist die Relevanz nicht klar.“

	SGD (836)	**GS (171)**	**HS (133)**	**VS (114)**	**RS (157)**	**GY (255)**
Häufigkeit	81	15	15	13	14	24
Prozent	9,7	8,8	11,3	11,4	8,9	9,4

Knapp 10 % der Lehrkräfte, die zu Frage 11 etwas geschrieben haben, sehen die Durchführung schulischer Werteerziehung durch Einstellungen und Verhalten

[91] Vgl. hierzu Kapitel 3.3: 98,2 % der Untersuchungsteilnehmer sind der Meinung, dass auch in einer multikulturellen Gesellschaft bestimmte Werte für alle gelten sollten. Gleichzeitig aber stimmen 17,2 % der Aussage zu, aufgrund der multikulturellen Struktur der deutschen Gesellschaft sei es in der Praxis nicht möglich, dass bestimmte Werte für alle gelten.

der Schüler erschwert. Kritisiert wird u.a., Schüler orientierten ihr Handeln an den falschen Werten, sie seien desinteressiert und wenig kooperativ.

Häufiger als die Schüler wird eine andere Personengruppe von den Untersuchungsteilnehmern kritisiert:

Kategorie 17: Verhalten, Einstellungen und Engagement der Lehrkräfte

1. (betreiben keine Werteerziehung) „Manche Kolleg/innen halten es nicht für ihre Pflicht, in ihrem Unterricht Werte zu vermitteln.“, „mangelnde Einsicht in die Bedeutung dieses Auftrages bei Kollegen“, „Manche Lehrer sehen Werteerziehung als nebensächlich an.“, „Viele Lehrer sehen Werteerziehung nicht ein oder wollen sie in ihren Fächern nicht umsetzen.“, „Nicht alle im Kollegium machen mit.“, „weil sich nicht alle Lehrer verantwortlich fühlen“, „kein gemeinsames Einstehen von Seiten der Lehrer trotz gemeinsamer Zielsetzung“, „Kollegen, die das für pädagogischen Schnickschnack halten (und deshalb keine Projekte machen)“, „Kollegen, die sich als Stoffvermittler, nicht als Erzieher verstehen“

2. (Überforderung) „Viele sehen weg und fühlen sich überfordert.“, „Desinteresse und Resignation der Lehrer“, „Nicht alle Kollegen bringen dafür die Kraft auf.“

3. (Vorbild) „Werte werden von Lehrern vermittelt, aber nicht vorgelebt.“, „dass einige Kollegen diese (von den Schülern geforderten Werte) selbst nicht erfüllen, also zweierlei Wertmaßstäbe angelegt werden“, „Lehrer sind nicht immer das geforderte Vorbild.“, „mangelnde Vorbildfunktion der Lehrer“, „Kollegen, die für Schüler ein schlechtes Vorbild sind“, „Lehrer z.T. selbst keine Vorbilder, zu liberal eingestellt bzw. nicht interessiert“, „Auch Lehrer beachten manche Werte nicht bzw. halten sie für unwichtig oder falsch.“, „Lehrer als Negativvorbild“, „die so genannten Sekundärtugenden z.B. Pünktlichkeit und Pflichterfüllung werden von einigen KollegInnen nicht gefordert, da sie selbst diese nicht beispielhaft vorleben wollen oder können.“, „Es gibt immer Kollegen, deren gelebtes Beispiel der Werteerziehung nicht zuträglich ist.“, „Auch Lehrer halten sich nicht immer an die Werte bzw. was sie aus ihnen für ihr eigenes Verhalten ableiten sollten.“, „zu wenig Bewusstsein vom eigenen Vorbildstatus“, „mangelnde Vorbildwirkung und Bewusstmachen derselben“, „Nichtwahrnehmung bestimmter Werte, z.B. Gleichberechtigung von Mann und Frau durch Lehrpersonen“

4. (gemischt) „Lehrer legen selbst zu wenig Wert auf Werteerziehung und das Vorleben von Werten.“, „Werte bzw. Regeln der Hausordnung werden nicht von allen Lehrern respektiert oder für wichtig genommen. Lehrer sind nicht immer solidarisch.“

5. (andere) „durch die Lehrerpersönlichkeit (labil bzw. selbst problembehaftet)“, „Ignoranz von Lehrern“, „Lehrer sind unglaubwürdig.“, „Lehrer bringen Schülern keine Wertschätzung entgegen.“, „Nicht alle Lehrer sind bereit, sich mit ihren eigenen verkörperten Werten kritisch auseinanderzusetzen und an sich zu arbeiten.“, „Bequemlichkeit der Lehrer“, „junge Kollegen, die die absolute Freiheit der 68er praktizieren“, „autoritäres Lehrerverhalten“, „zu viel Rigorismus bei manchen Kollegen“, „Der Einsatz mancher Kollegen lässt zu wünschen übrig.“

	SGD (836)	**GS (171)**	**HS (133)**	**VS (114)**	**RS (157)**	**GY (255)**
Häufigkeit	146	19	24	17	38	45
Prozent	17,5	11,1	18,0	14,9	24,2	17,6

17,5 % der Lehrkräfte, die zu Frage 11 etwas geschrieben haben, sehen in Verhalten, Einstellungen und Engagement ihrer Kollegen ein Hindernis schulischer Werteerziehung. Diese werde von den anderen Lehrern nicht umgesetzt, ist ein Kritikpunkt (vgl. 1.). Interessant sind in diesem Zusammenhang die Zitate des zweiten Unterpunkts, denn sie zeigen, dass nicht notwendigerweise böser Wille dahinter stehen muss, wenn ein Lehrer keine Werteerziehung betreibt. Die Gründe hierfür können auch in Überforderung oder Resignation liegen. Wichtig ist in der Tat, dass Lehrkräfte mit der Forderung, Werte zu vermitteln, nicht alleine gelassen werden. Hier bedarf es konkreter und sinnvoller Unterstützung. Darauf wird an späterer Stelle weiter eingegangen.

Einige Untersuchungsteilnehmer beanstanden die schlechte Vorbildwirkung ihrer Kollegen (3.). Tatsächlich ist das Verhalten der Lehrkräfte ein wichtiger Aspekt schulischer Werteerziehung. Fritz Oser und Wolfgang Althof weisen jedoch darauf hin, junge Menschen würden „kaum einen Erwachsenen in seinem moralischen Tun nachahmen, wenn sie nicht dessen Begründung kennen“ (2001, S. 468). Und sie schlussfolgern: „So ist es wahrscheinlich eine Kombination von Vorleben, Erläutern und echtem Austausch, die dazu führt, daß Erwachsene einen tiefgreifenden Einfluß auf Kinder und Jugendliche haben können. In *dieser Kombination* kommt es dann vielleicht auf das einzelne Wort weniger an als auf den Gesamteindruck, den die Erwachsenen hinterlassen“ (ebd. S. 469, Hervorhebung durch kursive Formatierung im Original).

Und dieser Gesamteindruck muss in sich kongruent sein. Hans-Joachim Werner betont: „Gefordert werden keine moralischen Extremleistungen, sondern Zeichen der Übereinstimmung von Sprechen und Handeln, Zeichen dafür, dass Lehrer das, was sie lehrend vermitteln, auch selbst für wichtig und richtig halten. Soweit Lehrer selbst Vorbildfunktion zu erfüllen haben, wird von ihnen nicht mehr gefordert als eben dies. In ihrer Lebenseinstellung muss ihre Wertorientierung konkret erkennbar sein, ohne dass sich diese in großen und spektakulären Aktionen äußern müsste und ohne dass immer *nur* die Wertgebundenheit des Daseins im Zentrum stehen müsste“ (2002, S. 208, Hervorhebung durch kursive Formatierung im Original).

Besonders problematisch ist also der in den ersten beiden Zitaten des dritten Unterpunkts beschriebene Sachverhalt. Wenn Schüler sehen, dass Aussagen und Handeln eines Lehrers sich zu häufig widersprechen, wird seine Werteerziehung unglaubwürdig und wirkungslos. Natürlich sind auch Lehrkräfte nicht perfekt, und so wird es im Stress des Schulalltags unvermeidlich auch einmal zu Diskrepanzen kommen. Doch der Gesamteindruck, den ein Lehrer in seinem Handeln und Reden vermittelt, muss stimmig sein. Dann verzeihen die Jugendlichen auch Schwächen (vgl. ebd.).

Unter den Lehrkräften an reinen Grundschulen ist der Anteil der Personen, die im Rahmen der Beantwortung der Frage 11 Kritik an ihren Kollegen üben, im Schulartvergleich am niedrigsten. Dies ist möglicherweise als Hinweis darauf zu werten, dass Grundschullehrer sich mehr als Lehrkräfte anderer Schularten auch als Erzieher verstehen.

Kategorie 18: Defizitäre Kooperation und Absprache im Lehrerkollegium und mit der Schulleitung
1. „fehlende Gespräche der Lehrer untereinander", „mangelnde Kommunikation zwischen den Kollegen", „mangelnde Absprache mit Kollegen", „mangelnde Abstimmung zwischen den Fachschaften und den einzelnen Lehrern", „mühsame Kooperation unter den Kollegen" „zu geringe Kooperation der Lehrkräfte", „mangelnde Kooperation der Lehrkräfte untereinander", „Jeder Lehrer arbeitet für sich.", „Es fehlt die Zusammenarbeit unter den Lehrkräften.", „mangelnde Teambildung, um Fälle zu besprechen", „mangelnde Teamarbeit der Kollegen", „fehlende Abstimmung über Werte innerhalb des Kollegiums", „kein Gespräch darüber unter Kollegen und Schulleitung"
2. „Lehrer sind Einzelkämpfer. Sie haben nicht gelernt, im Team zu arbeiten.", „zu viele Einzelkämpfer in der Lehrerschaft", „Nicht alle Kollegen beteiligen sich in gleichem Maße an wichtigen Besprechungen oder halten sich nicht an Übereinkommen."
3. „Es mangelt an organisatorisch verankerten Austauschmöglichkeiten zwischen Kollegen.", „kaum Raum (Zeit + Ort), um sich im Kollegium abzusprechen", „zu wenig Zeit, sich mit Kollegen auszutauschen", „zu wenig Zeit im Kollegium, darüber zu diskutieren"

	SGD (836)	**GS (171)**	**HS (133)**	**VS (114)**	**RS (157)**	**GY (255)**
Häufigkeit	64	11	9	8	12	22
Prozent	7,7	6,4	6,8	7,0	7,6	8,6

7,7 % der Untersuchungsteilnehmer, die zu Frage 11 etwas geschrieben haben, halten defizitäre Kooperation und Absprache im Lehrerkollegium für ein Hindernis schulischer Werteerziehung. Einige Befragte formulieren diesen Sachverhalt neutral (vgl. 1.), andere artikulieren den Punkt eher als Vorwurf (2.). Dass hinter defizitärer Kooperation und Absprache kein böser Wille stehen muss – nämlich dann, wenn hierfür in unzureichendem Maße die Möglichkeit besteht – implizieren die Zitate des dritten Unterpunkts.

Hier liegt ein Anknüpfungspunkt zur Optimierung schulischer Werteerziehung. Kommunikation zwischen den Lehrkräften kann ein erster Schritt sein, den wahrgenommenen Defiziten und Hindernissen sinnvoll zu begegnen. Im Austausch darüber, wie der Andere den Herausforderungen der großen Schülerzahlen und der Bürokratisierung begegnet, welche Strategien der Kollege im Umgang mit schwierigen Schülern verfolgt oder darüber, wie man Fachliches mit Erzieherischem verbinden kann, liegt die Chance, von den Erfahrungen der anderen zu profitieren. Darüber hinaus bietet der Austausch im Kollegium die Möglichkeit, einen schulischen Konsens über Inhalte und Ziele schulischer Werteerziehung herzustellen. Es obliegt den Schulleitungen, systematisch Räume zu schaffen, in denen ein kontinuierlicher Austausch über erzieherische Fragen stattfinden kann. Solche Räume sind nach dem Bayerischen Gesetz über das Erziehungs- und Unterrichtswesen (BayEUG) auch vorgesehen.[92] Dies muss jedoch

[92] So steht im Art. 58 Abs. 3 Satz 1 BayEUG: „Die Lehrerkonferenz hat die Aufgabe, die Erziehungs- und Unterrichtsarbeit sowie das kollegiale und pädagogische Zusammenwirken der Lehrkräfte an der Schule zu sichern."

auch umgesetzt werden, und hier sind neben den Schulleitungen eben auch die einzelnen Lehrkräfte gefordert, die sich der Kooperation nicht verweigern dürfen.

Gleichzeitig sollten Lehrkräfte im Rahmen von Aus- und Fortbildung mehr für den erzieherischen Teil ihrer Tätigkeit qualifiziert werden. Um diesen Aspekt geht es in der folgenden Kategorie:

Kategorie 19: Mangelnde Ausbildung und Qualifikation der Lehrkräfte

1. (Qualifikation) „Lehrer sind nicht genügend qualifiziert.", „zu geringe Qualifikation", „fehlendes Umsetzungswissen der zu vermittelnden Werte", „geringes Wissen über die richtigen Methoden und die Auswirkungen bei den Schülern"

2. (Aus- und Fortbildung) „nicht für eine Werteerziehung ausreichend ausgebildete Lehrkräfte", „mangelhafte Ausbildung der Lehrer", „unbefriedigende Vorbereitung auf Praxis im Studium", „in der Ausbildung: zu viel Fachwissen, zu wenig praxisorientierte Pädagogik!", „Fehlende und falsche Lehrerausbildung an den Universitäten! Fehlende Kurse und Seminare: Angewandte Psychologie (Praxisorientiert) – Wirkung der Körpersprache – Strategien zur Wertebildung etc.", „Defizite in der Lehrerausbildung hinsichtlich Werteerziehung (theoretisches Wissen der Studenten wird stark bewertet, ihre soziale Kompetenzen zu wenig oder gar nicht bewertet)", „Vermittlung von Werten ist keine Thema der Lehrerausbildung (oder zumindest zu wenig).", „häufig unbrauchbares Fortbildungsangebot", „Die Fortbildungsmöglichkeiten in diesem Bereich sind zu gering.", „fehlende Ausbildung/Fortbildung"

3. „Schulung für die Lehrer fehlt.", „Lehrer sind nicht ausreichend geschult.", „wenig Anleitung, wie Werte besser vermittelt werden können"

	SGD (836)	GS (171)	HS (133)	VS (114)	RS (157)	GY (255)
Häufigkeit	68	9	20	10	12	16
Prozent	8,1	5,3	15,0	8,8	7,6	6,3

8,1 % der Lehrkräfte, die zu Frage 11 etwas geschrieben haben, nennen die mangelnde Ausbildung und Qualifikation der Lehrkräfte als ein Hindernis schulischer Werteerziehung. Auf diesen Punkt wird in einem eigenen Kapitel näher eingegangen (3.8: Schulische Werteerziehung in der Lehrerausbildung und der Lehrerfortbildung).

Kategorie 20: Verhalten der Schulleitung

1. (kein Interesse, keine Unterstützung) „mangelnde Unterstützung durch die Schulleitung", „teilweise Desinteresse der … Schulleitung", „Man wird von der Schulleitung im Stich gelassen.", „fehlendes Engagement der Schulleitung", „zu geringe Unterstützung der Schulleitung bei der Vermittlung bestimmter Werte, teilweise auch Desinteresse"

2. (Einmischung) „Einmischung von Schulleitung", „Reglementierung und Repression von Seiten der Schulleitung bei freigeistigem Unterricht"

→

Kategorie 20: Verhalten der Schulleitung
3. (andere) „Schulleiter, die überhaupt nicht eingreifen, weil sie es jedem Recht machen wollen“, „Der Direktor legt in meiner Schule nur Lippenbekenntnisse ab.“, „Die Schulleitung müsste viel stärker auf drohenden Verfall zahlreicher Werte reagieren, konsequenter handeln, viele Nebensächlichkeiten schwächer behandeln, eigene pädagogische Konferenzen über diese Thematik ansetzen.“

	SGD (836)	GS (171)	HS (133)	VS (114)	RS (157)	GY (255)
Häufigkeit	23	3	2	2	9	7
Prozent	2,8	1,8	1,5	1,8	5,7	2,7

Knapp 3 % der Befragten, die zu Frage 11 etwas geschrieben haben, beschweren sich über das Verhalten der Schulleitung. Kritisiert wird u.a. eine mangelnde Unterstützung.

Dieser Punkt wird zwar von relativ wenigen Untersuchungsteilnehmern genannt, darf aber in seiner Bedeutung nicht unterschätzt werden. Wenn Werteerziehung an einer Schule systematisch und kontinuierlich durchgeführt werden soll, bedarf es der Unterstützung durch die Schulleitung. Wenn es darum geht, die Bemühungen zu bündeln und auf ein gemeinsames Ziel auszurichten, hat die Schulleitung weitaus mehr Möglichkeiten als der einzelne Lehrer ohne Leitungsfunktion. Steht die Schulleitung nicht hinter der Werteerziehung, dann steht der einzelne, am Thema interessierte Lehrer, auf verlorenem Posten.

Kategorie 21: Kritik an Schulamt, Ministerium und Schulpolitik
1. „bei Schwierigkeiten wenig Unterstützung durch Schulamt (hier wird gerne der Weg des geringsten Widerstandes gegangen, der ja auch weniger Arbeit bereitet!)“, „Lehrer zu wenig positiven Rückhalt durch Schulamt und Regierung“, „mangelnde Unterstützung durch übergeordnete Behörden“
2. „zu wenig Anerkennung von Seiten des Kultusministeriums für diese Arbeit (sonst wäre die hohe Anzahl der Unterrichtsstunden kaum zu rechtfertigen)“, „Ministerium und Schulverwaltung heucheln zwar ein Interesse an einer Werteerziehung. In Wahrheit soll Schule nur funktionieren.“, „Sehen Sie sich doch einfach mal an, welche Kriterien ein Lehrer erfüllen muss, um in den Augen des Kultusministeriums eine sehr gute Beurteilungsnote zu bekommen. Die haben keine Ahnung von der Realität und werfen einfach irgendeinen Müll von ihren Schreibtischen ins gemeine Volk.“
3. „Das gesamte bayerische Schulkonzept genügt den momentanen Anforderungen nicht.“, „Schulpolitik des Staates ist konzeptlos und widersprüchlich!“

	SGD (836)	GS (171)	HS (133)	VS (114)	RS (157)	GY (255)
Häufigkeit	28	4	5	6	2	11
Prozent	3,3	2,3	3,8	5,3	1,3	4,3

Einige Lehrkräfte nutzen die Frage 11, um Kritik an Schulamt, Ministerium und Schulpolitik zu üben. Welche Forderungen die Untersuchungsteilnehmer an das Kultusministerium und die Schulpolitik haben, wird im Kapitel 3.7 dargestellt.

Kategorie 22: Verhalten, Erziehungsarbeit, Einfluss und Ansichten der Erziehungsberechtigten – Zusammenarbeit mit dem Elternhaus

1. (defizitäre Erziehung in der Familie) „mangelnde Grundlagen der Werteerziehung in der Familie“, „zu geringe Werteerziehung in der Familie“, „Erziehungsmängel in der Familie“, „Werterelativismus in den Elternhäusern“, „häusliche Defizite nur schwer aufzuholen“, „laisser faire Stil im Elternhaus (beide berufstätig --> Kinder alleine)“, „Elternhaus gibt schlechtes Vorbild.“, „Defizite aus der Erziehung in den Familien“, „häufig keine Werte von Familie vermittelt“, „zu wenig oder gar keine Werteerziehung seitens der Eltern!“

2. (Unterschiede Elternhaus – Schule) „oft fehlender Konsens mit der Erziehung in der Familie“, „unterschiedliche Ansichten zwischen Schule und Elternhaus“, „Oft besteht eine große Diskrepanz zwischen den Werten, die in der Schule vermittelt und vorgelebt werden zu den Werten, die zu Hause von Bedeutung sind.“, „manchmal widersprüchliche Werteerziehung im Elternhaus“, „Diskrepanz zwischen Wertvorstellungen der Eltern und der Lehrer“, „divergierende Werte in Elternhaus und Schule“, „wenn die Meinung über Werte im Elternhaus eine andere ist“

3. (mangelnde Unterstützung, Entgegenarbeiten) „keine Unterstützung durch das Elternhaus“, „wenig Unterstützung von Eltern“, „Ohne Unterstützung im Elternhaus ist schulische Werteerziehung nur Tünche.“, „Wenn die Eltern nicht mitarbeiten, was leider immer häufiger der Fall ist, sind die Möglichkeiten, die man als Lehrer hat, begrenzt.“, „Die Wertevermittlung an der Schule (z.B. Disziplin) wird vom Elternhaus häufig zu wenig unterstützt und ist deshalb wirkungslos.“, „Gleichgültigkeit mancher Eltern in Bezug auf Maßnahmen durch die Schule“, „Haltung der Erziehungsberechtigten steht schulischer Werteerziehung immer häufiger entgegen.“, „Widerstand unverständiger Eltern“, „kein Interesse der Familien an Zusammenarbeit“, „Elterneinwände, wenn Regeln durchgesetzt werden“, „Lehrer und Schule als Feindbild für Eltern, die deswegen Zusammenarbeit verweigern“, „Eltern sind nicht mit Lehrern solidarisch.“, „wenn Eltern nicht mit den Lehrern an einem Strang ziehen und sogar dem entgegenarbeiten“, „Eltern untergraben schulische Bemühungen.“, „Eltern fühlen sich angegriffen, wenn man in diesem Bereich erzieherisch auf das Kind einwirkt.“, „Eltern ziehen nicht mit.“, „Gerade bei schwierigen Schülern kommt man an die Eltern nicht ran: mangelndes Interesse, keine Zeit,...“, „Unterstützung von zu Hause ist nur in seltenen Fällen in zu erwartendem Maße geboten – oft eher ein Arbeiten der Eltern gegen schulische Norm- und Werteerziehung.“, „Eltern sehen die Notwendigkeit nicht ein.“

4. (neutraler: keine Kooperation) „die zu geringen Möglichkeiten, Eltern für die Zusammenarbeit zu gewinnen“, „fehlende Zusammenarbeit mit den Eltern“, „keine oder wenig Verbindung zum Elternhaus“, „zu geringer Kontakt mit dem Elternhaus“

5. „zu starke Einflussmöglichkeiten von Seiten der Eltern“, „zu viel Mitspracherecht für die Eltern“

6. (andere) „uneinsichtige und egoistische Eltern“, „Manche … Eltern verhalten sich selbst ungezogen“, „Leistungsdruck und Erwartungshaltung der Eltern“, „Viele Eltern pochen auf ihre (und die ihrer Kinder) persönliche Freiheit, weil sie zu bequem sind, eine derartig wertvolle Erziehungsarbeit zu leisten. Heute bin ich als Lehrer schon zur Nachsicht verpflichtet, wenn einem Vater der Unterricht zu früh beginnt und der Schüler mit dessen Billigung zu spät in der Schule erscheint.“

	SGD (836)	GS (171)	HS (133)	VS (114)	RS (157)	GY (255)
Häufigkeit	352	98	61	54	51	87
Prozent	42,1	57,3	45,9	47,4	32,5	34,1

42,1 % der Untersuchungsteilnehmer, die zu Frage 11 etwas geschrieben haben, geben eine Antwort, die sich unter die vorliegende Kategorie subsumieren lässt. Einige Lehrkräfte kritisieren Defizite in der familiären Erziehungsarbeit (vgl. 1.). Andere halten einen fehlenden Konsens zwischen Elternhaus und Schule bezüglich Erziehung und Wertansichten für problematisch (2.). Kritisiert wird auch eine mangelnde Unterstützung der Schule und schulischer Bemühungen durch das Elternhaus. Einige bezeichnen das Verhalten der Eltern sogar als ein Entgegenarbeiten (3.). Andere formulieren etwas neutraler ihre Ansicht, die Kontakte zum Elternhaus und die Zusammenarbeit seien defizitär (4.). Geäußert wird auch der Wunsch, den Eltern weniger Einfluss zuzugestehen (5.).

Unter Volksschullehrkräften ist der Anteil der Personen, die unter die vorliegende Kategorie subsumierte Aussagen tätigen, größer als unter Lehrkräften an Realschulen und Gymnasien. Besonders hoch ist der Anteil unter Lehrern an reinen Grundschulen.

40,1 % (242) der 604 Lehrkräfte ohne administrative Leitungsfunktion, die zu Frage 11 etwas geschrieben haben, geben eine Antwort, die sich unter die vorliegende Kategorie subsumieren lässt. Unter Lehrern in administrativer Leitungsposition ist der Anteil um 10 % höher. Hier nennen 50 % (98) von 196 Lehrkräften den Aspekt *Elternhaus* als Problem.

Insgesamt entfallen auf keine andere Antwortkategorie der Frage 11 die Aussagen so vieler Befragter, wie auf die vorliegende Kategorie. Wenngleich die subsumierten Aussagen teils recht unterschiedliche Teilaspekte hervorheben, kann ein Fazit gezogen werden: Nach Ansicht der Lehrkräfte ergänzen sich die beiden wichtigsten Werteerziehungsorte Familie und Schule nicht gut. Hier besteht großer Nachholbedarf.

Es soll an dieser Stelle vermieden werden, die Ursache hierfür einseitig bei den Eltern zu sehen. Eine Elternvertreterin z.B. äußerte im Gespräch mit dem Autor dieser Arbeit auf dem Wertekongress des Kultusministeriums am 20. Februar 2008 Bedauern darüber, dass Eltern nicht zu den pädagogischen Tagen der Lehrerkollegien eingeladen würden. Darüber hinaus habe sie einmal an einem Schulentwicklungstag teilnehmen wollen, aber auf Nachfrage habe man ihr zu verstehen gegeben, die Veranstaltung sei ausschließlich für Lehrkräfte vorgesehen.

Dieses Einzelbeispiel soll unterstreichen, dass eine Öffnung von beiden Seiten Voraussetzung dafür ist, dass sich die beiden Erziehungsorte Schule und Familie besser ergänzen können. Dass so viele Untersuchungsteilnehmer den Aspekt Eltern erwähnen zeigt, dass die bisher üblichen Maßnahmen (Elternabende, Elternsprechtage, Elternvertreter) ein fruchtbringendes Miteinander der beiden Erziehungsorte nicht in ausreichendem Maße gewährleisten können.

Vielleicht wäre es ein erster Schritt, von Seiten der Schule systematisch und kontinuierlich Gesprächsangebote über explizit erzieherische Themen und über die Erziehungspartnerschaft an alle Eltern – nicht nur an wenige Elternvertreter – zu richten. Hierfür wäre Voraussetzung, die sonst in der Kommunikation zwischen Eltern und Lehrern üblichen Themen wie Noten oder Fachliches bewusst auszuklammern. Auch sollte keine Konzentration auf mögliches Fehlverhalten der Schüler erfolgen, das nicht selten thematisiert wird, wenn Lehrer und Eltern doch einmal über Erzieherisches sprechen. Vielmehr sollte die Gelegenheit als erstes dafür genutzt werden, in konstruktiver Weise über die Schaffung eines Erziehungskonsenses zu sprechen.[93] Hierbei dürfte es nicht nur um die inhaltlichen Aspekte des Konsenses gehen, sondern in der Diskussion müsste auch die Beziehung zwischen Elternhaus und Schule ganz explizit auf die Metaebene gebracht werden, wie die Aussagen der Untersuchungsteilnehmer zeigen. Gegenseitige Vorbehalte müssten ausgeräumt werden.

Ein möglicher Rahmen hierfür wäre z.B. ein Treffen aller Eltern einer Klasse mit dem Klassenlehrer. Noch besser wäre es, wenn alle in der entsprechenden Klasse unterrichtenden Lehrkräfte teilnehmen würden. Da solche Treffen sinnvollerweise für alle Klassen durchgeführt werden müssten, würde dies natürlich einen großen zeitlichen Aufwand für Lehrer bedeuten, die in vielen Klassen unterrichten. Deshalb wäre es auch denkbar, zu den Treffen jeweils die Lehrer und Eltern eines ganzen Jahrgangs einzuladen. Ob dies bei Jahrgängen mit vielen Schülern möglich ist, müsste überprüft werden. Denn wichtig ist, dass fruchtbare Diskussionen ermöglicht werden, an denen sich viele beteiligen können.

Natürlich kann nicht gewährleistet werden, dass sich die Eltern einem solchen Gesprächsangebot öffnen würden oder ob sich die Erfahrung einiger Lehrer bestätigen würde, dass „kein Interesse der Familien an der Zusammenarbeit" besteht. Der Versuch von Seiten der Schule, das Problem konstruktiv, verstärkt systematisch und kontinuierlich zu thematisieren, sollte jedoch nicht versäumt werden. Das zeigen nicht zuletzt die Antworten der Untersuchungsteilnehmer.

Kategorie 23: Außerschulische und außerfamiliäre Einflüsse: Gesellschaft, Medien, Politik & Peers
1. (Einstieg) „Die Schüler/innen stehen unter großen Einflüssen, die weder Eltern noch Schule verhindern können (Medien, Freizeitaktivitäten, Freunde, Cliquen).", „Die Macht der Medien und des Zeitgeschmacks Werbung, aktuelle Trends...) ist so mächtig geworden, dass man als Lehrer/in (und auch nicht als Mutter/Vater) kaum mehr eine Chance hat, dagegen anzukämpfen."
2. (Peers) „negativer Einfluss von Peers bzw. Peergruppen", „Einfluss Freunde immens groß"
3. (Politik) „Schlechte Vorbilder in der Politik erschweren die Werteerziehung bei Jugendlichen erheblich.", „opportunistische Politiker"
4. (Medien) „Einfluss der Medien", „verrohender Einfluss elektronischer Unterhaltungsmedien", „Tabulosigkeit der Medien", „zu viele negative Vorbilder in den Medien", „Medien, gesellschaftlich und politisch akzeptiert, erziehen gegenläufig.", „Schulische Werteerziehung wird durch viele negative Medieneinflüsse konterkariert.", „gehäufte Darstellung von Unwer-

→

[93] Sinnvollerweise sollte dies erst erfolgen, nachdem innerhalb der Schule ein solcher Konsens erreicht wurde.

Kategorie 23: Außerschulische und außerfamiliäre Einflüsse: Gesellschaft, Medien, Politik & Peers
ten in den Medien", „Einfluss der Medien in Konkurrenz zu Unterricht", „mediale Gegenwelt", „außerschulische Einflüsse durch Medien sehr negativ"
5. (andere) „berühmte Stars und Sportler verhalten sich falsch (Doping, Fouls ...)"
6. (Gesellschaft) „unklar definierte Werte der modernen Gesellschaft", „Beeinflussung der Schüler durch die Spaßgesellschaft", „Egoismus als starker Gegenpol in der Gesellschaft", „Die Entwicklung der modernen, marktwirtschaftlichen Gesellschaften mit Geld als höchstem Wert, vernichtet auf Dauer alle übrigen Werte bzw. macht sie zu Accessoires.", „Gesellschaftliche Konflikte und Haltungen relativieren die Werte, die man vermittelt."
7. (gemischt) „schulische Werteerziehung in Konkurrenz mit Medien und Zeitgeist", „Der Widerspruch zu politischer und sozialer Wirklichkeit macht viele Inhalte unglaubwürdig.", „kaum Werterziehung bzw. Achtung von Werten in Politik, Reklame, Film und Fernsehen", „Die Gesellschaft (vor allem Wirtschaft und Politik) lebt ständig Negativbeispiele vor!", „negative Vorbilder aus Politik, Wirtschaft – Clash mit der Wirklichkeit – Schule = idealisierter Lebensraum, der wirklichkeitsfremd ist => Schwierigkeit, den Schülern zu vermitteln, dass die Welt da draußen anders sein darf", „leider wirkungsvolle negative Vorbilder im Handeln von Politik und Politiker(inne)n, Medien – auch Werbung", „schlechte Vorbilder in Politik, Wirtschaft, Medien", „durch Medien – durch Cliquenzwang – durch die Negativwirkung der politischen und ökonomischen Eliten"
8. (Fazit) „Die Schüler merken selbst, dass die Werte, die in der Schule vermittelt werden, in der Gesellschaft nicht mehr zählen!! Ich frage mich oft, ob ich Werte vermitteln soll, wenn die Einhaltung dieser Werte in der Gesellschaft laufend zu Nachteilen führt (der Unehrliche, der Rücksichtlose, der Ellenbogenmensch......) kommt in unserer Gesellschaft voran!!!!! Muss ich andere Werte vermitteln?????? Ist es ein Wert, rücksichtslos egoistisch zu sein?? (Man muss sich fragen, ob nicht dies in der Schule vermittelt werden muss!!!!)"

	SGD (836)	GS (171)	HS (133)	VS (114)	RS (157)	GY (255)
Häufigkeit	107	24	18	14	14	37
Prozent	12,8	14,0	13,5	12,3	8,9	14,5

12,8 % der Untersuchungsteilnehmer, die zu Frage 11 etwas geschrieben haben, halten Faktoren, die außerhalb des Einflusses von Schule und Familie stehen, für Hindernisse schulischer Werteerziehung. Genannt werden vor allem die Einflüsse der Medien, der Politik, der Peers sowie allgemein die Einflüsse der Gesellschaft.

Der Vermittlung negativer Werte durch die Akteure bestimmter Bereiche können Erzieher am erfolgreichsten begegnen, indem sie den zu Erziehenden positive Beispiele für Akteure aus eben diesen Bereichen vorstellen. Künstler aus der populären Musikszene etwa werden in den Medien nicht selten einseitig in Verbindung gebracht mit einem ausschweifenden Lebensstil. Den häufig sehr musikbegeisterten Kindern und Jugendlichem im Rahmen des Unterrichts einen erfolgreichen Musiker vorzustellen, der auf überzeugende Weise Werte vertritt und in seinem Leben umsetzt, indem er sich beispielsweise für karitative Belange einsetzt, ist nur ein Beispiel dafür, wie man negativen Einflüssen etwas entgegensetzen kann. So ist es möglich, etwa im Englischunterricht ein Lied eines englischsprachigen Künstlers vorzuspielen, dieses gemeinsam zu übersetzen und sich dann mit den Textaussagen und der Biografie des Musikers auseinander zu setzen. In ähnlicher Weise kann die Vorstellung von Vorbildern aus den Bereichen Politik oder Wirtschaft kreativ mit Unterrichtsinhalten verknüpft werden.

Der amerikanische Philosoph und Psychologe Bill Puka macht den interessanten Vorschlag, Schülern direkten Kontakt mit Vorbildern zu ermöglichen. Eine solche Begegnung kann im Klassenraum oder im Wirkungsfeld der entsprechenden Person stattfinden. Puka „hat für seine Heimatregion eine Datenbank zusammengestellt, in der 600 Personen erfaßt sind, die man als ‚soziale Helden', Vorbilder des Altruismus, bezeichnen könnte und die bereit sind, mit jungen Menschen über ihr Leben, ihre Entscheidungen und Handlungen zu sprechen ... Das Gespräch sollte verdeutlichen, in welchem Kontext bestimmte Handlungen standen, welche Hindernisse zu überwinden waren, und es sollte die jeweilige Begründung (Verstehen, Toleranz, Menschenrechte, Gerechtigkeit, Fürsorge) sichtbar machen" (Oser & Althof 2001, S. 470). Ohne eine solche Datenbank ist die Umsetzung des Vorschlags sicherlich mit einem erhöhten Recherche- und Organisationsaufwand verbunden. Dennoch ist es eine sinnvolle, lebensnahe Möglichkeit, um den von den Untersuchungsteilnehmern wahrgenommenen negativen gesellschaftlichen Trends etwas entgegenzusetzen. Negative gesellschaftliche Trends sollten in keinem Fall dazu führen, keine Werteerziehung mehr zu betreiben (vgl. Unterpunkt 8.).

Kategorie 24: Mangelnde Wertschätzung des Lehrerberufs, der Schule und der schulischen Erziehungsarbeit

1. (Lehrer) „schlechte gesellschaftliche Reputation der Lehrer/innen", „Image des Lehrers", „eher negatives Bild von Lehrern in der Öffentlichkeit", „öffentliche Kritik am Lehrberuf", „Mangelnde Achtung vor Erziehungsautoritäten wie Lehrer: Lehrer sind faule Säcke! (SCHRÖDER). Welche diskriminierende und diffamierende AB-WERT-UNG einer ganzen Berufsgruppe und dies in aller Öffentlichkeit..."

2. (Schule) „Gesellschaft sieht Schule zu negativ."

3. (schulische Erziehungsarbeit) „Die Erziehungsarbeit der Lehrkräfte wird von der Gesellschaft zu wenig gewürdigt.", „Werteerziehung an der Schule gesellschaftlich nicht ausreichend oder im rechten Maße gewürdigt."

4. (gemischt) „durch den Prestigeverlust des Lehrerberufs – durch mangelnden Respekt vor Schule und Lehrerschaft"

	SGD (836)	GS (171)	HS (133)	VS (114)	RS (157)	GY (255)
Häufigkeit	21	3	2	3	4	9
Prozent	2,5	1,8	1,5	2,6	2,5	3,5

Einige Untersuchungsteilnehmer nehmen eine mangelnde Wertschätzung der Schule, der Lehrer und der schulischen Erziehungsarbeit wahr und sehen darin ein Phänomen, das schulische Werteerziehung erschwert.

Nach der Darstellung der Antwortkategorien, unter welche Antworten oder Antwortausschnitte von jeweils mindestens 20 Untersuchungsteilnehmern subsumiert werden konnten, erfolgt nun eine Darstellung der kleineren Zitatgruppen, unter welche jeweils Aussagen von mindestens fünf aber höchstens 19 Befragten zusammengefasst werden konnten.

Diskrepanz zwischen Theorie und Praxis schulischer Arbeit
„Die Theorie der bayerischen Verfassung, der Lehrpläne, der kultusministeriellen Erlasse, ... spielt in der Alltagspraxis eine zu geringe Rolle.“, „Lehrplan nimmt auf Unterrichtsalltag wenig Rücksicht (mit der schönen Formulierung von Zielen sind diese noch nicht erreicht).“, „Differenz zwischen den Anforderungen und den zur Verfügung gestellten Mitteln“, „in der Wirklichkeit häufig nicht umsetzbar“

Acht Untersuchungsteilnehmer bemängeln eine Diskrepanz zwischen der Theorie und der Praxis schulischer Arbeit.

Zu stark religiöse Ausrichtung schulischer Erziehungsarbeit
„Werteerziehung wird zu sehr mit religiöser Unterweisung vermischt.“, „zu sehr an der religiösen Erziehung orientiert“, „Die religiöse Werteerziehung hat gegenüber der allgemeinen einen zu hohen Stellenwert.“, „Allgemeine Werteerziehung wäre deutlich wichtiger in der heutigen Gesellschaft als jahrelanger katholischer/evangelischer Religionsunterricht mit Bibelkunde etc.“, „Überbetonung der christlich/religiösen Indoktrination“

12 Befragte nehmen eine zu stark religiöse Ausrichtung schulischer Erziehungsarbeit wahr. Dagegen wird eine nicht ausreichend religiöse Ausrichtung schulischer Erziehungsarbeit von drei Lehrkräften als Problem angesehen.

Unzureichende Materialien zur Werteerziehung
„fehlendes Lehrmaterial“, „wenig Material dazu“, „zu wenig geeignete Unterrichtsmaterialien (zu moralisierend, wenig geeignet an problematische Schüler heranzukommen)“, „Es fehlt teilweise praxisnahes Unterrichtsmaterial.“

12 Untersuchungsteilnehmer wünschen sich mehr bzw. bessere Materialien zur schulischen Werteerziehung.

Vernachlässigung geeigneter Schulfächer
„Es gibt kein Fach Werteerziehung.“, „Es fehlt ein eigenes Unterrichtsfach Werteerziehung.“ „Vernachlässigung persönlichkeitsbildender Fächer“, „Vernachlässigung der stark persönlichkeitsbildenden Fächer Kunst, Musik und Schulspiel“, „Fach Erziehungskunde fehlt!!“, „Für Fächer wie Sozialkunde gibt es zu wenig Stunden.“, „Streichen von Unterrichtsstunden und Fächern, die sehr geeignet waren, z.B. Erziehungskunde in der HS“, „Eine tradierte Hierarchie von Fächern (Naturwissenschaften sind zu Unrecht zu weit oben angesiedelt) wirkt sich negativ auf Wertevermittlung aus. Bildende Fächer (Sprachen, Lebensgestaltung, Geschichte, Musik, Kunsterziehung) sind minder bewertet.“, „Abschaffung von Fächern wie Sozialwesen, Erziehungskunde“

14 Untersuchungsteilnehmer kritisieren eine Vernachlässigung von Schulfächern, die sie als für Werteerziehung geeignet ansehen. Unter diese Zitatgruppe subsumiert wurde auch der Wunsch nach einem eigenen Fach Werteerziehung.

Zu wenige außerunterrichtliche Aktivitäten
„zu wenig Aktivitäten außerhalb des Unterrichts“, „zu wenig Raum für außerunterrichtliche Projekte“

Sechs Befragte würden sich mehr außerunterrichtliche Projekte und Aktivitäten wünschen.

Finanzielle Probleme
„zu wenig Geld“, „finanzielle Probleme“, „Geeignetes Unterrichtsmaterial ist oft teuer.“

Finanzielle Probleme halten 13 Untersuchungsteilnehmer für ein Hindernis schulischer Werteerziehung.

Unrealistische Erwartungen an die Schule bezüglich der Werteerziehung
„Schule muss zu viele Aufgaben der Gesellschaft übernehmen (Reparaturanstalt).“, „der Anspruch der Öffentlichkeit, dass es die Schule zu richten hat“, „Schule wird als Reparaturanstalt der Gesellschaft gesehen.“

Neun Befragte halten unrealistische Erwartungen an die Schule für problematisch.

Bei 172 Untersuchungsteilnehmern (das sind 20,6 % der 836 Lehrkräfte, die zu Frage 11 etwas geschrieben haben) ließ sich ein Teil der Antwort unter keine der Kategorien oder Zitatgruppen subsumieren. Einige interessante Einzelzitate sind in der folgenden Tabelle zusammengefasst. Es erfolgt nur eine kurze Kommentierung. In erster Linie soll hier das in und mit diesem Kapitel verfolgte Ansinnen, den Lehrkräften ein Forum zu geben, abgerundet werden.

Interessante Einzelzitate
1. „Die Werteerziehung wird oft zu wenig organisch eingebaut. Dies führt dazu, dass die Schüler solche Stunden oder Unterrichtseinheiten als das Schwingen mit der moralischen Keule empfinden.“, **2.** „Selbstständigkeit der Schüler wird zu wenig gefördert.“, **3.** „Die Schüler werden zu wenig mit Dilemmasituationen und der daraus resultierenden Entscheidungsnot konfrontiert.“, **4.** „eingleisige Sichtweise der Lehrer wird Schülern aufoktroyiert“, **5.** „zu geringes Vertrauen in die Fähigkeiten der Schüler“, **6.** „fehlendes Vertrauensverhältnis von Lehrern und Schülern“, **7.** „teilweise nicht mehr ganz zeitgemäße Werte im Lehrplan“, **8.** „Wertekatalog ist auch umständlich und schwierig im Lehrplan verankert und formuliert und damit nicht immer präsent.“, **9.** „Werte in den Lehrplänen zu sehr an den Zeitgeist angepasst (political correctness!)“

→

Interessante Einzelzitate

10. „Werteerziehung bedarf couragierter, selbstbewusster und vorbildlicher Persönlichkeiten – solche Persönlichkeiten erfahren im System Schule nicht unbedingt Förderung, eher Behinderung – das Beamtensystem als solches behindert obige Ziele.“, **11.** „in GS zu geringes Alter für manches Werteverständnis“, **12.** „Alter der Schüler (Pubertät) und daraus bedingte Ablehnung schulischer Erziehung“, **13.** „Schüler haben im G 8 kaum Raum für Projekte, sind überlastet, neben dem Lernen kaum Energie für zweckfreie, sprich wichtige Fragen des Lebens.“, **14.** „Man kann nicht immer, wie man möchte – gewisse Dinge müssen erst mit der Schulleitung abgesprochen werden, oft sind einem als Lehrer die Hände gebunden.“, **15.** „Schüler fühlen sich an der Schule nicht zu Hause.“, **16.** „zu geringe Identifikation mit der Schule als Lebensraum“, **17.** „zu starke Trennung schulischer und außerschulischer Lebenswelten“, **18.** „Eine Vernetzung zum relevanten Sozialraum findet nicht statt.“, **19.** „wenig Gelegenheit, die Schüler außerhalb des Unterrichts zu erleben“, **20.** „Die Lehrkraft ist in größeren Schulen und Städten anonymer, ist nicht mehr so stark in Vereinen ehrenamtlich tätig wie früher, wo ihn der Schüler und die Eltern auch außerhalb des Unterrichtes kannten (hohe Mobilität der Lehrkraft, die z.T weit weg vom Schulort wohnt, trägt auch dazu bei).“, **21.** „Jemand, der Werte einfordert wird belächelt und häufig als ‚Softie, Weichei‘ abgestempelt.“, **22.** „fehlendes fächerübergreifendes Denken“, **23.** „zu wenig fächerübergreifende Zusammenarbeit“, **24.** „durch die nötige Wahrung der Freiheit des Einzelnen“, **25.** „Der zeitliche Einfluss der Schule ist zu gering.“

26. „Gefestigter Wertekanon und Wertebewusstsein wird bei Lehrkraft einfach stillschweigend vorausgesetzt.“, **27.** „Vorgaben der Richtlinien und Lehrpläne sind z.T. unpräzise oder stimmen mit der Haltung des Lehrers nicht überein (gerade in Bayern scheinen die Richtlinien mit einem bestimmten Parteiprogramm übereinzustimmen). Welche Werteerziehung soll ein Lehrer vertreten, der sich in einem Konflikt zu den Richtlinien befindet?“, **28.** „Lehrer werden einfach als Wertevermittler beauftragt. Aber nicht jeder Lehrer ist willens oder qualifiziert für diese Aufgabe. Pädagogen sind Individuen. Nicht alle Werte werden von ihnen einheitlich befürwortet. Jeder hat seine eigenen Vorstellungen von deren Wichtigkeit. Und das ist auch gut so.“

29. „Werteerziehung kostet mehr Kraft, Zeit und Nerven als Unterricht nach Plan.“, **30.** „Die Durchführung übergeordneter Projekte steht und fällt mit der Bereitschaft von einzelnen Lehrern, ihre Freizeit zu opfern. Die Belohnungssysteme für solche Aktivitäten sind suboptimal.“, **31.** „Erfolge in der Werteerziehung werden nicht als besondere Leistung anerkannt.“

Wenn es um das Thema schulische Werteerziehung und die Rolle der Lehrkräfte dabei geht, darf nichts „einfach stillschweigend vorausgesetzt“ werden (vgl. Zitat 26.). Es muss explizit und kontinuierlich über das Thema gesprochen werden, über Inhalte, Ziele, Methoden, Herausforderungen. Ein kontinuierlicher Dialog sollte innerhalb des Kollegiums und mit den Erziehungsberechtigten stattfinden. Zudem sollten Verantwortliche im System Schule darum bemüht sein, für ein Klima zu sorgen, in welchem „Erfolge in der Werteerziehung … als besondere Leistung anerkannt“ werden (vgl. Zitat 31). Hier sind Schulleitungen, Schulbehörden und das Kultusministerium gefragt.

Die Untersuchungsteilnehmer wurden nicht nur um Bestandsaufnahme (Deskription) sondern auch um Weiterentwicklung (Präskription) gebeten. Nach einer Beschreibung der Defizite und Hindernisse schulischer Werteerziehung (Frage 11), machten sie bei der Beantwortung der darauffolgenden Frage Ausführungen dazu, was sie sich wünschen würden, wenn sie an das Thema Werteerziehung denken. Die Ergebnisse der Auswertung der Teilnehmerantworten werden im folgenden Kapitel beschrieben.

3.7 *Wünsche und Forderungen der Untersuchungsteilnehmer*

In Frage 12 hatten die Untersuchungsteilnehmer Gelegenheit, ihre an bestimmte Personengruppen und Institutionen gerichteten Wünsche und Forderungen zum Thema schulische Werteerziehung zu formulieren.

> 12. Haben Sie Wünsche oder Forderungen an bestimmte Personen(-gruppen) und Institutionen, wenn Sie an das Thema schulische Werteerziehung denken? Hier haben Sie die Möglichkeit, diese zu formulieren. Die folgende Auflistung soll nur als Anregung dienen. Wenn Ihnen also zu bestimmten Punkten spontan nichts einfällt, dann lassen Sie diese einfach aus!
>
> a) die Schüler/innen an Ihrer Schule
> b) die anderen Lehrkräfte an Ihrer Schule
> c) die Leitung Ihrer Schule
> d) die Eltern Ihrer Schüler/innen
> e) das Bayerische Staatsministerium für Unterricht und Kultus
> f) die Politik
> g) die Medien
> h) die Wirtschaft
> i) die Wissenschaft
> j) die Gesamtgesellschaft
> k) andere Gruppen

3.7.1 *Anmerkungen zur Auswertungsmethodik*

Die Fragen 11 (vgl. Kap. 3.6) und 12 hängen thematisch eng miteinander zusammen. Aus jedem von den Untersuchungsteilnehmern wahrgenommenen und bei der Beantwortung der Frage 11 beschriebenen Defizit oder Hindernis schulischer Werteerziehung könnte man direkt Forderungen und Wünsche ableiten. Und in der Tat enthalten die Antworten auf Frage 12 neben vielen neuen und ergänzenden auch viele Aspekte, die eine inhaltliche Redundanz zur vorherigen Frage aufweisen.

Für die Auswertung der vorliegenden Frage wurde deshalb folgendes Vorgehen gewählt: Für jede Teilfrage wurden ähnliche Antworten bzw. Antwortausschnitte verschiedener Teilnehmer zu Gruppen zusammengefasst. Ähnliche Zitatgruppen wurden zu Antwortkategorien zusammengefasst. Bis zu diesem Punkt ähnelt das Auswertungsprozedere dem der Frage 11.

Konstituierend für eine Kategorie ist jedoch im vorliegenden Fall, dass Aussagen von mindestens elf Untersuchungsteilnehmern darauf entfallen. Bei der Auswertung der Frage 11 wurde dieses Minimum auf 20 festgesetzt.

Ein entscheidender Unterschied besteht darüber hinaus darin, dass aufgrund der erwähnten Redundanzen nicht für jede Antwortkategorie die Nennungshäufigkeit ermittelt wurde.[94] Die Auswertungstabellen zur vorliegenden Frage lassen sich am treffendsten als Zitatsammlung beschreiben.

Einige größere Antwortkategorien werden in zwei Zitattabellen dargestellt.

Wenn zu einem Thema viele Zitate vorlagen, wurden diese größtenteils in die Tabellen übernommen, auch wenn sie in der Wortwahl sehr ähnlich zueinander waren. Die Zitattabellen vermitteln die Forderungen der Untersuchungsteilnehmer somit plastisch, lebensnah, relativ ungefiltert und sinnvoll strukturiert. Die Zitatsammlung ist ein praxisnahes Stimmungsbild dessen, was den am Thema Werteerziehung interessierten Lehrkräften an allgemein bildenden Schulen in Bayerisch-Schwaben auf dem Herzen liegt. Dieses Kapitel ist im beschriebenen Sinne als rein deskriptives konzeptionalisiert. Auf die Formulierung resultierender Empfehlungen wird verzichtet, da die Zitate für sich selbst sprechen.

Eine vollständige Auflistung aller Teilnehmerantworten hätte jedoch den Rahmen der Zitatsammlung gesprengt und die Lektüre der Tabellen zu einem sehr langwierigen Unterfangen gemacht. Zitate, welche Aspekte zweier oder mehrerer Kategorien verknüpfen, wurden meistens nicht in die Tabellen übernommen, nämlich vor allem dann nicht, wenn die Verknüpfungen keine die vorhandenen Zitattabellen erweiternden interessanten, neuen Aspekte enthielten. Bei der Darstellung der Aussagen, die sich keiner Kategorie oder Zitatgruppe zuordnen ließen, erfolgte zudem eine Konzentration auf besonders interessante Einzelzitate.[95] Dagegen wurden alle kleinen Zitatgruppen mit fünf bis zehn Nennungen in die Tabellen übernommen.

Trotz der nicht unerheblichen Straffung ist die Zitatsammlung mit über 40 Seiten (in kleiner Schriftgröße) recht umfangreich. Deshalb erfolgt in diesem Kapitel eine bündige Zusammenfassung der Teilnehmerantworten und eine Darstellung weniger Zitatbeispiele.[96] Die vollständigen Zitattabellen befinden sich im erweiterten Anhang dieser Arbeit im Internet (Teil L).[97]

Auch wenn bei der Auswertung der vorliegenden Frage auf eine Ermittlung der Nennungshäufigkeiten der einzelnen Antwortkategorien verzichtet wurde, erfolgte abschließend doch ein quantitativer Auswertungsschritt. Analysiert wurde,

---

94 Es wurde lediglich ermittelt, ob mindestens elf Nennungen auf eine Kategorie entfallen. Zudem wurde bei kleineren Zitatgruppen mit weniger als elf Nennungen die Nennungshäufigkeit ermittelt.

95 Es ist darauf hinzuweisen, dass die ausgewählten Einzelzitate nicht der Meinung des Autors dieser Arbeit entsprechen müssen.

96 Für jeden der einzelnen Unterpunkte einer Kategorie wird in einem Kästchen unter der Kurzzusammenfassung jeweils ein Zitat angeführt. Von den nicht unter die Kategorien subsumierbaren Einzelzitaten, welche in die Zitattabellen im erweiterten Anhang dieser Arbeit übernommen wurden, wird für jede Teilfrage jeweils ein Beispiel in diesem Kapitel dargestellt.

97 Da auch unter einen Kategorieunterpunkt subsumierte Aussagen oft eine gewisse Heterogenität aufweisen, empfiehlt es sich, für einen tiefer gehenden Einblick in die Teilnehmerantworten die Zitattabellen im erweiterten Anhang zu studieren.

wie viel Prozent der Teilnehmer jeweils etwas zu den unterschiedlichen Teilfragen geschrieben hatten. Wenn zu einer Teilfrage besonders viele Lehrkräfte etwas geschrieben haben, kann dies als Hinweis darauf gewertet werden, dass die Forderungen an die entsprechende Personengruppe bzw. Institution eine besondere Dringlichkeit, ein besonderes Gewicht haben. Denn wenn viele Befragte von einer bestimmten Personengruppe etwas fordern, kann dies so interpretiert werden, dass diese Personengruppe insgesamt als besonders zentral angesehen wird, wenn es um die Lösung der Herausforderungen schulischer Werteerziehung geht. Als 100 %-Basis wurden die Teilnehmer zugrunde gelegt, die zu Frage 11 etwas geschrieben und Forderungen bzw. Wünsche formuliert haben.[98]

Bei der Kodierung, ob ein Untersuchungsteilnehmer zu einer Personengruppe bzw. Institution etwas geschrieben hat, wurden drei verschiedene Ausprägungen unterschieden:

1. Code 1 (spezifische Forderung): Die Forderung richtet sich ausschließlich an eine Personengruppe oder Institution.[99]
2. Code 2 (noch recht spezifische Forderung): Die Forderung richtet sich an zwei Personengruppen oder Institutionen.[100]
3. Code 3 (unspezifische Forderung): Die Forderung richtet sich an drei oder mehr Personengruppen oder Institutionen.[101]

Bei der Beantwortung der Frage 12 überwiegen die spezifischen Forderungen (*Code 1*) deutlich. Die Ausprägung *Code 1* ist darüber hinaus am besten geeignet, als Bewertungsmaßstab bei der Interpretation zu dienen, welche Institutionen bzw. Personengruppen von den Untersuchungsteilnehmern als zentral erachtet werden, wenn es um die Lösung der Probleme schulischer Werteerziehung geht. Denn bei einer an nur eine Personengruppe oder Institution gerichteten Forderung wird dem Adressaten mehr Bedeutung und Gewicht zugerechnet, als wenn sich die Forderung gewissermaßen auf die Schultern mehrerer Personengruppen bzw. Institutionen verteilt. Deshalb enthält die zu Beginn des folgenden Abschnitts dargestellte Tabelle für den Standardgesamtdatensatz und die verschiedenen Schularten nur die Zahlen, die besagen, wie viel Prozent der Lehrkräfte jeweils eine spezifische Forderung (*Code 1*) an die unterschiedlichen Personengruppen bzw. Institutionen gerichtet haben.[102]

---

[98] Es gibt auch einige Befragte, die zwar etwas geschrieben, jedoch keine Forderungen formuliert haben. Darauf wird zu Beginn des Abschnitts 3.7.2 in einer Fußnote kurz näher eingegangen.

[99] Bsp.: „zu d) sich mehr um die Kinder kümmern"

[100] Bsp.: „zu f/g) Förderung der öffentlichen Wertediskussion"

[101] Bsp.: „zu a-d) Wertekatalog, den alle bedingungslos unterstützen" oder „zu f-j) Vorbildfunktion"

[102] Die vollständige Tabelle mit allen Prozentwerten für die *Codes 1* bis *3* befindet sich im erweiterten Anhang dieser Arbeit im Internet (Teil K). In der Zeile für die Teilfrage k) [„andere Gruppen"] sind dort keine *Codes 2* und *3* vorgesehen. Dies hängt damit zusammen,

Darüber hinaus enthalten die Zitattabellen im erweiterten Anhang dieser Arbeit im Internet (Teil L) ausschließlich mit *Code 1* kodierte Teilnehmeraussagen. Dieses Prozedere ist deshalb sinnvoll, da die mit *Code 2 (noch recht spezifische Forderung)* oder *Code 3 (unspezifische Forderung)* kodierten Antworten nur in sehr wenigen Fällen neue Aspekte beinhalten, die nicht schon in den mit *1* kodierten Antworten enthalten oder aus ihnen abzuleiten wären.[103]

Nicht als Forderung kodiert wurden die wenigen Aussagen, die ein Lob enthalten. Rein deskriptive Teilnehmerantworten wurden nur dann als Forderung kodiert, wenn sich ein normativer Sinngehalt zweifelsfrei und unmittelbar ableiten lässt.[104]

Die beiden Teilfragen e) [Forderungen an *das Bayerische Staatsministerium für Unterricht und Kultus*] und f) [*die Politik*] wurden in einem gemeinsamen Arbeitsschritt ausgewertet und zum Unterpunkt *Kultusministerium und Politik (allgemein)* zusammengefasst. Der Grund für diese Entscheidung liegt darin, dass die beiden ursprünglichen Bereiche sich nicht systematisch voneinander abgrenzen ließen. Es gab zu viele Fälle, in denen Teilnehmeraussagen nicht klar einem der beiden Bereiche zugeordnet werden konnten.[105]

3.7.2 Ergebnisse

719 der 854 Untersuchungsteilnehmer haben zu Frage 12 etwas geschrieben und Forderungen bzw. Wünsche formuliert.[106]

---

dass unter k) nur dann eine Kodierung vorgenommen wurde, wenn ein Teilnehmer eine nicht bereits in der Frageformulierung aufgezählte Personengruppe oder Institution explizit erwähnte und an diese eine Forderung formulierte. In allen diesen Fällen handelt es sich ausschließlich um mit *Code 1* kodierte spezifische Forderungen.

103 Die mit *Code 2* oder *3* kodierten Antworten enthalten häufig die Forderungen an verschiedene Personengruppen oder Institutionen, nach Werten zu leben und Vorbild zu sein, sowie Schule und Lehrer wertzuschätzen und zu unterstützen.

104 Bsp.: Aus „die erziehen nicht" lässt sich die Aufforderung, dass „die" erziehen sollen, direkt ableiten. Bei „zu d) sie haben den prägendsten Anteil" hingegen wurde keine Kodierung mit *Code 1* vorgenommen, da es sich um eine deskriptive Aussage handelt, aus der sich die Forderung zu erziehen oder eine andere Forderung nicht unmittelbar und zweifelsfrei ableiten lässt. In diesem Fall würde eine Kodierung im Gegensatz zum ersten Beispiel in zu starkem Maße einen interpretativen Eingriff ins deskriptive Forschungsprozedere bedeuten.

105 Ein Untersuchungsteilnehmer bringt diese Problematik bei seiner Beantwortung der Frage 12 treffend auf den Punkt. Er richtet seine Forderungen an „e) und f)" und begründet dies: „(fließende Übergänge der Zuständigkeit)".

106 Die übrigen 135 Untersuchungsteilnehmer unterscheiden sich wie folgt: 128 Befragte haben das Antwortfeld übersprungen und nichts geschrieben. Drei Teilnehmer haben ausschließlich auf ihre Antwort zu Frage 11 verwiesen (Bsp.: „Für 30 Minuten Zeitaufwand ist mir die Beantwortung dieser Frage zu zeitaufwendig – Anregungen sind in der Beantwortung der vorherigen Fragen zu finden!"). Kodiert wurden aber nur explizit im Antwortfeld zu Frage 12 formulierte Forderungen. Bei drei Lehrkräften hatte der Antworttext keinen

Die folgende Tabelle gibt einen Überblick darüber, wie viel Prozent dieser 719 Lehrkräfte jeweils (eine oder mehrere) spezifische Forderungen (*Code 1)* an die verschiedenen Personengruppen bzw. Institutionen gerichtet haben. Differenziert wird darüber hinaus nach Schularten.

spezifische Forderungen (Code 1) an...	**SGD (719)**	**GS (148)**	**HS (116)**	**VS (96)**	**RS (135)**	**GY (218)**
a) die Schüler/innen	277 (38,5%)	35 (23,6%)	47 (40,5%)	31 (32,3%)	63 (46,7%)	99 (45,4%)
b) die anderen Lehrkräfte	371 (51,6%)	65 (43,9%)	59 (50,9%)	48 (50,0%)	79 (58,5%)	116 (53,2%)
c) die Schulleitung	215 (29,9%)	27 (18,2%)	36 (31,0%)	27 (28,1%)	51 (37,8%)	72 (33,0%)
d) die Eltern	516 (71,8%)	110 (74,3%)	83 (71,6%)	67 (69,8%)	105 (77,8%)	147 (67,4%)
e + f) Kultusministerium und Politik (allg.)	491 (68,3%)	93 (62,8%)	92 (79,3%)	60 (62,5%)	94 (69,6%)	147 (67,4%)
g) die Medien	346 (48,1%)	73 (49,3%)	54 (46,6%)	48 (50,0%)	70 (51,9%)	98 (45,0%)
h) die Wirtschaft	215 (29,9%)	24 (16,2%)	42 (36,2%)	34 (35,4%)	42 (31,1%)	71 (32,6%)
i) die Wissenschaft	89 (12,4%)	8 (5,4%)	12 (10,3%)	16 (16,7%)	23 (17,0%)	29 (13,3%)
j) die Gesamtgesellschaft	226 (31,4%)	43 (29,1%)	31 (26,7%)	30 (31,3%)	48 (35,6%)	73 (33,5%)
k) weitere Institutionen/Personengruppen	39 (5,4%)	9 (6,1%)	2 (1,7%)	8 (8,3%)	11 (8,1%)	9 (4,1%)

Insgesamt am häufigsten gerichtet werden Forderungen an die Eltern und an Kultusministerium und Politik (allgemein). Kommentiert werden die einzelnen Prozentwerte im Folgenden an den Stellen, an denen die Teilnehmerantworten zu den entsprechenden Teilfragen erläutert werden.

Die Übersichtstabelle soll jedoch an dieser Stelle um einen Aspekt ergänzt werden. Da in die Berechnung der Prozentwerte der obigen Tabelle auch Lehrkräfte in administrativer Leitungsposition (PG1) eingeflossen sind, wurden in einem weiteren Arbeitsschritt die Prozentwerte für die Teilfrage c) [*Schulleitung*] unter Ausschluss dieser Personengruppe berechnet. Dass man Forderungen an die Schulleitung richtet, wenn man dieser selbst angehört, ist zwar nicht ausgeschlos-

Bezug zur Fragestellung. Ein weiterer Untersuchungsteilnehmer merkte an: „Das ist alles sinnlos – daher keine Wünsche an irgendwen!"

sen. Denn die Forderungen können sich ja an die Kollegen im Gremium richten. Dennoch ist es wahrscheinlicher, dass man Forderungen an Personengruppen oder Institutionen richtet, denen man nicht angehört. Von daher ist zu erwarten, dass die Berechnung der Prozentwerte für Teilfrage c) unter Ausschluss der PG1 zu realitätsnäheren Ergebnissen führt.

spezifische Forderungen (Code 1) an...	**SGD (549)**	**GS (106)**	**HS (89)**	**VS (68)**	**RS (108)**	**GY (172)**
c) die Schulleitung	183 (33,3%)	24 (22,6%)	33 (37,1%)	19 (27,9%)	44 (40,7%)	61 (35,5%)

Auszählung Frage 12 c) Code 1 unter Ausschluss der Lehrkräfte in administrativer Leitungsposition (PG1)

Wie erwartet, ist der prozentuale Anteil der Teilnehmer, die (spezifische) Forderungen an die Schulleitung richten, insgesamt etwas höher, wenn man die PG1 aus der Berechnung ausschließt. Es zeigt sich jedoch, dass sich die Werte im Vergleich zur obigen Tabelle nur geringfügig unterscheiden. Mit 6,1 % am größten fällt der Unterschied für die reinen Hauptschulen aus. Die Werte für die Volksschulen mit Grund- und Hauptschulzweig unterscheiden sich in beiden Tabellen fast nicht.

a) Forderungen an die Schüler

spezifische Forderungen (Code 1) an...	**SGD (719)**	**GS (148)**	**HS (116)**	**VS (96)**	**RS (135)**	**GY (218)**
a) die Schüler/innen	277 (38,5%)	35 (23,6%)	47 (40,5%)	31 (32,3%)	63 (46,7%)	99 (45,4%)

Knapp 40 % der Untersuchungsteilnehmer, die im Rahmen der Frage 12 Forderungen formuliert haben, richten spezifische Wünsche an die Schüler ihrer Schule. Es ist die Teilfrage, zu der insgesamt am fünfthäufigsten spezifische Punkte verfasst wurden. Unter Lehrkräften an weiterbildenden Schulen ist der Anteil der Personen, die spezifische Forderungen an die Schüler richten, mit jeweils mindestens 40 % im Schulartvergleich höher als an reinen Grundschulen. Unter Lehrkräften der letztgenannten Schulart ist der Anteil mit 23,6 % besonders niedrig.

Zusammenfassen lässt sich ein großer Teil der Forderungen damit, dass die Untersuchungsteilnehmer sich von ihren Schülern mehr Offenheit und Engagement (Kategorie a1) sowie eine positive Einstellung der Schule gegenüber (a2) wünschen. Zudem fordern sie, dass sich die Schüler in ihrem Denken und Handeln an Werten, Tugenden und Normen orientieren und dass sie Werteerziehung akzeptieren sollen (a3 - a6).

(a1) Offenheit & Engagement: Einige Lehrkräfte fordern von den Schülern Offenheit und Interesse (1.) sowie Engagement und Bereitschaft (2.).

(1.) „Offenheit“ [8], (2.) „mehr Engagement“ [7]

Bei den unter diese Kategorie subsumierten allgemein formulierten Teilnehmerantworten kann nicht mit Sicherheit gesagt werden, ob die Lehrkräfte allgemein Offenheit der Schule gegenüber meinen, Offenheit Werten gegenüber oder Offenheit der (schulischen) Werteerziehung gegenüber. Alle Alternativen sind möglich, denn diese Punkte werden von anderen Teilnehmern explizit genannt. Ähnlich könnte mit Engagement allgemein mehr Einsatz für die Schule gemeint sein oder auch mehr Einsatz für positiv belegte Werte.

(a2) Schule – Einstellungen und Mitarbeit: Unter diese Kategorie subsumiert wurden Forderungen an die Schüler nach einer positiven Einstellung den Lehrern (1.) und der Schule (2.) gegenüber, sowie der Wunsch nach einer besseren Mitarbeit in den verschiedenen schulischen Bereichen (3.).

(1.) „Wertschätzung der Bemühungen der Lehrer“, (2.) „Schule nicht nur als lästige Institution sehen, sondern eine positivere Einstellung gegenüber Schule entwickeln“, (3.) „Wunsch, sich aktiver an der Gestaltung des eigenen Schullebens und Unterrichts zu beteiligen“

(a3) Einstellung gegenüber Werten und Werteerziehung: Einige Lehrkräfte fordern von den Schülern eine positive Einstellung gegenüber der Werteerziehung sowie allgemein gegenüber Werten.

(1.) „sich auf Werteerziehung einlassen, sie annehmen“, (2.) „Einsicht, wie wichtig Werte sind“

(a4) Werte umsetzen (allgemein): Einige Lehrkräfte formulieren die Forderung an die Schüler, Werte in die Tat umzusetzen (1.) bzw. zu verinnerlichen (2.). Subsumiert wurden unter diese Kategorie die Teilnehmerantworten, in denen nicht expliziert wird, um welche Werte oder Tugenden es den Verfassern geht.

(1.) „im Alltag so handeln, wie es oft recht gelungen im Unterricht propagiert/in Rollenspielen erarbeitet usw. wird“, (2.) „erlernte Werte zu verinnerlichen“

(a5) Werte umsetzen (konkrete Forderungen): Einige Untersuchungsteilnehmer formulieren konkret, in welcher Form ihrer Ansicht nach die Schüler Werte umsetzen sollten. Einige wünschen sich von den Kindern und Jugendlichen mehr Aufgeschlossenheit für andere Menschen (1.). Andere haben Forderungen bezüglich des Umgangs der Schüler miteinander und mit anderen Menschen und wünschen sich z.B. Respekt, Höflichkeit und Toleranz (2.).[107] Ge-

[107] Der Übergang zwischen dem ersten und dem zweiten Unterpunkt ist fließend.

fordert wird neben einigen anderen Punkten (4.) zudem die Übernahme von Verantwortung (3.).

(1.) „sich für andere zuständig fühlen, Erkennen, wenn es jemandem schlecht geht", (2.) „Schüler/innen sollen kameradschaftlich miteinander umgehen.", (3.) „höhere Selbstverantwortung", (4.) „Ehrlichkeit, Anstand"

(a6) Sich an Regeln halten: Einige Lehrkräfte fordern von den Schülern die Einhaltung von Regeln.

„sollen sich an die bekannten und vorhandenen Regeln halten"

(a7) Kleine Zitatgruppen und interessantes Einzelzitat: Einige Lehrkräfte fordern von den Schülern, nicht nur auf die Noten zu schauen (1.). Andere fordern eigenständiges Denken (2.), wieder andere eine bewusstere Mediennutzung (3.). Ein Befragter weist auf die Verantwortung der Schüler für die Lernbedingungen hin (4.).

(1.) „nicht nur an in Noten messbaren Leistungen interessiert sein, sondern auch Werteerziehung ernst nehmen", (2.) „nicht jeder Mode hinterherzurennen, nicht alles was cool ist, ist auch gut", (3.) „Schüler, lasst euch nicht so sehr von der Medienwelt beeinflussen!", (4.) „Schüler sind mitverantwortlich dafür, ob optimal gelernt werden kann und sollten sich das klarmachen!"

b) Forderungen an die Lehrkräfte

spezifische Forderungen (Code 1) an...	**SGD (719)**	**GS (148)**	**HS (116)**	**VS (96)**	**RS (135)**	**GY (218)**
b) die anderen Lehrkräfte	371 (51,6%)	65 (43,9%)	59 (50,9%)	48 (50,0%)	79 (58,5%)	116 (53,2%)

Über 50 % der Lehrkräfte, die im Rahmen der Frage 12 Forderungen formuliert haben, richten spezifische Wünsche an ihre Kollegen. Es ist die Teilfrage, zu der insgesamt am dritthäufigsten spezifische Punkte verfasst wurden. Unter Lehrkräften an reinen Grundschulen ist der Anteil der Personen, die spezifische Forderungen an ihre Kollegen richten, im Schulartvergleich mit 43,9 % am niedrigsten. Analog dazu ist unter Lehrkräften an reinen Grundschulen auch der Anteil der Teilnehmer, die im Rahmen der Beantwortung der Frage 11 Kritik an Verhalten, Einstellungen und Engagement ihrer Kollegen üben (vgl. Kap. 3.6, Kategorie 17), im Schulartvergleich am niedrigsten.

Ein großer Teil der Teilnehmerantworten zur vorliegenden Teilfrage lässt sich wie folgt zusammenfassen: Die Befragten fordern von ihren Kollegen, das Thema ernst zu nehmen und Werteerziehung zu betreiben (b1). Sie wünschen sich Konsens, Kooperation und Absprache in der Lehrerschaft (b2) und von den Kollegen Engagement (b3) und Konsequenz (b4).

(b1) Werteerziehung betreiben – das Thema ernst nehmen: Unter diese Kategorie subsumiert wurden Forderungen der Lehrkräfte an ihre Kollegen, Werteerziehung zu betreiben (1.), Werteerziehung ernst zu nehmen (2.), nicht nur den fachlichen Stoff bzw. Leistung ernst zu nehmen (3.), Werteerziehung nicht alleine den Eltern zu überlassen (4.), überhaupt Erziehung zu betreiben (5.) und ein gutes Vorbild für die Schüler zu sein (6.). Ein Untersuchungsteilnehmer fordert seine Kollegen auf, Werte nicht nur implizit anzuwenden, sondern explizit zu nennen (7.).

(1.) Alle sollten sich an der Werteerziehung intensiv oder überhaupt beteiligen.", (2.) „Nehmt die Werteerziehung ernst und demonstriert, dass ihr ganz dahinter steht!", (3.) „die Kraft aufzubringen, sich nicht schnell auf reine Wissensvermittlung zurückzuziehen", (4.) „Anerkennung der Bedeutung, kein alleiniges Abschieben auf das Elternhaus", (5.) „nachdenken über Lehrerrolle (= lehren und erziehen)", (6.) „sollen Vorbildfunktion im Schulalltag ernst nehmen", (7.) „Werte nicht nur implizit anzuwenden, sondern explizit nennen, z.B. ihre Entscheidungen damit begründen"

(b2) Konsens, Kooperation & Absprache: Zur vorliegenden Teilfrage ist dies die Antwortkategorie mit den meisten Nennungen. Subsumiert wurde zunächst die häufig vorkommende Forderung an die Lehrerkollegen, gemeinsam an einem Strang zu ziehen (1.) sowie die Forderung, einen Konsens zu erreichen (2.). Gefordert werden ein Wertekonsens (3.), ein Konsens über Ziele der Werteerziehung (4.) und ein Konsens im Vorgehen (5.). Neben der Schaffung eines Konsenses wird auch gefordert, dass sich die Kollegen an bereits existierende Abmachungen halten sollen (6.). Ferner wünschen sich einige Untersuchungsteilnehmer für das Lehrerkollegium Austausch und Diskurs (7.) sowie Kooperation (8.). Mehrere Lehrkräfte nennen konkrete Bereiche, für die sie sich ein einheitliches Vorgehen wünschen (9.). Einige Befragte fordern mehrere der unter diese Kategorie subsumierten Aspekte (10.).

(1.) „Alle Lehrpersonen müssen am gleichen Strang ziehen", (2.) „breiterer Konsens", (3.) „Einigkeit jenseits der verschiedenen Religionen und Weltanschauungen über ethische Werte", (4.) „Homogenisierung der Zielvorstellungen", (5.) „Bereitschaft zum möglichst einheitlichem Vorgehen bei der Vermittlung bestimmter Werte", (6.) „Gemeinsam besprochene Verhaltens- und Vorgehensweisen sollten konsequent durchgeführt werden.", (7.) „Bereitschaft zu mehr Gespräch unter Kollegen, pädagogische Konferenzen, mehr außerunterrichtliche Themenbesprechungen", (8.) „bessere Kooperation untereinander, keine Intrigen, dafür Zusammenhalt und Rückendeckung", (9.) „dass sie ein gemeinsames Konzept für den Umgang mit schwierigen Schülern finden", (10.) „konsequenter an Absprachen halten und miteinander im Gespräch bleiben"

(b3) Engagement: Einige Lehrkräfte fordern von ihren Kollegen allgemein mehr Engagement (1.), andere beziehen diese Forderung auf einen bestimmten Bereich oder explizieren genauer, was sie damit meinen (2.).

(1.) „mehr Engagement" [5], (2.) „Deutlich mehr Initiative, bitte seid keine typischen Beamten. Ihr/Wir müssen schließlich unsere Zukunft erziehen"

(b4) Konsequenz: Einige Untersuchungsteilnehmer fordern von den anderen Lehrkräften allgemein mehr Konsequenz (1.), andere beziehen diese Forderung auf einen bestimmten Bereich oder explizieren genauer, was sie damit meinen (2.).

(1.) „mehr Konsequenz" [2], (2.) „mehr Konsequenz beim Durchsetzen festgelegter Regeln"

(b5) Kleine Zitatgruppen und interessante Einzelzitate: Einige Lehrkräfte haben Wünsche bezüglich des Umgangs ihrer Kollegen mit den Schülern (1.). Einige fordern von ihren Kollegen, dass sie das selbst umsetzen, was sie von anderen fordern (2.). Einige Teilnehmer fordern die anderen Lehrkräfte auf, nicht zu resignieren (3.) und nicht wegzuschauen (4.). Ein Befragter stellt den erwähnenswerten Zusammenhang her, dass Lehrkräfte durch ein gutes Miteinander den Schülern Werte vorleben können (5.).

(1.) „die Schüler ernst nehmen und mit ihren Problemen annehmen", (2.) „sich an das halten, was von den Schülern eingefordert wird", (3.) „Resignation überwinden", (4.) „Augen zu und weg – andere Lehrer werden es schon richten ist keine Lösung!", (5.) „sollen durch konstante Zusammenarbeit und im Miteinander Werte für die Schüler vorleben"

c) Forderungen an die Schulleitung

spezifische Forderungen (Code 1) an...	**SGD (549)**	**GS (106)**	**HS (89)**	**VS (68)**	**RS (108)**	**GY (172)**
c) die Schulleitung	183 (33,3%)	24 (22,6%)	33 (37,1%)	19 (27,9%)	44 (40,7%)	61 (35,5%)

Auszählung Frage 12 c) Code 1 unter Ausschluss der Lehrkräfte in administrativer Leitungsposition (PG1)

Schließt man die Untersuchungsteilnehmer in administrativer Leitungsposition aus der Analyse aus, so richtet exakt jede dritte Lehrkraft, die im Rahmen der Frage 12 Wünsche formuliert hat, spezifische Forderungen an die Leitung ihrer Schule. Unter Lehrkräften an reinen Grundschulen ist der Anteil der Personen, die spezifische Forderungen an die Schulleitung richten, im Schulartvergleich am niedrigsten, unter Realschullehrern am höchsten.

Ein großer Teil der Lehrerforderungen an die Schulleitung lässt sich wie folgt zusammenfassen: Werte, Erziehung und Werteerziehung sollen gefördert und unterstützt werden (c1). Die Befragten wünschen sich ein unterstützendes, kooperatives und vertrauensvolles Verhältnis zur Schulleitung (c2), von welcher sie zudem Führungsstärke, etwa in Form von konsequentem Verhalten und Durchsetzungsvermögen fordern (c3).

(c1) Werte, Erziehung und Werteerziehung fördern: Unter diese Kategorie subsumiert wurden an die Schulleitung gerichtete Forderungen der Befragten, Werte (1.) und Erziehung (2.) zu fördern und Werteerziehung ernst zu nehmen, zu fördern und zu unterstützen (3.). Einige Befragte explizieren, wie die Unterstützung der Werteerziehung aussehen könnte: Sie fordern von der Schulleitung einen Diskurs zum Thema, z.B. im Rahmen von Konferenzen (4.). Andere wünschen sich, dass Anleitung und Impulse gegeben werden und für einen Konsens gesorgt wird (5.). Mehrere Teilnehmer formulieren andere konkrete Wünsche (6.).

(1.) „klares Bekenntnis zu bestimmten Werten gegenüber Schülern und Eltern", (2.) „mehr Erziehungs- statt Verwaltungsfragen auf die Agenda setzen", (3.) „Schulleitung muss darauf dringen, dass Werteerziehung ein wichtiger Bestandteil schulischen Lebens ist.", (4.) „Thema in Konferenzen ansprechen", (5.) „gemeinsame Werte oder Ziele für ein Schuljahr festlegen", (6.) „Strukturen zu schaffen, die Kontakt zu Schülern als Grundlage der Werteerziehung verbessern helfen (Klassleiterstunden, Wahlunterricht, etc.)"

(c2) Unterstützung der Lehrkräfte – kooperatives und vertrauensvolles Verhältnis: Einige Lehrkräfte richten an die Schulleitung die Forderung nach Unterstützung (1.)[108], Rückenstärkung (2.), Vertrauen (3.) und Zusammenarbeit (4.).

(1.) „muss die Lehrkräfte unterstützen" [2], (2.) „Die Autorität der Lehrkräfte sollte gestärkt werden, nicht untergraben – nur so können Lehrer Vorbilder bleiben.", (3.) „Vertrauen zu uns Lehrkräften haben", (4.) „Zusammenarbeit mit den Lehrkräften"

(c3) Führungsstärke – Konsequenz, Durchsetzungsvermögen und Kontrolle: Einige Befragte wünschen sich von der Schulleitung Konsequenz im Verhalten (1.), Rückgrat (2.), mehr Härte (3.) und Durchsetzungsvermögen (4.). Zudem wird der Wunsch formuliert, Werte und Werteerziehung sollten nicht nur gefördert sondern auch gefordert (5.) und kontrolliert (6.) werden.[109]

---

108 Bei einigen der unter diesen Punkt subsumierten Teilnehmerforderungen ist nicht eindeutig, ob insgesamt mehr Unterstützung gewünscht wird oder speziell Unterstützung bei der schulischen Werteerziehung. Wenn bei einem Zitat eindeutig ist, dass es um die Werteerziehung geht, erfolgte eine Subsumierung unter Kategorie c1 (z.B. „Unterstützung bei der Umsetzung"). Ansonsten erfolgte eine Subsumierung unter die vorliegende Kategorie c2.

109 Es ist darauf hinzuweisen, dass einige Aspekte der Kategorie c3 einigen Aspekten der Kategorie c1 sehr ähnlich sind. Beispielsweise das Zitat „Werte verbindlich machen" impliziert sowohl das Fördern von Werten (c1) als auch das Einfordern im Sinne von Führungsstärke (c3). Es gibt einige Zitate, die sowohl unter c1 als auch unter c3 subsumiert werden können. Dennoch wurde die vorliegende Kategoriendefinition gewählt, weil sie sinnvoll die in den Teilnehmerantworten vorhandenen Stoßrichtungen/Implikationen deutlich macht. Während die im Rahmen der Auswertung der Frage 11 (vgl. Kap. 3.6) vorgenommene Analyse der Nennungshäufigkeiten der einzelnen Antwortkategorien eine absolut trennscharfe Kategoriendefinition voraussetzt, stellt es sich beim für die Auswertung der Frage 12 gewählten Prozedere in Einzelfällen als sinnvoll dar, auf absolute Trennschärfe zu verzichten.

(1.) „konsequenteres Handeln", (2.) „mehr Rückgrat", (3.) „Etwas mehr Mut zu Zeichen gegen falsches Verhalten von Schülern, konkret: Verweise öfter genehmigen, härtere Schulstrafen auch ausnutzen. Schüler wollen Konsequenzen sehen!", (4.) „Sie müssen auch öfter einfach mehr auf Ihrer Meinung beharren und es nicht nur allen recht machen wollen.", (5.) „Werte als Grundmaßstab für gute Schule setzen und diese auch konsequent einfordern", (6.) „klare Vorgaben und Überprüfung der Einhaltung des in der Lehrerkonferenz Besprochenen"

(c4) Kleine Zitatgruppen und interessante Einzelzitate: Vorbild zu sein (1.) sowie weniger auf die Außendarstellung zu achten (2.) sind zwei Forderungen, die jeweils einige Lehrkräfte an die Leitung ihrer Schule stellen. Andere haben (verschiedene) Wünsche bezüglich des Umgangs der Schulleitung mit den Eltern der Schüler (3.). Ein interessantes Einzelzitat beinhaltet die Forderung, werteorientiertes Schülerverhalten zu honorieren (4.).

(1.) „Vorbildfunktion beachten", (2.) „nicht nur auf Repräsentation nach außen achten", (3.) „nicht nach dem Motto verfahren, die Eltern haben immer Recht, dann haben wir am wenigsten Ärger", (4.) „Zeichnen Sie auch solche Schüler aus, die sich hervorheben durch besondere soziale Verdienste!"

d) Forderungen an die Eltern

spezifische Forderungen (Code 1) an...	**SGD (719)**	**GS (148)**	**HS (116)**	**VS (96)**	**RS (135)**	**GY (218)**
d) die Eltern	516 (71,8%)	110 (74,3%)	83 (71,6%)	67 (69,8%)	105 (77,8%)	147 (67,4%)

Über 70 % der Lehrkräfte, die im Rahmen der Beantwortung der Frage 12 Wünsche formuliert haben, richten spezifische Forderungen an die Eltern ihrer Schüler. Es ist die Teilfrage, zu der im Vergleich zu anderen Teilfragen die meisten Untersuchungsteilnehmer spezifische Punkte formuliert haben. Dies unterstreicht u.a. deutlich die dringende Notwendigkeit, die Erziehungspartnerschaft zwischen Elternhaus und Schule zu verbessern (vgl. Kap. 3.6).

Ein großer Teil der Forderungen an die Eltern lässt sich wie folgt zusammenfassen: Die Lehrkräfte fordern von den Erziehungsberechtigten, dass sie ihre Kinder erziehen (d1) und mit der Schule arbeiten sollen, nicht dagegen (d2). Einige Befragte wünschen sich von den Eltern, nicht nur auf Noten und Leistung ihrer Kinder zu achten (d3). d1 und d2 sind die mit Abstand größten Antwortkategorien zur vorliegenden Teilfrage.

(d1) Eltern sollen erziehen: Subsumiert wurden unter diese Kategorie Forderungen der Untersuchungsteilnehmer an die Eltern, für deren Kinder da zu sein und Zeit für sie zu haben (1.), ihrem Erziehungsauftrag nachzukommen (2.), konkret Werteerziehung zu betreiben (3.), ihren Kindern Vorbild zu sein (4.) und die (Werte-) Erziehung nicht alleine der Schule zu überlassen (5.). Mehrere Befragte formulieren konkrete Ziele, auf die im Elternhaus ihrer Meinung nach mehr geachtet werden sollte (6.), und einige Lehrkräfte artikulieren mehrere der unter diese Kategorie subsumierten Aspekte (7.).

> (1.) „sich mehr um die Kinder kümmern", (2.) „Erziehungsberechtigte sollen sich auch als zur Erziehung Verpflichtete verstehen.", (3.) „sollten ihren Anteil an der Werteerziehung erkennen und übernehmen", (4.) „Seien Sie Ihren Kindern ein gutes Vorbild!", (5.) „Liebe Eltern, überlassen Sie die Werteerziehung nicht nur den Schulen! Schulen sind als Reparaturwerkstatt Ihrer Versäumnisse überfordert.", (6.) „Die einfachsten Regeln der Höflichkeit, z.B. Grüßen, sich von Erwachsenen etwas sagen lassen, sollten Kinder beim Schuleintritt können.", (7.) „Mut zu einer konsequenten Erziehung, sich mehr Zeit für die Kinder nehmen, Vorbild sein"

(d2) Unterstützung und Kooperation: Mehrere Lehrkräfte artikulieren allgemein den Wunsch an die Eltern nach Unterstützung und Zusammenarbeit (1.). Dieses Anliegen ergänzen einige Befragte explizit um den Zusatz, dass sie sich weniger Entgegenarbeiten bzw. Querschießen der Erziehungsberechtigten erhoffen (2.). Ferner wünschen sich die Lehrkräfte von den Eltern Kontakt, Austausch und Gespräch (3.) sowie konkret die Unterstützung schulischer Erziehungs- (4.) und Werteerziehungsarbeit (5.). Auch die unter die beiden letztgenannten Punkte subsumierten, explizit auf den erzieherischen Bereich bezogenen Forderungen nach Unterstützung werden in einigen Fällen um den Wunsch nach weniger Entgegenarbeiten ergänzt. Mehrere Untersuchungsteilnehmer wünschen sich eine positive Einstellung der Eltern gegenüber der Schule und dem Lehrpersonal (6.). Ferner wird von einigen die Forderung formuliert, die Kinder positiv auf die Schule einzustimmen (7.).

> (1.) „mehr Unterstützung der Schule durch das Elternhaus", (2.) „Unterstützung der schulischen Arbeit, nicht heimliches Dagegenarbeiten", (3.) „Teilt euch mit. Wir Lehrer möchten wissen, wo wir mit unseren Mitteln den größten Effekt erzielen können (wichtig bei beschränkten Ressourcen).", (4.) „Wir müssen in unserer gemeinsamen Erziehung unbedingt an einem Strang ziehen und zwar in die gleiche Richtung!", (5.) „schulische Werteerziehung konkret unterstützen, indem sie dieser auch im Schulalltag nötigen Einforderung von Werten keine Steine in den Weg legen", (6.) „Lehrer als Partner begreifen, die dem Kind ebenfalls Gutes wollen", (7.) „Den Kindern ein positives Bild der Schule vorzeichnen, damit die Kinder für die schulische Erziehung auch offen sind."

Viele Untersuchungsteilnehmer stellen Forderungen, die sowohl Aspekte aus Kategorie d1 als auch Aspekte aus Kategorie d2 enthalten. In der Zitatsammlung im erweiterten Anhang dieser Arbeit im Internet (Teil L) befindet sich eine Tabelle mit einem kleinen Ausschnitt aus diesen Zitaten.

> „Einsatz für die Erziehung der eigenen Kinder (ist oft anstrengend und unbequem), Dialog mit der Schule und Abstimmung des Verhaltens, gegenseitiges Untergraben der Autorität ist tödlich!"

(d3) Nicht nur Noten und Leistung sehen: Einige Lehrkräfte richten an die Eltern ihrer Schüler die Forderung, nicht ausschließlich auf Noten (1.) und Leistungen (2.) ihrer Kinder ausgerichtet zu sein.

(1.) „Eltern schauen nur nach Noten. Jedes Mittel ist recht, eine bessere Note durchzudrücken, für Wissensvermittlung und Werteerziehung interessiert sich nur ein ganz kleiner Teil, das muss sich ändern.“, (2.) „Eltern sollen Werteerziehung genauso ernst nehmen wie Leistung und hier mehr vorarbeiten.“

(d4) Kleine Zitatgruppen und interessante Einzelzitate: Einige Befragte haben Forderungen an die Eltern bezüglich des Umgangs mit den Medien in der Erziehung (1.). Andere fordern die Erziehungsberechtigten auf, nicht nur das eigene Kind zu sehen (2.). Eine Lehrkraft wünscht sich von den Eltern, Ursachen für Konflikte nicht ausschließlich auf Seiten der Schule zu suchen (3.).

(1.) „mehr Vorbild sein und Kinder weniger vor dem Fernseher parken“, (2.) „Einige sollten weniger ihr Kind als Nabel der Welt sehen.“, (3.) „Konfliktursachen nicht automatisch erst (und meist ausschließlich) bei Schule/Lehrer suchen“

e) und f) Forderungen an das Kultusministerium und die Politik (allg.)

spezifische Forderungen (Code 1) an...	**SGD (719)**	**GS (148)**	**HS (116)**	**VS (96)**	**RS (135)**	**GY (218)**
e + f) Kultusministerium und Politik (allg.)	491 (68,3%)	93 (62,8%)	92 (79,3%)	60 (62,5%)	94 (69,6%)	147 (67,4%)

Gut zwei Drittel der Untersuchungsteilnehmer, die bei der Beantwortung der Frage 12 Wünsche formuliert haben, richten spezifische Forderungen an das Kultusministerium und/oder die allgemeine Politik. Nach der Zusammenlegung zweier Unterpunkte zu einem ist dies die Teilfrage, zu der am zweithäufigsten spezifische Aspekte ausgeführt wurden.

Ein großer Teil der Teilnehmerantworten lässt sich wie folgt zusammenfassen: Gefordert wird, allgemein Werteerziehung zu ermöglichen und Vorgaben zu machen (ef1), Zeit und Raum für die Durchführung zu schaffen, vom Stoffprimat abzukehren und die Stofffülle zu reduzieren (ef2), den Prüfungs-, Noten- und Leistungsdruck zu verringern und die schulische Selektionspraxis zu verändern (ef3), Bürokratie sowie bürokratische und andere Zusatzaufgaben zu begrenzen (ef4), die personellen Probleme der Schulen zu beseitigen (ef5) und kleinere Schulklassen zu ermöglichen (ef6). Einige Teilnehmerwünsche betreffen die Aus- und Fortbildung der Lehrkräfte (ef7), die Förderung von für die Werteerziehung geeigneten Schulfächern (ef8) und den Umgang des Kultusministeriums (ef11) und der allgemeinen Politik (ef15) mit Schule und Lehrern. Einige Befragte stellen finanzielle Forderungen (ef9), verlangen die Förderung der Ganztagsschule (ef10), artikulieren Wünsche zum Prozedere schulpolitischer Reformen und Entscheidungen (ef12) oder zum Umgang des Ministeriums und der Politik mit Eltern und Familie (ef13). Einige Lehrkräfte fordern die Politiker zu Werteorientierung auf (ef14) und verlangen von ihnen, nicht nur zu reden, sondern auch zu handeln (ef16).

(ef1) Werteerziehung ermöglichen, Vorgaben machen: Einige Untersuchungsteilnehmer fordern, dass die Umsetzung von Werteerziehung ermöglicht werden solle, ohne konkret auszuführen, wie dies ihrer Meinung nach geschehen müsse (1.). Einige Befragte werden etwas konkreter und fordern klare Vorgaben von Politik und Ministerium (2.).

(1.) „Schaffung von Rahmenbedingungen, welche die Vermittlung von Werten ermöglichen", (2.) „klarere Werte- und Zielvorgaben"

(ef2) Schaffung von Zeit und Raum für Werteerziehung, Abkehr vom Stoffprimat, Reduktion der Stofffülle: Unter diese Kategorie subsumiert wurden Teilnehmerforderungen nach der Schaffung von Zeit und Raum für die Durchführung schulischer Werteerziehung (1.), nach einer Gestaltung der Lehrpläne, die Raum für Erzieherisches lässt (2.), nach einer Abkehr von einer ausschließlichen Ausrichtung an Fachlichem (3.) und nach einer Verringerung der Stofffülle (4.).

(1.) „mehr Raum (in zeitlicher Hinsicht) für Fragen der Werteerziehung im Schulalltag", (2.) „mehr Freiraum im Lehrplan für die Durchführung solcher Erziehung", (3.) „den Werteanspruch dem Anspruch auf Wissens-, Fähigkeits- und Fertigkeitszuwachs gleichwertig gegenüberzustellen", (4.) „mehr Unterrichtszeit für Werteerziehung, weniger Stoff"

(ef3) Weniger Prüfungs-, Noten- und Leistungsdruck - Modifikationen bezüglich der schulischen Selektionspraxis: Einige Lehrkräfte wünschen sich Modifikationen bezüglich der an den Schulen üblichen Prüfungs- und Benotungspraxis und weniger Leistungsdruck (1.). Forderungen bezüglich Veränderungen an der schulischen Selektionspraxis betreffen u.a. den Wunsch nach einer späteren Auslese (2.).

(1.) „Benotung in den 2. Klassen wieder wegfallen lassen, noch besser in der gesamten Grundschule", (2.) „Oberstes Ziel sollte das Wohl der Kinder sein, es muss hinterfragt werden, ob die frühe Auslese nach der 4. Klasse und das dreigliedrige Schulsystem sinnvoll und kinderfreundlich sind."

(ef4) Weniger Bürokratie – weniger bürokratische und andere Zusatzaufgaben: Einige Befragte fordern weniger Bürokratie sowie eine Reduktion bürokratischer Aufgaben (1.). Andere wünschen sich allgemein weniger Zusatzaufgaben (2.).

(1.) „Entlastung von Verwaltungstätigkeiten (Statistiken!!!)", (2.) „weniger unnötige Zusatzaufgaben, um sich um die wirklich wichtigen Aufgaben zu kümmern (guter Unterricht, Werteerziehung)"

(ef5) Personelle Probleme der Schulen beseitigen: Einige Untersuchungsteilnehmer fordern, dass mehr Lehrkräfte eingestellt werden oder allgemein mehr Personal (1.). Andere fordern explizit mehr Fachkräfte wie z.B. Sozialpädagogen, Sozialarbeiter oder Schulpsychologen (2.). Einige Befragte nennen beide Aspekte (3.). Ein Teilnehmer mahnt einen ehrlichen Umgang mit dem Lehrermangel an (4.).

(1.) „Lehrerbedarf decken“, (2.) „viel mehr Fachpersonal bereitstellen (Sozialpädagogen, Psychologen etc.)“, (3.) „Es ist notwendig, mehr Lehrer einzustellen und jeder Schule mindestens eine Sozialarbeiter zur Seite zu stellen.“, (4.) „nicht durch die Hintertüre den selbst verursachten Lehrermangel mit Quotenregelungen und variablen Obergrenzen kaschieren und tolerieren“

(ef6) Kleinere Schulklassen: Einige Lehrkräfte wünschen sich Klassen mit weniger Schülern, ohne eine Begründung anzuführen (1.). Andere bringen diese Forderung explizit in Bezug zur schulischen Erziehungsarbeit (2.). Mehrere Befragte erwähnen die Klassenstärke in Verbindung mit weiteren Aspekten (3.).

(1.) „Schülerzahlen pro Klasse drastisch runter!!!“, (2.) „dass wir endlich mit kleineren Gruppen unterrichten können, dann ist Werteerziehung automatisch um ein Vielfaches leichter“, (3.) „sollte uns nicht mit Finnland vergleichen wollen und gleichzeitig uns mit 35 Kindern im Gymnasium (bis hin zur Oberstufe) alleine lassen“

(ef7) Aus- und Fortbildung der Lehrkräfte: Einige Befragte äußern Wünsche bezüglich der Ausbildung (1.) bzw. der Fort- oder Weiterbildung (2.) der Lehrkräfte.[110]

(1.) „In der Seminarausbildung sollte auf die Werteerziehung und nicht nur auf Vermittlung von reinem Fachwissen eingegangen werden.“, (2.) „mehr Fortbildungen in diese Richtung“

(ef8) Förderung geeigneter Fächer: Gefordert werden die Implementierung eines eigenen Schulfachs für Werteerziehung (1.), die Wiedereinführung von Erziehungskunde (2.) oder die Förderung anderer Fächer oder Fächergruppen (3.).

(1.) „Machen Sie Werteerziehung zum Schulfach!“, (2.) „Fach Erziehungskunde wieder einführen“, (3.) „Stärkung der Fächer, die auf Werteerziehung Wert legen wie Religion, Ethik, klassische Sprachen“

(ef9) Mehr Geld: Einige Untersuchungsteilnehmer fordern von der Politik, allgemein mehr Geld für Bildung und Erziehung auszugeben (1). Andere Befragte führen konkreter aus, wofür ihrer Ansicht nach mehr Geld ausgegeben werden sollte (2.). Nicht selten werden dabei die aus anderen Kategorien bereits bekannten Aspekte *kleinere Klassen* und/oder *mehr Lehrer* genannt.[111]

(1.) „Bildungsbudget vergrößern“, (2.) „mehr Gelder für die Ausstattung der Schulen investieren!!“

---

[110] Die Themen Aus- und Fortbildung werden im folgenden Kapitel (3.8) ausführlich behandelt.

[111] Um allzu große Redundanzen zu vermeiden, wurden hierfür nur zwei Beispielzitate in die Zitattabellen im erweiterten Anhang dieser Arbeit übernommen.

(ef10) Förderung der Ganztagsschule: Mehrere Lehrkräfte verlangen die Einrichtung von Ganztagsschulen (1.). Einige erläutern ihre diesbezügliche Forderung genauer (2.). Zwei Lehrkräfte wenden sich gegen zu hohe Ansprüche an die „Halbtagsschule“ (3.).

(1.) „Ganztagsschulmöglichkeiten“, (2.) „Ministerium soll Ganztagsschule ernsthaft fördern, um neue Werteerfahrungen nachmittags ohne Leistungsdruck zu ermöglichen.“, (3.) „Einsicht, dass die Halbtagsschule nur einen Bruchteil der häuslichen Probleme auffangen kann“

(ef11) Umgang des Kultusministeriums mit Schule und Lehrern: Einige Befragte wünschen sich, das Ministerium solle näher an der Basis, näher an der Schulpraxis sein und/oder die Basis in Entscheidungen miteinbeziehen (1.). Ferner gefordert werden Vertrauen, Anerkennung und Unterstützung (2.), die Gewährung von mehr Freiheiten (3.) sowie werteorientiertes Verhalten (4.). Einige Lehrkräfte formulieren mehrere der unter diese Kategorie subsumierten Aspekte (5.).

(1.) „Das Staatsministerium für Unterricht und Kultus sollte nicht einfach im Lehrplan diktieren, was zu machen ist, sondern stärker den Gedankenaustausch mit den Betroffenen pflegen und evtl. deren Vorschläge berücksichtigen.“, (2.) „nicht mit Verordnungen und Vorschriften kommen, sondern den Lehrern mehr Respekt und Vertrauen entgegenbringen“, (3.) „Wie sollen Lehrer, die fast nichts selbst bestimmen können, zum verantwortungsvollen Umgang mit Freiheit erziehen?“, (4.) „Behandlung der Lehrer/Schule nach den Werten, die in der Verfassung eingefordert werden“, (5.) „eine Woche eine Klasse führen und dann WIRKLICH mit Lehrern an der Front reden – zeigen, dass der Lehrer als Mensch einen Wert hat“

(ef12) Wünsche zum Prozedere schulpolitischer Reformen und Entscheidungen: Einige Lehrkräfte wünschen sich mehr Kontinuität (1.). Zu den weiteren Forderungen (2.) gehört u.a. eine Ablehnung übereilter Reformen sowie der Wunsch, „Zuständigkeiten in die Hände der Fachleute“ zu legen.

(1.) „nicht ständig eine Reform nach der anderen, deren Häufigkeit zwangsläufig zur Oberflächlichkeit gerinnt“, (2.) „wirkliche Vergleiche mit anderen Ländern (es genügt doch nicht, ein G8 einzuführen und Kinder mit 5 Jahren einzuschulen, weil das eben in anderen Ländern auch so ist – dort sind auch die Rahmenbedingungen ganz anders“

(ef13) Umgang mit Eltern, Familie: Unter diese Kategorie subsumiert wurden Forderungen, Eltern sollten mehr in die Pflicht genommen werden (1.) und Eltern bzw. Familien sollten unterstützt werden (2.). Zwei Befragte verlangen beide Aspekte: dass Eltern gefordert und gefördert werden sollten (3.).

(1.) „Familien mehr in die Pflicht nehmen, Erziehungsführerschein für Eltern!“, (2.) „Erziehungszeiten auf die Rentenansprüche anrechnen, den Wert der Eltern als Erzieher in der Gesellschaft wieder stärken, Eltern, die ihre Arbeit für die Kinder aufgeben, werden nur belächelt“, (3.) „Elternberatung, Einbindung der Eltern in die Werteerziehung bis hin zu Verpflichtung!“

(ef14) Werteorientierung bei Politikern: Verlangt wird von den Politikern, nach Werten zu leben (1.), Vorbild zu sein (2.) und Werte vorzuleben (3.). Einige Befragte nennen konkrete Tugenden, die sie sich bei Politikern wünschen bzw. Untugenden, die sie ablehnen (4.). Zu den weiteren unter diese Kategorie subsumierten Teilnehmeraussagen (5.) gehört u.a. der Wunsch nach mehr Werten in Parteiprogrammen und die Forderung, die Wertedebatte aufrecht zu erhalten.

(1.) „Das politische Handeln sollte an ethischen Maßstäben gemessen werden.“, (2.) „Die Schüler sagen, wenn die Politiker sich nicht vorbildlich verhalten, warum soll ich es dann tun?“, (3.) „Politiker müssen Werte 100 % vorleben.“, (4.) „Anstand und Ehrlichkeit“, (5.) „mehr Werte in Parteiprogrammen“

(ef15) Umgang der allgemeinen Politik mit Schule und Lehrern: Einige Lehrkräfte wünschen sich von der allgemeinen Politik Anerkennung, Unterstützung sowie eine positive Beeinflussung des Lehrerbildes (1.), andere fordern eine angemessene Bezahlung (2.).

(1.) „Sollen mal die Lehrer unterstützen, denn wir sind keine faulen Säcke.“, (2.) „die Lehrerarbeit endlich verbal und auch finanziell anzuerkennen (ich bin angestellt und verdiene netto 400 Euro monatlich weniger als ein Beamter bei gleicher Arbeit)“

(ef16) Nicht nur reden: Einige Untersuchungsteilnehmer wünschen sich von den Politikern allgemein, nicht nur zu reden (1.). Andere Befragte stellen diese Forderung explizit in Zusammenhang mit anderen Forderungen, die teils Aspekte aus anderen Kategorien enthalten (2.).

(1.) „mehr als Lippenbekenntnisse“, (2.) „den werbewirksamen Slogan um die Bedeutung der Bildung und Werteerziehung unserer Kinder nicht nur in Sonntagsreden zu verbreiten, sondern die Voraussetzungen und Stellen in den Schulen dafür zu schaffen und sich selbst daran zu halten!!!!!!“

(ef17) Kleine Zitatgruppen und interessante Einzelzitate: Einige Befragte wünschen sich Materialien zur Werteerziehung bzw. eine Berücksichtigung der Thematik in den Schulbüchern (1.). Einige Lehrkräfte fordern mehr so genannte Lehrerstunden (2.), andere die Ermöglichung von Projekten, Wahlunterricht, außerunterrichtlichen Aktivitäten (3.). Mehrere Untersuchungsteilnehmer wenden sich gegen politischen Opportunismus (4.). Ein Befragter artikuliert die Meinung, eine Reduzierung der Lehrerarbeitszeiten ermögliche eine bessere Betreuung der Schüler (5.).

(1.) „Unterrichtsmaterialien“, (2.) „mehr Lehrerstunden, um Defizite aufzufangen“, (3.) „zeitliche und räumliche Voraussetzungen für Freiarbeit, AGs, Projekte, Wahlunterricht schaffen!!!!“, (4.) „Wertediskussion nicht aus politischem Kalkül, gerade hier Ehrlichkeit (Utopia)“, (5.) „Mehr Arbeitszeit der Lehrer bedeutet nicht, dass Schüler auch mehr lernen bzw. mehr Erziehung bekommen! Weniger Arbeitszeit ist bessere Betreuung der Kinder!“

g) Forderungen an die Medien

spezifische Forderungen (Code 1) an...	SGD (719)	GS (148)	HS (116)	VS (96)	RS (135)	GY (218)
g) die Medien	346 (48,1%)	73 (49,3%)	54 (46,6%)	48 (50,0%)	70 (51,9%)	98 (45,0%)

Knapp jeder zweite Untersuchungsteilnehmer, der zu Frage 12 etwas geschrieben und Wünsche formuliert hat, richtet spezifische Forderungen an die Medien. Es ist die Teilfrage, zu der am vierthäufigsten spezifische Punkte verfasst wurden.

Ein großer Teil der Teilnehmerantworten beinhaltet Forderungen bezüglich der Darstellung von Schule und Lehrern in den Medien (g1) sowie bezüglich der allgemeinen Medieninhalte (g2). Darüber hinaus werden die Medienschaffenden aufgefordert, sich in ihrem Handeln nicht ausschließlich an wirtschaftlichen Interessen zu orientieren (g3).

(g1) Darstellung von Schule und Lehrern in den Medien: Einige Untersuchungsteilnehmer formulieren Forderungen an die Medien bezüglich der Darstellung der Schule (1.). Anderen Befragten geht es um mediale Darstellungen der Lehrkräfte (2.). Andere Befragte beziehen in ihre Forderungen Schule und Lehrkräfte ein (3.). Gefordert werden u.a. ein positiveres Lehrerbild in den Medien sowie eine objektive, eine sachliche, eine differenzierte und eine weniger negative Berichterstattung. Einige Untersuchungsteilnehmer haben Forderungen bezüglich der Darstellung schulischer Werteerziehung (4.). Mehrere Befragte weisen auf Folgen der medialen Darstellungen hin (5.).

(1.) „nicht reißerische nur negative Beispiele aus der Schule darstellen, auch mal gute Aktionen vorstellen, Schule ist für die Medien der ‚Prügelknabe'", (2.) „Anerkennung des Lehrerberufes und Aufbau des Lehrerimages statt deren Demontage", (3.) „Respektvollerer Umgang mit der Institution Schule und den Lehrern. Anerkennung der enormen Arbeit, die geleistet wird.", (4.) „sollten die Bedeutung der Schule bei der Werteerziehung besser artikulieren", (5.) „Lehrerhatz der Medien dient nicht der Motivation der Lehrerschaft. Viel schlimmer aber ist, wer möchte den von solchen Drückebergern etwas lernen?!"

(g2) Allgemeine Medieninhalte: Bezüglich der allgemeinen – d.h. nicht explizit die Schule betreffenden – Medieninhalte, fordern einige Befragte mehr Werteorientierung, ohne konkret zu sagen, um welche Werte oder Tugenden es ihnen geht (1.). Andere fordern in allgemeiner Formulierung mehr gute bzw. weniger schlechte Inhalte, ohne den Terminus *Wert* zu verwenden (2.). Mehrere Lehrkräfte fordern mehr gute und weniger schlechte Inhalte und werden hier konkreter, indem sie z.B. formulieren, was ihrer Ansicht nach vermieden werden sollte (3.). Ebenfalls konkret formuliert sind unter diese Kategorie subsumierte Forderungen nach weniger Gewalt (4.), weniger Negativismus in der Berichterstattung (5.) und weniger Sensationalismus in den Medien (6.). Mehrere Befragte haben weitere

Forderungen bezüglich der journalistischen Berichterstattung (7.). Einige Lehrkräfte artikulieren mehrere der unter diese Zitatkategorie subsumierten Aspekte (8.).

(1.) „mehr Beachtung für Wertvorstellungen, weniger Darstellung von wertelosen Berichten/Sendungen", (2.) „weniger Schrott zu guten Sendezeiten!", (3.) „ernsthaftere Themen und weniger Spaßgesellschaft proklamieren", (4.) „Abschaffung dieser gewaltverherrlichenden Videospiele und Filme", (5.) „Herausstellen positiver Aspekte/Entwicklung, nicht nur immer Katastrophen-Journalismus", (6.) „konsequente Streichung werteverletzender, sensationsorientierter Unterhaltung und Berichterstattung", (7.) „kein Schlagzeilenjournalismus, bessere Recherche, nicht Sprachrohr von Verbänden sein", (8.) „Nicht nur Negatives berichten – das Positive ist eingängiger. Ungefragt ethische Grenzen einhalten – nicht alles Provokative ist auch wichtig! Nicht alles Moderne ist automatisch gut!"

(g3) Kritik am Primat wirtschaftlicher Interessen: Einige Untersuchungsteilnehmer verlangen von den Medienschaffenden, sich nicht ausschließlich an wirtschaftlichen Interessen wie Auflage, Quote und Profit zu orientieren (1.). Die unter diese Kategorie subsumierten Aufforderungen erfolgen in einigen Fällen in Zusammenhang mit der Artikulation von Aspekten, die unter andere Kategorien subsumiert wurden, wie z.B. Wünschen bezüglich der allgemeinen Medieninhalte (2.).

(1.) „sich überhaupt an Werten zu orientieren, nicht nur an Einschaltquoten und Auflagezahlen", (2.) „in ihren Beiträgen nicht diverse Werte in Frage stellen (z.B. Religion) und bedeutende Werte selbst achten (z.B. Menschenwürde), auch zu Lasten der Einschaltquote"

(g4) Kleine Zitatgruppe und interessante Einzelzitate: Einige Lehrkräfte fordern von den Medienschaffenden die Übernahme von Verantwortung (1.). Ein Untersuchungsteilnehmer fordert einen „bewussteren Umgang mit ihrer Macht und ihrem Einfluss" (2.).

(1.) „verantwortungsbewusster Umgang mit ihrem Medium", (2.) „bewussteren Umgang mit ihrer Macht und ihrem Einfluss"

h) Forderungen an die Wirtschaft

spezifische Forderungen (Code 1) an...	**SGD (719)**	**GS (148)**	**HS (116)**	**VS (96)**	**RS (135)**	**GY (218)**
h) die Wirtschaft	215 (29,9%)	24 (16,2%)	42 (36,2%)	34 (35,4%)	42 (31,1%)	71 (32,6%)

Knapp jeder dritte Untersuchungsteilnehmer, der im Rahmen der Beantwortung der Frage 12 Forderungen formuliert hat, artikuliert spezifische Wünsche, welche die Wirtschaft betreffen. Der Anteil der Personen, die im Rahmen der vorliegenden Teilfrage spezifische Aspekte verfasst haben, ist unter Lehrkräften an Schulen, an denen ein Schulabschluss erworben werden kann höher als unter den Befragten, die an reinen Grundschulen unterrichten.

Ein großer Teil der Teilnehmerantworten zur vorliegenden Teilfrage lässt sich folgendermaßen zusammenfassen: Die Lehrkräfte fordern von der Wirtschaft allgemein werteorientiertes sowie konkret soziales Denken und Handeln (h1 und h2). Sie wünschen sich, die Wirtschaft solle Bildung, Schule und Schüler nicht nach rein wirtschaftlichen Kriterien beurteilen und bei Absolventen nicht nur die fachliche Qualifikation sehen (h3). Ferner werden Unterstützung und Zusammenarbeit gefordert (h4).

(h1) Werteorientiertes Denken und Handeln (allgemein): Die Untersuchungsteilnehmer fordern von der Wirtschaft werteorientiertes Denken und Handeln (1.), Vorbildverhalten in Wertefragen (2.) und ein Abrücken von einer ausschließlichen Ausrichtung nach wirtschaftlichen Werten und Interessen (3.). Subsumiert wurden unter diese Kategorie Forderungen, in welchen die Befragten nicht explizieren, welche konkreten Werte oder Tugenden von Seiten der Wirtschaft ihrer Meinung nach angestrebt werden sollten.[112]

(1.) „Zeigen Sie, dass auch die Wirtschaft einige Werte als substanziell ansieht und danach handelt.“, (2.) „Die Wirtschaft sollte mit mehr Beispiel vorangehen, Ethik spielt hier oft keine Rolle mehr.“, (3.) „Werte vorleben und Werten Raum geben, auch wenn sie sich nicht in € ‚rechnen‘!“

(h2) Soziales Denken und Handeln: Die an die Wirtschaft gerichtete Forderung nach explizit sozialem Denken und Handeln formulieren einige Untersuchungsteilnehmer allgemein (1.). Andere fordern die Wirtschaft auf, mehr den Menschen zu sehen (2.), mit den Angestellten verantwortlich umzugehen (3.), Verantwortung für junge Menschen an den Tag zu legen (4.), Ausbildungsstellen und Perspektiven zu schaffen (5.) sowie Stellen und Perspektiven auch niedriger Qualifizierten zu bieten (6.). Einige Befragte artikulieren mehrere der unter diese Kategorie subsumierten Aspekte (7.).

(1.) „Übernahme von sozialer Verantwortung, kein billiges Gewinnstreben für wenige (Aktionäre)“, (2.) „dass der Mensch als Wert endlich wieder in den Vordergrund gerückt wird und nicht das Geld“, (3.) „mehr Rücksicht auf Beschäftigte nehmen und auch Verantwortung für Beschäftigte zeigen, nicht nur auf Bilanzen Wert legen“, (4.) „Verantwortlichkeit für das Erwachsenwerden der jungen Generation zeigen“, (5.) „Schülern Perspektiven durch Ausbildungsplätze und Anstellungen bieten“, (6.) „Jugendlichen mit geringerer Begabung Chancen geben, eine Ausbildung zu machen, und damit in der Schule die Motivation für

→

112 Die Forderung nach einer Abkehr von einer einseitigen Orientierung an wirtschaftlichen Interessen enthalten auch einige der unter Kategorie h2 und viele der unter Kategorie h3 subsumierten Teilnehmerantworten. Bei Zitaten der Kategorie h1 wird nicht gesagt, welche Werte oder Tugenden stattdessen angestrebt werden sollten. Bei Zitaten der Kategorie h2 hingegen legen die Befragten dar, dass es ihnen um explizit soziales Denken und Handeln geht. Im Unterschied zu Kategorie h1 wird bei den Zitaten der Kategorie h3 die Kritik an einer ausschließlichen Ausrichtung an wirtschaftlichen Gesichtspunkten explizit auf Bildung, Schule und Schüler bezogen.

Werteerziehung zu stärken", (7.) „Geld den Arbeitern lassen und in den Betrieb stecken, keine geldgierigen Aktionäre, Verantwortung für Mitarbeiter übernehmen, keine Heuschreckenmentalität, Lebensgrundlage (Arbeit) schaffen"

(h3) Prioritäten ändern: Bildung, Schule und Schüler nicht nach rein wirtschaftlichen Kriterien beurteilen – bei Absolventen nicht nur die fachliche Qualifikation sehen: Subsumiert wurden unter diese Kategorie Teilnehmerforderungen an die Wirtschaft, Bildung (1.), Schule (2.) und die Schüler (3.) nicht ausschließlich aus der Perspektive wirtschaftlicher Interessen zu sehen und bei Bewerbern und Mitarbeitern nicht nur auf Leistung und Wissen, sondern auch auf Werteorientierung und soziale Kompetenz zu achten (4.).

(1.) „Bildung als eigenen Wert verstehen und nicht nur als Hilfsmittel zur Optimierung der Wirtschaftsleistung", (2.) „die Schule als Raum anzuerkennen, in dem Menschen gebildet (!) werden und nicht nur danach schielen, dass diese möglichst bald und effektiv in den Wirtschaftskreislauf eingebaut werden können", (3.) „Kinder nicht nur als Arbeitskräfte und Zukunftsinvestments ansehen, sondern als Menschen", (4.) „einsehen, dass die Werte und Engagement der Schüler genauso wichtig sind, wie ihre Noten"

(h4) Unterstützung und Zusammenarbeit: Einige Untersuchungsteilnehmer richten an die Wirtschaft den Wunsch nach Unterstützung, Förderung, Kontakt und Zusammenarbeit (1.). Einige fordern konkret finanzielle Unterstützung (2.). Zwei Lehrkräfte betonen, die Unterstützung der Wirtschaft solle uneigennützig sein (3.).

(1.) „Zusammenarbeit, Unterstützung, nicht erst kurz vor Austritt aus der Schule und Eintritt in das Berufsleben, denn da ist es oft zu spät", (2.) „nicht nur in die eigene Taschen wirtschaften, sondern auch mal den Schulen finanziell unter die Arme greifen", (3.) „nicht nur eigennütziges Sponsoring"

(h5) Kleine Zitatgruppe und interessante Einzelzitate: Einige Untersuchungsteilnehmer richten an die Wirtschaft die Forderung, sich aus den Belangen der Schule herauszuhalten (1.). Ein Befragter stellt den interessanten Zusammenhang her, Werteorientierung der Mitarbeiter könne eine Firma auch wirtschaftlich erfolgreicher machen (2.).

(1.) „Die Wirtschaft sollte sich aus dem Schulbusiness raushalten.", (2.) „Wertorientierung bei Mitarbeitern trägt zu einem menschlichen Umgang und zu einer Qualitäts- und Gewinnsteigerung bei."

i) Forderungen an die Wissenschaft

spezifische Forderungen (Code 1) an...	**SGD (719)**	**GS (148)**	**HS (116)**	**VS (96)**	**RS (135)**	**GY (218)**
i) die Wissenschaft	89 (12,4%)	8 (5,4%)	12 (10,3%)	16 (16,7%)	23 (17,0%)	29 (13,3%)

Gut jeder achte Untersuchungsteilnehmer, der bei der Beantwortung der Frage 12 Forderungen formuliert hat, richtet spezifische Wünsche an die Wissenschaft.

Ein großer Teil der Teilnehmerantworten zur vorliegenden Teilfrage lässt sich unter die Kategorien i1 bis i4 subsumieren: Gefordert wird, die Wissenschaft solle sich den Themen Werteerziehung und Werte widmen (i1). Einige Forderungen betreffen das Verhältnis von Theorie und Praxis in der Wissenschaft (i2), einige das Thema Forschungsethik (i3). Darüber hinaus werden weitere Forderungen formuliert, welche die Schule betreffen (i4).

(i1) Sich den Themen Werteerziehung und Werte widmen: Im Rahmen ihrer Forderungen an die Wissenschaft, sich den Themen Werteerziehung (1.) und Werte (2.) zu widmen, betonen die Befragten verschiedene Aspekte. Gefordert werden z.B. sowohl Hilfen für die Umsetzung als auch Erkenntnisse über die Auswirkungen schulischer Werteerziehung oder etwa die Erarbeitung ethisch verbindlicher „Grundsätze für die multikulturelle Gesellschaft".

(1.) „Bereitstellen wissenschaftlicher, didaktisch-methodischer Erkenntnisse zur Förderung sozialer Kompetenzen im Schulbereich im Sinne konkreter Verhaltensweisen mit Wertorientierung (Hilfsbereitschaft, Rücksichtnahme etc.)", (2.) „herausfinden: welche Werte sind für eine Gesellschaft unabdingbar"

(i2) Theorie-Praxis-Verhältnis: Einige Lehrkräfte wünschen sich von der Wissenschaft Praxisorientierung sowie die Praktikabilität wissenschaftlicher Konzepte (1.). Andere Befragte formulieren an die Wissenschaft die Forderung, relevante Erkenntnisse – gewissermaßen zur Praxisumsetzung – für einen großen Personenkreis verfügbar zu machen (2.). Ein Untersuchungsteilnehmer wünscht sich explizit „Theorien und Unterbau" (3.).

(1.) „Theorie und Praxis verlinken!!! Raus aus dem Elfenbeinturm, auch durch diese Umfrage!", (2.) „wissenschaftliche Erkenntnisse auf breiter und verständlicher Ebene nutzbar machen", (3.) „Theorien und Unterbau liefern"

(i3) Forschungsethik: Einige Befragte haben Wünsche bezüglich der Forschungsethik. Sie fordern von der Wissenschaft allgemein Werteorientierung (1.) oder artikulieren konkretere Wünsche (2.). Mehrere Untersuchungsteilnehmer fordern die Unabhängigkeit der Wissenschaft (3.).

(1.) „keine wertfreie Wissenschaft!", (2.) „Verantwortung vor der Zukunft", (3.) „keine angeblich ‚wissenschaftliche' Studien veröffentlichen, die nur dazu dienen, sich selber zu profilieren, indem man Untersuchungen so interpretiert, wie es die öffentliche Meinung (bzw. die Wirtschaft = Geldgeber) hören will."

(i4) Weitere Wünsche bezüglich Schule: Einige Lehrkräfte richten an die Wissenschaft die Forderung nach mehr Zusammenarbeit, Kontakt und Unterstützung (1.), andere haben Wünsche bezüglich der Lehrerausbildung (2.). Ein Befragter schließt beide Aspekte in seine Forderung ein (3.). Einige Untersuchungsteilnehmer formulieren weitere konkrete Forderungen (4.).

(1.) „engere Zusammenarbeit mit Schulen“, (2.) „der Lehrerausbildung mehr Bedeutung zumessen, nicht nur als Anhängsel der Fachwissenschaften sehen“, (3.) „Stärkere Verzahnung mit den Schulen zur Verbesserung der Berufsorientierung der Abiturienten. Praxisorientierung der Ausbildung junger Lehrer.“, (4.) „Gymnasialpädagogik endlich einmal seriös empirisch aufziehen“

Zur vorliegenden Teilfrage liegen keine kleinen Zitatgruppen und keine interessanten Einzelzitate vor.

j) Forderungen an die Gesamtgesellschaft

spezifische Forderungen (Code 1) an...	**SGD (719)**	**GS (148)**	**HS (116)**	**VS (96)**	**RS (135)**	**GY (218)**
j) die Gesamtgesellschaft	226 (31,4%)	43 (29,1%)	31 (26,7%)	30 (31,3%)	48 (35,6%)	73 (33,5%)

31,4 % der Untersuchungsteilnehmer, die im Rahmen der Frage 12 Forderungen formuliert haben, richten spezifische Wünsche an die Gesamtgesellschaft.

Ein großer Teil der Teilnehmerantworten zur vorliegenden Teilfrage beinhaltet Forderungen nach Werteorientierung (j1) und Wünsche bezüglich Einstellungen und Verhalten der Gesellschaftsmitglieder gegenüber Schule und Lehrern sowie bezüglich Haltungen und Ansichten zu Bildung und Erziehung (j2).

(j1) Werteorientierung: Einige Untersuchungsteilnehmer wünschen sich in allgemeiner Formulierung eine Hinwendung der Gesellschaft zu Werten (1.). Andere richten sich gegen einen Werteverfall (2.), fordern das Vorleben von Werten (3.), die Wahrnehmung der Vorbildfunktion (4.). Zwei Befragte verweisen auf den Nutzen von Werten bzw. die Folgen fehlender Werteorientierung (5.). Einigen Lehrkräften sind bestimmte Wertekategorien (wie z.B. Grundwerte oder christliche Werte) im Bezug auf die Gesellschaft wichtig (6.). Gefordert werden ferner eine Abkehr von einem einseitigen Individualismus und eine Hinwendung zu Gemeinschaftsdenken (7.), eine Abkehr von ausschließlich materiellen Werten (8.) und von einer Spaßgesellschaft (9.). Einige Teilnehmer fordern von den Gesellschaftsmitgliedern die Übernahme von Verantwortung (10.), andere wünschen sich eine stärkere Hinwendung zu konkreten Tugenden wie z.B. Respekt, Toleranz oder Ehrlichkeit (11.).

(1.) „Werten wieder Raum geben und sie leben“, (2.) „gemeinsamer Versuch, den Werteverfall zu stoppen“, (3.) „Lebt der Jugend Werte vor! Sie spiegeln nur eurer Verhalten.“, (4.) „Beachtung allgemein anerkannter Werte und Regeln, als Vorbildfunktion für Kinder und Jugendliche“, (5.) „Versteht denn niemand, wie wichtig ausgewogene Werte für ein friedliches Miteinander sind?“, (6.) „Vermittlung mitteleuropäischer Werte“, (7.) „wieder im ‚WIR‘ denken und nicht immer nur im ‚ICH‘“, (8.) „Umdenken von materiellen Werten zu ideellen Werten“, (9.) „Abrücken von Konsum- und fun-gesellschaftlicher Orientierung“, (10.) „soll sich ihrer sozialen Verantwortung wieder bewusst werden und dafür eintreten“, (11.) „Rücksichtnahme, Toleranz und Blick für das Ganze“

(j2) Einstellungen und Verhalten gegenüber Schule und Lehrerschaft, Haltung und Ansichten zu Bildung und Erziehung: Einige Befragte wünschen sich mehr Akzeptanz und Wertschätzung der Schule und der Lehrkräfte durch die Gesellschaft (1. - 3.). Andere Untersuchungsteilnehmer fordern Unterstützung und Zusammenarbeit (4.). Weitere Forderungen bezüglich der Einstellungen zur Schule (5.) beinhalten neben anderen Anliegen, die Gesellschaft solle nicht zu viel von der Schule erwarten und sie solle keine selbstverschuldeten Probleme auf die Schule projizieren. Weitere Teilnehmerforderungen beziehen sich auf gesellschaftliche Haltungen und Ansichten zu Erziehung (6.), Werteerziehung (7.), zur Erziehungsarbeit der Schulen (8.) und zu Bildung (9.). Hier wird neben anderen Aspekten häufig eine stärkere gesellschaftliche Würdigung des Erzieherischen verlangt.

(1.) „größere Akzeptanz der von der Schule geleisteten Arbeit“, (2.) „Das negative Bild der Lehrer in unserer Gesellschaft abbauen. Manchmal möchte ich nicht sagen, welchen Beruf ich habe, da die meisten sehr negativ reagieren.“, (3.) „Stellenwert der Schule und der Lehrer (Ansehen) muss wieder wachsen.“, (4.) „mehr Bereitschaft zu Kooperation mit Schulen“, (5.) „Schule als integralen Bestandteil der Gesellschaft zu sehen und nicht als ein notwendiges Übel, das man möglichst bald hinter sich bringen muss, aufhören, bei jedem Problem als erstes die Forderung zu stellen, darum müsse sich die Schule auch noch kümmern“, (6.) „Der Gesellschaft muss der hohe Stellenwert der Erziehung bewusst werden, d.h. die Erziehung zunächst in der Familie muss gestärkt werden und, wenn das nicht möglich ist, mehr durch familienergänzende Einrichtungen (z.B. Krippe u.a.) erfolgen.“, (7.) „Werteerziehung muss gesellschaftlich anerkannt und für wichtig erachtet werden.“, (8.) „mehr Achtung vor dem erziehlichen Aspekts des Lehrerberufs“, (9.) „erkennen, dass Bildungsarbeit unsere wichtigste Ressource darstellt und an Bedeutung zunehmen wird“

(j3) Kleine Zitatgruppe und interessante Einzelzitate: Einige Lehrkräfte fordern eine positive Einstellung der Gesellschaftsmitglieder gegenüber Kindern und Jugendlichen (1.). Ein Befragter fordert das Festhalten an einem gesellschaftlichen Wertekonsens (2.).

(1.) „Kinder mehr wertschätzen, als Persönlichkeit“, (2.) „Die Menschheit hat seit Jahrtausenden in Sozialgemeinschaften überlebt, weil sich in allen Kulturen und Religionen ein übereinstimmender Wertekanon herausgebildet hat .... Halten wir daran fest!“

k) Forderungen an weitere Institutionen/Personengruppen

spezifische Forderungen (Code 1) an...	SGD (719)	GS (148)	HS (116)	VS (96)	RS (135)	GY (218)
k) weitere Institutionen/Personengruppen	39 (5,4%)	9 (6,1%)	2 (1,7%)	8 (8,3%)	11 (8,1%)	9 (4,1%)

5,4 % der Untersuchungsteilnehmer, die im Rahmen der Beantwortung der Frage 12 Wünsche formuliert haben, nennen weitere Institutionen oder Personengruppen, an die sie spezifische Forderungen richten. Am häufigsten werden Kirchen bzw. Religionen/Religionsgemeinschaften angesprochen.

(k1) Kirchen, Religionen, Religionsgemeinschaften: Einige Untersuchungsteilnehmer richten an die Kirchen bzw. Religionsgemeinschaften die Forderung, Werteerziehung zu betreiben bzw. zu unterstützen (1.). Andere Befragte artikulieren Wünsche bezüglich des Religionsunterrichts (2.) und der kirchlichen Jugendarbeit (3.). Weitere an die Kirchen gerichtete Teilnehmerantworten (4.) beinhalten u.a. die Forderungen, „ihre Werte offensiver" zu vertreten oder aber auch, den Absolutheitsanspruch aufzugeben. Andere Lehrkräfte formulieren weitere an Religionsgemeinschaften bzw. Religionen gerichtete Forderungen (5.). Ein Befragter wendet sich explizit an den Islam (6.).

(1.) „Die Kirchen oder andere religiöse Gemeinschaften sollten sich verstärkt durch attraktive Angebote an Jugendliche (Freizeiten, Discos, Meditationsstunden, Diskussionen, Filme) mehr um Wertevermittlung bemühen.", (2.) „Kirche: jugendgerechtere Ansätze im Religionsunterricht", (3.) „Kirche: Kinder und Jugendliche wieder durch ansprechende Kinder- und Jugendarbeit in die Kirche bringen", (4.) „Kirchen: außerstaatliche und außerwirtschaftliche Fortbildungsmaßnahmen anbieten – wer sonst vertritt wirklich relevante Werte?", (5.) „Andere Religionen sollten auch nach einem ethischen Konsens streben.", (6.) „mehr Toleranz (v.a. Islam)"

(k2) Weitere Institutionen/Personengruppen: Einige Untersuchungsteilnehmer artikulieren Wünsche, die den Profisport (1.) oder die örtlichen Vereine (2.) betreffen. Weitere Forderungen werden u.a. an „Lobbyisten", „Stadträte und Bürgermeister", „Promis" und Einwanderer gerichtet (3.).

(1.) „Sport: Ende des Menschenhandels im Fußball", (2.) „Werteproblematik vor allem in den Vereinen mit Schülern und Jugendlichen immer wieder thematisieren", (3.) „Lobbyisten sollen nicht nur an Vermehrung des Geldes, Marktvorteile und Eigeninteressen denken, sondern verantwortungsvoll der Gesellschaft gegenübertreten."

Zum Abschluss dieses Kapitels sei darauf verwiesen, dass die einzelnen Personengruppen bzw. Institutionen selbstverständlich nicht als isolierte Akteure angesehen werden können. Dies wird auch in folgendem Schlusszitat deutlich:

„f) und g) lenken die öffentliche Meinung der j) Gesamtgesellschaft, diese wiederum spiegelt sich in der Haltung der d) Eltern. Diese haben größeren Einfluss als die Schule. Daher muss der Wert von Werten wie oben aus der Verfassung in f) und g) täglich neu festgestellt und festgehalten werden."

Nicht isoliert betrachtet und bewertet werden sollte die Praxis schulischer Werteerziehung, ohne sich mit der Frage auseinanderzusetzen, ob das Thema Wertepädagogik in der Aus- und Fortbildung der Personen, von denen man die Durchführung erwartet, eigentlich vorkommt. Diesem Aspekt widmet sich das folgende Kapitel.

3.8 *Schulische Werteerziehung in der Lehrerausbildung und der Lehrerfortbildung*

Inwiefern werden Lehrkräfte im Rahmen der Aus- und Fortbildung befähigt, schulische Werteerziehung durchzuführen? In den Fragen 13 bis 15 wurden die Untersuchungsteilnehmer gebeten, hierzu Angaben zu machen.

Wurde der Aspekt schulische Werteerziehung in der Ausbildung berücksichtigt? Und haben die Befragten das Gefühl, dadurch hinreichend auf die Durchführung schulischer Werteerziehung in der Praxis vorbereitet worden zu sein? Diese beiden Fragen wurden in Bezug auf das Lehramtsstudium (Frage 13) und das Referendariat (Frage 14) gestellt. In Frage 15 wurde erhoben, ob Fortbildungsmaßnahmen zum Thema angeboten werden und ob die Lehrkräfte den Eindruck haben, durch diese hinreichend für die Praxis schulischer Wertepädagogik qualifiziert zu werden. Schließlich wurden die Teilnehmer gefragt, ob sie sich intensivere Fortbildungsmaßnahmen wünschen und, wenn ja, was sie sich davon erhoffen würden.

3.8.1 *Anmerkungen zur Auswertungsmethodik*

Untersuchungsteilnehmern, die kein Lehramtsstudium absolviert haben, wurde durch das Anklicken eines Links die Möglichkeit gegeben, die Frage 13 zu überspringen.[113] Ebenso konnten Teilnehmer, die kein Referendariat absolviert haben, die Frage 14 auslassen.[114] Bei der Auswertung nun stellte sich heraus, dass teils nicht nur Lehrkräfte mit abgeschlossenem Lehramtsstudium beide Fragen ausgefüllt hatten, sondern auch Personen mit Fachlehrer-, Förderlehrer- oder theologischer Ausbildung. Einige Befragte – teils auch solche mit abgeschlossenem Lehramtsstudium – hatten beide Fragen übersprungen. Ferner hatten einige Untersuchungsteilnehmer nur eine der beiden Fragen beantwortet. Deshalb sind die Stichproben, die der Auswertung der Fragen 13 (erste Ausbildungsphase) und 14 (zweite Ausbildungsphase) zugrunde liegen, nicht identisch. Für die Auswertung der beiden Fragen wurde jeweils ein separater Datensatz verwendet.[115]

In einem ersten Vorbereitungsschritt wurden aus den beiden Datensätzen zur Ausbildung die wenigen Teilnehmer gestrichen, welche angaben, die entsprechende Ausbildungsphase nicht in Bayern absolviert zu haben.[116] Die Lehrerausbil-

---

113 Hierbei wurde z.B. an Fachlehrer, Quereinsteiger aus der Wirtschaft und Sozialarbeiter gedacht.

114 Hierbei wurde z.B. an Sozialarbeiter gedacht.

115 Ferner wurde für die Auswertung der Fragen zur Fortbildung ein weiterer Datensatz verwendet. Dieser beinhaltet Angaben aller Untersuchungsteilnehmer, denn ein Überspringen der Frage 15 war nicht möglich.

116 Der Datensatz für die Auswertung der Frage 14 (Angaben zur zweiten Ausbildungsphase) enthält elf Teilnehmer, die ihr Lehramtsstudium nicht oder nicht ausschließlich in Bayern

dung in anderen (Bundes-) Ländern unterscheidet sich teils deutlich von der in Bayern. Und angestrebt wurden Aussagen über die Lehrerausbildung in Bayern.

Ausgewertet wurden bei den Fragen 13 und 14 ausschließlich die Angaben der Lehrkräfte mit abgeschlossenem Lehramtsstudium sowie der Teilnehmer mit Fachlehrerausbildung.[117] Die Anzahl der Untersuchungsteilnehmer mit Förderlehrer- oder theologischer Ausbildung ist zu gering, als dass generalisierende Aussagen hierzu möglich wären.[118] Solche Aussagen waren zudem nicht Gegenstand des forschungsleitenden Interesses. Primäres Ziel war es, Aussagen zu treffen über die Ausbildung von Lehrkräften, die ein Lehramtsstudium absolviert haben. Die Angaben der Lehrkräfte mit abgeschlossenem Lehramtsstudium wurden im Gegensatz zu den Angaben der relativ wenigen Fachlehrer auch differenziert nach Schularten analysiert.[119]

---

absolviert haben. Maßgebliches Auswahlkriterium war hier, dass das Referendariat in Bayern absolviert wurde.

[117] Wie bereits im Kapitel 3.2 ausgeführt, wurden die Untersuchungsteilnehmer nicht explizit danach gefragt, welche Art der Ausbildung sie absolviert haben. Aus den Angaben zur unterrichteten Fächerkombination in Verbindung mit anderen Variablen konnte jedoch in fast allen Fällen mit an Sicherheit grenzender Wahrscheinlichkeit ermittelt werden, welche Art der Ausbildung der entsprechende Teilnehmer absolviert hat. In nur sechs Fällen war dies nicht möglich. Drei dieser sechs Teilnehmer machten Angaben zu Frage 13. Vier machten Angaben zu Frage 14. In diesen sieben Fällen wurden die Teilnehmerantworten aus den entsprechenden Datensätzen gestrichen, da eine nach der Art der Ausbildung differenzierende Analyse hier nicht möglich war.

[118] Auch die Anzahl der Befragungsteilnehmer mit Fachlehrerausbildung ist sehr klein. Dennoch werden deren Angaben zum Vergleich herangezogen.

[119] Wie aus anderen Kapiteln bekannt, wird auch im vorliegenden Fall bei den Volksschulen differenziert zwischen reinen Grundschulen, reinen Hauptschulen und Volksschulen mit Grund- und Hauptschulzweig. Es ist darauf hinzuweisen, dass im Bezug auf die Auswertung der Angaben zur Lehrerausbildung diese Unterscheidung nicht trennscharf ist. Denn bis circa 1980 gab es nicht die getrennten Ausbildungen zum Grundschullehrer <u>oder</u> Hauptschullehrer. So genannte Volksschullehrer (auch: Grund- und Hauptschullehrer) konnten und können generell an beiden Schularten unterrichten, obwohl sie sich im Rahmen ihres Studiums für eine Schulart als Schwerpunkt entschieden haben. Stundenweise können darüber hinaus auch nach 1980 ausgebildete Grundschullehrer sowie Hauptschullehrer an der jeweils anderen Schulart unterrichten. Es wäre trotz der erwähnten geringen Trennschärfe jedoch nicht sinnvoll gewesen, bei der schulartdifferenzierenden Auswertung die Angaben aller Lehrkräfte (mit abgeschlossenem Lehramtsstudium) der drei Volksschularten zusammenzufassen und den Angaben der Realschul- sowie Gymnasiallehrer entgegenzustellen, da es durchaus nicht ausgeschlossen ist, dass etwa nach 1980 ausgebildete Grundschullehrer die gestellten Fragen anders bewerten als nach 1980 ausgebildete Hauptschullehrer und dass dies Auswirkung auf die Auswertungsergebnisse der betreffenden Schularten hat. In die Ergebnisspalten der einzelnen Volksschularten fließen die Antworten aller Lehrkräfte (mit abgeschlossenem Lehramtsstudium) einer Volksschulart ein, denn das Ziel hinter dem gewählten Prozedere besteht darin, Aussagen darüber zu treffen, wie am Thema Werteerziehung interessierte Lehrkräfte einer bestimmten Schulart ihre Ausbildung im Bezug auf das Thema Werteerziehung bewerten. Und die Lehrerschaften verschiedener Schularten weisen nun einmal Heterogenität im Bezug auf die Ausbildung ihrer Mitglieder auf, und dies gilt auch innerhalb der Gruppe der Lehrkräfte mit abgeschlossenem Lehramtsstudium.

Aus den Antworten auf die Frage, was sich die Untersuchungsteilnehmer von intensiveren Lehrerfortbildungsmaßnahmen zum Thema Werteerziehung erhoffen würden (15 d), wurde mithilfe der Qualitativen Inhaltsanalyse nach Philipp Mayring induktiv ein Kategoriensystem entwickelt. Zudem wurden die Nennungshäufigkeiten der einzelnen Kategorien ermittelt. Es wurde hier also das gleiche Prozedere angewendet, wie bei der Auswertung der Teilnehmerantworten zu Frage 11 (vgl. Ausführungen in 3.6.1).

3.8.2 Ergebnisse und resultierende Empfehlungen

720 Untersuchungsteilnehmer mit in Bayern abgeschlossenem Lehramtsstudium haben Angaben zur ersten Phase ihrer Ausbildung gemacht.

13 a) Wurde Ihrer Meinung nach der Aspekt *schulische Werteerziehung* in Ihrem **Lehramtsstudium** beachtet?	**SGD (720)**	**GS (157)**	**HS (110)**	**VS (97)**	**RS (126)**	**GY (230)**
überhaupt nicht **(1)**[120]	199 (27,6%)	21 (13,4%)	21 (19,1%)	11 (11,3%)	40 (31,7%)	106 (46,1%)
nur geringfügig **(2)**	310 (43,1%)	51 (32,5%)	49 (44,5%)	48 (49,5%)	68 (54,0%)	94 (40,9%)
in Teilen **(3)**	177 (24,6%)	70 (44,6%)	31 (28,2%)	35 (36,1%)	17 (13,5%)	24 (10,4%)
voll und ganz **(4)**	34 (4,7%)	15 (9,6%)	9 (8,2%)	3 (3,1%)	1 (0,8%)	6 (2,6%)
Median	2	3	2	2	2	2
arithmetisches Mittel	2,06	2,50	2,25	2,31	1,83	1,70

Lehrkräfte, die ein **Lehramtsstudium in Bayern** absolviert haben

70,7 % der Untersuchungsteilnehmer, die ein Lehramtsstudium absolviert und die entsprechende Frage bearbeitet haben, geben an, in der ersten Phase ihrer Ausbildung sei der Aspekt *schulische Werteerziehung* „überhaupt nicht" oder „nur geringfügig" beachtet worden. Dies sagen 45,9 % der Lehrkräfte an reinen Grundschulen, 63,6 % der Lehrer an reinen Hauptschulen, 60,8 % der Lehrkräfte an Volksschulen mit Grund- und Hauptschulzweig und sogar 85,7 % der Real-

120 Die Zahlen in Klammern zeigen an, wie die jeweiligen Antwortoptionen bei der Kodierung in numerische Werte umgesetzt wurden. Bei der Interpretation der aus den numerischen Werten errechneten Maßen der zentralen Tendenz (Median und arithmetisches Mittel) ist zu beachten, dass im Gegensatz zu den aus den Schulnoten errechneten Werten (vgl. Kap. 3.4 und 3.5) ein höherer numerischer Wert ein besseres Ergebnis darstellt.

schul- und 87 % der Gymnasiallehrkräfte. Unter letztgenannter Gruppe ist der Anteil der Personen, die sagen, schulische Werteerziehung sei „überhaupt nicht" beachtet worden, mit 46,1 % besonders hoch. Schulische Werteerziehung sei in ihrem Lehramtsstudium „voll und ganz" berücksichtigt worden, finden nur 4,7 % der in der vorliegenden Analyse berücksichtigten Untersuchungsteilnehmer.

Wenn in der Lehrerausbildung ein Aspekt Berücksichtigung findet, bedeutet dies nicht zwingend, dass die Lehrkräfte dies auch als hilfreich empfinden. Mit diesem Gedanken wurde die folgende Teilfrage konzipiert.

13 b) Haben Sie das Gefühl, dass Sie dadurch **(Lehramtsstudium)** hinreichend auf die Durchführung schulischer Werteerziehung in der Praxis vorbereitet wurden?	**SGD (720)**	**GS (157)**	**HS (110)**	**VS (97)**	**RS (126)**	**GY (230)**
überhaupt nicht **(1)**	223 (31,0%)	28 (17,8%)	32 (29,1%)	22 (22,7%)	40 (31,7%)	101 (43,9%)
nur geringfügig **(2)**	290 (40,3%)	60 (38,2%)	48 (43,6%)	43 (44,3%)	60 (47,6%)	79 (34,3%)
in Teilen **(3)**	187 (26,0%)	61 (38,9%)	27 (24,5%)	32 (33,0%)	24 (19,0%)	43 (18,7%)
voll und ganz **(4)**	20 (2,8%)	8 (5,1%)	3 (2,7%)	-	2 (1,6%)	7 (3,0%)
Median	2	2	2	2	2	2
arithmetisches Mittel	2,01	2,31	2,01	2,10	1,90	1,81

Lehrkräfte, die ein **Lehramtsstudium in Bayern** absolviert haben

71,3 % der Befragten, die ein Lehramtsstudium absolviert und die vorliegende Frage bearbeitet haben, geben an, in der ersten Ausbildungsphase „überhaupt nicht" oder „nur geringfügig" auf die Durchführung schulischer Werteerziehung vorbereitet worden zu sein. Dies sagen 56 % der Lehrkräfte an reinen Grundschulen, 72,7% der Lehrer an reinen Hauptschulen, 67 % der Lehrer an Volksschulen mit Grund- und Hauptschulzweig, 79,3 % der Realschul- und 78,2 % der Gymnasiallehrkräfte. Unter Gymnasiallehrern ist der Anteil der Personen, die aussagen, im Rahmen ihres Studiums „überhaupt nicht" auf die Praxis schulischer Werteerziehung vorbereitet worden zu sein, mit knapp 44 % am höchsten. Nur 2,8 % der in der vorliegenden Analyse berücksichtigten Teilnehmer finden, dass sie in der ersten Ausbildungsphase „voll und ganz" auf die Praxis schulischer Wertepädagogik vorbereitet wurden.

Die Analyse der Prozentwerte sowie der Maße der zentralen Tendenz (Median und arithmetisches Mittel) zeigt: Lehrer an Volksschulen bewerten die Berücksichtigung des Aspekts *schulische Werteerziehung* im Lehramtsstudium (13 a) insgesamt etwas positiver, als die dadurch erwachsene wahrgenommene Vorbereitung auf die Praxis schulischer Werteerziehung (13 b). Realschul- und Gymnasiallehrkräfte bewerten dies genau umgekehrt, wobei hier die Unterschiede geringer ausfallen.

Insgesamt bewerten im Schulartvergleich Lehrkräfte an reinen Grundschulen die erste Phase ihrer Ausbildung im Bezug auf die Fragestellung am positivsten, Gymnasiallehrer hingegen am wenigsten optimistisch. Die Bewertungen der Befragten, die an Volksschulen unterrichten, sind im Vergleich insgesamt optimistischer als die Bewertungen der Lehrer an Realschulen und Gymnasien. Doch absolut betrachtet sind selbst die Bewertungen der an Volksschulen tätigen Untersuchungsteilnehmer insgesamt recht pessimistisch.

Damit kommen wir zur zweiten Phase der Ausbildung, dem Referendariat. 716 Untersuchungsteilnehmer, die nach einem Lehramtsstudium ihr Referendariat in Bayern absolvierten, haben Angaben zu ihrem Vorbereitungsdienst gemacht.

14 a) Wurde Ihrer Meinung nach der Aspekt *schulische Werteerziehung* in Ihrem **Referendariat (Vorbereitungsdienst)** beachtet?	**SGD (716)**	**GS (152)**	**HS (103)**	**VS (94)**	**RS (130)**	**GY (237)**
überhaupt nicht **(1)**	82 (11,5%)	8 (5,3%)	5 (4,9%)	8 (8,5%)	23 (17,7%)	38 (16,0%)
nur geringfügig **(2)**	267 (37,3%)	41 (27,0%)	40 (38,8%)	28 (29,8%)	56 (43,1%)	102 (43,0%)
in Teilen **(3)**	317 (44,3%)	83 (54,6%)	46 (44,7%)	52 (55,3%)	47 (36,2%)	89 (37,6%)
voll und ganz **(4)**	50 (7,0%)	20 (13,2%)	12 (11,7%)	6 (6,4%)	4 (3,1%)	8 (3,4%)
Median	3	3	3	3	2	2
arithmetisches Mittel	2,47	2,76	2,63	2,60	2,25	2,28

Lehrkräfte, die ein **Lehramtsstudium** absolviert haben und deren **Referendariat in Bayern** stattfand

48,8 % der Befragten, die nach einem Lehramtsstudium ihr Referendariat in Bayern absolviert und die vorliegende Frage bearbeitet haben, geben an, dass in der zweiten Phase ihrer Ausbildung der Aspekt *schulische Werteerziehung* „überhaupt nicht" oder „nur geringfügig" beachtet wurde. Unter den Lehrkräften an reinen Grundschulen sagen dies 32,3 %, unter Lehrern an reinen Hauptschulen 43,7 %, unter Lehrern an Volksschulen mit Grund- und Hauptschulzweig 38,3 %, unter Realschullehrern 60,8 % und unter Gymnasiallehrkräften 59 %. Während 27,6 %

der in der Analyse berücksichtigten Teilnehmer sagen, Werteerziehung sei im Lehramtsstudium „überhaupt nicht“ beachtet worden, sagen dies nur 11,5 % der in der vorliegenden Analyse berücksichtigen Lehrkräfte über ihren Vorbereitungsdienst.

14 b) Haben Sie das Gefühl, dass Sie dadurch **(Referendariat)** hinreichend auf die Durchführung schulischer Werteerziehung in der Praxis vorbereitet wurden?	**SGD (716)**	**GS (152)**	**HS (103)**	**VS (94)**	**RS (130)**	**GY (237)**
überhaupt nicht **(1)**	105 (14,7%)	9 (5,9%)	12 (11,7%)	11 (11,7%)	24 (18,5%)	49 (20,7%)
nur geringfügig **(2)**	282 (39,4%)	51 (33,6%)	42 (40,8%)	32 (34,0%)	58 (44,6%)	99 (41,8%)
in Teilen **(3)**	290 (40,5%)	79 (52,0%)	46 (44,7%)	46 (48,9%)	42 (32,2%)	77 (32,5%)
voll und ganz **(4)**	39 (5,4%)	13 (8,6%)	3 (2,9%)	5 (5,3%)	6 (4,6%)	12 (5,1%)
Median	2	3	2	3	2	2
arithmetisches Mittel	2,37	2,63	2,39	2,48	2,23	2,22

Lehrkräfte, die ein **Lehramtsstudium** absolviert haben und deren **Referendariat in Bayern** stattfand

54,1 % der Untersuchungsteilnehmer, die nach einem Lehramtsstudium ihr Referendariat in Bayern absolviert und die Frage 14 bearbeitet haben, sind der Ansicht, dass sie im Rahmen ihres Vorbereitungsdienstes „überhaupt nicht“ oder „nur geringfügig“ auf die Durchführung schulischer Werteerziehung in der Praxis vorbereitet wurden. Über diese zweite Phase ihrer Ausbildung sagen dies 39,5 % der an reinen Grundschulen unterrichtenden Personen, 52,5 % der Lehrer an reinen Hauptschulen, 45,7 % der Lehrkräfte an Volksschulen mit Grund- und Hauptschulzweig, 63,1 % der Realschul- und 62,5 % der Gymnasiallehrer. Nur 5,4 % der in der vorliegenden Analyse berücksichtigten Befragten finden, dass sie im Rahmen ihres Referendariats „voll und ganz“ auf die Praxis schulischer Wertepädagogik vorbereitet wurden. Immerhin 40,5 % sagen, dies sei „in Teilen“ geschehen.

Lehrer aller Schularten bewerten insgesamt die Berücksichtigung des Aspekts *schulische Werteerziehung* im Referendariat (14 a) optimistischer als die dadurch erwachsene wahrgenommene Vorbereitung auf die Praxis schulischer Werteerziehung (14 b). Allerdings sind die Unterschiede zwischen den Kennwerten der Fragen 14 a) und b) vor allem bei den Realschul- und Gymnasiallehrern äußerst gering.

Insgesamt bewerten im Schulartvergleich Lehrkräfte an reinen Grundschulen die zweite Phase ihrer Ausbildung im Bezug auf die Fragestellung am positivsten. Die Bewertungen der Befragten, die an Volksschulen unterrichten, sind auch im

Bezug auf den Vorbereitungsdienst insgesamt optimistischer als die entsprechenden Bewertungen der Lehrer an Realschulen und Gymnasien.

Vergleicht man nun die Bewertungen der ersten Ausbildungsphase durch die Untersuchungsteilnehmer mit abgeschlossenem Lehramtsstudium mit deren Bewertungen der zweiten Phase, stellt man fest: Das Referendariat wird im Bezug auf die Fragestellung schulartübergreifend deutlich besser bewertet. Dies gilt sowohl für die Beurteilung, ob das Thema Werteerziehung berücksichtigt wurde als auch für die Bewertung der dadurch erwachsenen wahrgenommenen Qualifikation.

Insgesamt jedoch sind die Bewertungen überaus pessimistisch. Wenn von den jeweils bei den entsprechenden Analysen berücksichtigten Untersuchungsteilnehmern 71,3 % über ihr Lehramtsstudium und immerhin noch 54,1 % über ihr Referendariat sagen, „überhaupt nicht" oder „nur geringfügig" auf die Praxis schulischer Werteerziehung vorbereitet worden zu sein, so sind dies alarmierend schlechte Werte.

Allerdings muss beachtet werden, dass diese Zahlen wenig über die aktuelle Lehrerausbildung aussagen, da an der Befragung auch viele ältere Lehrkräfte teilgenommen haben, deren Ausbildung viele Jahre zurückliegt (vgl. hierzu auch Kap. 3.2). Das zeigen die beiden folgenden Tabellen:

13 d) In welchem Jahr haben Sie Ihr erstes Staatsexamen abgelegt?	Häufigkeit	Prozent	Kumulierte Prozente
1966 - 1970	31	4,3	4,3
1971 - 1975	146	20,3	24,6
1976 - 1980	140	19,4	44,0
1981 - 1985	78	10,8	54,9
1986 - 1990	49	6,8	61,7
1991 - 1995	82	11,4	73,1
1996 - 2000	110	15,3	88,3
2001 - 2005	79	11,0	99,3
2006 oder später	5	0,7	100,0
Gesamt	720	100,0	

Lehrkräfte, die ein **Lehramtsstudium in Bayern** absolviert haben

44 % der Untersuchungsteilnehmer, die ein Lehramtsstudium in Bayern absolviert und die Frage 13 bearbeitet haben, legten ihr erstes Staatsexamen vor 1981 ab. Nur 26,9 % der bei der Auswertung der Frage 13 (Lehramtsstudium) berücksichtigten Befragten haben ihr erstes Staatsexamen 1996 oder später abgelegt, 11,7 % 2001 oder später.

14 d) In welchem Jahr haben Sie Ihr zweites Staatsexamen abgelegt?	Häufigkeit	Prozent	Kumulierte Prozente
1966 - 1970	9	1,3	1,3
1971 - 1975	75	10,5	11,7
1976 - 1980	163	22,8	34,5
1981 - 1985	89	12,4	46,9
1986 - 1990	68	9,5	56,4
1991 - 1995	67	9,4	65,8
1996 - 2000	98	13,7	79,5
2001 - 2005	103	14,4	93,9
2006 oder später	44	6,1	100,0
Gesamt	716	100,0	

Lehrkräfte, die ein **Lehramtsstudium** absolviert haben und deren **Referendariat in Bayern** stattfand

34,5 % der Untersuchungsteilnehmer, die nach einem Lehramtsstudium ihr Referendariat in Bayern absolviert und die Frage 14 bearbeitet haben, legten ihr zweites Staatsexamen vor 1981 ab. 34,2 % legten ihr zweites Staatsexamen 1996 oder später ab, 20,5 % 2001 oder später.

Eine interessante Frage ist, ob auch bei Lehrkräften, die ihr erstes bzw. zweites Staatsexamen im aktuellen Jahrzehnt abgeschlossenen haben, der beschriebene negative Trend der Bewertung festzustellen ist. Um dies herauszufinden, wurden die Fragen 13 b) [Lehramtsstudium] und 14 b) [Referendariat] jeweils unter Ausschluss der Personen, welche die entsprechende Ausbildungsphase vor 2001 abgeschlossen haben, noch einmal ausgewertet. Allerdings wurde in diesem Arbeitsschritt auf eine schulartdifferenzierende Analyse verzichtet, auch weil für eine solche Auswertung die Stichprobe zu klein wäre. Folgende Tabelle enthält die Analyseergebnisse für die Frage 13 b):

13 b) Haben Sie das Gefühl, dass Sie dadurch **(Lehramtsstudium)** hinreichend auf die Durchführung schulischer Werteerziehung in der Praxis vorbereitet wurden?	Häufigkeit	Prozent	Kumulierte Prozente
überhaupt nicht **(1)**	32	38,1	38,1
nur geringfügig **(2)**	30	35,7	73,8
in Teilen **(3)**	22	26,2	100,0
voll und ganz **(4)**	-	-	-
Gesamt	84	100,0	
Median	2		
arithmetisches Mittel	1,88		
Lehrkräfte, die ein **Lehramtsstudium in Bayern** absolviert und ihr **erstes Staatsexamen 2001 oder später** abgelegt haben			

Wenn man die Untersuchungsteilnehmer, die ihr erstes Staatsexamen vor 2001 abgelegt haben, aus der Analyse ausschließt, fällt das Antwortverhalten auf die Frage 13 b) etwas pessimistischer aus, als bei der Berücksichtigung der Angaben aller Befragten, die ein Lehramtsstudium in Bayern abgeschlossen und die Frage 13 beantwortet haben.

14 b) Haben Sie das Gefühl, dass Sie dadurch **(Referendariat)** hinreichend auf die Durchführung schulischer Werteerziehung in der Praxis vorbereitet wurden?	Häufigkeit	Prozent	Kumulierte Prozente
überhaupt nicht **(1)**	21	14,3	14,3
nur geringfügig **(2)**	52	35,4	49,7
in Teilen **(3)**	66	44,9	94,6
voll und ganz **(4)**	8	5,4	100,0
Gesamt	147	100,0	
Median	3		
arithmetisches Mittel	2,41		
Lehrkräfte, die ein **Lehramtsstudium** absolviert haben, deren **Referendariat in Bayern** stattfand und die ihr **zweites Staatsexamen 2001 oder später** abgelegt haben			

Wenn man die Untersuchungsteilnehmer, die ihr zweites Staatsexamen vor 2001 abgelegt haben, aus der Analyse ausschließt, fällt das Antwortverhalten auf die Frage 14 b) ein wenig optimistischer aus, als bei der Berücksichtigung der Angaben aller Befragten, die ein Lehramtsstudium abgeschlossen, ihr Referendariat in Bayern absolviert und die Frage 14 beantwortet haben.

Der negative Bewertungstrend kann aber insgesamt für die Untersuchungsteilnehmer, die seit 2001 die entsprechenden Ausbildungsphasen abgeschlossen haben, als bestätigt angesehen werden. Das heißt: Als unzureichende Vorbereitung für die Praxis schulischer Wertepädagogik hat nicht nur ein erheblicher Teil der älteren Lehrkräfte die Ausbildung empfunden.

Es muss jedoch klar festgehalten werden, dass das vorliegende Datenmaterial keine dezidierten Aussagen über die aktuelle Lehrerausbildung ermöglicht. Hierzu müsste eine große Stichprobe mit Personen, die noch im Lehramtsstudium bzw. im Referendariat stehen oder diese Ausbildungsphasen gerade beendet haben, befragt werden. So ist auch festzuhalten, dass natürlich kein Lehrer, der nach der neu erstellten und seit 1. Oktober 2007 rückwirkend gültigen Lehramtsprüfungsordnung ausgebildet wurde, an der Befragung teilgenommen hat.

Dennoch ist das Datenmaterial aussagekräftig. Fest steht: Ein nicht unerheblicher Teil der am Thema Werteerziehung interessierten Lehrkräfte, die heute an allgemein bildenden Schulen in öffentlicher Trägerschaft in Bayerisch-Schwaben tätig sind, hat das Gefühl, im Rahmen der Ausbildung nicht hinreichend auf die Praxis schulischer Werteerziehung vorbereitet worden zu sein. Noch alarmierender als die Bewertungen zum Referendariat sind die Bewertungen zum Lehramtsstudium.

Die Ausführungen zum Thema Ausbildung werden nun um kurze Erörterungen über die Ergebnisse der Auswertung der Angaben der Untersuchungsteilnehmer mit Fachlehrerausbildung ergänzt. 36 Personen mit bayerischer Fachlehrerausbildung haben Angaben zur ersten Phase ihrer Ausbildung gemacht.

13 b) Haben Sie das Gefühl, dass Sie dadurch **(Fachlehrerausbildung, erste Phase)** hinreichend auf die Durchführung schulischer Werteerziehung in der Praxis vorbereitet wurden?	Häufigkeit	Prozent	Kumulierte Prozente
überhaupt nicht **(1)**	8	22,2	22,2
nur geringfügig **(2)**	15	41,7	63,9
in Teilen **(3)**	9	25,0	88,9
voll und ganz **(4)**	4	11,1	100,0
Gesamt	36	100,0	
Median	2		
arithmetisches Mittel	2,25		

Lehrkräfte mit bayerischer **Fachlehrerausbildung**

63,9 % der Lehrkräfte mit bayerischer Fachlehrerausbildung, die Frage 13 bearbeitet haben, geben an, in der ersten Ausbildungsphase, also während der Ausbildung am Staatsinstitut[121], „überhaupt nicht“ oder „nur geringfügig“ auf die Praxis schulischer Wertepädagogik vorbereitet worden zu sein.

40 Befragungsteilnehmer mit bayerischer Fachlehrerausbildung haben Angaben zur zweiten Phase ihrer Ausbildung gemacht.

14 b) Haben Sie das Gefühl, dass Sie dadurch **(Referendariat)** hinreichend auf die Durchführung schulischer Werteerziehung in der Praxis vorbereitet wurden?	Häufigkeit	Prozent	Kumulierte Prozente
überhaupt nicht **(1)**	4	10,0	10,0
nur geringfügig **(2)**	18	45,0	55,0
in Teilen **(3)**	15	37,5	92,5
voll und ganz **(4)**	3	7,5	100,0
Gesamt	40	100,0	
Median	2		
arithmetisches Mittel	2,43		
Lehrkräfte mit bayerischer **Fachlehrerausbildung**			

55 % der Untersuchungsteilnehmer mit bayerischer Fachlehrerausbildung, die Frage 14 bearbeitet haben, sind der Ansicht, im Rahmen ihres Referendariats „überhaupt nicht“ oder „nur geringfügig“ auf die Durchführung schulischer Werteerziehung vorbereitet worden zu sein.

Die Fachlehrkräfte bewerten die beiden Phasen ihrer Ausbildung jeweils ein wenig optimistischer als Lehrkräfte mit abgeschlossenem Lehramtsstudium dies tun.[122] Der generelle Trend der Bewertungen ist jedoch ähnlich pessimistisch.

Nachdem also festgehalten werden kann, dass ein nicht unerheblicher Teil der Untersuchungsteilnehmer angibt, im Rahmen der Ausbildung nicht hinreichend auf die Durchführung schulischer Werteerziehung vorbereitet worden zu sein, soll dieses Ergebnis verglichen werden mit dem Antwortverhalten bei Frage 10 d): Fühlen sich die Untersuchungsteilnehmer für die Durchführung schulischer Werteerziehung eigentlich grundsätzlich ausreichend qualifiziert?

---

121 Es ist davon auszugehen, dass Personen mit Fachlehrerausbildung, die eine Frage zu ihrem „Lehramtsstudium“ (Wortlaut Fragebogen, vgl. Anhang Teil A) beantworten, Aussagen über die Ausbildungsphase am Staatsinstitut machen. Die Frageformulierung weist darauf hin, dass die Frage ursprünglich ausschließlich für die Beantwortung durch Lehrkräfte mit abgeschlossenem Lehramtsstudium konzipiert wurde. Die Angaben der Fachlehrer stellen jedoch in der Tat ein interessantes ergänzendes Ergebnis dar.

122 Aufgrund der geringen Stichprobengröße der Personen mit Fachlehrerausbildung ist bei der Interpretation der Vergleichszahlen jedoch Vorsicht geboten.

10 d) Fühlen Sie persönlich sich für die Durchführung schulischer Werteerziehung ausreichend qualifiziert? [123]	Häufigkeit	Prozent	Kumulierte Prozente
überhaupt nicht **(1)**	10	1,2	1,2
nur geringfügig **(2)**	84	9,8	11,0
in Teilen **(3)**	529	61,9	73,0
voll und ganz **(4)**	231	27,0	100,0
Gesamt	854	100,0	
Median	3		
arithmetisches Mittel	3,15		
Alle Untersuchungsteilnehmer			

Die Frage nach der eigenen Qualifikation für die Durchführung schulischer Werteerziehung wird viel positiver bewertet als die Frage nach der durch das Studium bzw. das Referendariat erworbenen entsprechenden Qualifikation. Nur 11 % der Untersuchungsteilnehmer geben an, sich für die Praxis schulischer Wertepädagogik „überhaupt nicht“ oder „nur geringfügig“ qualifiziert zu fühlen. Dahingegen sagen 71,3 % der bei der entsprechenden Analyse berücksichtigten Befragten, durch das Lehramtsstudium „überhaupt nicht“ oder „nur geringfügig“ qualifiziert worden zu sein. Und über ihr Referendariat nach dem Lehramtsstudium sagen dies wie gesehen 54,1 % der beim entsprechenden Auswertungsschritt berücksichtigten Personen. Immerhin 27 % der Untersuchungsteilnehmer fühlen sich für die Praxis schulischer Werteerziehung „voll und ganz“ qualifiziert (2,8 % durch Lehramtsstudium [13 b]; 5,4 % durch Lehramtsanwärtervorbereitungsdienst [14 b]). [124]

---

123 Beim Antwortverhalten zu Frage 10 d) lassen sich nur geringe Schulartunterschiede feststellen, weshalb auf eine schulartdifferenzierende Darstellung der Ergebnisse hier verzichtet wird.

124 Die drei hier verglichenen Berechnungen beruhen – wie dargestellt – auf drei nicht identischen Stichproben. Um die Vergleichbarkeit sicherzustellen, wurde das Antwortverhalten bei Frage 10 d) auf Basis der den Auswertungen von Frage 13 sowie Frage 14 zugrundeliegenden Stichproben (Befragte mit abgeschlossenem Lehramtsstudium) ergänzend analysiert. Die beiden folgenden Tabellen zeigen, dass die errechneten Prozentwerte und Maße der zentralen Tendenz in den drei Fällen fast identisch sind. Die Vergleichbarkeit ist also gegeben.

10 d) Fühlen Sie persönlich sich für die Durchführung schulischer Werteerziehung ausreichend qualifiziert?	Häufigkeit	Prozent	Kumulierte Prozente
überhaupt nicht **(1)**	7	1,0	1,0
nur geringfügig **(2)**	73	10,1	11,1
in Teilen **(3)**	445	61,8	72,9

→

Ein nicht unerheblicher Teil der Befragten fühlt sich also „voll und ganz“ oder zumindest „in Teilen“ qualifiziert für die Durchführung schulischer Werteerziehung. Gleichzeitig gibt ein nicht unerheblicher Teil an, durch die Ausbildung hierfür nicht hinreichend qualifiziert worden zu sein.

Wie bereits ausgeführt wurde, beschreiben die dargestellten Auswertungsergebnisse der Fragen 13 und 14 nicht die aktuelle Lehrerausbildung, sondern sie geben einen Gesamteindruck, wie die heute tätigen, am Thema Werteerziehung interessierten Lehrkräfte unterschiedlichen Alters ihre Ausbildung diesbezüglich erlebt haben. Dennoch geben die Zahlen Anlass, kritisch zu hinterfragen, ob die aktuelle Lehrerausbildung ausreichend zur Durchführung schulischer Werteerziehung befähigt. Es deutet einiges darauf hin, dass hier auch heute deutlicher Nachbesserungsbedarf besteht.

Möchte man jedoch möglichst vielen der heute tätigen Lehrer, die ihre Ausbildung also bereits hinter sich haben, Hilfen zur Durchführung schulischer Wertepädagogik an die Hand geben, bieten sich hierfür vor allem Fortbildungsmaßnahmen an.

Die folgenden Auswertungen der Antworten zu Frage 15 zeigen, dass auch die Fortbildung im Bezug auf die Fragestellung nicht sehr positiv bewertet wird.

voll und ganz **(4)**	195	27,1	100,0
Gesamt	720	100,0	
Median	3		
arithmetisches Mittel	3,15		

Lehrkräfte, die ein **Lehramtsstudium in Bayern** absolviert und Angaben zur ersten Phase ihrer Ausbildung (Frage 13) gemacht haben

10 d) Fühlen Sie persönlich sich für die Durchführung schulischer Werteerziehung ausreichend qualifiziert?	Häufigkeit	Prozent	Kumulierte Prozente
überhaupt nicht **(1)**	8	1,1	1,1
nur geringfügig **(2)**	73	10,2	11,3
in Teilen **(3)**	448	62,6	73,9
voll und ganz **(4)**	187	26,1	100,0
Gesamt	716	100,0	
Median	3		
arithmetisches Mittel	3,14		

Lehrkräfte, die ein **Lehramtsstudium** absolviert haben, deren **Referendariat in Bayern** stattfand und die Angaben zur zweiten Phase ihrer Ausbildung (Frage 14) gemacht haben

15 a) Werden an Ihrer Schule **Fortbildungsmaßnahmen** angeboten, bei denen es um das Thema *schulische Werteerziehung* geht?	**SGD (854)**	**GS (173)**	**HS (136)**	**VS (116)**	**RS (161)**	**GY (262)**
nie **(1)**	232 (27,2%)	38 (22,0%)	34 (25,0%)	29 (25,0%)	51 (31,7%)	79 (30,2%)
selten **(2)**	326 (38,2%)	68 (39,3%)	51 (37,5%)	41 (35,3%)	59 (36,6%)	106 (40,5%)
ab und zu **(3)**	241 (28,2%)	52 (30,1%)	42 (30,9%)	36 (31,0%)	39 (24,2%)	68 (26,0%)
regelmäßig **(4)**	55 (6,4%)	15 (8,7%)	9 (6,6%)	10 (8,6%)	12 (7,5%)	9 (3,4%)
Median	2	2	2	2	2	2
arithmetisches Mittel	2,14	2,25	2,19	2,23	2,07	2,03

65,4 % der Untersuchungsteilnehmer geben an, dass an ihrer Schule „nie“ oder „selten“ Fortbildungsmaßnahmen angeboten werden, bei denen es um schulische Werteerziehung geht. Lehrkräfte an Volksschulen bewerten die vorliegende Frage etwas optimistischer als Realschul- und Gymnasiallehrer, doch die Schulartunterschiede fallen recht gering aus. Weniger als ein Drittel der Befragten sagt aus, dass solche Fortbildungsveranstaltungen „ab und zu“ stattfinden. Dies sei „regelmäßig“ der Fall, sagen nur 6,4 %.

15 c) Haben Sie das Gefühl, dass Sie im Rahmen der **Lehrerfortbildung** hinreichend auf die Durchführung schulischer Werteerziehung in der Praxis vorbereitet werden?	**SGD (854)**	**GS (173)**	**HS (136)**	**VS (116)**	**RS (161)**	**GY (262)**
überhaupt nicht **(1)**	151 (17,7%)	23 (13,3%)	22 (16,2%)	23 (19,8%)	29 (18,0%)	54 (20,6%)
nur geringfügig **(2)**	355 (41,6%)	68 (39,3%)	55 (40,4%)	42 (36,2%)	73 (45,3%)	114 (43,5%)
in Teilen **(3)**	321 (37,6%)	76 (43,9%)	52 (38,2%)	48 (41,4%)	55 (34,2%)	88 (33,6%)
voll und ganz **(4)**	27 (3,2%)	6 (3,5%)	7 (5,1%)	3 (2,6%)	4 (2,5%)	6 (2,3%)
Median	2	2	2	2	2	2
arithmetisches Mittel	2,26	2,38	2,32	2,27	2,21	2,18

59,3 % der Untersuchungsteilnehmer haben das Gefühl, im Rahmen der Lehrerfortbildung „überhaupt nicht“ oder „nur geringfügig“ auf die Durchführung schulischer Wertepädagogik vorbereitet zu werden. Auch bei dieser Teilfrage fallen die Schulartunterschiede recht geringfügig aus. Nur 3,2 % der Befragten haben den Eindruck, durch Fortbildungsmaßnahmen „voll und ganz“ auf die schulische Werteerziehungspraxis vorbereitet zu werden.

Vergleicht man die Bewertungen der wahrgenommenen Qualifikation durch die erste und zweite Ausbildungsphase (Befragte mit abgeschlossenem Lehramtsstudium) mit der Bewertung der wahrgenommenen Qualifikation durch Fortbildungsmaßnahmen (alle Untersuchungsteilnehmer), so lässt sich feststellen: Lehrkräfte aller Schularten bewerten das Referendariat im Bezug auf die Fragestellung insgesamt etwas optimistischer als die Fortbildung, wobei die Unterschiede teils sehr gering sind. Lehrkräfte aller Schularten bewerten die Fortbildung optimistischer als das Lehramtsstudium. Auch hier sind die Unterschiede jedoch teils sehr gering.[125]

15 d) Würden Sie sich zum Thema Werteerziehung intensivere Lehrerfortbildungsmaßnahmen als bisher wünschen? Wenn ja: Was würden Sie sich davon erhoffen?	**SGD (854)**	**GS (173)**	**HS (136)**	**VS (116)**	**RS (161)**	**GY (262)**
nein	289 (33,8%)	70 (40,5%)	46 (33,8%)	38 (32,8%)	41 (25,5%)	93 (35,5%)
ja, …	565 (66,2%)	103 (59,5%)	90 (66,2%)	78 (67,2%)	120 (74,5%)	169 (64,5%)

66,2 % der Befragten würden sich intensivere Lehrerfortbildungsmaßnahmen als bisher zum Thema Werteerziehung wünschen. Unter den Realschullehrern ist der Anteil der Personen, die dies fordern, mit knapp 75 % im Schulartvergleich am höchsten.

469 der 565 Untersuchungsteilnehmer, die sich intensivere Fortbildungsmaßnahmen zum Thema wünschen würden, haben den in offener Form gestellten Teil der Frage 15 d) beantwortet und ausgeführt, was sie sich davon erhoffen würden. Aus den Antworten wurden induktiv zehn Kategorien mit jeweils mindestens 20 Nennungen entwickelt. Bei der Ermittlung der die Nennungshäufigkeiten illu-

[125] Um die Vergleichbarkeit der auf nicht identischen Stichproben beruhenden Berechnungen zu überprüfen, wurde das Antwortverhalten zu Frage 15 c) für den Standardgesamtdatensatz – also nicht schulartdifferenzierend – auf Basis der Stichproben, die den Auswertungen der Fragen 13 und 14 (Lehrkräfte mit abgeschlossenem Studium) zugrunde liegen, ergänzend analysiert. Der Trend im Vergleich der Bewertungen der drei Bereiche (Studium, Referendariat, Fortbildung) wurde bestätigt.

strierenden Prozentwerte wurden die erwähnten 469 Befragten als 100 %-Basis zugrunde gelegt.

Folgende Tabelle gibt eine Übersicht über die zehn Antwortkategorien.

Was würden Sie sich von intensiveren Lehrerfortbildungsmaßnahmen zum Thema Werteerziehung erhoffen?	**469 Teilnehmer (100%)**
Kategorie 1: Unspezifische Antworten	170 (36,2%)
Zum Vergleich: Ausschließlich unspezifische Antworten	87 (18,6%)
Kategorie 2: Wünsche zum Ablauf und zur groben thematischen Ausrichtung der Fortbildung – worauf bei der Durchführung geachtet werden soll – wer teilnehmen und erreicht werden soll	31 (6,6%)
Kategorie 3: Klarheit und Konsens über Inhalte, Ziele und Maßnahmen – einheitliches Vorgehen – mehr Systematik und Professionalität in der schulischen Werteerziehung	74 (15,8%)
Kategorie 4: Hilfen zur Umsetzung von Werteerziehung im normalen Unterricht	74 (15,8%)
Kategorie 5: Gesteigertes Bewusstsein sowie mehr Aufmerksamkeit, Akzeptanz und Engagement für schulische Werteerziehung	45 (9,6%)
Kategorie 6: Werteerziehung – Kompetenz und Wissen (spezifische Aspekte): Umgang mit Widrigkeiten bei der Umsetzung – konkrete Herausforderungen, Maßnahmen, Ziele und Methoden – theoretisches Wissen	29 (6,2%)
Kategorie 7: Hilfe beim Umgang mit Personen, Situationen und Herausforderungen im Schulalltag	49 (10,4%)
Kategorie 8: Individueller Gewinn, mehr Sicherheit, Möglichkeit der Selbstreflexion	41 (8,7%)
Kategorie 9: Lehrer - Austausch, Kooperation, gegenseitige Unterstützung	33 (7,0%)
Kategorie 10: Auswirkungen auf Schule, Menschen an der Schule und Schulsystem	32 (6,8%)

Zur vorliegenden Übersichtstabelle erfolgt, wie aus Kapitel 3.6 bekannt, keine Kommentierung. Im Rahmen der nun folgenden ausführlichen Darstellung der zehn Kategorien werden diese kommentiert. Die Kommentierung erfolgt jeweils im Anschluss an die Darstellungstabellen.

Kategorie 1: Unspezifische Antworten
1. „Vorschläge und Hilfen“, „Unterstützung“, „Orientierung“, „Hintergrundinformation“, „neue Erkenntnisse“, „Sammeln von Ideen“, „Anleitungen“
2. **(Kompetenz)** „mehr Kompetenz“, „Erhöhung der eigenen Kompetenz“, „Kenntnisstand erweitern“, „Kompetenzsteigerung, Hinweise“, „größeres fachliches Wissen“, „mehr Handlungskompetenz“
3. „Anregungen für die eigene Arbeit“, „Unterstützung der eigenen Erziehungsarbeit“

→

Kategorie 1: Unspezifische Antworten
4. „Trainings von Fachkräften", „neue Erkenntnisse der Wissenschaft, Tipps von Fachleuten"
5. (Werteerziehung) „Wege zur Vermittlung von Werten", „um Werte besser vermitteln zu können", „Hilfestellungen für meine Arbeit in Hinblick auf die Werteerziehung", „bessere Fähigkeiten beim Vermitteln von Werten", „Hilfestellung bei der Vermittlung von Werten", „Erkenntnisse über und neue Ideen zur Wertevermittlung bei Jugendlichen", „Vorbereitung auf bzw. Hilfe bei der Durchführung schulischer Werteerziehung in der Praxis", „kompetenter zur Werteerziehung betragen zu können (versteht sich eigentlich von selbst...)"
6. (Umsetzung) „Umsetzungsmöglichkeiten", „bessere Umsetzungsmöglichkeiten", „Umsetzungsmöglichkeiten von Werteerziehung, Praxisbeispiele", „Hilfen zur Umsetzung", „Umsetzung der Werte in die Praxis", „Umsetzung in praktischen Beispielen", „Umsetzung in der Schule", „Anregungen zur Umsetzung", „wie man im Schulalltag Werteerziehung umsetzen kann", „Ideen und Hilfsmittel zur Umsetzung", „Ideen zur Umsetzung"
7. (Methoden) „Methoden", „methodische Anregungen", „angemessene Methoden", „Methoden der Vermittlung", „Kompetenz und sinnvolle Methoden-Vorschläge", „neue Methoden", „Methodenkompetenz"
8. (Beispiele) „Fallbeispiele", „Anwendungsbeispiele für die Praxis", „praktische Beispiele", „konkrete Beispiele für die Praxis – eventuell Handreichungen für die Praxis", „gezielte praxisnahe Beispiele"
9. (konkret) „Konkretes", „konkrete Tipps zur Umsetzung im Schulalltag", „konkrete Hilfen, Anregungen", „konkrete Anregungen", „konkrete Programme", „konkrete Hilfen bei der Durchführung von Werteerziehung, Beispiele", „konkrete Umsetzungsmöglichkeiten", „konkrete Vorschläge für die Praxis", „konkrete Hinweise zur Umsetzung in der Praxis", „konkrete didaktische Hilfestellungen", „konkrete Umsetzung und Einsatzbeispiele", „konkrete Handlungstipps/Hilfen für den Schulalltag"
10. (umsetzbar) „Umsetzbarkeit, d.h. praktische Ideen und Empfehlungen", „Aufzeigen der Durchführbarkeit in der Praxis", „Umsetzbarkeit in der Praxis", „Praktisches, Konkretes, Umsetzbares", „konkrete Hilfen ..., die praxiserprobt und durchführbar sind"
11. (praxisnah/praktisch) „Praxisnähe", „Orientierung an der Praxis", „Umsetzungsmöglichkeiten, Praxistipps", „Strategien und Tipps für die Praxis", „Hilfe für die Praxis, Beispiele aus der Praxis, Fallbeispiele", „praktische Tipps", „praktische Übungen", „praktische Tipps der Umsetzung im Schulalltag", „praktische Hilfen und Anregungen", „praktische Handreichungen", „praktische Tipps für die schulische Alltagspraxis (Methoden...)", „Hinweise für das praktische, methodische Vorgehen"
12. (effektiv/wirksam/erfolgversprechend) „effektive Methodik, konkrete Beispiele", „effektive Hilfen zur Umsetzung der Werteerziehung", „konkrete Möglichkeiten einer wirksamen Umsetzung", „Methoden, und Gelegenheiten, die heute am erfolgversprechendsten sind"
13. (gemischt) „Hilfen zur Durchführung – Methoden – Hintergrundwissen", „Ideen, Umsetzungsmöglichkeiten, konkrete Handlungsanregungen", „Durch Fortbildungsmaßnahmen im Bereich Pädagogik und Psychologie würden wir ein besseres Verständnis und Wissen und bessere Fähigkeiten und so größere Handlungsalternativen erhalten."

	SGD (469)	GS (89)	HS (71)	VS (66)	RS (99)	GY (140)
Häufigkeit	170	34	26	23	34	49
Prozent	36,2	38,2	36,6	34,8	34,3	35,0

Die Antworten von 36,2 % der Untersuchungsteilnehmer, die sich intensivere Fortbildungsmaßnahmen zum Thema Werteerziehung wünschen und die ausführen, was sie sich davon erhoffen würden, enthalten unspezifische Aussagen. Subsumiert wurden unter diese Kategorie Antworten bzw. Antwortteile, die keine konkret *verwertbaren* Aspekte enthalten, Aussagen, deren Inhalt eigentlich als selbstverständlich vorausgesetzt werden kann. Möchte man die Fortbildungsmaßnahmen auf Basis der Teilnehmerangaben verbessern, so sind es die hier subsumierten Antworten, die dabei nicht weiterzuhelfen vermögen.[126] So ist es wenig überraschend, dass man sich von Fortbildungsmaßnahmen „neue Erkenntnisse" (1.), „mehr Kompetenz" (2.), „Anregungen für die eigene Arbeit" (3.) oder „Tipps von Fachleuten" (4.) erhofft. Auch dass man sich wünscht, durch Fortbildungsangebote zum Thema Werteerziehung „Wege zur Vermittlung von Werten" (5.), „bessere Umsetzungsmöglichkeiten" (6.), „Methoden der Vermittlung" (7.) oder „Fallbeispiele" kennenzulernen, erlaubt im Hinblick auf das forschungsleitende Interesse dieser Arbeit keinen Erkenntnisgewinn. Subsumiert wurden zudem Forderungen, wonach die im Rahmen der Fortbildung vermittelten Hilfsangebote an die Lehrer konkret (9.), umsetzbar (10.), praxisnah und praktisch (11.) sowie erfolgsversprechend (12.) sein sollen, denn dies sollte als selbstverständlich vorausgesetzt werden können, da es bei Fortbildung zu erzieherischen Themen nicht um die Weitergabe abstrakt-theoretischer Informationen gehen darf. Dass dennoch eine nicht unerhebliche Anzahl der Befragten Aussagen tätigt, welche unter die Punkte 9. bis 12. entfallen, ist möglicherweise als Hinweis darauf zu werten, dass Fortbildungsinhalte nicht immer als ausreichend konkret und praxisnah empfunden werden.

Darüber hinaus ist die Tatsache, dass Aussagen so vieler Befragter unter die vorliegende Kategorie entfallen, möglicherweise als Hinweis darauf zu werten, dass auch am Thema Werteerziehung interessierten Lehrkräften nicht immer klar ist, was genau sie sich von Fortbildungsmaßnahmen zum Thema eigentlich erhoffen. Dies wiederum könnte so interpretiert werden, dass einigen das Thema wichtig ist, ohne dass sie allzu genaue Vorstellungen von Wertepädagogik haben. Denn es ist von Folgendem auszugehen: Umso genauer die eigenen Vorstellungen zu einem Thema sind, desto genauer kann man betreffende Wünsche formulieren. Und umso ungenauer die Vorstellungen von sogar interessierten Lehrkräften sind, desto wichtiger sind Fortbildungsangebote zur Thematik.

[126] Dass den Antworten an dieser exponierten Stelle dennoch so viel Platz eingeräumt wird, hängt damit zusammen, dass es sich um die Kategorie mit der größten Nennungshäufigkeit zur vorliegenden Frage handelt und dass man aus dieser Tatsache einiges ablesen kann, wie gleich ausgeführt wird.

Allerdings muss darauf hingewiesen werden, dass von den 170 Lehrkräften, deren Aussagen unter die vorliegende Kategorie 1 subsumiert wurden, nicht alle ausschließlich unspezifische Antworten gegeben, sondern einige darüber hinaus spezifischere Punkte formuliert haben.

Zum Vergleich: Ausschließlich unspezifische Antworten						
	SGD (469)	GS (89)	HS (71)	VS (66)	RS (99)	GY (140)
Häufigkeit	87	20	13	9	13	32
Prozent	18,6	22,5	18,3	13,6	13,1	22,9

Immerhin aber hat knapp jeder fünfte der in der vorliegenden Analyse berücksichtigten Untersuchungsteilnehmer bei der Beantwortung der Frage 15 d) ausschließlich unspezifische Aspekte genannt.

Konkretere und spezifischere Aspekte enthalten alle Aussagen, die unter die nun folgenden Kategorien subsumiert wurden.

Kategorie 2: Wünsche zum Ablauf und zur groben thematischen Ausrichtung der Fortbildung – worauf bei der Durchführung geachtet werden soll – wer teilnehmen und erreicht werden soll
1. (aktive Teilnahme) „praxisorientierte Seminare mit konkreten Unterrichtseinheiten zum Selber-Ausprobieren“, „Übungssequenzen“, „handlungsorientierte Workshops mit aktiver Teilnahme“, „Selbstversuche mit Kindern – Nachbesprechungen – Grundlagendiskussion“, „dass in Selbsterfahrungsgruppen der Alltag der Schüler nachvollzogen wird“
2. (längerfristige Betreuung) „längere Zusammenarbeit mit einem Fortbildungsteam, nicht nur eine Tagesfortbildung, mit deren Ergebnissen man dann alleine gelassen wird“, „nicht nur eine Fortbildung über einen halben Tag, sondern eher in Projektform an der Schule, mit Begleitung durch Spezialisten bei der Arbeit zur Werteerziehung“, „begleitende Maßnahmen über einen längeren Zeitraum“, „supervisorische Begleitung – effektive Beratungsstrukturen“
3. (Teilnahme) „dass alle Lehrer teilnehmen dürfen“, „mehr Information für eine breitere Masse an Lehrern“, „Werteerziehung muss das ganze Kollegium einer Schule gemeinsam absolvieren, denn sie funktioniert nur, wenn alle die gleichen Werte einfordern.“, „Allerdings nur im eigenen Kollegium, weil es bei all den Grundsatzfragen jeweils um konkrete Umsetzungen vor Ort gehen sollte.“, „Fortbildungsmaßnahmen vor allem für die jungen Lehrkräfte – während viele meiner Generation in Glauben und Kirche eingebunden sind und in einem wertbestimmten Elternhaus groß geworden sind, fehlt dieser Hintergrund heutzutage häufig bei jungen Lehrkräften.“
4. (Eltern integrieren) „Am besten gemeinsam mit Eltern, Elternvertretern etc., nur so könnte es funktionieren, denn die Schule allein kann es nicht richten!!“, „Vielleicht nicht unbedingt nur Lehrerfortbildungen sondern auch Elternfortbildungen, denn da wird noch viel weniger Werteerziehung geleistet.“, „nur im Zusammenhang mit Elternarbeit, sonst steht man auf verlorenem Posten“
5. „praktische Anwendungsbeispiele in Form von Unterrichtsbausteinen mit Einstiegsgeschichten, Filmsequenzen z.B. und Arbeitsblättern“
6. „keine Unterrichtskonzepte, sondern vielmehr spontane Lösungen zur angemessenen Werteerziehung schulen“

→

Kategorie 2: Wünsche zum Ablauf und zur groben thematischen Ausrichtung der Fortbildung – worauf bei der Durchführung geachtet werden soll – wer teilnehmen und erreicht werden soll
7. „Nur (didaktische und v.a.) methodische Anregungen zu Wertediskussion und insbesondere zu handlungsorientierten Verfahren – d.h. keinen Kanon allgemeiner, pflichtmäßig zu vermittelnder Werte (bei Allgemeinheit: nicht operabel, bei Konkretheit: Gefahr ideologi“[127] 8. (andere) „individuelle methodische Beratung“, „auch Wertediskussion“, „Begleitung von Therapeuten, die ihre Konzepte vermitteln“, „mehr persönlichkeitsbildende Fortbildungen“, „aber nur, wenn's nicht zu trocken dargeboten würde“, „Aktualität der Themenauswahl“

	SGD (469)	GS (89)	HS (71)	VS (66)	RS (99)	GY (140)
Häufigkeit	31	7	6	3	8	5
Prozent	6,6	7,9	8,5	4,5	8,1	3,6

6,6 % der Untersuchungsteilnehmer, die sich intensivere Fortbildungsmaßnahmen zum Thema Werteerziehung wünschen würden und die den offenen Teil der Frage 15 d) beantwortet haben, tätigen eine Aussage, die unter die zweite Kategorie subsumiert wurde. Einige Befragte wünschen sich eine Fortbildung, bei der sie aktiv das Gelernte ausprobieren können (1.). Andere fordern eine längerfristige Betreuung, die sie mit dem Gelernten nicht alleine lässt (2.). Einige Lehrkräfte äußern Wünsche, wer an den Schulungen teilnehmen sollte (3.), einige wünschen sich, dass die Eltern der Schüler nicht außen vor gelassen werden (4.). Ein Untersuchungsteilnehmer hat die Vorstellung, dass im Rahmen der Fortbildung konkrete Unterrichtskonzepte vermittelt werden sollten (5.), wogegen sich ein anderer Befragter explizit ausspricht (6.). Ein Lehrer wendet sich gegen einen verbindlichen Wertekanon (7.).

Wie im Rahmen dieser Arbeit an mehreren Stellen ausgeführt, ist allerdings die Einigung auf einen verbindlichen Werterahmen essenzielle Voraussetzung für eine gelingende zeitgemäße Wertepädagogik. Konkretheit birgt hier nicht die Gefahr einer ideologischen Beeinflussung der Kinder, wenn darauf geachtet wird, dass die als verbindlich deklarierten Werte und die daraus abgeleiteten Tugenden den Prinzipien Universalisierbarkeit, Gleichbehandlung und Humanität verpflichtet sind.

Die im dritten Unterpunkt der Kategorie enthaltene Forderung, die Fortbildungsteilnahme möglichst vielen Lehrkräften zu ermöglichen, ist besonders zu unterstreichen. Es wäre schade, wenn von Seiten des Kultusministeriums das Thema Werteerziehung als besonders wichtig herausgestellt wird, ohne vielen Lehrkräften praktische Hilfen mit auf den Weg zu geben. Es ist zu vermeiden, nur wenigen einzelnen Unterrichtenden das Privileg der wertepädagogischen

[127] Die Teilnehmerantwort liegt nur in dieser unvollständigen Version vor. Vermutlich ist der Verfasser der Zeilen bei der Beantwortung der Frage versehentlich auf den falschen Knopf gekommen. Da der Sinngehalt sich dennoch erschließt, konnte die Aussage kodiert werden und wurde in die vorliegende Tabelle übernommen.

Qualifizierung zukommen zu lassen. Der Vorschlag, Schulungen mit ganzen Kollegien durchzuführen, ist als sehr konstruktiv zu werten. Ein solches Vorgehen würde nicht nur die anzustrebende, essenziell wichtige Einheitlichkeit – oder vielleicht sollte man besser sagen: Einigkeit der Lehrkräfte – in zentralen Fragen der Werteerziehung ermöglichen (vgl. Kap. 1.4), sondern auch den Zusammenhalt unter Lehrerkollegen positiv beeinflussen.

Auch der Gedanke, Eltern nicht außen vor zu lassen, ist sehr wichtig. Die Erziehungsberechtigten an Fortbildungsveranstaltungen der Lehrkräfte teilnehmen zu lassen, wie dies im ersten Zitat des vierten Unterpunkts impliziert wird, kann jedoch nicht die alleinige Lösung für die problembehaftete Erziehungspartnerschaft zwischen Elternhaus und Schule sein. Vielmehr sollten Lehrerkollegien sich – z.B. im Rahmen eines Schulungstags – auf ein gemeinsames Konzept einigen, das dann, wie im Kapitel 3.6 ausgeführt, möglichst vielen Eltern in einem konstruktiven, sich gegenseitig befruchtenden Diskurs nahegebracht wird. Denn erst sollte innerhalb der Lehrerschaft einer Schule ein Konsens gefunden werden, bevor die überaus wichtige Einbeziehung der Eltern erfolgt. Wenn schon die Lehrer einer Schule in grundlegenden Punkten untereinander selbst uneinig sind, lässt sich auf dieser Basis kaum ein Konsens mit den Eltern erreichen.

Explizit einen Konsens erhoffen sich einige Lehrkräfte von den Fortbildungsmaßnahmen. Die diesbezüglichen Aussagen wurden unter die folgende Kategorie subsumiert.

Kategorie 3: Klarheit und Konsens über Inhalte, Ziele und Maßnahmen – einheitliches Vorgehen – mehr Systematik und Professionalität in der schulischen Werteerziehung
1. (Ziele und Inhalte) „Klarheit über Inhalte", „klare Zielsetzungen", „Erarbeiten eines Katalogs von Erziehungszielen", „Zielvereinbarungen", „Konkretisierung des Lehrauftrags", „Wertekanon", „Klärung, welche Werte wie in der Schule vermittelt werden sollen"
2. (Konsens/Einheitlichkeit) „dass ein gemeinsamer Konsens gefunden werden kann", „gemeinsame Basis", „allgemeinen Konsens der Werteerziehung", „um eine bessere gemeinsame Basis an Wertvorstellungen zu erreichen", „Herstellen eines breiteren allgemeinen Konsenses", „gemeinsame Leitlinien", „gemeinsame Regelungen", „einheitliche Regeln", „Herausarbeiten eines gemeinsamen Zieles", „größere Übereinstimmung in Wertfragen", „ein gemeinsames Konzept innerhalb des Kollegiums", „Möglichkeit eines Konsens im Lehrerkollegium", „mehr einheitliche Wertevorstellungen im Kollegium, besonders im kulturellen und religiösen Bereich", „Konsens im Kollegium über Vorgehensweisen", „stärkere Nivellierung im Kollegium", „Alle Kollegen sollten am gemeinsamen Wertekonsens arbeiten.", „Schwerpunkt sollte ein gemeinsames Ziel und Auftreten der gesamten LehrerInnen sein.", „gemeinschaftliches Konzept an meiner Schule", „Wie kann die ganze Schule es als Gesamtkonzept umsetzen.", „einheitliche Linie an der Schule", „einheitliche Standards im Wertekatalog des Schullebens"

→

Kategorie 3: Klarheit und Konsens über Inhalte, Ziele und Maßnahmen – einheitliches Vorgehen – mehr Systematik und Professionalität in der schulischen Werteerziehung
3. (mehr Systematik und Professionalität) „professionelleres Vorgehen“, „Professionalisierung“, „gezieltere Umsetzung“, „mehr Klarheit und Systematik“, „das, was man bisher so aus dem Bauch heraus macht, mit etwas mehr System angehen zu können“
4. (gemischt) „Schaffung einer Basis, von der aus Lehrkräfte gemeinsam handeln können – weg von diffusem Alltagswissen“, „Konsens innerhalb des Kollegiums, ... weg von spontaner Werteerziehung“, „Corporate Identity der Schule: Welche Werte sind uns wichtig, welche führen wir durch, wie können wir sie gemeinsam realisieren, mehr Souveränität und wissenschaftlichen Background statt eigene Wertevermittlung aus dem Bauch heraus“

	SGD (469)	GS (89)	HS (71)	VS (66)	RS (99)	GY (140)
Häufigkeit	74	10	15	10	16	22
Prozent	15,8	11,2	21,1	15,2	16,2	15,7

Einige Untersuchungsteilnehmer wünschen sich, dass durch Fortbildungsangebote Klarheit über Ziele und Inhalte der Werteerziehung erreicht wird (1.). Einige Lehrkräfte betonen den Gedanken des Konsenses, der Einheitlichkeit, dass die Inhalte und Ziele der Wertepädagogik also gemeinsam umgesetzt werden (2.). Zudem erhoffen sich einige Befragte von den Schulungsmaßnahmen, dass Werteerziehung dann systematischer und professioneller durchgeführt wird (3.).

Die Kategorien 3 und 4 sind die beiden spezifischen Kategorien mit der größten Nennungshäufigkeit. Jeweils 15,8 % der in der vorliegenden Analyse berücksichtigten Untersuchungsteilnehmer formulieren Aspekte, die hier subsumiert werden können.

Kategorie 4: Hilfen zur Umsetzung von Werteerziehung im normalen Unterricht
1. (allgemein) „Möglichkeiten, Werteerziehung an vielen Stellen des alltäglichen Unterrichts einfließen zu lassen“, „bessere Möglichkeiten, dies in den Unterricht einzubauen“, „Anregungen für Einbindung der Werteerziehung in den alltäglichen Unterricht“, „bessere Umsetzungsmöglichkeiten im Unterricht“, „Modelle der Umsetzung im Unterricht“, „bessere Werteerziehung im Rahmen des normalen Unterrichts“, „konkrete Tipps für die Umsetzung der Erziehungsziele im alltäglichen Unterricht“, „dass neue Möglichkeiten der Umsetzung im Unterricht erlernt werden“, „Tipps zur Einbindung in den Unterricht“, „Aufzeigen von Möglichkeiten, wann und wie im Rahmen des Unterrichts Werteerziehung sinnvoll und möglich ist“, „besser in der Lage zu sein, die Wertevermittlung in die Unterrichtspraxis einzubauen“, „noch besser qualifiziert zu sein für die unterrichtliche Vermittlung“, „praktische Umsetzung für den alltäglichen Unterricht“, „stärkere Hinweise auf das Wie der Einbindung in den normalen Unterricht“, „wie man Werteerziehung noch mehr im Unterricht mit einfließen lassen kann“, „routinierteren Umgang mit dem Thema im Unterricht“, „Erleichterung bei der Umsetzung von Werteerziehung im Unterricht“, „Fähigkeit zur Umsetzung im Unterricht“, „Möglichkeit, intensiver darüber im Unterricht zu sprechen“
2. (Unterrichtsinhalte) „mögliche Unterrichtsinhalte“, „konkrete Tipps, für Unterrichtsinhalte und deren Aufbereitung“

→

Kategorie 4: Hilfen zur Umsetzung von Werteerziehung im normalen Unterricht						
3. (Unterrichtsprinzip) „konkretere und praxisbezogenere Anhaltspunkte der Umsetzung von Werteerziehung in der Schule als Unterrichtsprinzip“, „Tipps, wie jederzeit die Werteerziehung in den Unterrichtsalltag integriert werden kann (keine zusätzlichen Stunden zu Werten, sondern ständiges Einfließen von Wertfragen in den Unterricht)“, „Werteerziehung durchgängig während des Unterrichts“, „Verknüpfung von Werteerziehung und der Unterrichtssituation“ **4. (im eigenen Unterricht)** „Anregungen für den eigenen Unterricht“, „konkrete Anregungen für den Unterricht in meinem Fächern“, „Anregungen zur praktischen Durchführung der Werteerziehung in meinen Unterrichtsfächern“, „Tipps für Umsetzung im naturwissenschaftlichen Unterricht“ **5. (in allen Fächern)** „Ideen, wie man Werteerziehung sinnvoll im normalen Unterricht (nicht Ethik oder Religion) verwirklichen kann,“ „Werteerziehung nicht nur in HSU oder Religion, sondern praktische Hinweise in allen Schulfächern“, „unterrichtspraktische Tipps zur Werteerziehung im Rahmen jedes Fachunterrichts“						
	SGD (469)	**GS (89)**	**HS (71)**	**VS (66)**	**RS (99)**	**GY (140)**
Häufigkeit	74	13	7	12	20	22
Prozent	15,8	14,6	9,9	18,2	20,2	15,7

Knapp jeder sechste Untersuchungsteilnehmer, der sich intensivere Fortbildungsmaßnahmen zum Thema Werteerziehung wünscht und der den in offener Form gestellten Teil der Frage 15 d) beantwortet hat, wünscht sich Hilfen für die explizit unterrichtliche Wertepädagogik.

Dagegen fordern nur zehn Untersuchungsteilnehmer (kleine Zitatgruppe) Unterstützung für die Werteerziehung an anderen, über den Unterricht hinausgehenden Orten. Acht dieser zehn Befragten nennen jedoch zudem die unterrichtliche Wertepädagogik.

Schulische Werteerziehung an anderen, über den Unterricht hinausgehenden Orten (Auszug)
„Unterstützung bei der außerunterrichtlichen Werteerziehung“, „Angebote bzw. Ideen für außerunterrichtliche Projekte“, „Möglichkeiten zur praktischen Umsetzung von Werten innerhalb und außerhalb des Schulhauses“, „Anregungen für die Umsetzung im Unterricht oder in Projekten“, „Zeitersparnis bei der Vorbereitung und Durchführung von Werteerziehungsunterricht und außerunterrichtlicher Maßnahmen zur Werteerziehung“, „wertekonkrete Anregungen für den eigenen Unterricht/außerschulische Aktivitäten“, „bessere praktische Umsetzung in Unterricht und Schule“

Wie im Kapitel 3.3 beschrieben, sind 99,2 % aller Untersuchungsteilnehmer der Ansicht, dass schulische Werteerziehung im Unterricht und im Rahmen außerunterrichtlicher Aktivitäten stattfinden sollte. Hilfe erhoffen sich die Befragten aber offensichtlich eher für die unterrichtliche Wertepädagogik. Diese wird folglich als herausfordernd wahrgenommen. Dies zeigt auch die häufige Nennung einiger bestimmter Hindernisse schulischer Werteerziehung bei der Beantwortung der

Frage 11 (vgl. Kap. 3.6). Hier sind vor allem die *Stofffülle* und der *Primat fachlicher Inhalte* zu nennen. Wie im Kapitel 3.6 ausgeführt, ist es anzustreben, jeden fachlichen Inhalt sowie die damit verbundene Situation sinnvoll mit Werteerzieherischen zu verknüpfen. Ein entscheidender Schritt, dies zu erreichen, besteht darin, viele Lehrkräfte durch Fortbildungsveranstaltungen beim Erwerb der entsprechenden Qualifikationen zu unterstützen.

Kategorie 5: Gesteigertes Bewusstsein sowie mehr Aufmerksamkeit, Akzeptanz und Engagement für schulische Werteerziehung

1. (Bewusstsein) „Thema wird stärker ins Bewusstsein vieler Kollegen gerückt und bekommt einen anderen Stellenwert.", „mehr Aufmerksamkeit für dieses Thema, höherer Stellenwert bei Bewertungen, mehr Akzeptanz bei Kollegen und Eltern", „Sensibilisierung für das Thema", „eine größere Sensibilisierung der Lehrer für diesen wichtigen Teil unserer erzieherischen Arbeit", „mehr Aufmerksamkeit wieder für die Werteerziehung", „dass alle die Notwendigkeit einsehen", „Sensibilisierung der Lehrer für Werteerziehung", „mehr Bedeutung der Werteerziehung an der Schule", „Werteerziehung nicht aus dem Blick zu verlieren", „Erhöhung des Stellenwertes", „Betonung der Bedeutung der Thematik, ... höhere Gewichtung in allen Fächern", „dass die Wichtigkeit erkannt wird", „größere Aufgeschlossenheit aller Kolleginnen/en", „ein größeres Bewusstsein um die Notwendigkeit einer ernsthaften Werteerziehung", „feste Verankerung des Themas im lehrenden Bewusstsein", „Bewusstseinsschärfung, dass Werteerziehung durchaus thematisiert werden muss"

2. (Engagement) „die Bereitschaft der Lehrer, sich für die Werteerziehung einzusetzen zu steigern"

	SGD (469)	GS (89)	HS (71)	VS (66)	RS (99)	GY (140)
Häufigkeit	45	0	5	7	12	21
Prozent	9,6	0,0	7,0	10,6	12,1	15,0

Knapp jeder zehnte der in der vorliegenden Analyse berücksichtigten Untersuchungsteilnehmer tätigt eine Aussage, die unter die fünfte Kategorie subsumierbar ist. Unter diesen Befragten ist nicht ein Lehrer, der an einer reinen Grundschule unterrichtet. Dies spricht dafür, dass im Schulartvergleich unter Grundschullehrkräften das Bewusstsein für die Notwendigkeit der Durchführung von Werteerziehung wohl am ehesten vorhanden ist. Dass immerhin 15 % der in der Analyse berücksichtigten Gymnasiallehrer eine unter die vorliegende Kategorie subsumierte Aussage treffen, unterstreicht, dass an dieser Schulart die Betonung des Fachlichen das Erzieherische „im lehrenden Bewusstsein" am ehesten zu verdrängen scheint.

Kategorie 6: Werteerziehung – Kompetenz und Wissen (spezifische Aspekte): Umgang mit Widrigkeiten bei der Umsetzung – konkrete Herausforderungen, Maßnahmen, Ziele und Methoden – theoretisches Wissen

1. (konkrete Widrigkeiten) „Tipps, wie man trotz der Stofffülle gute Werteerziehung betreibt", „wie umzusetzen unter Zeitdruck und unter Fülle des wichtigeren Stoffes", „erhoffen, dass ich dann eher in der Lage wäre, die Ansprüche der Leistungsvermittlung und -messung und die Ansprüche der Werteerziehung unter einen Hut zu bringen, ohne mich selbst an meine Grenzen zu bringen", „Wie kann man die Werteerziehung trotz zu wenig Zeit sinnvoller einbinden.", „Wie man dies im Fachunterricht bei gegebenem Stoff- und Notendruck im jeweiligen Fach machen soll?!?!?", „konkrete Vorschläge, wie ich z.B. im Englischunterricht mit einem übervollen Lehrplan Werteerziehung gestalten soll", „Anregungen für die praktische Umsetzung, da manche Themen schwierig zu vermitteln sind (vor allem altersgemäß)"

2. (Schüler begeistern dafür) „Schulung und Anleitung, wie Schüler dafür stark interessiert werden können"

3. (Herausforderung pluralistische Gesellschaft) „wie man Werte vermittelt innerhalb der Schule, da es als Eltern schon sehr schwierig ist bei der Pluralität in unserer Gesellschaft"

4. (schwierige Schüler) „eine Möglichkeit, selbst widerwilligen Schülern die Wichtigkeit bestimmter Werte nahe zu bringen", „diesbezüglich mehr Kompetenz im Umgang mit Problemschülern"

5. (Defizit aus Elternhaus ausgleichen) „Tipps, um das Defizit im Elternhaus auszugleichen", „Wie können auch bei ungünstigem familiären Umfeld Schüler zu einem wertpositiven Verhalten erzogen werden?", „Bestimmte Allgemeinwerte, die Schüler von zu Hause nicht mitbekommen haben, sollten vermittelt werden."

6. (konkrete Ziele) „Wie kann ich Schülern Respekt vermitteln, vor anderen Schülern, Lehrern und dem Leben anderer.", „mehr Kompetenz beim Thema Umweltschutz, Fertigkeiten, eigenverantwortliches Handeln bei Schülern zu fördern"

7. (schwierige Situationen für Werteerziehung nutzen) „Für schwierige, konfliktbeladene Situationen eine Lösung zu bekommen, die nachhaltig im Sinne einer Werteerziehung wirkt. D.h. Werteerziehung muss immer stattfinden. Spiele zu lernen, die in dieser Hinsicht einsetzbar sind."

8. (bestimmte Methoden) „Erlernen einer entsprechenden Gesprächsführung (evtl. Mentoring)", „Wir haben vor, an unserer Schule den Sozika durchzuführen und wünschen uns sehr entsprechende Fortbildungsunterstützung."

9. (theoretisches Wissen) „Klärung des Wertebegriffs", „Welche Werte prägen unser christliches Menschenbild besonders?", „Erkenntnisse über Wirksamkeit der schulischen Werteerziehung"

10. (Wissen über Schüler) „das Kind in seinem Anderssein verstehen, wie Medien etc. auf das Kind wirken und dementsprechend passende Werte grundzulegen", „mehr Wissen über die Werteeinschätzung durch die Schüler", „bessere Kenntnisse über die Einstellung der Jugendlichen"

	SGD (469)	GS (89)	HS (71)	VS (66)	RS (99)	GY (140)
Häufigkeit	29	8	4	3	5	9
Prozent	6,2	9,0	5,6	4,5	5,1	6,4

Unter die vorliegende Kategorie wurden Teilnehmerantworten subsumiert, die den Wunsch nach sehr spezifischen Kompetenzen bzw. spezifischem Wissen zum Thema Werteerziehung enthalten. Einige Befragte wünschen sich Hilfe im

Umgang mit konkreten Hindernissen schulischer Werteerziehung (vgl. 1.). Ein Lehrer möchte Schüler gerne für das Thema begeistern (2.). Andere wollen Hilfe für Werteerziehung unter Pluralitätsbedingungen (3.), für Wertepädagogik mit schwierigen Schülern (4.) oder für den Ausgleich familiärer Defizite (5.). Ferner wird Unterstützung gefordert für die Vermittlung bestimmter Erziehungsziele (6.) und die Anwendung bestimmter Methoden (8.). Einige Befragte würden gerne ihr theoretisches Wissen erweitern (9.), andere wollen mehr über die Werteinstellungen ihrer Schüler wissen (10.). Interessant ist der Wunsch eines Teilnehmers, schwierige Situationen für die Werteerziehung zu nutzen (7.). Dies ist, wie bereits ausgeführt, ein vielversprechender Ansatz: Werteerziehung nicht additiv nach *all dem anderen* (Stoff, Klassenthemen, Konfliktbewältigung) durchzuführen, das gemacht werden muss, sondern *all das andere* für die Werteerziehung zu nutzen. Fortbildungsangebote sollten den Lehrenden hierbei helfen.

In diesem Sinne könnten Schulungsangebote den Lehrkräften auch helfen, einige der unter die folgende Kategorie subsumierten Herausforderungen des Schulalltags konstruktiv für die Werteerziehung zu nutzen.

Kategorie 7: Hilfe beim Umgang mit Personen, Situationen und Herausforderungen im Schulalltag
1. (Schüler) „Hilfe im Umgang mit ... Heranwachsenden“, „Rüstzeug für die Lehrer/innen, um zielgerichtet auf die Schüler eingehen zu können“, „bessere Reaktion auf Schüleraktionen“, „Tipps und Tricks im Umgang mit schwierigen Schülern“, „Umgang mit schwierigen Kindern im Sinne der Andersartigkeit würde in der Klasse leichter sein.“
2. (Eltern) „Tipps im Umgang mit den Eltern“, „Hilfe im Umgang mit Eltern“, „Tipps und Hinweise, wie man die Zusammenarbeit mit dem Elternhaus verbessern kann“, „konkrete Handlungsanweisungen zum Umgang mit den Eltern“, „Elternarbeit“, „Anregungen für Elternmotivation und Elternarbeit“, „Hilfen für Elterngespräche“, „Tipps z.B. für einen Elternabend (obwohl zu diesem erfahrungsgemäß die falschen Eltern kommen...)“
3. (Schüler und Eltern) „Hilfe im Umgang mit Eltern und Heranwachsenden“, „Argumentationshilfen gegenüber Schülern und Eltern“, „besseres Verständnis pubertierender Mädchen, besseres Verständnis überfordernder Eltern“, „Umgang mit schwierigen Schülern und Eltern“
4. (Konflikte und andere schwierige Situationen) „Bewältigung von schwierigen Situationen“, „Handlungskompetenz in Konfliktsituationen“, „Problemfälle zu durchdenken und lösen zu können“, „Hilfen für den Umgang bei Konfliktfällen“, „richtiges Handeln bei auftretenden Problemen“, „geschickte Antworten für die Kinder bei ständigen kleinen Konflikten“, „besserer Umgang mit Schülern in Konfliktsituationen“, „deeskalierende Gesprächsführung, angemessenes vorbildliches Verhalten bei Konflikten“, „Mediation“
5. (Multikulturalität) „Sicherheit im Umgang mit Problemen an unserer multikulturellen Schule“, „Umgang und Verständnis für andere Kulturkreise“, „Vorbereitung auf immer mehr Kinder mit unterschiedlichstem ethnischen Hintergrund“, „Wie gehe ich mit Schwierigkeiten mit anderen militanten Kulturen um?“
6. (Regelverletzung) „Wie geht man mit Unterrichtsstörungen um.“, „Maßnahmenkatalog bei Verletzungen von Regelungen“, „Schulung des richtigen Umgangs mit Fehlverhalten“
7. (Mobbing) „Strategien gegen Mobbing“
8. (andere) „Veränderte Situation in der Hauptschule gut bewältigen können. Mit dem tägliche Stress umgehen lernen ohne daran kaputt zu gehen. Hilfe von Profis, die mit schwierigen

→

Kategorie 7: Hilfe beim Umgang mit Personen, Situationen und Herausforderungen im Schulalltag
Situationen Erfahrungen haben", „Besser in bestimmten Situationen reagieren können. Bsp.: ein türkisches Mädchen sagt zu einem Jungen: ‚Hurensohn', darauf sagt der Junge: ‚blöde Türkin'. Wie soll ich dem deutschen Jungen klar machen, dass sein ‚Ausdruck' schlimmer war als ihrer? (zumindest in meinen Augen)"
9. (gemischt) „Umgangskonzepte für Konfliktsituationen mit Lehrern, Eltern, Vorgesetzten und Schülern", „mit einer spezielleren Ausbildung z.B. Mediator besser gewappnet zu sein bei Konflikten zwischen Schülern oder auch gegenüber Eltern", „mehr Sicherheit bei Konfliktaufarbeitung – bessere Gesprächsführung mit Eltern", „professionelleres Verhalten in Konfliktsituationen, ... verbesserte Zusammenarbeit mit den Eltern", „Hilfen für Elterngespräche, verbesserte Möglichkeit, auf Probleme zu reagieren"

	SGD (469)	**GS (89)**	**HS (71)**	**VS (66)**	**RS (99)**	**GY (140)**
Häufigkeit	49	7	10	11	8	11
Prozent	10,4	7,9	14,1	16,7	8,1	7,9

10,4 % der in der vorliegenden Analyse berücksichtigten Untersuchungsteilnehmer wünschen sich, durch Fortbildungsmaßnahmen Hilfe im Umgang mit Personen, Situationen und Herausforderungen im Schulalltag zu erhalten. Subsumiert wurden im Gegensatz zur vorherigen Kategorie Zitate, bei denen es nicht explizit und per se ausschließlich um Werteerziehung geht. Einige Befragte wünschen sich Hilfe im Umgang mit Schülern und Eltern (vgl. 1. bis 3.), andere wollen Konflikte und andere schwierige Situationen besser meistern können (4.). Wieder andere Lehrkräfte wünschen sich Hilfe für den Umgang mit konkreten Herausforderungen wie Multikulturalität (5.), Regelverletzung (6.) oder Mobbing (7.).

Kategorie 8: Individueller Gewinn, mehr Sicherheit, Möglichkeit der Selbstreflexion
1. (individueller Gewinn) „mehr persönliche Erfolgserlebnisse", „Stärkung der eigenen Person", „Entlastung meiner Person", „persönliche Bereicherung", „Motivationsschub", „weniger Nervenverschleiß", „Verarbeitung eigener Frustration mit diesem Thema", „Entlastung", „Stärkung der eigenen Position", „Erleichterung im Schulalltag ... Vermeidung von psychischen Stresssituationen – mehr Freude am Unterricht ... Erhaltung der Gesundheit"
2. (mehr Sicherheit) „Beseitigung der Unsicherheit", „Handlungssicherheit", „mehr Sicherheit im Unterricht und außerhalb", „Ich würde mir mehr Sicherheit in der Weitergabe erhoffen, da sich in den letzten Jahrzehnten die Lehrinhalte verändert haben und die gesellschaftlichen Bedingungen andere sind.", „Sicherheit in der Vermittlung", „mehr Sicherheit im Umgang mit der Wertediskussion", „Sicherheit in der Außenwirkung"
3. (Selbstreflexion) „Selbstreflexion", „seinen eigenen Wertekodex immer wieder zu hinterfragen", „Infragestellen der eigenen Maßstäbe", „Zugänge zur eigenen Standortüberprüfung erfahren", „eigenes Denken ändern", „Arbeit an sich selbst", „wieder ein Wachrütteln im eigenem Denken", „Kontrolle der eigenen Werterziehungsarbeit"

	SGD (469)	**GS (89)**	**HS (71)**	**VS (66)**	**RS (99)**	**GY (140)**
Häufigkeit	41	6	9	6	14	6
Prozent	8,7	6,7	12,7	9,1	14,1	4,3

8,7 % der in der vorliegenden Auswertung einbezogenen Untersuchungsteilnehmer erhoffen sich von intensiveren Fortbildungsmaßnahmen zum Thema Werteerziehung individuellen Gewinn (1.), mehr Sicherheit (2.) oder die Möglichkeit der Selbstreflexion (3.).

Kategorie 9: Lehrer - Austausch, Kooperation, gegenseitige Unterstützung						
1. „mehr Austausch unter mit den Kollegen (gegenseitige Hilfestellung)"						
2. (Austausch) „Austausch", „Gedankenaustausch", „Austausch mit KollegenInnen", „Austausch im Lehrerkollegium", „Austausch mit anderen Lehrern", „Erfahrungsaustausch", „Erfahrungsaustausch wäre möglich", „Erfahrungsaustausch mit Kollegen", „Austausch der Probleme", „Austausch über gelungene Projekte"						
3. (Kooperation, Unterstützung) „Gegenseitige Unterstützung", „Zusammenarbeit ... der Kollegen", „noch bessere Zusammenarbeit der Kollegen", „Kooperation der Lehrer einer Schule in Bezug auf Werteerziehung"						
4. (Begründung) „Gedankenaustausch mit Kollegen, um nicht alles als Einzelkämpfer mir selbst erarbeiten zu müssen, denn die Freizeit ist mit Vorbereitungen, Nachbereitungen und Materialherstellung ausgelastet"						
5. (über die eigene Schule hinaus) „Austausch mit anderen Schulen", „Austausch mit Lehrkräften anderer Schulen", „Austausch mit Kollegen (überregional), um erfolgreiche Projekte und Modelle weiterzugeben und auszutauschen. Man muss doch nicht immer das Rad neu erfinden, wenn sich an einer Schule schon etwas bewährt hat."						
	SGD (469)	**GS (89)**	**HS (71)**	**VS (66)**	**RS (99)**	**GY (140)**
Häufigkeit	33	10	6	5	2	8
Prozent	7,0	11,2	8,5	7,6	2,0	5,7

7 % der in der vorliegenden Analyse berücksichtigten Befragten wünschen sich, dass durch Fortbildungsangebote Austausch, Kooperation und gegenseitige Unterstützung der Lehrkräfte untereinander verbessert werden.

Wie bereits im Kapitel 3.6 ausgeführt, stellen Austausch und Kooperation zwischen den Lehrern einer Schule eine Chance dar, die nicht ungenutzt bleiben sollte. Von den Erfahrungen und Kompetenzen der Kollegen kann jede Lehrkraft profitieren. Allerdings sollte kollegialer Austausch über diverse (d.h. nicht nur werteerzieherische) Themen nicht von Fortbildungsangeboten abhängig sein, sondern im Idealfall täglich ganz selbstverständlich stattfinden.

Was den Austausch zum Thema Werteerziehung betrifft: Auch nach – z.B. im Rahmen eines Schulungstags – erfolgter Konsensbildung im Kollegium sollte das Thema kontinuierlich Gegenstand des interkollegialen Diskurses bleiben.

Kategorie 10: Auswirkungen auf Schule, Menschen an der Schule und Schulsystem						
1. (gutes zwischenmenschliches Klima) „ein rücksichtsvollerer Umgang miteinander in der Schule“, „konfliktfreier Umgang mit den Schülern und der Schüler untereinander“, „mehr soziale Qualität im Schulleben“, „besseres Unterrichtsklima, einen höflicheren und respektvolleren Umgang zwischen Lehrern und Schülern, Verbesserung des Klimas in einer Klasse (Schüler untereinander)“, „positives Arbeits- und Schulklima“						
2. (Auswirkungen auf Personen) „eine Stärkung von Lehrern und Schülern“, „neue Ideen, neue Impulse, die in den Kindern und Lehrern positive Entwicklungen in Gang setzen“, „weniger Leistungsdruck, mehr Persönlichkeitsentwicklung (der Lehrer und der Schüler)“, „Schüler, die selbstbewusst und selbstkritisch sind“						
3. (Zeit für Schüler) „mehr Zeit für die Schüler“, „dass sich Wertschätzung des Themas in zusätzlicher Zeit für die Schüler (z.B. Klassleiterstunden) niederschlägt, wenn genügend Kollegen, z.B. in Fortbildungen, dies fordern – werden wir aber wegen fehlender Finanzmittel nicht mehr erleben“						
4. (Unterricht) „Freude für alle im Unterricht“, „entspannteres Unterrichten,... zufriedenere Schüler, ... vielleicht auch mehr Lernerfolg“, „Unterrichtsmethoden, die Lehrer entlasten (z.B. Klippert - Training)“						
5. (Wertediskussion) „offenere und ehrlichere Diskussion innerhalb der Schule“, „Wertediskussion im Kollegium und in der Schulgemeinschaft“						
6. (Schulsystem) „stärkere Betonung des Bildungsaspekts statt des Ausbildungsaspekts (z.B. musische Bildung, Persönlichkeitsbildung durch Wiedereinführung von mehr Wahlfächern)“, „mehr Psychologen an Bayerns Schulen“, „Rückkehr des Faches Erziehungskunde“						
7. (andere) „das Aufbrechen von verkrusteten Strukturen“, „mehr Ehrlichkeit in der Darstellung nach außen bei gewissen Schulen“, „harmonischeres Schulprofil, Lebensqualität an der Schule erhöhen“, „Alle Fachbereiche müssten den obersten Wert der Verfassung, die Menschenwürde, als verinnerlichten Maßstab für Lehren und Lernen tatsächlich ausüben, er ist irgendwie reduziert auf die Nebenfächer Religion, Ethik etc.. Viele Fächer kennen Leistung nur als technokratischen, scheinbar objektiven Begriff Arbeit/Zeiteinheit“, „dass die antiautoritär unterrichtenden Kollegen ihren Unterrichtsstil dahin gehend ändern, dass ihnen und den nachfolgenden Lehrkräften ein besserer Unterricht möglich wird“						
	SGD (469)	GS (89)	HS (71)	VS (66)	RS (99)	GY (140)
Häufigkeit	32	4	5	3	12	8
Prozent	6,8	4,5	7,0	4,5	12,1	5,7

6,8 % der in der vorliegenden Analyse berücksichtigten Lehrkräfte erhoffen sich als Folge intensiverer Fortbildungsmaßnahmen zum Thema Werteerziehung positive Auswirkungen auf die Schule, die Menschen an der Schule oder das Schulsystem. Die subsumierten Teilnehmerantworten umfassen teils recht unterschiedliche Aspekte.[128]

---

128 Bei einigen Teilnehmerantworten erschließt sich nicht auf den ersten Blick, wie dies durch Schulungsangebote geschehen soll, wie etwa die Forderung nach „mehr Psychologen an Bayerns Schulen“. Da diese Antworten aber zur Kategoriendefinition passen, wurden sie dennoch übernommen und kodiert.

Aus den Antworten der Untersuchungsteilnehmer zur vorliegenden Teilfrage ließen sich neben den zehn Antwortkategorien drei kleine Zitatgruppen ableiten, auf welche die Aussagen von jeweils 5 bis 19 Befragten entfallen. Eine dieser Zitatgruppen wurde weiter oben in diesem Kapitel im Anschluss an die Kategorie 4 dargestellt. Hier nun die anderen beiden Zitatgruppen:

Auswirkungen außerhalb der Schule
„letztlich eine Gesellschaft, die humaner, rücksichtsvoller und verlässlicher wird und damit auch leistungsstärker wird", „stärkere Gewichtung der Werte in Familie und Gesellschaft", „Stärkung elterlicher Erziehung", „verantwortliches Handeln für kommende Generationen", „Erreichung eines breiten gesellschaftlichen Konsenses, Einfluss Medien / andere Gruppierungen", „mehr Anerkennung der Arbeit der Lehrerschaft", „ein Auswirken auf das Stadtbild"

Acht Untersuchungsteilnehmer wünschen sich Auswirkungen, die außerhalb der Schule liegen.

Materialien erhalten
„Materialien", „Material für diese Arbeit erhalten", „Unterrichtsmaterialien", „neue ... Medien", „Material für den Unterricht zu bekommen, für Projektarbeit", „mehr Material", „ansprechendes Material", „Materialbörse – von Spielen bis Arbeitsblättern", „gut und praktisch verwendbare Materialien für Lehrkräfte und Schüler"

17 Lehrkräfte formulieren den Wunsch, im Zuge von Fortbildungsmaßnahmen Materialien für die Werteerziehung zu erhalten.

Bei 79 Untersuchungsteilnehmern (das entspricht 16,8 % der 469 im Rahmen der vorliegenden Analyse berücksichtigten Lehrkräfte) ließ sich ein Teil der Antwort unter keine der Kategorien oder Zitatgruppen subsumieren. Einige interessante Einzelzitate sind in der folgenden Tabelle zusammengefasst. Eine Kommentierung erfolgt nicht.

Interessante Einzelzitate
1. „Dass die kommenden Lehrergenerationen besser darauf vorbereitet werden. Für mich käme es zu spät.", **2.** „Während meiner Seminarzeit war Moralische Erziehung ein gewichtiges Thema, das mir gutes Rüstzeug für die Praxis vermittelt hat. Das würde ich den jüngeren Lehrkräften auch wünschen."
3. „Vorbildfunktion wieder ins Bewusstsein rücken", **4.** „Vermeidung unerwünschter Reaktionen (dass man z.B. gerade das Gegenteil erreicht)", **5.** „Analyse häufig auftretender Probleme (Fälle vorstellen) und gemeinsam Lösungswege besprechen", **6.** „Ich könnte den Eltern stichhaltigere Argumente nennen für Werteerziehung zwischendurch und dafür Kürzen von anderen Unterrichtsinhalten. Müsste vom Schulamt auch unterstützt werden."

→

Interessante Einzelzitate
7. „z.B. wie man die Schule besser mit anderen Institutionen vernetzen könnte", **8.** „Kooperationsmodelle mit diversen gesellschaftlichen Gruppen"
9. „Der Zeitaufwand dafür sollte vom Arbeitgeber (Staat) auch umgehend honoriert werden, die momentane Arbeitszeitbelastung lässt kaum Luft für wichtige Fortbildungsmaßnahmen!", **10.** „aber dazu müsste automatisch mehr Freiraum für die Verwirklichung im Schulalltag zur Verfügung stehen oder fachliche Hilfe. Ansonsten halte ich Fortbildungen in dieser Richtung für nicht effektiv!!!", **11.** „Ja, aber die Umsetzung und Unterstützung müsste dann auch gegeben sein (Politik, Eltern, Schulleitung ...)"

28 der 289 Untersuchungsteilnehmer, die ankreuzten, sich keine intensiveren Fortbildungsmaßnahmen zum Thema schulische Werteerziehung zu wünschen, nutzten dennoch das für die Beantwortung der offenen Frage 15 d) [*Was würden Sie sich von intensiveren Fortbildungsmaßnahmen erhoffen?*] intendierte Antwortfeld, um Ausführungen zu machen. Die folgende Tabelle enthält einen Auszug aus den entsprechenden Teilnehmeraussagen:

Würden Sie sich zum Thema Werteerziehung intensivere Lehrerfortbildungsmaßnahmen als bisher wünschen? **Nein, ...**
1. „das lässt sich nur zum Teil durch Fortbildung lösen", **2.** „Ich glaube nicht, dass man das durch Fortbildungen lernt.", **3.** „Die Regierung finanziert keine guten Fortbildung, daher kann man/frau sich jegliche dieser Art ersparen und kümmert sich im Selbststudium um diese Angelegenheit!", **4.** „bin von der Oberflächlichkeit von Lehrerfortbildungen total enttäuscht", **5.** „Werte kann ich Erwachsenen nicht groß vermitteln, da sie ihre Werte bereits haben, deshalb bringt es wenig.", **6.** „Entweder man hat Werte und vermittelt sie den Schülern, oder man kümmert sich wenig darum. Meistens gibt es bei solchen Fortbildungen nur Lippenbekenntnisse, eine Umsetzung scheitert an Kollegen, Schule, Faulheit, Gesellschaft....", **7.** „Vieles neu Dazugewonnene scheitert in der alltäglichen Umsetzung an den Sachzwängen und den Klassenstärken (32 und mehr Schüler!).", **8.** „Bringt nichts, da die Klassen zu groß sind, um sinnvoll mit den Schülern arbeiten zu können. Zudem sind die Umstände an den Realschulen (zu kleine Klassenzimmer, Wanderklassen, hoher Unterrichtsausfall) nicht geeignet, um derlei Dinge umzusetzen.", **9.** „Hat keinen Sinn, solange die Klassen so groß sind, dass eine Umsetzung praktisch nicht möglich ist.", **10.** „Bringt nichts, solang die äußeren Bedingungen nicht stimmen - man würde den 2. Schritt vor dem 1. tun.", **11.** „Es werden nur die Interessierten erreicht."
12. „Schule alleine kann das nicht schaffen - Eltern und Gesellschaft sind genauso gefordert, dass Werteerziehung etwas fruchtet. So gesehen sind diese Fortbildungsmaßnahmen an Schulen vielfach verschwendete Zeit, weil unprofessionell realisiert, und letztlich nur Alibimaßnahmen für den Staat darstellen. Eltern sollten unbedingt mit in die Pflicht genommen werden!", **13.** „Solange Politiker (Lehrer sind faule Säcke) und Medien ein derart negatives Bild von Schule und Lehrern zeichnen, werden auch auf die Durchführung schulischer Werteerziehung intensiver vorbereitete Lehrer Werteerziehung nicht erfolgreicher betreiben können."
14. „Ich halte die Einführung eines eigenen Unterrichtsfach Werteerziehung für sinnvoller und effektiver als intensivere Fortbildungsveranstaltungen. Ich denke, in den bestehenden Fächern ist einfach zu wenig Raum und Zeit, um Werteerziehung intensiv, nachhaltig und kontinuierlich durchführen zu können."

Die hier aufgeführten Zitate enthalten einige sehr stichhaltige Argumente. Dennoch sollte aus diesen nicht das falsche Fazit gezogen werden. Die Rahmenbedingungen für die Durchführung schulischer Werteerziehung mögen nicht optimal sein. Werteerziehung jedoch erst anzustreben, nachdem die äußeren Bedingungen stimmen, wäre ein großes Versäumnis. Gute Fortbildungsangebote können und sollten Lehrern gerade dabei helfen, unter widrigen Umständen gute Werteerziehung zu betreiben und dabei die vielen fachlichen Inhalte nicht als Hindernis sondern als Aufhänger und Anlass für eine Wertepädagogik zu nutzen, die „intensiv, nachhaltig und kontinuierlich" (Zitat 14.) ist. Es ist notwendig, nicht „nur die Interessierten" (Zitat 11.) zu erreichen, sondern Schulungstage möglichst mit ganzen Lehrerkollegien durchzuführen, um innerschulische Konsensbildung vorzubereiten. Die Schulleitungen sind hier gefordert, möglichst alle Lehrer ihrer Schule *mit ins Boot zu nehmen.*

„Schule allein kann das nicht schaffen" (Zitat 12). In der Tat! Die Eltern sind gefordert und sollten in schulische Werteerziehungsbemühungen integriert werden. Ob sie aber nun mitmachen oder nicht: Die Schule hat ihren Teil zu einer zeitgemäßen Werteerziehung unter Pluralitätsbedingungen beizutragen. Ein wertepädagogisches Konzept, das Kindern und Jugendlichen ermöglicht, sich in der unübersichtlichen Wertelandschaft zurechtzufinden und dabei so frei wie möglich (Lebensgestaltungswerte) aber so angepasst wie nötig (Grundwerte) zu sein, ist als Konsens anzustreben. Hierfür sollten möglichst viele Lehrkräfte im Rahmen von Fortbildungen erreicht und qualifiziert werden.

Dies führt direkt zum Schlusskapitel, in dem die wichtigsten Ergebnisse und Empfehlungen zusammengefasst werden.

Akzentuierte Zusammenfassung der Ergebnisse und der Empfehlungen

Die vorliegende Studie hat gezeigt, dass bei der schulischen Werteerziehung an allgemein bildenden Schulen in öffentlicher Trägerschaft in Bayern und bei der hierfür notwendigen Qualifizierung der Unterrichtenden Optimierungsbedarf besteht. Die Ergebnisse und Schlussfolgerungen aus der durchgeführten Online-Befragung, an der 854 überwiegend am Thema Werteerziehung interessierte Lehrkräfte aus Bayerisch-Schwaben teilgenommen haben, können dabei als Basis für diese Weiterentwicklung dienen. In diesem abschließenden Kapitel werden zunächst die wichtigsten Ergebnisse der empirischen Bestandsaufnahme und im Anschluss die daraus gezogenen Empfehlungen akzentuiert zusammengefasst. Ferner erfolgt eine konkretisierende Ergänzung der in dieser Arbeit bisher formulierten Empfehlungen.

Bestandsaufnahme

Knapp 61 % der Untersuchungsteilnehmer bewerten die Praxis der Werteerziehung an ihrer Schule nicht mit einer guten oder sehr guten Gesamtnote, sondern bestenfalls mit einem *befriedigend*.[1] Selbst unter den Lehrern an reinen Grundschulen, welche die Praxis der Wertepädagogik im Schulartvergleich insgesamt am besten bewerten, vergibt fast jeder zweite keine gute oder sehr gute Note. Unter den Lehrkräften an reinen Hauptschulen und Realschulen sind es jeweils gar mehr als zwei Drittel der Befragten, die bestenfalls ein *befriedigend* vergeben. Unter den Gymnasiallehrern sind dies etwas weniger als zwei Drittel.

Im Gegensatz zu Volksschullehrkräften bewerten Untersuchungsteilnehmer, die an Realschulen und Gymnasien tätig sind, die praktische Umsetzung konkreter Aufgaben schulischer Werteerziehung im Rahmen offizieller schulischer Aktivitäten außerhalb des Unterrichts besser als die Umsetzung im Unterricht. Lehrkräfte aller Schularten bewerten die Umsetzung zentraler Aspekte formaler Bewertungs-Erziehung weniger optimistisch als die Umsetzung vieler zentraler Aspekte materialer Werteinstellungs-Erziehung.

Grundlegende Problemfelder, welche die Durchführung von Wertepädagogik erschweren, sind ein fehlender schulischer Erziehungskonsens, die Überbetonung der Wissensvermittlung, der hierdurch sowie durch andere Faktoren entstehende Zeitmangel, die zu großen Klassen und die nicht funktionierende Zusammenarbeit mit dem Elternhaus, welches ferner nach Ansicht vieler Untersuchungsteilnehmer seiner Erziehungsaufgabe nicht immer ausreichend nachkommt. Des

---

[1] d.h. mit einer 3 plus oder einer schlechteren Note

Weiteren sind die schlechte Kooperation der Lehrkräfte, das Verhalten der Schulleitungen sowie die unzureichende werteerzieherische Qualifizierung der Unterrichtenden im Rahmen der Aus- und Fortbildung als Problemfaktoren zu nennen, wie im Folgenden anhand einiger Zahlen dargestellt wird.

Bei der Beantwortung der in offener Form gestellten Frage 11 nach Defiziten und Hindernissen schulischer Werteerziehung nennen 25,8 % der Lehrkräfte, die hierzu etwas geschrieben haben, einen fehlenden Konsens sowie eine defizitäre Konzeptionalisierung und unzureichende Vorgaben. Ein Befragter fasst dies so zusammen: „nicht koordiniert, jeder wurschtelt vor sich hin, kein Gesamtkonzept, kein Konsens darüber, was zum Wertekanon gehört". Der Schaffung eines schulischen Konsenses steht eine defizitäre Kooperation und Absprache im Kollegium und mit der Schulleitung entgegen, was bei der Beantwortung dieser Frage von 7,7 % der Befragten genannt wird. Dass hier Optimierungsbedarf besteht, zeigt sich an einer anderen Stelle sehr deutlich: 51,6 % der Untersuchungsteilnehmer, die bei der Beantwortung der ebenfalls in offener Form gestellten Frage 12 Wünsche an unterschiedliche Personengruppen und Institutionen formuliert haben, richten spezifische Forderungen an ihre Kollegen. Der Wunsch nach *Konsens, Kooperation* & *Absprache* wird von diesen Befragten im Vergleich zu anderen Forderungen an die Kollegen am häufigsten genannt.

Exakt ein Drittel der Untersuchungsteilnehmer ohne administrative Leitungsfunktion, die zu Frage 12 etwas geschrieben haben, richtet spezifische Forderungen an die Schulleitung. Ein großer Teil dieser Forderungen lässt sich wie folgt zusammenfassen: Werte, Erziehung und Werteerziehung sollen gefördert und unterstützt werden; die Befragten wünschen sich ein unterstützendes, kooperatives und vertrauensvolles Verhältnis zur Schulleitung, von welcher sie ferner Führungsstärke, etwa in Form von konsequentem Verhalten und Durchsetzungsvermögen fordern.

Bei der in offener Form gestellten Frage nach Defiziten und Hindernissen schulischer Werteerziehung nennen knapp 57 % der Befragten, die hier etwas geschrieben haben, zeitliche Probleme. Dies wird nicht selten explizit in Zusammenhang gebracht mit der Fülle der Unterrichtsinhalte, die 37,2 % der Lehrer bei der Beantwortung als Problem nennen. Eng damit zusammen hängt der von knapp 11 % genannte Primat fachlicher Inhalte. Ferner nehmen die Untersuchungsteilnehmer die Rahmenbedingungen als hinderlich wahr: Knapp 25 % nennen bei dieser Frage die zu großen Schulklassen.

Noch häufiger führen Befragte, die zu Defiziten und Hindernissen schulischer Werteerziehung etwas geschrieben haben, einen anderen Aspekt an: 42,1 % schreiben hier etwas über Probleme mit den Erziehungsberechtigten. Darunter kritisieren einige Lehrkräfte Defizite in der familiären Erziehungsarbeit (Bsp.: *„zu wenig oder gar keine Werteerziehung seitens der Eltern!"*). Andere halten einen fehlenden Konsens zwischen Elternhaus und Schule bezüglich Erziehung und Wertansichten für problematisch (*„divergierende Werte in Elternhaus und Schule"*). Kritisiert wird auch eine mangelnde Unterstützung der Schule und schulischer Bemühungen durch das Elternhaus („*wenig Unterstützung von Eltern*"). Einige bezeichnen das Verhalten der Eltern sogar als ein Entgegenarbeiten („*Eltern untergraben schulische Bemühungen.*"). Andere formulieren etwas neutraler ihre Ansicht, die Kontakte zum Elternhaus und die Zusammenarbeit seien defizitär („*die zu geringen Möglichkeiten, Eltern für die Zusammenarbeit zu gewinnen*"). Bei Frage 12 richten an keine Personengruppe oder Institution mehr Befragte spezifische Forderungen als an die Eltern (71,8 % der Untersuchungsteilnehmer, die diese Frage beantwortet haben).

Von den eingangs genannten Problemfeldern seien nun abschließend Zahlen zur Aus- und Fortbildung genannt. 71,3 % der Befragten, die Angaben zu ihrem universitären Lehramtsstudium in Bayern gemacht haben sowie 54,1 % der Untersuchungsteilnehmer, die ein Lehramtsstudium absolviert und Angaben über ihr Referendariat in Bayern gemacht haben, sagen über die jeweiligen Ausbildungsphasen, hier „überhaupt nicht" oder „nur geringfügig" auf die Durchführung schulischer Werteerziehung vorbereitet worden zu sein. Auch wenn man nur die Angaben der Untersuchungsteilnehmer, die 2001 oder später die entsprechenden Ausbildungsphasen abgeschlossen haben, berücksichtigt, wird der negative Bewertungstrend bestätigt. Wenngleich das Datenmaterial keine dezidierten Aussagen über die aktuelle Lehrerausbildung ermöglicht[2], steht fest: Ein nicht unerheblicher Teil der am Thema Werteerziehung interessierten Lehrkräfte, die heute an allgemein bildenden Schulen in öffentlicher Trägerschaft in Bayerisch-Schwaben tätig sind, hat das Gefühl, im Rahmen der Ausbildung nicht hinreichend auf die Praxis schulischer Werteerziehung vorbereitet worden zu sein.

Auch die Fortbildung wird nicht positiv bewertet: 59,3 % aller Befragten haben das Gefühl, im Rahmen der Lehrerfortbildung „überhaupt nicht" oder „nur geringfügig" auf die Durchführung schulischer Werteerziehung vorbereitet zu werden. Knapp zwei Drittel der Untersuchungsteilnehmer wünschen sich intensivere Fortbildungsmaßnahmen zum Thema.

Empfehlungen

Es stellt sich als sinnvoll dar, die durch Fortbildungsangebote erfolgende Qualifizierung möglichst vieler Lehrkräfte zur Verknüpfung des normalen Unterrichts mit Wertepädagogik ins Zentrum der Bemühungen zu stellen. Gleichzeitig darf nicht in Vergessenheit geraten, dass die Befähigung der Unterrichtenden für die Durchführung schulischer Werteerziehung bereits in der Lehrerausbildung ausreichend berücksichtigt werden sollte. Unabhängig von diesen Vorschlägen, welche sich an die Schulpolitik und das Bayerische Staatsministerium für Unterricht

2 Alle Untersuchungsteilnehmer haben zum Zeitpunkt der Befragung ihre erste Ausbildungsphase bereits hinter sich. Und unter den insgesamt 854 Lehrkräften sind nur 31 Referendare (3,6 %).

und Kultus richten, können die in der Praxis tätigen Schulleiter und Lehrkräfte einen erheblichen Beitrag zur Optimierung der Situation leisten.

Dem Kultusministerium wird zum einen empfohlen, in Zusammenarbeit mit Erziehungswissenschaftlern, Fachdidaktikern und praxiserfahrenen Lehrern eine eintägige Fortbildungsmaßnahme zu entwickeln, durch welche die Lehrkräfte befähigt werden, die Situationen und Inhalte des alltäglichen Unterrichts für eine zeitgemäße Werteerziehung zu nutzen. Letztere sollte im Sinne der Ausführungen im Kapitel 1.4 eine an den Grundwerten orientierte materiale Werteinstellungs-Erziehung sowie formale Bewertungs-Erziehung umfassen. Nur wenn Lehrer die Qualifikation erwerben, Unterricht und Wertepädagogik als symbiotische Einheit zu verknüpfen, kann schulische Werteerziehung trotz der Stofffülle systematisch und kontinuierlich stattfinden. Dem Dilemma, nach all den fachlichen Inhalten keine Zeit mehr für die Werte zu haben, kann man nur entgehen, indem man beides miteinander verbindet. Diese Fähigkeit gilt es zu erlernen bzw. auszubauen.

Das zu entwickelnde eintägige Fortbildungsangebot könnte jeweils mit den Gesamtkollegien einzelner Schulen durchgeführt werden, um ein einheitliches, innerschulisch konsensuelles Vorgehen zu ermöglichen. Denn neben der Qualifikation der Lehrer kann eine solche Maßnahme die Schaffung respektive Festigung eines Erziehungskonsenses fördern. Mit der Durchführung des Trainings in vielen Lehrerkollegien könnte das Kultusministerium die systematische Implementierung von Werteerziehung an allgemein bildenden Schulen in Bayern entscheidend vorantreiben.[3] Das Fortbildungsangebot sollte auf die unterschiedlichen Schularten zugeschnitten und gleichzeitig doch so breit angelegt sein, dass die Lehrkräfte unterschiedlicher Jahrgänge und Fachbereiche gleichermaßen davon profitieren könnten. Dies setzt voraus, dass die durchführenden Trainer jeweils ein breites Kompetenzspektrum mitbringen, welches konkrete Ideen für viele unterschiedliche Situationen und Unterrichtsinhalte umfasst. Dadurch könnten Lehrkräfte ein Gespür dafür entwickeln, wie sie Situationen und Inhalte selbst werteerzieherisch nutzen können.

Die Entwicklung eines solchen Schulungsangebots ist nun kein kurzfristig realisierbares Projekt. Selbst nach Abschluss der Konzipierung des Seminars wird es einige Zeit dauern, bis damit eine große Anzahl an Lehrerkollegien erreicht wird. Ein weiterer Vorschlag an das Kultusministerium lautet deshalb, zeitnah vielen Schulleitern die Teilnahme an einem Vortrag zu ermöglichen, in welchem diese Anregungen erhalten, wie sie 1. einen Konsens über Werteerziehung in ihrem Kollegium vorbereiten und 2. die Eltern der Schüler sinnvoll in die schulische

---

3 Mit dem Ziel, die bayernweite Durchführung von schulischer Werteerziehung zu fördern, erklärt sich auch der Vorschlag, ein eintägiges und kein mehrtägiges Fortbildungsangebot zu entwickeln. Letzteres wäre einerseits sinnvoll, andererseits kaum in großem Umfang realisierbar.

Erziehungsarbeit einbinden können. Die Konzipierung und umfangreiche Implementierung einer solchen Vortragsveranstaltung könnte schneller erfolgen als die Entwicklung und Implementierung der vorgeschlagenen Lehrerfortbildung. Ein solches Prozedere, durch welches das Ministerium viele Schulleiter mit *ins Boot nehmen* könnte, wäre ein effektiver Wegbereiter für die verstärkte Durchführung schulischer Werteerziehung in Bayern. Die Vortragsveranstaltungen könnten regional abgehalten werden. Im Anschluss könnte den Schulleitern ein Forum gegeben werden, ihre Erfahrungen auszutauschen.

Zur Verbesserung der schulischen Werteerziehungsarbeit kann das Ministerium ferner beitragen, indem es dafür sorgt, dass 1. bei der Entwicklung neuer Fachlehrpläne wertepädagogische Aspekte sinnvoll und kontinuierlich berücksichtigt werden, 2. in der Lehrerausbildung die Befähigung zur Werteerziehung einen angemessenen Stellenwert erhält und 3. Maßnahmen zur Reduzierung der Schulklassengrößen eingeleitet werden.

Wie die Ausführungen im Kapitel 2.2 gezeigt haben, ist dem Kultusministerium – das sei an dieser Stelle noch einmal würdigend betont – die Werteerziehung überaus wichtig. Viel wird unternommen, das Thema zu fördern. Die in diesem Schlusskapitel bisher formulierten Anregungen zeigen, durch welche Schritte das Ministerium die Werteerziehung an allgemein bildenden Schulen in Bayern noch weiter optimieren und ausbauen kann. Doch auch die einzelnen Schulleiter und Lehrkräfte haben die Möglichkeit, ihren Teil zur Verbesserung der Situation beizutragen. Viele Vorschläge lassen sich direkt aus den Anregungen an das Ministerium ableiten.

Die Mitglieder der Schulleitungen haben aufgrund ihrer Schlüsselpositionen die Möglichkeit, falls dies noch nicht geschehen ist, die Schaffung eines innerschulischen Werteerziehungskonsenses in die Wege zu leiten. Sie können im Rahmen von Konferenzen den Dialog hierüber fördern und systematisch Austauschmöglichkeiten einrichten. Dies setzt natürlich die Bereitschaft der Lehrkräfte voraus, sich hierauf einzulassen und sich einzubringen.

Die Schulleiter sind auch auf das Engagement der Lehrer angewiesen, wenn es darum geht, die Eltern der Schüler, wie im Kapitel 3.6 beschrieben, für eine Erziehungspartnerschaft der beiden wichtigsten wertepädagogischen Institutionen zu gewinnen, die unerlässlich ist.

Lehrkräfte, die sich wegen der vielen, de facto nicht zu verleugnenden Widrigkeiten außer Lage sehen, Werteerziehung zu betreiben, seien ermutigt, das enorme werteerzieherische Potenzial ihres Unterrichts, das sich aus den konkreten Situationen, den Lehrinhalten und der eigenen Vorbildfunktion ergibt, trotz allem nicht ungenutzt zu lassen. Ferner sei ihnen nahegelegt, die Kommunikation und Kooperation mit ihren Kollegen zu suchen, anstatt als Einzelkämpfer alles selbst zu lösen.

Kommunikation und Kooperation im Lehrerkollegium werden im Übrigen auch nach der etwaigen Implementierung des vorgeschlagenen Fortbildungsangebots noch nötig sein. Ein solches Training ist nicht mehr, aber auch nicht weniger als die Basis, auf der die Unterrichtenden gemeinsam ihre werteerzieherischen Bemühungen fundieren und weiterentwickeln können.

Nun ist nicht nur in Bayern die Durchführung schulischer Werteerziehung anzustreben. Erziehungswissenschaftler und Fachdidaktiker sind gefordert, Konzepte der Wertepädagogik und der hierfür nötigen Lehrerqualifizierung zu erarbeiten, welche die Spezifika der Schulsysteme der einzelnen Bundesländer berücksichtigen. Dies ist nicht möglich ohne die Unterstützung der Politik und der verantwortlichen Kultusministerien.

Der mündige Umgang mit Wertefragen und ethischen Themen ist eine überaus wichtige Qualifikation des unter Pluralitätsbedingungen lebenden Individuums. Die Schule hat dem Heranwachsenden hierbei zu helfen. Dies kann sie jedoch nur, wenn die Lehrkräfte bei dieser Aufgabe kontinuierlich und systematisch unterstützt werden.

Quellenverzeichnis

Allgemeine Erklärung der Menschenrechte: Resolution 217 A (III) der Generalversammlung der Vereinten Nationen vom 10. Dezember 1948. Übersetzung: Deutscher Übersetzungsdienst, Vereinte Nationen, New York. Im Internet: *www.unric.org/index.php?option=com_content&task=view&id=105&Itemid=146*, 16. Oktober 2008, 12:00 Uhr.

Bayerisches Gesetz über das Erziehungs- und Unterrichtswesen (BayEUG) in der Fassung der Bekanntmachung vom 31. Mai 2000 (BGVBl, S. 414, ber. S. 632, BayRS 2230-1-1-UK), zuletzt geändert durch Gesetz vom 22. Juli 2008 (BGVBl, S. 467).

Auch nachzulesen im Internet: *www.verwaltung.bayern.de/Titelsuche-.116.htm?purl=http%3A%2F%2Fby.juris.de%2Fby%2Fgesamt%2FEUG_BY_2000.htm#EUG_BY_2000_rahmen*, 3. Juli 2008, 15:30 Uhr.

Bayerisches Lehrerbildungsgesetz (BayLBG) in der Fassung der Bekanntmachung vom 12. Dezember 1995 (BGVBl 1996, S. 16, ber. S.40, BayRS 2238-1-UK), zuletzt geändert durch Gesetz vom 24. Juli 2007 (BGVBl, S. 536). Auch nachzulesen im Internet: *www.verwaltung.bayern.de/Titelsuche-.116.htm?purl=http%3A%2F%2Fby.juris.de%2Fby%2Fgesamt%2FLehrBiG_BY_1995.htm#LehrBiG_BY_1995_rahmen*, 18. August 2008, 18:00 Uhr.

Bürgerliches Gesetzbuch (BGB) in der Fassung der Bekanntmachung vom 2. Januar 2002 (BGBl I, S. 42, ber. S. 2909 und BGBl 2003 I, S. 738), zuletzt geändert durch Artikel 3 des Gesetzes vom 3. April 2009 (BGBl. I, S. 700).

Die Bibel nach der Übersetzung Martin Luthers. Mit Apokryphen. Bibeltext in der revidierten Fassung von 1984. Herausgegeben von der Evangelischen Kirche in Deutschland. Durchgesehene Ausgabe in neuer Rechtschreibung. Stuttgart.

Grundgesetz für die Bundesrepublik Deutschland (GG) vom 23. Mai 1949 (BGBl I, S. 1), zuletzt geändert durch Artikel 1 des Gesetzes vom 19. März 2009 (BGBl. I, S. 606).

Lehramtsprüfungsordnung I (2002) [LPO I (2002)]: Ordnung der Ersten Staatsprüfung für ein Lehramt an öffentlichen Schulen in der Fassung der Bekanntmachung vom 7. November 2002 (BGVBl, S. 657). Auch nachzulesen im Internet: *www.verwaltung.bayern.de/Titelsuche-.116.htm?purl=http%3A%2F%2Fby.juris.de%2Fby%2Fgesamt%2FLehrPrO_BY_2002.htm#LehrPrO_BY_2002_rahmen*, 12. August 2008, 12:00 Uhr.

Lehramtsprüfungsordnung I (2008) [LPO I (2008)]: Ordnung der Ersten Prüfung für ein Lehramt an öffentlichen Schulen vom 13. März 2008 (BGVBl, S. 180). Auch nachzulesen im Internet: *www.verwaltung.bayern.de/Titelsuche-.116.htm?purl=http%3A%2F%2Fby.juris.de%2Fby%2Fgsamt%2FLehrPrO_BY_2008.htm#LehrPrO_BY_2008_rahmen*, 13. August 2008, 16:00 Uhr.

Lehramtsprüfungsordnung II (LPO II): Ordnung der Zweiten Staatsprüfung für ein Lehramt an öffentlichen Schulen vom 28. Oktober 2004 (BGVBl, S. 428). Auch nachzulesen im Internet: *www.verwaltung.bayern.de/Titelsuche-.116.htm?purl=http%3A%2F%2Fby.juris.de%2Fby%2Fgesamt%2FLehr2StPrO_BY_2004.htm#Lehr2StPrO_BY_2004_rahmen*, 12. August 2008, 12:00 Uhr.

Lehrplan für das bayerische Gymnasium (G9). Genehmigungsnummer der untersuchten Lehrplaninhalte: II/19-S 5410-8/77064. Im Internet: *www.isb.bayern.de/isb/index.asp?MNav=0&QNav=4&TNav=0&INav=0&Fach=&LpSta=8&STyp=4 (Übersichtsseite)*, 1. August 2008, 16:30 Uhr.

Lehrplan für das Gymnasium in Bayern (G8). Genehmigungsnummer der untersuchten Lehrplaninhalte: II.3 – 5 O 1323.1 – 1.8881. Im Internet: *www.isb gym8-lehrplan.de* (Übersichtsseite), 1. August 2008, 16:30 Uhr.

Lehrplan für die bayerische Grundschule. Genehmigungsnummer der untersuchten Lehrplaninhalte: IV/1-S7410/1-4/84000. Im Internet: *www.isb.bayern.de/isb/index.asp?MNav=0&QNav=4&TNav=0&INav=0&Fach=&LpSta=6&STyp=1* (Übersichtsseite), 23. Juli 2008, 11:00 Uhr.

Lehrplan für die bayerische Hauptschule. Genehmigungsnummer der untersuchten Lehrplaninhalte: IV.2-5S7410.2-4.60750. Im Internet: *www.isb.bayern.de/isb/index.asp?MNav=0&QNav=4&TNav=0&INav=0&Fach=&LpSta=6&STyp=27* (Übersichtseite Regelklasse) und *www.isb.bayern.de/isb/index.asp?MNav=0&QNav=4&TNav=0&INav=0&Fach=&LpSta=6&STyp=28* (Übersichtsseite Mittlere-Reife-Zug), 28. Juli 2008, 16:00 Uhr.

Lehrplan für die sechsstufige Realschule. Genehmigungsnummer der untersuchten Lehrplaninhalte: V/1-S 6410-5/28432. August 2001, München.

Lehrplan für die vierstufige bayerische Realschule. Genehmigungsnummer der untersuchten Lehrplaninhalte: V/2 - VIII/5 - S 6410 - 10/91 284. Amtsblatt des Bayerischen Staatsministeriums für Unterricht, Kultus, Wissenschaft und Kunst, Teil I, Sondernummer 1, ausgegeben in München am 30. August 1993.

Sammlung der Entscheidungen des Bundesverfassungsgerichts (BVerfGE), 34. Band (1973).

Verfassung des Freistaates Bayern (BayVerf) in der Fassung der Bekanntmachung vom 15. Dezember 1998 (BGVBl, S. 991), zuletzt geändert durch Gesetze vom 10. November 2003 (BGVBl, S. 816 u. 817). Auch nachzulesen im Internet: *www.bayern.landtag.de/cps/rde/xbcr/SID-0A033D45-C80840FB/www/dateien/Bayerische_Verfassung_Lesezeichen_BF.pdf*, 3. Juli 2008, 15:30 Uhr.

Zulassungs- und Ausbildungsordnung für das Lehramt an Grundschulen und das Lehramt an Hauptschulen (ZALGH) in der Fassung der Bekanntmachung vom 29. September 1992 (BGVBl, S. 454), zuletzt geändert durch Verordnung vom 4. August 2003 (BGVBl, S. 565).

Zulassungs- und Ausbildungsordnung für das Lehramt an Gymnasien (ZALG) in der Fassung der Bekanntmachung vom 29. September 1992 (BGVBl, S. 477), zuletzt geändert durch Verordnung vom 4. August 2003 (BGVBl, S. 582).
Zulassungs- und Ausbildungsordnung für das Lehramt an Realschulen (ZALR) vom 31. August 1995 (BGVBl, S. 682), zuletzt geändert durch Verordnung vom 4. August 2003 (BGVBl, S. 577).

Literaturverzeichnis

Albrecht, Clemens (2001): Werteerziehung und Werturteilsstreit. Die Aktualität einer alten Debatte. In: Zeitschrift für Pädagogik, 47. Jg., H. 6, S. 879-892.

Akademie Gesellschaft und Wissenschaft (1994): Versuch einer Kurskorrektur. In: Außerschulische Bildung. Materialien zur politischen Jugend- und Erwachsenenbildung, H. 2, S. 177-181.

Batinic, Bernad (2003): Internetbasierte Befragungsverfahren. In: Österreichische Zeitschrift für Soziologie, 28. Jg., H. 4, S. 6-19.

Bayerisches Landesamt für Statistik und Datenverarbeitung (2007 a): Bayerische Schulen im Schuljahr 2006/07. Eckzahlen sämtlicher Schularten nach kreisfreien Städten und Landkreisen. Im Internet: *www.statistik.bayern.de/veroeffentlichungen/webshop/download/B0100C%20200600/B0100C%20200600.pdf*, 12. März 2007, 16:46 Uhr.

Bayerisches Landesamt für Statistik und Datenverarbeitung (2007 b): Gymnasien, Abendgymnasien, Kollegs, Gesamtschulen, Freie Waldorfschulen, Munich International School, Private Lyzeen der Republik Griechenland, Private Deutsch-Französische Schule, Bavarian International School, Europäische Schule München. Schuljahr 2006/07. Im Internet: *www.statistik.bayern.de/veroeffentlichungen/webshop/download/B1400C%20200600/B1400C%20200600.pdf*, 20. März 2007, 17:30 Uhr.

Bayerisches Landesamt für Statistik und Datenverarbeitung (2007 c): Realschulen, Realschulen zur sonderpädagogischen Förderung, Abendrealschulen in Bayern 2006/07. Im Internet: *www.statistik.bayern.de/veroeffentlichungen/webshop/download/B1300C%20200600/B1300C%20200600.pdf*, 20. März 2007, 17:30 Uhr.

Bayerisches Landesamt für Statistik und Datenverarbeitung (2007 d): Volksschulen in Bayern. Im Internet: *www.statistik.bayern.de/veroeffentlichungen/webshop/download/B1102C%20200600/B1102C%20200600.pdf*, 20. März 2007, 17:30 Uhr.

Bayerisches Staatsministerium für Unterricht und Kultus (2007): Schule und Bildung in Bayern 2007. Statistische Übersichten. Im Internet: *www.km.bayern.de/imperia/md/content/pdf/schulen/statistik/schuleundbildung2007/schule_und_bildung_in_bayern_2007.pdf*, 29. Februar 2007, 17:57 Uhr.

Bayerisches Staatsministerium für Unterricht und Kultus [Hrsg.] (2008): Werte machen stark. Praxishandbuch zur Werteerziehung. 1. Auflage, Augsburg.

Becker, Gerold (2002): „Werte vermitteln"? Über eine wohlfeile Forderung und die Schwierigkeit, sie zu erfüllen. In: Zeitschrift für Erlebnispädagogik, 22. Jg., H. 1, S. 5-17.

Benninghaus, Hans (2005): Deskriptive Statistik. Eine Einführung für Sozialwissenschaftler. 10., durchgesehene Auflage, Wiesbaden.

Bönsch, Manfred (1995): Werte und Normen. Wie können Verhaltensleitlinien heute begründet werden? In: Schulmagazin 5 bis 10. Impulse für kreativen Unterricht, 10 Jg., H. 6, S. 9-13.

Bortz, Jürgen (2005): Statistik für Human- und Sozialwissenschaftler. Sechste, vollständig überarbeitete und aktualisierte Auflage mit 84 Abbildungen und 242 Tabellen, Heidelberg.

Brezinka, Wolfgang (1992): Glaube, Moral und Erziehung. München und Basel.

Brezinka, Wolfgang (1993 a): „Werte-Erziehung" in einer wertunsicheren Gesellschaft. In: Die Heimstatt. Werkheft für Jugendsozialarbeit, 41. Jg., H. 1-4, S. 8-19.

Brezinka, Wolfgang (1993 b): Erziehung in einer wertunsicheren Gesellschaft. Beiträge zur praktischen Pädagogik. 3., verbesserte und erweiterte Auflage, München und Basel.

Corradini, Antonella (1994): Intersubjektivität und Objektivität der moralischen Werte. In: Freiburger Zeitschrift für Philosophie und Theologie, 41. Jg., H. 1-2, S. 137-154.

Deutsche Shell [Hrsg.] (2003): Jugend 2002. Zwischen pragmatischem Idealismus und robustem Materialismus. 14. Shell Jugendstudie. 4. Auflage, Frankfurt am Main.

Deutsche Shell [Hrsg.] (2006): Jugend 2006. Eine pragmatische Generation unter Druck. 15. Shell Jugendstudie. Frankfurt am Main.

Dietrich, Theo (1998): Zeit- und Grundfragen der Pädagogik: eine Einführung in pädagogisches Denken. 8., erweiterte und überarbeitete Auflage, Bad Heilbrunn.

Dittmer, Lothar (1994): Kann die politische Bildung Werte vermitteln? In: Außerschulische Bildung. Materialien zur politischen Jugend- und Erwachsenenbildung, H. 2, S. 133-136.

Dönhoff, Marion Gräfin (2003): Gegen die Maßlosigkeit. In: Universitas. Orientierung in der Wissenswelt, 58. Jg., H. 7 (685), S. 703-709.

Dollase, Rainer (2007): Werteerziehung zwischen bildungspolitischer Debatte und schulischer Wirklichkeit. In: Religionsunterricht an berufsbildenden Schulen, H. 1, S. 7-9.

Eckensberger, Lutz H. (1998): Die Entwicklung des moralischen Urteils. In: Heidi Keller [Hrsg.]: Lehrbuch Entwicklungspsychologie. 1. Auflage, Bern, S. 475-516.

Edelstein, Wolfgang; Oser, Fritz; Schuster, Peter [Hrsg.] (2001): Moralische Erziehung in der Schule. Weinheim und Basel.

Fellman, Ferdinand (2002): „Du sollst..." – kann man so noch zu Schülern sprechen? Zum Problem der Vermittlung moralischer Werte. In: Zeitschrift für Didaktik der Philosophie und Ethik, 24. Jg., H. 2, S. 171-176.

Friedrichs, Jürgen (1990): Methoden empirischer Sozialforschung. 14. Auflage, Opladen.

Fuchshuber-Weiss, Elisabeth [unter Mitarbeit von Stefan Rupp] (2004): Wertevermittlung und Werteerziehung im Unterricht und Schulleben eines Gymnasiums. In: Eva Matthes [Hrsg.]: Werteorientierter Unterricht – eine Herausforderung für die Schulfächer. 1. Auflage, Donauwörth, S. 232-251.

Gensicke, Thomas (1994): Wertewandel, Wertevermittlung und Selbstentwicklung. Wie entstehen heute realistische Persönlichkeiten? In: Außerschulische Bildung. Materialien zur politischen Jugend- und Erwachsenenbildung, H. 2, S. 117-122.

Gensicke, Thomas (2003): Individualität und Sicherheit in neuer Synthese? Wertorientierung und gesellschaftliche Aktivität. In: Deutsche Shell [Hrsg.]: Jugend 2002. Zwischen pragmatischem Idealismus und robustem Materialismus. 14. Shell Jugendstudie. 4. Auflage, Frankfurt am Main, S. 139-212.

Gensicke, Thomas (2006 a): Jugend und Religiosität. In: Deutsche Shell [Hrsg.]: Jugend 2006. Eine pragmatische Generation unter Druck. 15. Shell Jugendstudie. Frankfurt am Main, S. 203-239.

Gensicke, Thomas (2006 b): Zeitgeist und Wertorientierungen. In: Deutsche Shell [Hrsg.]: Jugend 2006. Eine pragmatische Generation unter Druck. 15. Shell Jugendstudie. Frankfurt am Main, S. 169-202.

Gensicke, Thomas (2007): Jugend und Religiosität. Bestandsaufnahme und Tendenzen anhand der 15. Shell-Jugendstudie. In: Deutsche Jugend, 55. Jg., H. 10, S. 415-427.

Giesecke, Hermann (2005): Wie lernt man Werte? Grundlagen der Sozialerziehung. Weinheim und München.

Hantel, Peter (1990): Das Grundrecht der Freiheit der Person gem. Art. 2 II 2, 104 GG. In: Juristische Schulung. Jus. Zeitschrift für Studium und Referendariat, 30. Jg., H. 11, S. 865-872.

Haydon, Graham (2001): Kommunitarismus, Liberalismus und moralische Erziehung. In: Zeitschrift für Pädagogik, 47. Jg., H. 1, S. 1-12.

Heimann, Horst (1994): Krise der Werte oder der Gesellschaft? In: Außerschulische Bildung. Materialien zur politischen Jugend- und Erwachsenenbildung, H. 2, S. 123-127.

Hellekamps, Stephanie (2002): Das Dilemma der Werteerziehung und der erziehende Unterricht. In: Vierteljahrsschrift für wissenschaftliche Pädagogik, 78. Jg., H. 1, S. 38-51.

Henke, Roland W. (1997): Kants Konzept von moralischer Erziehung im Brennpunkt gegenwärtiger Diskussionen. In: Pädagogische Rundschau, 51. Jg., H. 1, S. 17-30.

Hennig-Thurau, Thorsten; Dallwitz-Wegner, Dominik (2002): Online-Befragungen. Ein neues Instrument für die Marktforschung. In: Wirtschaftswissenschaftliches Studium. Wist. Zeitschrift für Ausbildung und Hochschulkontakt, 31. Jg., H. 6, S. 309-315.

Hentig, Hartmut von (2001): Ach, die Werte! Ein öffentliches Bewusstsein von zwiespältigen Aufgaben. Über eine Erziehung für das 21. Jahrhundert. Nachdruck, Weinheim und Basel.

Herzog, Roman (2004): Werterziehung in Familie und Schule. In: Lehren und lernen, 30. Jg., H. 12, S. 19-21.

Höffe, Otfried [Hrsg.] (2002): Lexikon der Ethik. 6., neubearbeitete Auflage, München.

Höffe, Otfried (2006): Werte für ein demokratisches Bildungswesen. In: Klaus Kempter; Peter Meusburger [Hrsg.]: Bildung und Wissensgesellschaft. Berlin und Heidelberg, S. 83-96.

Höppner, Reinhard (1997): Gemeinsame Werte als Voraussetzung für Gemeinschaft – Erfahrungen aus dem Prozeß der deutschen Vereinigung. In: Recht und Politik. Vierteljahreshefte für Rechts- und Verwaltungspolitik, 33. Jg., H. 2, S. 63-73.

Joas, Hans (2003): Wertevermittlung in einer fragmentierten Gesellschaft. In: Universitas. Orientierung in der Wissenswelt, 58. Jg., H. 7 (685), S. 667-685.

Kahl, Wolfgang (2008): Grundfälle zu Art. 2 I GG. In: Juristische Schulung. Jus. Zeitschrift für Studium und Referendariat, 48. Jg., H. 6, S. 499-504.

Kant, Immanuel (2003): Grundlegung zur Metaphysik der Sitten. In: Ders.: Werkausgabe Band VII. Herausgegeben von Wilhelm Weischedel. 16. Auflage (Nachdruck), Frankfurt am Main, S. 9-102.

Köcher, Renate (2006): Die neue Anziehungskraft der Religion. Wachsendes Interesse an Glaube und Kirche. In: Info. Informationen für Religionslehrerinnen und Religionslehrer, Bistum Limburg, 35. Jg., H. 4, S. 177-179.

Kohlberg, Lawrence (1976): Moral stages and moralization. The cognitive-developmental approach. In: Thomas Lickona [Hrsg.]: Moral development and behavior. Theory, Research and social issues. New York u.a., S. 31-53.

Kohlberg, Lawrence (1981): Kognitive Entwicklung und moralische Erziehung. In: Lutz Mauermann; Erich Weber [Hrsg.]: Der Erziehungsauftrag der Schule. Beiträge zur Theorie und Praxis moralischer Erziehung unter besonderer Berücksichtigung der Wertorientierung im Unterricht. 2. durchgesehene Auflage, Donauwörth, S. 107-117.

Ladenthin, Volker (2007): Vom Wert der Werte. In: Erziehen heute. Mitteilungen der Gemeinschaft Evangelischer Erzieher e.V., 57. Jg., H. 2, S. 3-13.

Lamnek, Siegfried (2005): Qualitative Sozialforschung. Lehrbuch. 4., vollständig überarbeitete Auflage, Weinheim und Basel.

Laux, Bernhard (2002): Wert der Werte. Zur Bedeutung und Tragfähigkeit des Wertkonzepts in der pluralen Gesellschaft. In: Stimmen der Zeit. Monatsschrift für das Geistesleben der Gegenwart, Bd. 220, 127. Jg., H. 8, S. 507-519.

Liebau, Eckart (1999): Erfahrung und Verantwortung. Werteerziehung als Pädagogik der Teilhabe. Weinheim und München.

Lind, Georg (2003): Moral ist lehrbar. Handbuch zur Theorie und Praxis moralischer und demokratischer Bildung. 1. Auflage, München.

Lind, Georg (2008): Die Konstanzer Methode der Dilemmadiskussion. Ziele, Aktivitäten, Ablauf. Im Internet: *www.uni-konstanz.de/ag-moral/moral/dildisk-d.htm*, 26. September 2008, 16:00 Uhr.

Löwisch, Dieter-Jürgen (1996): Das Dilemma von Menschenrechtserziehung: Weltweiter Geltungsanspruch von Menschenrechten mit ihren Wertgrundlagen und das Recht auf kulturelle Andersartigkeit – Gibt es einen Minimalkonsens über die Werte der Menschenrechte? In: Vierteljahrsschrift für wissenschaftliche Pädagogik, 72. Jg., H. 2, S. 233-243.

Matthes, Eva [Hrsg.] (2004): Werteorientierter Unterricht – eine Herausforderung für die Schulfächer. 1. Auflage, Donauwörth.

Matthes, Eva (2004 a): Einleitung. In: Eva Matthes [Hrsg.]: Werteorientierter Unterricht – eine Herausforderung für die Schulfächer. 1. Auflage, Donauwörth, S. 5-10.

Matthes, Eva (2004 b): Werteorientierter Unterricht – aktuelle Konzeptionen. In: Eva Matthes [Hrsg.]: Werteorientierter Unterricht – eine Herausforderung für die Schulfächer. 1. Auflage, Donauwörth, S. 12-25.

Matthes, Eva (2008): Werteorientierter Unterricht. In: Bayerisches Staatsministerium für Unterricht und Kultus [Hrsg.]: Werte machen stark. Praxishandbuch zur Werteerziehung. 1. Auflage, Augsburg, S. 38-44.

Mauermann, Lutz; Weber, Erich [Hrsg.] (1981): Der Erziehungsauftrag der Schule. Beiträge zur Theorie und Praxis moralischer Erziehung unter besonderer Berücksichtigung der Wertorientierung im Unterricht. 2. durchgesehene Auflage, Donauwörth.

Mauermann, Lutz (1981 a): Der Beitrag des Unterrichts zur moralischen Erziehung. In: Lutz Mauermann; Erich Weber [Hrsg.]: Der Erziehungsauftrag der Schule. Beiträge zur Theorie und Praxis moralischer Erziehung unter besonderer Berücksichtigung der Wertorientierung im Unterricht. 2. durchgesehene Auflage, Donauwörth, S. 79-96.

Mauermann, Lutz (1981 b): Unterrichtsplanung zur Diskussion eines moralischen Dilemmas in der 8./9. Jahrgangsstufe (Thema: Hauptschulabschluß-Prüfung). In: Lutz Mauermann; Erich Weber [Hrsg.]: Der Erziehungsauftrag der Schule. Beiträge zur Theorie und Praxis moralischer Erziehung unter besonderer Berücksichtigung der Wertorientierung im Unterricht. 2. durchgesehene Auflage, Donauwörth, S. 193-201.

Mauermann, Lutz (2004): Konzepte zur Werteerziehung und deren Umsetzung in der Schule – Beobachtungen aus den vergangenen zwei Jahrzehnten. In: Eva Matthes [Hrsg.]: Werteorientierter Unterricht – eine Herausforderung für die Schulfächer. 1. Auflage, Donauwörth, S. 26-37.

Mayring, Philipp (2002): Einführung in die qualitative Sozialforschung. Eine Anleitung zu qualitativem Denken. 5., überarbeitete und neu ausgestattete Auflage, Weinheim und Basel.

Mayring, Philipp (2003): Qualitative Inhaltsanalyse. Grundlagen und Techniken. 8. Auflage, Weinheim und Basel.

Meuser, Michael; Nagel, Ulrike (2002): ExpertInneninterviews – vielfach erprobt, wenig bedacht. Ein Beitrag zur qualitativen Methodendiskussion. In: Alexander Bogner; Beate Littig; Wolfgang Menz [Hrsg.]: Das Experteninterview. Theorie, Methode, Anwendung. Opladen.

Michel, Karl-Georg (2001): Jugend ohne Werte? Zur aktuellen Diskussion über Werte und Wertvorstellungen junger Menschen. In: Katholische Bildung, 102. Jg., H. 11, S. 437-449.

Montada, Leo (2008): Moralische Entwicklung und Sozialisation. In: Rolf Oerter; Leo Montada [Hrsg.]: Entwicklungspsychologie. 6., vollständig überarbeitete Auflage, Weinheim und Basel, S. 572-606.

Müller-Michaels, Harro (2000): Vom Wert der Werte – Leitlinien ethischen Handelns zu Beginn des 21. Jahrhunderts. In: Deutschunterricht, 53. Jg., H. 1, S. 2-5.

Musolff, Hans-Ulrich (2001): Über das Begründen von Werten im Unterricht öffentlicher Schulen. In: Pädagogische Rundschau, 55. Jg., H. 6, S. 679-695.

Noelle-Neumann, Elisabeth; Köcher, Renate [Hrsg.] (2002): Allensbacher Jahrbuch der Demoskopie 1998-2002. München.

Oser, Fritz; Althof, Wolfgang (2001): Moralische Selbstbestimmung. Modelle der Entwicklung und Erziehung im Wertebereich. 4. Auflage, Stuttgart.

Oser, Fritz (2001): Acht Strategien der Wert- und Moralerziehung. In: Wolfgang Edelstein; Fritz Oser; Peter Schuster [Hrsg.]: Moralische Erziehung in der Schule. Weinheim und Basel, S. 63-89.

Preuss-Lausitz, Ulf (1996): Schulische Werte unter Pluralitätsbedingungen. Zur Pädagogik der Vielfalt in der pluralistischen Schule der Zukunft. In: Ethik & Unterricht, 7. Jg., H. 4, S. 35-43.

Rekus, Jürgen (1993): Bildung und Moral. Zur Einheit von Rationalität und Moralität in Schule und Unterricht. Weinheim und München.

Rekus, Jürgen (2003): Die familienergänzende Erziehungsaufgabe der Schule. In: Engagement. Zeitschrift für Erziehung und Schule, H. 2, S. 127-132.

Rost, Detlef H. (2005): Interpretation und Bewertung pädagogisch-psychologischer Studien. Eine Einführung. Weinheim und Basel.

Roth, Heinrich (1981): Moralische Mündigkeit als Ziel der Erziehung. In: Lutz Mauermann; Erich Weber [Hrsg.]: Der Erziehungsauftrag der Schule. Beiträge zur Theorie und Praxis moralischer Erziehung unter besonderer Berücksichtigung der Wertorientierung im Unterricht. 2. durchgesehene Auflage, Donauwörth, S. 13-32.

Schuster, Peter (2001): Von der Theorie zur Praxis – Wege zur unterrichtspraktischen Umsetzung des Ansatzes von Kohlberg. In: Wolfgang Edelstein; Fritz Oser; Peter Schuster [Hrsg.]: Moralische Erziehung in der Schule. Weinheim und Basel, S. 177-212.

Standop, Jutta (2005): Werte-Erziehung. Einführung in die wichtigsten Konzepte der Werteerziehung. Weinheim und Basel.

Stein, Margit (2008): Wie können wir Kindern Werte vermitteln? Werteerziehung in Familie und Schule. München.

Strasser, Johano (2003): Mit der Lüge leben. Zwischen Prinzipienreiterei und moralischer Indifferenz. In: Universitas. Orientierung in der Wissenswelt, 58. Jg., H. 7 (685), S. 691-701.

Tibi, Bassam (2001): Leitkultur als Wertekonsens. Bilanz einer missglückten Debatte. In: Aus Politik und Zeitgeschichte. Beilage zur Wochenzeitung „Das Parlament“, Bd. 1-2, S. 23-27.

Uhl, Siegfried (2004): Werte-Erziehung in Elternhaus und Schule. Eine Lebensfrage. In: Walter Eykmann [Hrsg.]: Für eine gelingende Erziehungspartnerschaft – Elternmitwirkung. 50 Jahre Katholische Elternschaft Deutschlands. Bonn, S. 41-58.

Velthaus, Gerhard (2006): Die Fraglichkeit der Moralerziehung – brauchen wir eine neue Tugendlehre zur Vermittlung sittlichen Verhaltens? In: Pädagogische Rundschau, 60. Jg., H. 4, S. 407-424.

Veverka, Ján Lukáč (1995): Zur Priorität der ethischen Werte. In: Der Donauraum. Zeitschrift des Institutes für den Donauraum und Mitteleuropa, 35. Jg., H. 4, S. 37-40.

Walter, Joachim (2003): Was die Werte noch wert sind. In: Universitas. Orientierung in der Wissenswelt, 58. Jg., H. 7 (685), S. 664-665.

Weber, Erich (1981): Aktuelle und prinzipielle Überlegungen zum Erziehungsauftrag der Schule. Grundkategorien der moralischen Erziehung unter besonderer Berücksichtigung der Wertklärung und Wertorientierung. In: Lutz Mauermann; Erich Weber [Hrsg.]: Der Erziehungsauftrag der Schule. Beiträge zur Theorie und Praxis moralischer Erziehung unter besonderer Berücksichtigung der Wertorientierung im Unterricht. 2. durchgesehene Auflage, Donauwörth, S. 33-78.

Werner, Hans-Joachim (2002): Moral und Erziehung in der pluralistischen Gesellschaft. Darmstadt.

Werteinitiative ’93 (1994): Werte-Erziehung im Geiste der Aufklärung ist Grundlage unserer Demokratie. In: Außerschulische Bildung. Materialien zur politischen Jugend- und Erwachsenenbildung, H. 2, S. 176-177.

Wiater, Werner (2004 a): Wertorientierung aus der Perspektive des lernenden Subjekts. In: Eva Matthes [Hrsg.]: Werteorientierter Unterricht – eine Herausforderung für die Schulfächer. 1. Auflage, Donauwörth, S. 51-64.

Wiater, Werner (2004 b): Kulturelle Integration durch das Schulbuch. In: Eva Matthes; Carsten Heinze [Hrsg.]: Interkulturelles Verstehen und kulturelle Integration durch das Schulbuch? Die Auseinandersetzung mit dem Fremden. Bad Heilbrunn, S. 35-48.

Wiater, Werner (2006): Werte! – Was für Werte? In: Lernchancen, 9. Jg., H. 52, S. 4-10.

Anhang

Erweiterter Anhang im Internet (www.ergon-verlag.de/downloads/gruber)

Philosophisch-Sozialwissenschaftliche Fakultät
Lehrstuhl für Pädagogik

[Startseite - Umfrage starten - Umfrage fortsetzen - Information]

Sehr geehrte Damen und Herren,

herzlich willkommen zur Internet-Umfrage zum Thema "Schulische Werteerziehung".

Bitte nehmen Sie an dieser Umfrage nur dann teil, wenn Sie als Lehrkraft an einer allgemein bildenden Schule in öffentlicher Trägerschaft in Bayerisch-Schwaben arbeiten.

Sollten Sie als Lehrkraft an mehreren Schulen tätig sein, dann beziehen Sie alle Fragen bitte auf die Schule, an der Sie das Einladungsschreiben zur Teilnahme erhalten haben.

Sollten Sie mehrere Einladungsschreiben erhalten haben, dann beziehen Sie alle Fragen bitte auf die allgemein bildende Schule in Bayerisch-Schwaben, an der Sie die meiste Zeit unterrichten.

Philosophisch-Sozialwissenschaftliche Fakultät
Lehrstuhl für Pädagogik

[Startseite - Umfrage starten - Umfrage fortsetzen - Information]

Das Ausfüllen der Umfrage dauert ca. 30 Minuten. Bitte notieren Sie sich zu Beginn den auf dieser Seite angegebenen persönlichen Zahlencode. Er ermöglicht Ihnen, das Ausfüllen nach jeder freiwilligen oder auch unbeabsichtigten Unterbrechung wieder fortzusetzen.

Ihr persönlicher Code: UMF-452964356

Wenn Sie die Umfrage einmal unterbrechen wollen, nutzen Sie bitte den Button, der dafür zwischen zwei Fragen immer angeboten wird. An dieser Stelle wird Ihnen zudem immer die Möglichkeit gegeben, zur letzten sowie zur vorletzten Frage zurückzugehen, um eventuelle Korrekturen an Ihren Antworten vorzunehmen. Benutzen Sie bitte nie die Zurücktaste Ihres Internetprogramms.

Bei Fragen ohne Antwortvorgaben (*offene Fragen*) ist es zwar möglich, das Antwortfeld freizulassen. Für die Auswertung wäre es jedoch wichtig, dass alle Teilnehmer/innen alle Fragen beantworten. Deshalb möchten wir Sie bitten, keine Fragen zu überspringen. Bei Fragen mit Antwortvorgaben (Ankreuzfragen u.ä.) ist ein Überspringen nicht möglich, da dies zu statistischen Verzerrungen führen würde. Bitte haben Sie dafür Verständnis.

Wenn Sie mit der Umfrage beginnen möchten, drücken Sie bitte auf Start.

"Start"

A. Die aktuelle Wertedebatte

„Werte", dieses Schlagwort fällt in der öffentlichen Diskussion häufig. Im Rahmen der Wertedebatte wird oft recht kontrovers diskutiert.

1. Wie stehen Sie zu folgenden Aussagen?

„Eine Debatte über Werte ist angesichts der gesellschaftlichen Situation in Deutschland notwendig."

stimme absolut zu ○ ○ ○ ○ ○ ○ stimme absolut nicht zu

„Eine öffentliche Wertedebatte ist überflüssig, da in einer freiheitlichen Gesellschaft wie der deutschen sowieso jeder Mensch seine individuellen Werte für sich selbst finden muss."

stimme absolut zu ○ ○ ○ ○ ○ ○ stimme absolut nicht zu

„Beliebigkeit in Wertefragen schadet einer Gesellschaft."

stimme absolut zu ○ ○ ○ ○ ○ ○ stimme absolut nicht zu

„Werte einzufordern ist nicht mehr zeitgemäß."

stimme absolut zu ○ ○ ○ ○ ○ ○ stimme absolut nicht zu

„Auch in einer freiheitlichen Gesellschaft sollten bestimmte Werte für alle gelten."

stimme absolut zu ○ ○ ○ ○ ○ ○ stimme absolut nicht zu

„Wenn bestimmte Werte für alle verbindlich gelten sollen, führt das zu einer nicht akzeptablen Einengung persönlicher Freiheiten."

stimme absolut zu ○ ○ ○ ○ ○ ○ stimme absolut nicht zu

„Aufgrund der multikulturellen Struktur der deutschen Gesellschaft ist es in der Praxis nicht möglich, dass bestimmte Werte für alle gelten."

stimme absolut zu ○ ○ ○ ○ ○ ○ stimme absolut nicht zu

„Auch in einer multikulturellen Gesellschaft sollten bestimmte Werte für alle gelten."

stimme absolut zu ○ ○ ○ ○ ○ ○ stimme absolut nicht zu

nächste Frage

Frage 2 von 17

B. Ziele der Werteerziehung

Im Mittelpunkt dieser Umfrage steht die **schulische** Werteerziehung. Die folgende Frage jedoch bezieht sich auf die Werteerziehungsthematik, unabhängig vom Erziehungsort.

2. Bitte nennen Sie die drei wichtigsten Ziele, auf die eine zeitgemäße Werteerziehung Ihrer Meinung nach hinarbeiten sollte.

Wenn möglich, antworten Sie bitte in Stichworten. Dies reduziert Ihren Zeitaufwand und erleichtert die Auswertung.

1)

2)

3)

nächste Frage

Frage 3 von 17

C. Orte der Werteerziehung

Bevor wir uns der rein schulischen Werteerziehung zuwenden, geht es im folgenden Frageblock um verschiedene Orte der Werteerziehung.

3. Zur Bedeutung von **Familie und Schule** für die Werteerziehung von Kindern und Jugendlichen - bitte kreuzen Sie die Aussage an, die am ehesten Ihrer Meinung entspricht:

a) Von Bedeutung für die Werteerziehung sind...

- ○ Schule und Familie
- ○ nur die Schule (bitte weiter mit d)
- ○ nur die Familie (bitte weiter mit d)
- ○ keiner der beiden Orte (bitte weiter mit d)

b) Wie würden Sie die **Bedeutung der Schule** als Ort für Werteerziehung aktuell beschreiben?

- ○ Nur weil Werteerziehung in der Familie oft zu kurz kommt, ist schulische Werteerziehung überhaupt bedeutend.
- ○ Weil Werteerziehung in der Familie oft zu kurz kommt, wird schulische Werteerziehung noch bedeutender als sie es auch unabhängig davon wäre.
- ○ Ob Werteerziehung in der Familie stattfindet oder nicht, hat keinen Einfluss auf die Bedeutung der schulischen Werteerziehung.

c) Welcher Ort ist für die Werteerziehung grundsätzlich von größerer Bedeutung?

- ○ Familie
- ○ Schule
- ○ Beide sind gleich wichtig.

d) Wer sollte für die **Inhalte** der Werteerziehung maßgebend sein?

- ○ Die Schule muss sich an der Werteerziehung der Familie orientieren.
- ○ Die Familie muss sich an der Werteerziehung der Schule orientieren
- ○ Schule und Familie müssen sich in der Werteerziehung an einem gemeinsamen Konsens orientieren.

[nächste Frage]

Frage 4 von 17

D. Schulische Werteerziehung

Nun wenden wir uns der Werteerziehung in der Schule zu.

4. Bitte kreuzen Sie die Aussage an, die am ehesten Ihrer Meinung entspricht:

a) Dass in der Schule Werteerziehung stattfindet, erachte ich als

überaus wichtig ○ ○ ○ ○ ○ ○ ganz unwichtig

b) Schulische Werteerziehung sollte stattfinden...

- ○ im Unterricht und im Rahmen außerunterrichtlicher Aktivitäten
- ○ nur im Unterricht
- ○ nur im Rahmen außerunterrichtlicher Aktivitäten (bitte weiter mit 5.)

c) Werteerziehung im Unterricht sollte stattfinden...

- ○ ausschließlich in einem einzigen, eigens dafür vorgesehenen Schulfach
- ○ in mehreren Schulfächern, die dafür geeignet sind, nämlich
- ○ in allen Schulfächern

nächste Frage

In den folgenden vier Fragen (5 bis 8) bitten wir Sie um eine Bewertung schulischer Bildungs- und Erziehungspraxis.

Jede Frage enthält eine Tabelle. In der linken Spalte finden sich jeweils schulische Bildungs- und Erziehungsaufgaben.

Bitte bewerten Sie anhand Ihrer Erfahrungen, wie gut die entsprechenden Aufgaben an Ihrer Schule in die Praxis umgesetzt werden. Vergeben Sie zu diesem Zweck **Schulnoten** von 1 bis 6 mit Zwischennoten.

Bitte vergeben Sie jeweils eine Note für die Umsetzung im Unterricht sowie im Rahmen offizieller schulischer Aktivitäten außerhalb des Unterrichts.

Sie werden in dieser Umfrage übrigens an keiner Stelle nach dem Namen Ihrer Schule gefragt. Die Auswertung der Benotung sowie aller anderen Angaben erfolgt so, dass Rückschlüsse auf einzelne Schulen (wie auch Personen) nicht möglich sind.

Wichtig: Bitte bewerten Sie nicht ausschließlich Ihren eigenen Unterricht oder von Ihnen selbst geleitete außerunterrichtliche Aktivitäten! Lassen Sie in die Note vielmehr alles einfließen, was Sie über die Bildungs- und Erziehungspraxis an Ihrer Schule mitbekommen. Natürlich wissen manche von Ihnen mehr, manche weniger über Unterricht und Aktivitäten ihrer Kolleginnen und Kollegen. Egal, wie viel Sie mitbekommen: Bewerten Sie bitte ganz spontan den Gesamteindruck, den Sie von der Bildungs- und Erziehungspraxis an Ihrer Schule haben.

Wenn Sie sehr unterschiedliche Erfahrungen machen, dann versuchen Sie bitte, diese jeweils in einer Durchschnittsnote zusammenzufassen.

Mit Ihrer Benotung drücken Sie also aus: „An meiner Schule wird die entsprechende Aufgabe meines Erachtens insgesamt 1 = sehr gut 2 = gut 3 = befriedigend 4 = ausreichend 5 = mangelhaft 6 = ungenügend ...umgesetzt.“

Bitte kreuzen Sie zudem jeweils an, ob Sie der Meinung sind, dass die entsprechende Aufgabe in die Schule gehört oder nicht.

[Weiter zu Frage 5]

Artikel 131 der *Bayerischen Verfassung* formuliert Aufgaben der Schule in Form von Bildungszielen. Bitte bewerten Sie, wie gut diese Aufgaben an Ihrer Schule insgesamt umgesetzt werden.

Bitte klicken Sie hier, wenn Sie sich die Hinweise zum Ausfüllen der Tabellen noch einmal durchlesen möchten.

Bayerische Verfassung: Schulische Bildungsziele (Auszug)	**Bewertung der praktischen Umsetzung dieser Aufgaben**		**Gehört diese Aufgabe für Sie in die Schule?**	
	im Unterricht	im Rahmen offizieller schulischer Aktivitäten außerhalb des Unterrichts	ja	nein
„Die Schulen sollen nicht nur Wissen und Können vermitteln, sondern auch Herz und Charakter bilden."			○	○
Den SchülerInnen sollen folgende obersten Bildungsziele vermittelt werden: (Auszug)				
• „Ehrfurcht vor Gott"			○	○
• „Achtung vor religiöser Überzeugung"			○	○
• „Achtung ... vor der Würde des Menschen"			○	○
• „Selbstbeherrschung"			○	○
• „Verantwortungsgefühl"			○	○
• „Verantwortungsfreudigkeit"			○	○
• „Hilfsbereitschaft"			○	○
• „Verantwortungsbewusstsein für Natur und Umwelt"			○	○
„Die Schüler sind im Geiste der Demokratie ... zu erziehen."			○	○

nächste Frage

Frage 6 von 17

Im *Bayerischen Gesetz über das Erziehungs- und Unterrichtswesen* (BayEUG) finden sich in den ersten beiden Artikeln Ausführungen über die Aufgaben der Schulen. Bitte bewerten, wie gut diese an Ihrer Schule insgesamt umgesetzt werden.

Bitte klicken Sie hier, wenn Sie sich die Hinweise zum Ausfüllen der Tabellen noch einmal durchlesen möchten.

BayEUG: Aufgaben der Schulen (Auszug)	**Bewertung der praktischen Umsetzung dieser Aufgaben**		**Gehört diese Aufgabe für Sie in die Schule?**	
	im Unterricht	im Rahmen offizieller schulischer Aktivitäten außerhalb des Unterrichts	ja	nein
Den SchülerInnen soll „Achtung ... vor der Gleichberechtigung von Männern und Frauen" vermittelt werden.				
Die Schüler/innen sollen befähigt werden zu...				
• „selbstständigem Urteil"				
• „eigenverantwortlichem Handeln"				
Die Schulen sollen erziehen zu...				
• „verantwortlichem Gebrauch der Freiheit"				
• „Toleranz"				
• „friedlicher Gesinnung"				
• „Anerkennung kultureller und religiöser Werte"				
Die Schulen haben die Aufgabe, zur „Förderung des europäischen Bewusstseins beizutragen".				
Die Schulen sollen im „Geist der Völkerverständigung" erziehen.				
Die Schulen haben die Aufgabe, die „Schülerinnen und Schüler zur **gleichberechtigten Wahrnehmung ihrer Rechte und Pflichten** ... zu befähigen."				
Abkürzung: BayEUG (Bayerisches Gesetz über das Erziehungs- und Unterrichtswesen)				

nächste Frage

Frage 7 von 17

An dieser Stelle kommen wir noch einmal zurück zu einer bereits zitierten Stelle aus Artikel 131 der *Bayerischen Verfassung*: „Die Schüler sind im Geiste der Demokratie ... zu erziehen."

Zum *Geist der Demokratie* gehören bestimmte Werte, auf denen das *Deutsche Grundgesetz* und die *Bayerische Verfassung* aufbauen.

Wie gut werden folgende Aufgaben schulischer Erziehung an Ihrer Schule insgesamt umgesetzt?

Bitte klicken Sie hier, wenn Sie sich die Hinweise zum Ausfüllen der Tabellen noch einmal durchlesen möchten.

Vermittlung demokratischer Grundwerte	**Bewertung der praktischen Umsetzung dieser Aufgaben**		**Gehört diese Aufgabe für Sie in die Schule?**	
	im Unterricht	im Rahmen offizieller schulischer Aktivitäten außerhalb des Unterrichts	ja	nein
Den SchülerInnen soll vermittelt werden, was folgende Grundwerte konkret bedeuten und wie sie nach diesen ihr Leben und Handeln gestalten können:				
• Gemeinwohl			○	○
• Schutz des Lebens			○	○
• Gerechtigkeit			○	○
• Gleichheit aller Menschen			○	○
• Freiheit			○	○
• Frieden			○	○

nächste Frage

Frage 8 von 17

Im Alltag muss jeder Mensch täglich in Wertefragen Entscheidungen treffen. Aus dieser Tatsache lassen sich konkrete Aufgaben der Werteerziehung ableiten. Bitte bewerten Sie, wie gut diese an Ihrer Schule insgesamt umgesetzt werden.

Bitte klicken Sie hier, wenn Sie sich die Hinweise zum Ausfüllen der Tabellen noch einmal durchlesen möchten.

In Wertefragen Entscheidungen treffen	**Bewertung der praktischen Umsetzung dieser Aufgaben**		**Gehört diese Aufgabe für Sie in die Schule?**	
	im Unterricht	im Rahmen offizieller schulischer Aktivitäten außerhalb des Unterrichts	ja	nein
Positive Werte, sogar demokratische Grundwerte, können in konkreten Situationen zueinander in Konflikt stehen. Man muss sich dann für eine Handlungsoption entscheiden. Bsp.: Soll man sich für Gerechtigkeit einsetzen, auch wenn man dadurch den Frieden gefährdet? Darf man es mit der Wahrheit auch mal nicht so eng sehen, wenn man dadurch einen Freund vor Schaden bewahrt?				
Schüler/innen sollen lernen, in solchen **Konfliktsituationen** sinnvolle eigene Entscheidungen zu treffen.			○	○
Vor allem gegen Ende ihrer Schullaufbahn müssen Jugendliche wichtige Entscheidungen treffen, die ihre weitere Lebensplanung betreffen.				
In der Schule soll von Anfang an die Fähigkeit der Schüler/innen gestärkt werden, in wichtigen Fragen der **Lebensplanung** sinnvolle eigene Entscheidungen zu treffen.			○	○
Auch Entscheidungen mit geringerer Reichweite sind mitunter herausfordernd. So müssen sich Kinder und Jugendliche etwa in einer Fülle angebotener Freizeitgestaltungsmöglichkeiten zurechtfinden. Da muss man oft erst einmal herausfinden, was man will.				
Schüler/innen sollen lernen, in Fragen der **Freizeitgestaltung** sinnvolle eigene Entscheidungen zu treffen.			○	○

nächste Frage

Frage 9 von 17

9. Fallen Ihnen aus Ihrer Erfahrung heraus **Untugenden und negative Werte** ein, die Schüler/innen in der Gefahr stehen, im Schulalltag zu erlernen? Wenn ja: welche?

Wenn möglich, antworten Sie bitte in Stichworten. Dies reduziert Ihren Zeitaufwand und erleichtert die Auswertung.

nächste Frage

10. Gesamtbewertung schulischer Werteerziehung

a) Wie viel **Platz** wird der Werteerziehung an Ihrer Schule insgesamt eingeräumt?

Der Werteerziehung wird an meiner Schule...

- ○ deutlich zu viel Platz eingeräumt
- ○ etwas zu viel Platz eingeräumt
- ○ in angemessenem Maße Platz eingeräumt
- ○ etwas zu wenig Platz eingeräumt
- ○ deutlich zu wenig Platz eingeräumt

b) Bitte bewerten Sie mit einer **Gesamtnote** die **Praxis** schulischer Werteerziehung: Wie gut wird Werteerziehung im Alltag an Ihrer Schule umgesetzt?

c) Bitte bewerten Sie mit einer **Gesamtnote** die **Theorie** schulischer Werteerziehung: Wie gut wird Werteerziehung in den Lehrplänen umgesetzt?

d) Fühlen Sie persönlich sich für die Durchführung schulischer Werteerziehung ausreichend qualifiziert?

- ○ voll und ganz
- ○ in Teilen
- ○ nur geringfügig
- ○ überhaupt nicht

nächste Frage

Frage 11 von 17

11. Defizite und Hindernisse

a) Welches sind Ihre Hauptkritikpunkte an der Praxis schulischer Werteerziehung?

Wenn möglich, antworten Sie bitte in Stichworten. Dies reduziert Ihren Zeitaufwand und erleichtert die Auswertung.

b) Wodurch wird die Durchführung schulischer Werteerziehung erschwert?

Wenn möglich, antworten Sie bitte in Stichworten. Dies reduziert Ihren Zeitaufwand und erleichtert die Auswertung.

nächste Frage

Frage 12 von 17

12. Haben Sie Wünsche oder Forderungen an bestimmte Personen (-gruppen) und Institutionen, wenn Sie an das Thema schulische Werteerziehung denken? Hier haben Sie die Möglichkeit, diese zu formulieren. Die folgende Auflistung soll nur als Anregung dienen. Wenn Ihnen also zu bestimmten Punkten spontan nichts einfällt, dann lassen Sie diese einfach aus!

a) die Schüler/innen an Ihrer Schule
b) die anderen Lehrkräfte an Ihrer Schule
c) die Leitung Ihrer Schule
d) die Eltern Ihrer Schüler/innen
e) das Bayerische Staatsministerium für Unterricht und Kultus
f) die Politik
g) die Medien
h) die Wirtschaft
i) die Wissenschaft
j) die Gesamtgesellschaft
k) andere Gruppen

Wenn möglich, antworten Sie bitte in Stichworten. Dies reduziert Ihren Zeitaufwand und erleichtert die Auswertung.

zu a)

zu b)

etc...

nächste Frage

Frage 13 von 17

E. Thema Werteerziehung in der Lehreraus- und -fortbildung

Abschließend geht es nun um die Frage, ob das Thema Werteerziehung in der Lehreraus- und -fortbildung ausreichend berücksichtigt wird.

Haben Sie ein Referendariat, aber kein Lehramtsstudium absolviert? Dann klicken Sie bitte hier. (Frage 13 wird übersprungen.)

Haben Sie weder Referendariat noch Lehramtsstudium absolviert? Dann klicken Sie bitte hier. (Die Fragen 13 und 14 werden übersprungen.)

13. Erste Phase der Ausbildung - Lehramtsstudium

a) Wurde Ihrer Meinung nach der Aspekt *schulische Werteerziehung* in Ihrem Lehramtsstudium beachtet?

- voll und ganz
- in Teilen
- nur geringfügig
- überhaupt nicht

b) Haben Sie das Gefühl, dass Sie dadurch hinreichend auf die Durchführung schulischer Werteerziehung in der Praxis vorbereitet wurden?

- voll und ganz
- in Teilen
- nur geringfügig
- überhaupt nicht

c) Wo haben Sie Ihr Lehramtsstudium absolviert?

- in Bayern
- in einem anderen Bundesland, nämlich in
- im Ausland, nämlich in

d) In welchem Jahr haben Sie Ihr erstes Staatsexamen abgelegt?

nächste Frage

Frage 14 von 17

14. Zweite Phase der Ausbildung - das Referendariat

Haben Sie kein Referendariat absolviert? Dann klicken Sie bitte hier. (Die Frage 14 wird übersprungen.)

Wenn Sie sich noch im Referendariat befinden, dann beziehen Sie die folgenden, in der Vergangenheit gestellten Fragen bitte auf die Gegenwart.

a) Wurde Ihrer Meinung nach der Aspekt *schulische Werteerziehung* in Ihrem Referendariat (Vorbereitungsdienst) beachtet?

- voll und ganz
- in Teilen
- nur geringfügig
- überhaupt nicht

b) Haben Sie das Gefühl, dass Sie dadurch hinreichend auf die Durchführung schulischer Werteerziehung in der Praxis vorbereitet wurden?

- voll und ganz
- in Teilen
- nur geringfügig
- überhaupt nicht

c) Wo haben Sie Ihr Referendariat absolviert?

- in Bayern
- in einem anderen Bundesland, nämlich in
- im Ausland, nämlich in

d) In welchem Jahr haben Sie Ihr zweites Staatsexamen abgelegt?

nächste Frage

Frage 15 von 17

15. Dritte Phase der Ausbildung - Fortbildung

a) Werden an Ihrer Schule Fortbildungsmaßnahmen angeboten, bei denen es um das Thema *schulische Werteerziehung* geht?

- regelmäßig
- ab und zu
- selten
- nie

b) Wenn ja: Wie sehen diese Maßnahmen aus?

Wenn möglich, antworten Sie bitte in Stichworten. Dies reduziert Ihren Zeitaufwand und erleichtert die Auswertung.

c) Haben Sie das Gefühl, dass Sie im Rahmen der Lehrerfortbildung hinreichend auf die Durchführung schulischer Werteerziehung in der Praxis vorbereitet werden?

- voll und ganz
- in Teilen
- nur geringfügig
- überhaupt nicht

d) Würden Sie sich zum Thema Werteerziehung intensivere Lehrerfortbildungsmaßnahmen als bisher wünschen?
Wenn ja: Was würden Sie sich davon erhoffen?

- Nein
- Ja,

Wenn möglich, antworten Sie bitte in Stichworten. Dies reduziert Ihren Zeitaufwand und erleichtert die Auswertung.

nächste Frage

Frage 16 von 17

16. Möchten Sie zum Thema schulische Werteerziehung noch etwas sagen, das bisher nicht gefragt wurde? Hier haben Sie die Möglichkeit dazu.

nächste Frage

Frage 17 von 17

F. Allgemeines

An dieser Stelle möchten wir uns ganz herzlich für Ihre Mitarbeit bedanken!

Ihre Angaben werden wie erwähnt vertraulich behandelt und anonymisiert ausgewertet. Dies gilt auch für die folgenden allgemeinen Angaben zur Person, welche für die Interpretation der Daten notwendig sind.

17.

a) Welcher der folgenden Personengruppen gehören Sie an?

- ○ Lehrer/in in administrativer Leitungsposition
- ○ Lehrer/in ohne administrative Leitungsfunktion
- ○ Referendar/in
- ○ Schulsozialarbeiter/in
- ○ andere, nämlich

b) Arbeiten Sie in dieser Position in Voll- oder Teilzeit?

- ○ Vollzeit
- ○ Teilzeit

c) Sind Sie im Bereich der Lehrerausbildung tätig?

- ○ ja
- ○ nein

d) An welcher Schulart sind Sie tätig?

- ○ reine Grundschule
- ○ reine Hauptschule
- ○ Realschule
- ○ Gymnasium
- ○ als Grundschullehrkraft an einer Volksschule mit Grund- und Hauptschulzweig
- ○ als Hauptschullehrkraft an einer Volksschule mit Grund- und Hauptschulzweig
- ○ als Grund- und Hauptschullehrkraft an einer Volksschule mit Grund- und Hauptschulzweig
- ○ andere, nämlich

e) Wie viele Einwohner leben in der Stadt, in der sich Ihre Schule befindet?

f) Befindet sich die Schule, an der Sie unterrichten, in öffentlicher oder privater Trägerschaft?

- öffentlich (staatlich oder kommunal)
- privat

g) Handelt es sich um eine reine Mädchen- oder Jungenschule?

- nein
- ja, reine Mädchenschule
- ja, reine Jungenschule

h) Ist der Schule ein Internat angeschlossen?

- ja
- nein

i) Welche Fächerkombination unterrichten Sie?

Bitte füllen Sie dieses Feld unbedingt aus.

j) In welchen Klassenstufen unterrichten Sie überwiegend?

- Grundschule (Klassen 1 - 4)
- Unterstufe (Klassen 5 - 7)
- Mittelstufe (Klassen 8 - 10)
- Oberstufe (Klassen 11 - 13)
- Unter- und Mittelstufe
- Unter- und Oberstufe
- Mittel- und Oberstufe
- alle Volksschulklassen
- gemischt

k) Betreuen Sie eine Schulklasse als Klassenlehrer/in?

- ja
- nein

l) Demographische Daten (Alter und Geschlecht):

Alter

Geschlecht